AI영화 제작론

AI영화 제작론

2024년 10월 5일 1판 1쇄 인쇄
2024년 10월 15일 1판 1쇄 발행

지은이   심은록
펴낸이   한기호
펴낸곳   북바이북
         출판등록 2009년 5월 12일 제313-2009-100호
         주소 04029 서울시 마포구 동교로 12안길 14 삼성빌딩 A동 2층
         전화번호 02-336-5675 팩스 02-337-5347
         이메일 kpm@kpm21.co.kr
         홈페이지 www.kpm21.co.kr

ISBN 979-11-90812-59-7 03680

AI영화
제작론

심은록 지음

북바이북

차례

추천사

저항으로서 미셸 푸코의 (이분법적) '바깥 사유'로부터 출발해 질 들뢰즈의 이론과, "영화관에서 상영되고 일반 영화제에 출품된 '세계 최초 AI영화'라는 대중매체의 평판을 받고 있다"는 〈AI 수로부인〉의 감독인 저자 특유의 실천(경험)을 거쳐, 나름의 (탈이분법적) '내재된 바깥'으로 나아간 기념비적 저서! 『AI영화 제작론』을 일별하고 난 후의 내 총평이다.

지나치게 거창한 총평 아니냐고? 그렇게 느껴질 수 있다. 하지만 진심이다. 미술평론가로서 저자의 내공을 일찌감치 알고는 있었지만, 고백하건대 같은 비평가로서 그의 인문·사회(과학)적 박학다식에 놀라지 않을 수 없었다. 부록을 포함해 400쪽에 달하는 분량에 450개가 넘는 각주까지, 그 폭과 깊이에서 우러나오는 수준이 나 같은 그렇고 그런 영화비평가와는 너무 달라, 기죽지 않을 수 없었다면 이해할까. 추천사를 써달라는 요청에 겁도 없이 응한 것을 후회했을 정도다.

그럼에도 이 책은 난해하지 않다. 각별한 주목을 요하는 미덕이다. 무엇보다 대다수 평론가나 학자들이 유혹당하기 쉬운 현학의 수렁에 빠지지 않아서다. 풀어 말하면 그럴 만한데도 우쭐대거나 젠체하지 않는 것. 빈말이 아니다. 'AI영화 제작'이란 전문 분야를 다루건만, 가독성이 빼어나 읽는 재미가 여간 강렬한 게 아니다. 책 도입부 '일러두기'에서 소개하는 약어 등 일련의 용어들만 숙지한다면 말이다.

흔치 않은 문장의 완성도도 그 가독성을 힘껏 제고해준다. 어지간한 저서들에서는 넘치기 십상인 비문을 찾을 수 없다. 주목해야 할 또 다른 덕목은 개념 선택·사용의 엄밀함이다. 프랑스와 한국을 오가며 활동해온 비평가이자 감독은, '개념의 생성'으로 철학을 규정한 스승 들뢰즈의 가르침을 잊지 않는다. 5부 「결론」의 각주 7번이 그 세심함을 단적으로 증거한다. '인간의 모습과 기능을 모방하여 만들어진 로봇'이 안드로이드Android라면, '인간과 유사한 신체 구조와 움직임을 가진 로봇'이 휴머노이드Humanoid이며 '생체 기능의 일부가 기계적 요소나 전자 기기로 대체된 인간 또는 다른 생물'이 사이보그Cyborg라는 것.

풍부한 영상 자료나 AI는 어디까지나 수단이며, 예술의 근원적 의미를 묻는 AI로부터 배워 그 역할을 '오라aura'나 '신성함'이 아니라 '소통'으로 재해석한다는 점도 『AI 영화 제작론』의 미덕이다. 책은 본말을 전도시키거나 방향성을 상실하지 않고, 시종일관되게 달린다. 그만큼 학습의 양과 질을 담보한다. 이 책의 으뜸 덕목은 그러나 저자가 더 이상 그럴 수 없으리만치 자세하며 겸허하게 〈AI 수로부인〉을 만들면서 겪었고 깨달은 시행착오들과 한계를 전한다는 것이다. 그것들을 읽다 보면, 저자와 동료들이 흘렸을 '피, 땀, 눈물'이 생생히 떠올라 숙연해질 수밖에 없다.

각론에서 전적으로 동의하는 건 아니어도, 관련해 4부 「AGI 도상에서의 AI영화 이론」은 한층 더 내 눈길을 잡아끈다. 1장 [일반세계모델, AGI의 시작]부터 2장 [AGI 도상에서의 AI영화 이론]과 3장 [AI영화와 들뢰즈의 시네마], 그리고 5부 「결론」에 이르기까지 몰입해 읽지 않을 수 없었다. 특히 'AI와 인간의 한계', '기술과 예술 그리고 콘셉트', '백남준과 21세기 예술의 본질', '사실과 환각 사이에서'와 같은 2장의 각 절들은 내게 얼마나 묵직한 자극을 안겼는지 모른다. 저자가 "분량은 제작론에 많이 치우쳐졌지만, 무게중심은 이론서에 더 주었다"는데, 그 이유가 직접적으로 와닿는다.

『AI영화 제작론』이 이런 유의 첫 저서는 아니다. 인터넷서점 사이트에 검색해보니, 당장 『생성형 AI 영상 제작: 영화, 애니메이션, 광고, PPT, 유튜브까지』(김세원 지음, 책바세, 2024) 등이 있다. 바야흐로 AI가 세상의 대세가 되어가고 있는바, AI 월드로 입문해보는 것은 어떨까. AI 부머Boomer보다는 두머Doomer 쪽에 가까운 나도 심은록의 명저를 계기로 그럴 참이다.

전찬일(영화비평가, 경기영상위원회 위원장)

📱 일러두기

북봇_ AI영화 제작론

Bookbot: 세계 최초
AI 책 도슨트, 대화형 설명
bookbot.narafilm.com

유튜브 강의 영상

NARA INFORMATION의
유튜브 채널: 책의 내용 실습,
지속적인 업데이트
https://url.kr/29ft6u

약어/참조

약어표

편집 툴	Ae	After Effects	Pr	Premiere Pro	Ps	Photoshop
기능	ITT	Image to Text	ITV	Image to Video	TT3D	Text to 3D
	TTA	Text to Audio	TTI	Text to Image	TTM	Text to Music
	TTS	Text to Speech	TTSE	Text to Sound Effects	TTV	Text to Video
툴 명칭	BIC Bing	Bing Image Creator, Bing(2023)의 DALL·E 3(aka. 빙달이)	SD	Stable Diffusion web UI	MJ	Midjourney
	D-ID	Deep Learning Identity Protection	DALL·E 3	GPT의 DALL·E 3 (aka. 챗달이)	Gen2	Gen-2 by Runway
기본 용어	AI, ANI	Artificial Intelligence 인공지능 Artificial Narrow Intelligence 좁은 인공지능	AGI	Artificial General Intelligence 일반인공지능	ASI	Artificial Strong Intelligence 강한 인공지능
	DL	Deep Learning 딥 러닝	GWMs	General World Models 일반세계모델	LLM	Large Language Model 대규모언어모델
	ML	Machine Learning 머신러닝	NLP	Natural Language Processing 자연어 처리	sLLM sLM	Small LLM 소형대규모언어모델 Small Language Model 소형언어모델

참조

제1세대 AI영화 툴: 이 책에서 'AI영화 툴'이라고 할 때는, 'AI영화 툴'이 특별히 있다는 것이 아니라, AI영화를 만들기 위해 사용한 '그 당시의 일반적인(전문가 툴이 아닌) 모든 종류의 생성형 AI 툴을 총괄적으로 지칭'한다. '제1세대 AI영화 툴'이란, 2023년 10월 기준, '텍스트-이미지 모델의 프롬프트 팔로잉'의 뛰어난 능력(ex. 달리3, 소라 등)을 보여주기 이전 툴을 의미한다.

'AI영화' 툴에 국한: 이 책에서 언급한 생성형 AI 툴의 한계나 가능성은 'AI영화 제작'과 관련한 것이다. 예를 들어, 멀티 뷰 생성은 '영화 제작'을 위해서는 불가능했지만, 웹툰이나 다른 분야에서는 가능했다(2023년 10월 기준).

생성형 AI 툴의 흥망성쇠: 이 책에서 소개하는 AI 툴은 2021년부터 2024년 상반기까지 필자가 한 번 이상 사용해본 것이다. 그러나 짧은 기간에 많은 AI 툴이 생겨나기도 했고, 사라지거나 다른 기능으로 바뀌었다.

AI 번역: 이 책에 나오는 영어와 프랑스어 번역은 DeepL과 챗GPT로 하고, 그 외 한국어, 중국어, 일어 등은 챗GPT로 했다. 경어체로 번역되었으나 평어체로 바꾸었다.

노트북 사양: 필자가 영화 제작 시 사용한 노트북 사양은 (주)나라지식정보에서 제공해준 '삼성 갤럭시북3 울트라 NT960XFH-X72A/ 인텔i7-13700H/RTX4050/32GB/SSD1TB/3K/120Hz'이다.

I.

서론

인간은 도구를 사용하는 "호모 파베르homo faber"다. 도구로 "문화뿐만 아니라 자신도 창조한다."[1] 21세기의 인간은 AI를 도구로 삼는 '호모 AIhomo AI'라고 특징지을 수 있다. 예술가들에게 생성형 AI는 21세기의 새로운 붓과 팔레트다. 그들에게 가장 힘든 일은 '마티에르(재료)'와 작업실을 구하는 것이다. 빵 대신 물감과 캔버스를 사거나, 따뜻한 외투 대신 더 좋은 악기로 바꾸었다는 예술가들의 일화는 흔하다. 영화를 제작하다가 패가망신한 감독의 일화는 영화계에서 놀랍지 않은 에피소드다.

이 때문에 예술가나 감독들은 미래를 접고, 청년들은 시작조차 못 하고 꿈을 포기한다. 생성형 AI는 이러한 예술가들을 마티에르의 굴레에서 해방시킨다. 작업실뿐만 아니라 촬영장도 모두 컴퓨터 안에 있다. 다게레오타이프 사진기 정도의 AI 툴을 만지작거리면서 신기해하던 게 엊그제 같은데, 어느새 캠코더 같은 AI 툴을 보면서도 놀라지 않는다.

첨단 산업의 선두에 서서 네 번째 우주선Starship(2024년 6월 6일, 미국시간 기준)까지 쏘아 올린 일론 머스크도 놀라는 발전 속도가 있다. 바로, AI다. "이렇게 빠른 기술의 발전은 역사상 본 적이 없다"며, "AI의 발전 속도는 6개월에 열 배씩 빨라지는 것 같

---

1   Henri Bergson, *The Creative Mind*, Philosophical Library, 1st Edition, 1946, pp.84-85.
    앙리 베르그송은 인간을 "호모 파베르(homo faber)"라고 지칭한다. 그에 따르면, "인간의 본질은 물질적·도덕적으로 창조하고, 사물을 만들고 자신을 만드는 것"이다. 호모 사피엔스는 호모 파베르가 공작 과정에 대해 반성함으로써 태어난다.

다"[2]고 감탄했다. 그래서인지 어제 사용한 툴도 오늘이면 벌써 지난 버전처럼 느껴진다. 이 책 역시 '오늘'을 이야기하고 있지만 '내일'이면 역사서가 될 것이다. 도구(기술)의 속도를 인간이 따라갈 수 있을까?

『AI영화 제작론』의 1부와 2부는 도구와 사용자의 간격을 줄이고자, 'AI영화 툴'을 전반적으로 소개한다. 이 책을 집필할 때까지는 종합적으로 생성형 AI 툴을 사용한 영화가 없어서, 1부에서는 〈AI 수로부인〉을 주로 실례로 들었다. 2부에서는 툴 자체의 특성을 최대한 보여줄 수 있는 예시를 들었다. 이 모두 영화의 개인 제작 시대가 열렸음을 반영한다.

영화 개인 제작 시대

그림 1-1 〈AI 수로부인〉의 스틸 컷, 미디어 숲에서 춤을 추고 있는 전자무당 백남준

영화를 만들게 되리라곤 상상도 못 했다. 영화 제작에는 적잖은 제작비, 전문 장비, 배우 섭외 등 수많은 비용과 절차가 필요하고, 이를 개인이 하는 것은 불가능하다고 여겼다. 그런데 생성형 AI의 발전과 함께 그 가능성이 서서히 보였다. 1950년대

---

2   2024년 2월 29일 열린 〈2024 보시 커넥티드 월드 콘퍼런스(2024 Bosch Connected World Conference)〉
     에서 일론 머스크와 슈테판 하르퉁, 마르쿠스 하인의 대담.

에 시작된 AI는 두 번의 겨울을 이겨내며 현재에 이르렀고, 2022년 11월 **챗GPT**ChatGPT 를 기점으로 "AI 업계의 영원한 봄"[3]을 누리고 있다. 우리가 일상적으로 사용하는 언어인 '자연어'[4]를 기반으로 이미지, 영상, 음악, 효과, 편집까지 가능해졌다. 더욱이 챗GPT의 등장 이후 2023년 하반기부터는 멀티모달의 기능이 더욱 발전하고, 쉬워지고, 가벼워지고, 간편해지며 AI영화 제작 가능성이 보였다. '제1세대 AI영화 제작 툴'에 이어 급속한 발전이 지속되고 있고, AI영화 개인 제작이라는 꿈이 현실화되었다.

2023년 9월, ㈜나라지식정보에서 AI영화 제작 기획이 확정된 뒤, 곧바로 창원국제민주영화제[5]에 참여하기로 결심했다. 제작된 영화는 영화관에서 상영되어야 의미가 있다는 경험 때문이다. 2020년 동국대 객원교수로 있을 때, 대학원생들과 함께 아바타로 AI영화를 만들고자 했으나 일반적인 AI 툴로는 한계에 부딪혔다. 이후 지리산생태아트팜JIIAF을 비롯한 여러 전시에서 AI 이미지와 영상을 만들어 발표했다. 그간 많은 영상을 만들어왔지만, 영화가 되지는 못했다. 이러한 경험을 바탕으로 뚜렷한 방향, 제작 기간을 정하기 위해 영화제 출품이라는 목표를 설정했다. AI영화제가 아닌, 일반 영화제부터 도전하고 싶었다. 지금은 AI영화라는 특수성이 있지만, 곧 'AI'라는 접두어가 필요 없게 되리라고 여겼기 때문이다. 일반 영화와의 격차도 현장에서 비교하고 싶었다. 또한 영화제 참여는 영화를 대중에 공개할 수 있는 가장 빠른 길이었다. 영화제에 출품하면 등급 심사를 면제받을 수 있고, 배급사 없이도 상영할 수 있기 때문이다. 또한 관객과의 대화(GV)를 통해 관객의 날카로운 평을 들을 수 있고, 영화 평론가, 감독, 배우 등 여러 영화 관계자와 의견을 나눌 좋은 기회이기도 하다.

하여 영화제 오프닝 한 달을 앞두고 참여 의사를 밝혔다. 결과물이 있는 상태에

---

3   〈AI 석학 앤드류 응 대담회(AI Talk with Andrew Ng)〉, 정보통신산업진흥원(NIPA), 2023년 7월 21일, KBS 별관 공개홀.

4   '자연어'란 인간이 일상에서 사용하는 언어로, '인공어(프로그래밍 언어)'와 구별된다. 자연어 처리(NLP: Natural Language Processing)는 이러한 자연어를 컴퓨터가 이해하고 처리할 수 있도록 하는 AI 기술의 한 분야다. 논문 「Attention Is All You Need」(Ashish Vaswani 외, 2017)는 자연어 처리(NLP) 분야에서 매우 중요한 기술인 Transformer 모델을 소개한다. 이는 기존의 순환 신경망(RNN)이나 합성곱 신경망(CNN)에 의존하지 않고, '어텐션 메커니즘(Attention Mechanism)'을 사용하여 전체 시퀀스를 한 번에 처리할 수 있어, 더 높은 정확도와 효율성을 제공한다.

5   창원국제민주영화제 〈AI 수로부인〉 소개 페이지 https://cidff.imweb.me/542

서 참여 요청을 하는 것이 관례이나 'AI영화'라는 시도를 의미 있게 봐준 주최 측 덕분에 예외적으로 받아들여졌다. 이렇게 한 달여의 마라톤이 시작됐다. 근접한 목표는 AI가 얼마나 쉽고 빠르게 인간의 일을 돕는지 보여줄 수 있기에 좋은 모티프가 되기도 했다.

손영호 ㈜나라지식정보 대표는 "이 영화를 단 한 달 만에, 단 세 명(심은록 감독, 노지윤 책임, 박수연 선임)이 노트북 세 대로 만들었다"며 "이는 개인 영화 제작 시대를 앞당긴 것"[6]이라고 전했다. '한 달'과 '노트북'이라는 시공간적 제약을 둔 것은 2023년 10월 기준 생성형 AI 툴로 개인이 얼마나 빠르고 효율적으로 영화를 만들 수 있는가에 대한 시도이자 모험이었다. 세 명이 한 달 안에 가능했다면, 혼자서 석 달 정도면 비슷한 영화를 만들 수 있다는 의미다.

2023년 10월, 문자 그대로 'AI가 만든' 영화 〈AI 수로부인〉(나라AI필름 제작, 심은록 감독)([그림 I-1])이 공개됐다. 이전까지는 AI가 주제인 영화나 AI 기술이 일부 소극적으로라도 사용됐다면 'AI영화'라고 불렸다. 〈AI 수로부인〉은 AI가 시나리오를 쓰고, 캐릭터를 생성하고, 영상을 만들고, 대사를 쓰고, 배경음악 및 음향효과도 만들고, 수정까지 하면서 전 과정에 적극적으로 개입했다.

영화는 종합예술이자 기술이기에, AI 기능 전반을 시험해볼 계기이기도 했다. 그리하여 〈AI 수로부인〉에는 최소 52개의 생성형 AI 툴이 사용됐다. 참조한 것까지 합하면 100여 개가 넘는다. 이처럼 많은 툴을 사용한 것은 21세기가 멀티모달의 시대이기도 하며, 이와 걸맞게 영화는 '제7의 예술'이라는 고전적 믿음 때문이다. 대중오락이나 산업을 넘어 예술로서의 영화가 되기 위해서는 리치오토 카누도가 정의한 대로 영화는 "공간 리듬과 시간 리듬의 탁월한 조화"이어야 하기에, 이와 관련된 생성형 AI 툴을 가능하면 모두 적용하고 싶었다.[7] 이러한 이유로 이 책에서는 수많은 생성형 AI 툴이 소개되고 있다. 이렇게 제작된 최초의 'AI영화' 〈AI 수로부인〉은 제5회 창

---

6   「나라AI필름, K-AI 영화 'AI 수로부인' 창원국제민주영화제 출품」, 〈서울경제신문〉, 2023년 10월 23일 자.

7   Ricciotto Canudo, *The Birth of the Sixth Art*, 1911.
      Ricciotto Canudo, *Manifeste du septième art, La Gazette des sept arts*, 1923.

원국제민주영화제에 출품한 뒤 10월 20일과 26일에 창원시 3·15해양누리공원과 씨네아트리좀에서 각각 상영됐다. 짧은 트레일러가 아니라 단편영화처럼 스크린사이즈, 해상도, DCP 출력까지 일반 영화와 똑같은 모든 형식을 갖췄다.

그림 I-2 **AI영화의 세대별 특징 예상**
제1세대 이미지: 〈AI 수로부인〉(2023년 10월)
제2세대 이미지: 오픈AI 소라 모델 영상(2024년 2월 15일)
제3~4세대 이미지: 미드저니, 피카, 파이어플라이 생성(2024년 2월)

제1세대 영화 툴을 총망라하고 진단하는 〈AI 수로부인〉의 영화제 참가는 적시였다. 2023년 10월 말부터, 특히 2023년 11월 6일 열린 오픈AI_{OpenAI}의 〈Dev Day〉 이래로 AI 툴이 급속한 발전을 이루었고, '제2세대 AI영화 툴'의 서막이 올라가고 있었기 때문이다. 이러한 시기에, AI영화가 AI의 현 상황(기술력과 한계점 등)을 종합적으로 보여줄 수 있을 거라 여겼다. 텍스트(프롬프트)만으로 대사, 이미지, 영상, 음악 등이 쉽게 만들어지며, 이를 예술적으로 잘 어우른 것이 AI영화이기 때문이다. 제작 당시, 생성형 AI 툴의 민낯을 그대로 보여주기 위해 최대한 '수작업'을 자제하여 AI의 역사적 의미를 더했다.

그림 I-3 〈인공지능신문〉 2023년 11월 17일 자 기사

　　〈AI 수로부인〉은 영화관에서 상영되고 일반 영화제에 출품된 "세계 최초 AI영화"라는 대중매체의 평판([그림 I-3])[8]을 받고 있다. 2023년 12월, '생성형 AI 결과물'로는 세계 두 번째 편집 저작권을, 'AI영화'로는 세계 최초의 편집 저작권을 획득했다. 2024년 1월에는 영화관 입장권 통합 전산망에 영화 등록 및 감독, 스태프 등록도 마쳤다.

　　벌써 제2세대 AI영화 툴이 공개되며 '개인 AI영화 제작 시대'가 성큼 다가왔다. 이는 온라인 생태계에 큰 변곡점을 가져올 것이다. 유튜브, 광고, OTT[9], 문화예술에서 상업 그리고 사유 방식까지 변화된다. 이 배경에는 우리가 일상적으로 사용하는 언어인 '자연어'로 프롬프트를 작성하여 영화에 필요한 대부분의 요소를 생성하는 '멀티모달 AI'[10]가 있다.

8　「생성 인공지능으로 만든 세계 첫 영화 'AI 수로부인' 그 제작은?」, 〈인공지능신문〉, 2023년 11월 17일 자, 「[심은록 감독의 〈AI 수로부인〉] 세계 최초 K-Culture를 담은 K-AI 영화」, 〈쿨투라〉 2023년 11월 호.

9　OTT(Over-The-Top)는 인터넷을 통해 전통적인 방송사나 케이블 TV 네트워크를 우회하여 직접 콘텐츠를 제공하는 서비스다. 사용자가 인터넷 연결을 통해 영화, TV쇼, 생방송 등 다양한 미디어 콘텐츠를 스트리밍할 수 있으며, 원하는 시간에 원하는 장소에서 콘텐츠를 시청할 수 있다. 대표적인 OTT 서비스로는 Netflix, Amazon Prime Video, Disney+, HBO Max, Hulu, YouTube Premium 등이 있다.

10　'멀티모달 AI'는 텍스트, 음성, 이미지, 비디오 등 다양한 형태의 입력을 이해하고 여러 작업을 처리할 수 있는 AI 시스템이다.

AGI로 가는 도상에서의 호모 AI

오픈AI의 명시된 임무는 일반인공지능Artificial General Intelligence, AGI을 만드는 것이다. 구글의 AI를 이끄는 데미스 하사비스도 같은 목표를 가지고 있다. 메타의 CEO인 마크 저커버그도 이 경쟁에 뛰어들었다.[11]

책의 시작을 당차게 AGI로 열었다. 원래는 완곡하게 'AI는 눈을 감을 수 있을까?'[12] 혹은 "바깥의 사유"[13]로 시작할까 생각했다. 한국의 AI 관계자들은 누구나 AGI를 알지만, 아무도 입에 담지 않는다(2024년 1월 당시). 한국전쟁 직후, 빨간색으로는 그림을 그리지 못한 것과 비슷한 상황이다. 하지만 AI를 주도하는 빅테크 기업들이 모두 AGI에 뛰어들고 있는 현 상황을 보면, 한국에서도 이 논의가 조만간 형성될 것으로 본다. 업계가 이렇게 한 방향을 목표로 삼는 경우도 드물다. 그러니 AI영화 제작을 위한 생성형 AI 툴도 AGI로 가는 도상에서 만들어지게 되고, 결국 우리는 이를 사용하게 된다. AGI를 무조건 긍정적으로 받아들이는 것은 아니다. 하지만 이를 긍정하고 따르든 저항하며 다른 해결책을 제시하든, 최소한 어느 방향으로 흘러가는지는 알아야 한다. 이 책은 이러한 '문제화'[14]를 던지는 것으로 시작한다. 문제화야말로 예술과 미학의 본질적인 역할 중 하나이기 때문이다. 하이데거는 기술의 "이중적인 특성"을

---

11 「마크 저커버그의 새로운 목표는 일반인공지능을 만드는 것(Mark Zuckerberg's new goal is creating artificial general intelligence)」, 〈The Verge〉, 2024년 1월 19일 자.

12 "눈을 뜰 때 인지되는 이미지들과 눈을 감으면 인지되지 않는 이미지들을 마주한다." Henri Bergson, *Matière et mémoire, Essai sur la relation du corps à l'esprit*, Paris: PUF, 1939, p.10.

13 Michel Foucault, "La pensée du dehors", Critique, n° 229 (juin 1966), pp. 523-546, repris dans *Dits et écrits I. 1954-1969*, Paris: Gallimard (coll."NRF"), 1994.
미셸 푸코의 철학은 '저항의 철학'이라고 불린다. '바깥의 사유'는 푸코 철학의 중요한 부분을 이루는 개념 중 하나다. 그의 철학은 기존의 지적 체계나 규범, 그리고 지배적인 이론에서 벗어나, 전혀 다른 방식으로 사고하고 이해하는 방법을 모색한다. '바깥의 사유'는 지식의 한계를 넘어서는 것을 목표로 하며, 기존의 사고 체계가 간과하거나 배제한 지식을 발굴하려고 시도한다. 여기서 '저항'은 일어난 일뿐만 아니라 '미래'를 위한 것이기도 하다. 많은 예술가들은 체제에 대한 저항을 드러낸다. "우리는 저항한다, 고로 존재한다"는 프랑스 지식인들과 예술가들의 모토이기도 했다.

14 Michel Foucault, *Histoire de la sexualité*, t.1(1976), 2(1984), t.3(1984), Éditions Gallimard.
푸코의 '문제화(problematisation)'는 주체가 조건 지어지는 방식인 주체화, 대상이 구성되는 방식인 대상화, 그 사이의 인식이 확립되는 과정인 인식론화 사이에서 행해지는 '진리게임(Games of truth)'을 드러낸다.

간파하고 "존재의 선물"이라 비유하며 횔덜린의 시를 인용했다.

위험이 있는 곳에는
구원자도 또한 자라고 있다.[15]

이러한 '이중적 특성'으로 인해, 현재 AI 진영은 AI 부머boomer(지지론자)와 AI 두머
doomer(신중론자)로 나뉘고 있다. 이들이 공통적으로 예견하는 점은 머지않아 AGI(나아
가 ASI)가 도래할 거라는 사실이다. AI 부머는 AI를 '인류의 불'과 같다고 말한다. 불이
재난을 일으키기도 하지만 인류의 발전에 꼭 필요한 것처럼, AI의 사업화와 활용을
적극적으로 개발하고 지원하자고 주장한다. 대표적인 인물로는 오픈AI의 CEO 샘 올
트먼, 마이크로소프트의 창업자 빌 게이츠, 페이스북의 창업자 마크 저커버그, 엔비
디아의 CEO 젠슨 황, 메타의 수석과학자 겸 뉴욕대학교 교수 얀 르쿤, 스탠퍼드대학
교 교수 앤드류 응 등이 있다.

반대로 AI 두머는 AI를 '핵무기'에 비유한다. 킬러로봇처럼 인류를 파괴할 수 있다
고 경고하며, 발전과 규제를 주장한다. 대표적인 인물들로는 오픈AI의 전 수석과학자
일리야 수츠케버, 토론토대 교수 제프리 힌턴, 테슬라 CEO 일론 머스크, 물리학자 스
티븐 호킹 등이 있다. 그런데 이들은 주로 'AI(AGI·ASI)의 한계'에 대해서만 이야기하
고, AI를 발전시키고 통제하며 사용하게 될 '인간의 한계'에 대해서는 간과하고 있다.
물론 AI 전문가들이 '인간학'을 연구해야 한다는 것은 아니다. 다만, 이 분야의 연구
자들과 좀 더 활발히 소통할 필요가 있다. 18세기에는 칸트가, 19세기 말에는 양자역
학이, 이제는 AI 딥 러닝과 양자인공지능Quantum Artificial Inteligence이 인간의 '한계'를 점점
더 명료하게 보여준다. 이러한 한계 내에서, 21세기 신인류인 '호모 AI'는 어떤 '진리-
새로운 가치 창조'를 지닐 수 있을까?[16] 인간보다 호랑이가 힘이 더 세고, 치타가 더

---

15   Martin Heidegger, "La Question de la Technique", pp.9-48, in *Essais et conférences*, trad. André
      Préau, Éditions Gallimard (coll. "tel"), 1958, p.48.

16   cf. Gilles Deleuze, *Nietzsche et la Philosophie*, Paris: Presses universitaires de France, 1962.
      Gilles Deleuze&Félix Guattari, *Qu'est-ce que la philosophie?*, Editions de Minuit, 2005.

빠를지라도 현존하는 호모 사피엔스를 동물만 못하다고 하지는 않는다. 이때의 척도는 '사피엔스'다. 그런데 챗GPT는 여러 분야에서 지적으로 이미 인간보다 뛰어나다.[17] GPT-3의 경우는 약 1750억 개의 파라미터와 약 570GB의 텍스트 데이터(Common Crawl, Wikipedia 등)로 학습했다. 데이터의 품질은 점점 더 좋아지고 있어서 이미 'AI 사피엔스' 수준이다. AI가 좀 더 발전해서 인간과 비슷한 수준의 AGI가 되면, 인간보다 우월하다고 할 수 있을까? AI가 생명이 있는 동물보다 우월하다고 할 수 있을까? 그렇다면 무엇이 인간을 가치 있게 만들까? 그런 의미에서 우리는 '우열'이 아니라 '가치 창조'를 연구하는 '21세기 인간학'을 먼저 논의해야 한다. 『AI영화 제작론』의 4부는 AGI의 도상에 있는 호모 AI에 대해 말한다. 우선 시공간적 조건을 보여주기 위해 AI의 향방과 그 이유에 대해 말하고, 다음으로 호모 AI의 인간학을 바탕으로 'AI 영화 이론'을 전개한다.

〈AI 수로부인〉의 처음과 마지막에는 미디어아트의 아버지인 백남준이 등장한다. 그는 다양한 첨단 매체를 활용하며, 멀티모달형 예술로 기존의 예술 관념을 깨고 인간과 기술의 관계를 끊임없이 탐구했다. 2024년 1월 1일은 그의 대표작 중의 하나인 세계 최초의 위성 TV쇼 〈굿모닝 미스터 오웰〉(1984)의 40주년이었다. 넓은 의미의 디지털 전환DX, Digital Transformation[18]에서 백남준은 이상적인 예시를 보여준 선구자이다. 이제는 DX를 넘어 AX(AI Transformation, AI 전환)로 접어들고 있다. 전통문화 유산까지 DX화한 저력이 있는 한국은 이를 기반으로 AX로의 전환도 빠르게 도달할 것으로 보인다. 얀 르쿤이 말한 것[19]과는 또 다른 제3의 돌파구를 여기에서 찾을 수도 있다.

---

17 "GPT-4는 미국 변호사 시험(Uniform Bar Exam)을 상위 10%의 성적으로 통과하고, 생물학 올림피아드(Biology Olympiad)에서는 상위 1%로, SAT 수학은 700점(800점 만점)을 맞았으며, MMLU(Measuring Massive Multitask Language Understanding, 57과목)에서 정답률 86.4%로 프로페셔널 수준이었다." OpenAI et al., "GPT-4 Technical Report", 15 Mar 2023 (v1), 4 Mar 2024(v6).

18 "디지털 전환은 디지털 기술의 사용으로 산업, 조직, 프로세스, 비즈니스 모델, 문화, 시스템 등 사회 전반이 근본적으로 변화하는 것이다."(이영주, 「도시의 디지털전환(UDX)을 위한 일본 플라토 프로젝트(Project PLATEAU) 추진전략」, 2022. 「문화도시와 디지털 전환(DX of Cultural City)」, 서울문화재단 〈문화+정책〉 이슈페이퍼 2023년 5월 호 재인용.)

19 "LLM은 하지 마라. 이것은 대기업의 손에 달려 있으며, 당신들이 가져올 수 있는 것은 아무것도 없다. LLM의 한계를 뛰어넘는 차세대 AI 시스템을 개발해야 한다." 얀 르쿤의 X(구 트위터) @Vivatech의 2024년 5월 23

AGI와 관련해서 이미 언급했듯이, AI 더 나아가 AX를 바라볼 때도, 부머와 두머의 두 가지 자세가 공존한다. 조지 오웰의 '빅브라더'처럼 AI가 인류를 통제하리라는 비관적인 관점과 백남준처럼 어차피 다가올 미래라면 빨리 부딪쳐서 그 문제점을 찾고 긍정적인 방향으로 이끌어가자는 관점이다. 후자는 첨단기술에 대한 적극적 행동으로 문제를 극복하려고 했다면, 전자는 소극적 저항으로 위기를 경고한다. 옳고 그름의 문제는 결코 아니다. 두 시선 모두 중요하다. 백남준 역시 오웰의 예언을 100% 부정한 것이 아니라, "절반만 맞았다"[20]고 했다. 이 책은 '백남준의 관점'으로 AI와 AI 영화에 대해 이야기하고 있지만, 그렇다고 '조지 오웰의 관점'을 등한시하거나 '신체'나 '아날로그'를 도외시하는 것은 더욱 아니다. 오히려 후자가 더 중요하나, 이 책의 주제가 AI영화 제작론이기 때문에 전자에만 머무르는 것에 대해서는 미리 양해를 구한다.

영화 〈AI 수로부인〉과 『AI영화 제작론』이 세상에 나올 수 있던 것은 전적으로 ㈜나라지식정보 손영호 대표님 덕분이다. 많은 배려를 해주신 전화자 이사님과 손지호 소장님, 영상과 음악 등을 함께 생성한 노지윤·박수연 연구원, 자막 수정과 홍보를 맡아준 신난타 연구원, 영화제 포스터나 GV 이미지 등에 도움을 준 이규민·박예인 연구원, 저작권 등록과 영화 등록에 애써준 박미연 연구원께 감사를 드린다. 이 책의 출판을 위해 동분서주 애쓰신 유철균 원장님께도 심심한 감사를 전한다.

〈AI 수로부인〉을 영화관에 상영해준 씨네아트리좀 하효선 대표, 늘 격려를 아끼지 않는 레디앙미디어 김에스더 대표, 그리고 영화 출품 직전, AI 자막 기능의 돌발 문제로 며칠 동안 수작업으로 자막 배치를 다시 해준 박송묵 감독께도 감사드린다.

특히 영화와 책, 이 모든 것이 가능하도록 뒤에서 총괄 지휘한 숨어 있는 '감독' 박승희 부사장님께 마음 다해 감사를 전한다.

일 자 포스트 참조.
이 언급에서 주의할 것은, LLM을 하지 않는 것과 모르는 것은 다른 의미다. LLM을 극복하려면 이에 대해 잘 알아야 한다.

20 「'두려움과 열광' …우리 시대에 피어난 모순」, 〈경인일보〉, 2014년 1월 24일 자.

Ⅱ.

〈AI 수로부인〉
제작 과정과
제1세대 AI영화 툴

1. 편집과 선택

DIY 영상 제작, 해리 포터 바이 발렌시아가 튜토리얼

그림 II-1-1 데몬플라잉폭스의 「해리 포터 바이 발렌시아가」[1]

이 책은 '제7의 예술'로 가기 위해 영상, 음악, 대본 등 각 분야마다 생성형 AI 툴을 사용하는 종합예술로서의 영화를 소개한다. 이러한 제작 방식이 복잡하고 어려울 수 있다. 수많은 생성형 AI 툴을 사용한 AI영화 제작 방식을 분석하기에 앞서, 그보다 쉽게 접근할 수 있는 AI 영상 하나를 소개한다. 2023년 3월 16일, 유튜버 '데몬플라잉폭스Demonflyingfox'는 「해리 포터 바이 발렌시아가Harry Potter By Balenciaga」라는 영상([그림 II-1-1])을 유튜브에 올렸다. 영화 〈해리 포터〉의 캐릭터들이 브랜드 발렌시아가의 런웨이에 선다는 내용이다. AI로 만든 해당 패션쇼 영상에는 고작 네 개의 AI 툴이 사용됐다. 이 영상은 공개 2주 만에 조회수 420만 회를 넘기며 각광을 받았다. 몇

---

1   https://www.youtube.com/watch?v=iE39q-IKOzA

몇 전문가가 분석한 이 영상의 제작 방식을 종합하면 다음과 같다.

「해리 포터 바이 발렌시아가」 튜토리얼

1. 챗GPT: "인기 있는 〈해리 포터〉 캐릭터 열 명"을 뽑아달라고 요청한다. 다음으로, "너[챗GPT]는 20년 경력의 디자이너 입장에서, 캐릭터 열 명이 1990년대 '발렌시아가 패션쇼'를 하는 신의 프롬프트를 써줘"라고 요청한다.

2. 미드저니: 상기 프롬프트를 입력해 이미지를 만든다.

3. 일레븐랩스: 〈해리 포터〉 배우들의 목소리를 보이스 클로닝(음성 복제)하여 음성파일을 만든다.

4. D-ID: 미드저니로 만든 이미지와 일레븐랩스로 만든 음성파일을 넣어 영상을 만든다.

5. 캣컷: 배경음악과 효과 등 영상의 디테일한 부분을 편집한다.

이처럼 네 개의 AI 툴과 하나의 편집 툴로 쉽게 영상을 만들 수 있다. 위 영상은 배우들의 얼굴과 목소리를 매치시키기 위해 보이스 클로닝까지 사용했다. 하지만 이것이 어려우면, 음성 변환 툴(텍스트에서 음성 생성, TTS)에서 제공하는 AI 음성을 사용하면 영상 제작은 더욱 간편해진다. 「해리 포터 바이 발렌시아가」 영상에서 Gen2와 같은 TTV(텍스트에서 영상 생성)를 사용하여 인물이나 배경 전체가 움직이게 만든 신이 없다는 점은 아쉽다. 여기에 소개된 생성형 AI 툴 말고, 비슷한 기능의 다른 무료 툴을 사용해도 된다. 이렇게 간단한 방식으로 자신만의 영상을 만들 수 있다. 그런데 이 영상이 주목받은 요인은 제작 방식보다는 '아이디어'에 있다. 즉, 개념과 선택 덕분이다. 〈해리 포터〉라는 대중적 사랑을 받은 영화와 우아하면서도 파격적인 '발렌시아가 패션쇼'를 접목했다. '개념과 선택'은 모든 영상과 영화의 주요 요소이지만, 표현과 감성의 디테일이 부족한 작금의 AI영화에서는 더욱 긴요하게 다뤄야 할 덕목이다. 앞으로 다룰 제1세대 AI영화 편집의 주 역할은 이러한 개념과 선택이 잘 드러나도록 돕는 것이다.

AI영화는 편집과 선택의 싸움

2부에서는 〈AI 수로부인〉의 제작 과정을 집중적으로 다룬다. 제1세대 AI영화는 '편집'으로 시작해서 '편집'으로 끝난다고 해도 과언이 아니다. 여기서 두 번 언급되는 '편집'은 동어 반복이 아니다. 첫 번째 편집은 '시놉시스'를, 두 번째 편집은 수정 및 효과(음향, 영상 등)를 대상으로 한다. 물론, 그사이에도 많은 편집이 있다. 완성도를 위해선 AI가 생성한 시나리오, 이미지, 가사, 음악, 음향 등 모든 것을 다시 프로듀싱해야 한다.

"〈스타워즈: 에피소드 1-보이지 않는 위험〉에서 전통적인 세트장에서의 촬영은 겨우 65일 동안 진행되었다. 하지만 편집 작업은 2년을 끌었다. 이는 영화의 95%(전체 2,200개 숏에서 거의 2,000개 숏)가 컴퓨터에서 만들어졌기 때문이다."[2] 1999년 등장해 디지털 미디어의 전환을 가져온 〈스타워즈: 에피소드 1〉에 대한 설명이다. 촬영은 겨우 65일이었는데, 편집은 2년이 걸렸다고 한다. 그래서 영화는 편집 전의 영화와 편집 후의 영화가 있다고들 한다. 기술이 대단히 좋아진 요즘도 편집은 여전히 오래 걸린다.

촬영이 필요 없는 AI영화도 편집이 중요하며, AI가 빠른 속도로 발전함으로써 자동 편집 기능도 나날이 좋아지고 있다. 훗날엔 '편집에서 편집으로'가 아니라 '선택에서 선택으로'로 바뀔 것이다. 또한 '현실에서 이미지로의 재배치'[3]가 '이미지에서 현실로의 재배치'가 될 수도 있다.

그림 II-1-2 달리3이 생성한 '파리스의 심판' 이미지
고대 그리스 도자기 스타일로 그렸다. 달리3은 "세 여신이 모두 등장하고 있다"고 하나, '헤라'가 빠졌다. 어쩌면 아테나 여신(좌에서 세 번째)의 손의 들린 원반 속 여신을 말하는 것일 수도 있다.

---

2   레프 마노비치, 『뉴미디어의 언어』, 서정신 옮김, 커뮤니케이션북스, 2014, 412쪽.

3   *Ibid.*

그림 II-1-3 달리3이 생성한 '트로이 전쟁' 장면을 찍는 촬영 현장 이미지

　　선택의 중요성은 이미 신화시대부터 인간의 가장 중요한 요소로 여겨져왔다. "Birth(탄생)와 Death(죽음) 사이에는 Choice(선택)가 있다"라는 영국의 격언도 있다. 그 정도로 '선택'은 인생에서 중요하다. 서구에서 최초로 쓰여진 신화 『일리아드』의 발단이 된 사건도 '선택'이 강조된다. 바로 '파리스의 심판'([그림 II-1-2])으로, 트로이의 왕자 파리스가 헤라, 아테나, 아프로디테 중에 가장 아름다운 여신을 선택해야 한다는 이야기다. 그는 아프로디테를 선택하고, 이는 트로이 전쟁([그림 II-1-3])의 원인이 된다. 원래는 신들의 신인 제우스가 선택해야 하나, 그는 파리스에게 이를 이양한다. '파리스의 심판'에 대해 필자는 소고를 쓴 적이 있는데, 신은 '선택'을 거부할 수 있지만, 인간에게는 선택이 강요되고 이를 피할 수 없다는 결론이었다.

　　'선택'이라는 것은 가장 신적이지 않은 속성이기 때문이다. 선택을 하면, 그만큼 범위가 좁아진다. 100개 중에 하나를 선택하면, 99개는 제외된다. '선택'은 선민의식(금수저), 배제와 소외(흙수저)를 동시에 담는 무거운 개념으로, 동양과 서양에서의 접근 방식은 또 다르다. 언어와 관련해서, 한국어는 이러한 선택을 피하기 위한 최적의 언어이다. 주어가 없이 충분히 소통이 가능하다는 것이 대표적이다. 주체가 애매한 언어 뉘앙스는 정확성과 완벽함을 요청하는 근대에는 부적합했으나, 현재에는 시대상을 잘 반영한다. 이처럼 무거운 언어학적·역사적·문화예술적 함의를 담은 개념적 '선택'에 대해서는 뒤에서 좀 더 상세히 다루도록 한다.

　　그림(유화) 한 점을 그리기 위해서도 유화물감, 팔레트, 캔버스, 유화 붓, 페인팅 오일, 유통, 브러시 클리너, 석유통, 천, 이젤 등이 필요하다. 게다가 아크릴, 수채화 등 종목을 바꾸면 준비할 가짓수는 점점 더 많아진다. 반면, 디지털로 작업하면 손에 물감 한 방울 묻히지 않고 더 다양한 재질의 그림을 그릴 수 있다. 그림도 이러한데, [그림 II-1-3]의 이미지에서도 알 수 있듯이 영화는 상상할 수 없을 정도로 준비할 것이 많다. 일반 영화 촬영을 위한 준비물은 [표 II-1-1]을 보면 대략 짐작할 수 있다.

표 II-1-1 영화진흥위원회 '독립영화제작 지원 공모' 양식[4]

구분		항목	세부내역	금액(원)
1. 사전제작(Pre-Production)				
기획개발비				
시나리오		각본		
		콘티		
		제본		
스탭		프로듀서		
		감독		
		조감독		
		라인프로듀서		
		연출부		
		제작부		
		촬영부		
		조명부		
		동시녹음부		
		미술/소품팀		
		분장		
		의상팀		
		스틸/메이킹		
배우		주조연		
		단역		
		엑스트라		
진행		현팅		
		테스트 촬영		
		기타 진행비		
	사전제작비 합계			
2. 제작(Production)				
촬영기자재		메인카메라 대여		
		그립기재		
조명 기자재				
미술				
세트				
특수효과				
소품				
의상				
분장				
동시녹음				
로케이션		장소사용료		
		숙대/숙박/교통 등		
	제작비 합계			
3. 후반작업비(Post-Production)				
편집				
음악				
사운드				
DI				
CG/자막				
진행				
	후반 작업비 합계			
	순제작비 합계			

촬영 장비부터 소품, 의상, 세트 같은 물리적 도구는 물론이고 배우, 스태프 등 인적 자원까지, 유명한 배우는 생각지도 않고, 어느 정도 재능이 있는 연기자를 섭외하려고 해도 쉽지 않다. 장비와 인력이 동원되고, 야외 촬영 시에는 일반인들 통행까지 통제해야 하고, 최대한 단시간에 마쳐야 하는 등 여러 가지 제약이 많다. 한 신을 찍는 데에도 트럭 몇 대가 필요하다. 제작비도 상상을 초월한다. 따라서 일반인들은 아

---

4   https://www.kofic.or.kr/kofic/business/prom/promotionBoardDetail.do

예 꿈도 꾸지 못했다. 그런데 노트북 안에 모든 촬영 장비, 배우, 하물며 시공간까지 주어졌다. 개인이 취미로 영화를 만들 수도 있게 됐다.

AI영화의 제작 프로세스

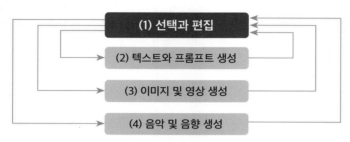

그림 II-1-4 AI영화의 제작 프로세스

영화는 텍스트 관련 작업이 우선이다. 즉 시나리오가 있어야 한다. 여기에 따라서 스태프, 배우 등을 섭외하는 사전 제작Pre-Production 작업이 진행되며, 이 작업이 가장 오래 걸린다. 그다음으로 제작Production과 후반 작업Post-Production에 들어간다.

아직 한계가 많은 제1세대 AI영화 제작 툴에서는 모든 과정이 '선택'과 '편집(배열)'의 연속이다. AI영화 제작의 메커니즘을 단순화한다면, [그림 II-1-4]의 (1) 선택과 편집, (2) 텍스트와 프롬프트 생성, (3) 이미지 및 영상 생성, (4) 음악 및 음향 생성으로 나눌 수 있다. 그러나 이는 피상적인 구분일 뿐, 실제 작업에서는 모든 작업이 순차 없이 동시에 일어난다. 한마디로, AI영화 제작은 '생성-편집', '선택-편집', '편집'의 영원한 회귀다.

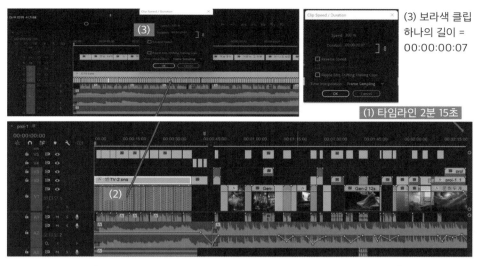

(3) 보라색 클립
하나의 길이 =
00:00:00:07

(1) 타임라인 2분 15초

(2)

그림 II-1-5 〈AI 수로부인〉 초반 2분 15초 분량의 프리미어프로 타임라인[5]

[그림 II-1-5]는 〈AI 수로부인〉의 가장 첫 부분인 2분 15초 분량의 프리미어프로 Primiere Pro의 타임라인이다. (1)을 보면 2분 15초 동안 100여 개가 넘는 클립이 사용되었다. 타임라인의 일부인 (2)를 확대한 것이 (3)이다. (3)의 보라색 클립 하나를 클릭하여 길이를 보면 00:00:00:07(시:분:초:24fps)로, 약 0.29초이다. 생성된 수십, 수백 개의 영상 가운데 하나의 클립을 선택해 타임라인에 얹는다. 그런 뒤 먼저 얹은 클립과 그다음 클립이 연결되도록 영상을 다시 생성해야 한다. AI영화 편집도 일반 영화만큼 노력이 필요했으나, AI 툴이 발전함에 따라 점점 수월해지고 있다.

클립을 타임라인 위에 얹었다고 끝나는 것이 아니다. 이 앞뒤 배열을 전체적으로 살펴봐야 한다. 여기서 가장 큰 어려움은 클립의 길이였다. 가장 짧은 것은 0.29초부터 최대한 길어야 8초다. 8초는 'AI 영상의 마의 벽'과 같았다. 이에 대해서는 89쪽과 93쪽에서 실례와 함께 상세히 설명한다. 한 편의 영화를, [그림 II-1-5]의 타임라인 예시에서 보듯이 2~4분 정도로 짧게 여러 개의 파일로 나눠서 작업해야 한다. 그

---

5   AI 영상 편집이 시작되면, AI가 한 것과 사람이 한 것을 구분하기 어렵다. 클립 하나하나를 놓고 배열하는 것은 온전히 사람의 역할이다. 클립 자체는 AI가 생성했다고 하더라도, 그대로 사용하는 것이 아니라 다시 AI로 수정 및 재생성하여 사용한다.

이유는 노트북 편집을 위해서다. 디지털 노마드 시대에 개인이 AI로 영화 제작하기를 모토로 하였기에 우리는 모든 작업을 노트북[6]으로 했다. 그러나 영상 길이가 5분이 넘어가면, 렌더링할 때 노트북이 금방이라도 이륙해서 날아갈 것 같은 소리를 낸다. 영화관에 상영될 수 있을 정도의 해상도를 유지하면서, 동시에 노트북으로 운용이 가능하도록 여러 파일로 나누어서 작업했다. 마지막에 전체 편집을 할 때는, 각 파일의 가장 앞과 뒤 클립의 원본 파일(영상, 대사, 효과 등)은 유지하고, 나머지 파일들은 영상, 대사, 음악, 효과 등을 모두 합쳐서 하나의 영상(MP4)으로 만든다. 이렇게 작업된 파일 모두를 한 프로젝트로 가져가서 최종 편집을 한다. 영화를 여러 파일로 나눠서 작업하는 경우에는 영화 편집 자체도, 그리고 차후에 트레일러를 만들 때도 매우 번거롭다.

　'선택'과 '배열'은 편집뿐만 아니라 텍스트, 이미지 및 영상, 배경음악, 효과 작업에서도 거듭 중요하게 다뤄진다. 35쪽 [그림 II-1-6]의 이미지들은 각각 다른 툴로 생성한 결과다. 왼쪽 이미지는 "반 고흐 스타일의 봄 풍경"을, 오른쪽 이미지는 "반 고흐 초상화"라는 프롬프트를 사용했다. 왼쪽 이미지 그룹은 영화의 배경을, 오른쪽 이미지 그룹은 영화의 캐릭터들을 생성하기 위한 것이다. 같은 프롬프트로 생성한 이미지들을 가이드 삼아, 50개가 넘는 생성형 AI 툴에서 어떤 스타일로 할지 고른다. 〈AI 수로부인〉을 제작하면서도 위의 이미지들을 참조했다. 〈AI 수로부인〉은 포토 리얼리스틱Photo realistic, 초현실주의Surrealistic, 판타지Fantastic, 키치Kitsch라는 네 종류의 스타일을 주로 사용했다. 서로 다른 스타일이 혼합되었으므로, 배경과 캐릭터가 전체적으로 조화를 이루는지 점검한다. 편집과 선택은 영화 처음부터 최종 수정까지 지속적으로 생성형 AI 툴의 특성에 따라 변경된다. 마르셀 뒤샹처럼 '개념적 선택'[7]을 하며, 질 들뢰즈의 시네마 미학에서처럼 "영상 뒤"나 "앞"을 읽고, 다음 이야기로 전개될 수 있는 '창의적' 편집이 AI영화 전 과정에 적용된다.

6　노트북 사양은 삼성 갤럭시북3 울트라 NT960XFH-X72A/인텔i7-13700H/RTX4050/32GB/SSD 1TB/3K/120Hz다.

7　마르셀 뒤샹, "평범한 오브제도 예술가의 선택으로 품격 있는 예술작품이 될 수 있다(An ordinary object [could be] elevated to the dignity of a work of art by the mere choice of an artist)."

그림 II-1-6 개념적 선택과 창의적 편집

　〈AI 수로부인〉을 제작할 때, [그림 II-1-6]의 예시로 반 고흐 대신 수로부인을 모델로 썼다면 더 효율적이었겠으나, 대부분의 생성형 AI 툴이 '수로부인'을 몰랐다. 당시만 해도 AI(TTI, TTV)가 '한복'조차 몰랐기에, 프롬프트를 "중세시대의 한국 여성" 혹은 "한국 고전 옷을 입은 한국 여인"으로 입력해야 했다. 이 경우 생성은 되지만, 각기 툴의 특징이 드러나지 않았으며 같은 툴에서도 일관성 없이 생성되어 비교조차 어려웠다. 그래서 AI가 잘 알고 있고(빅데이터가 풍부하고 트레이닝이 잘된), 예술적인 부분도 겸비한 예시[8]로 반 고흐를 선택했다. 혹은 모든 스타일로 표현이 가능하고 어떤 프롬프트든 상관없이 귀엽게 잘 생성되는 고양이나 강아지를 사용할 수도 있었다. 하지만 이 경우에는 당시 AI 툴의 가장 큰 약점인 눈, 코, 입, 특히 손가락이 제대로 생성되는지를 알 수 없다. 또한 너무나 잘 생성이 되기에 오히려 실제 영화 캐릭터를 생성할 때 격차가 커서 도움이 되지 않았다.

8　현 교황이나 트럼프 대통령 같은 유명인은 실물 사진이 주된 데이터이기에, 예술적인 다양성을 지닌 초상화는 반 고흐를 따라갈 수 없었다.

발전하는 AI 편집 툴

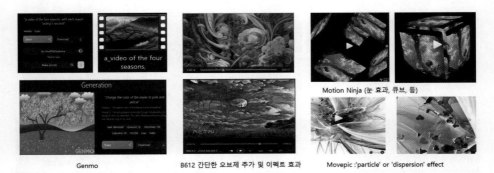

Genmo   B612 간단한 오브제 추가 및 이펙트 효과   Motion Ninja (눈 효과, 큐브, 등)

Movepic :'particle' or 'dispersion' effect

그림 II-1-7 **기본 편집 툴:** 프리미어프로, 애프터이펙트, 애니메이트, 파이널 컷 프로X(Mac)
        AI 영상 효과 애플리케이션: 캣컷(파티클 기능 등), 모션 닌자와 젠모(눈 효과, 큐브 효과 등),
        무브픽(파티클 기능), 스토리제트, B612 등

    기본적인 편집 툴은 어도비의 **프리미어프로, 애프터이펙트, 애니메이트**를 사용했으며, 맥Mac에서는 **파이널 컷 프로X**Final Cut ProX를 이용했다. 이 외에도 가벼운 용량으로 AI 영상 효과를 내는 **필모라**Filmora[9]**와 젠모**Genmo, **캣컷**Catcut과 **무브픽**Movepic의 파티클 기능, **모션 닌자**Motion Ninja의 눈, 큐브 효과와 더불어 **스토리제트**StoryZ, **B612** 등을 사용했다. 파티클(애프터이펙트에 플러그인으로 사용)이라는 기능은 대단히 효과적이고 좋으나, 노트북에서는 용량과 연동 문제로 사용에 어려움이 있었다. 이 때문에 원본 파일과 그 위에 얹힌 효과를 합성해 변환한 MP4 파일을 사용했기에 수정할 때마다 번거로웠다. 참고로 모바일에서 사용 가능한 AI 툴은, 용량은 가벼우나 업스케일이 필수이다.

---

9   https://filmora.wondershare.kr

그림 II-1-8 필모라로 시도해본 〈AI 수로부인〉 트레일러[10]

그림 II-1-9 필모라 사이트에서 AI 기능을 사용할 수 있는 리스트

파워디렉터Power Director[11], **신디시아**Synthesia[12], 캣컷, 필모라를 비롯해 AI 효과, 에셋, 템플릿 등을 사용할 수 있는 AI 편집 툴은 많다. 필모라의 경우 20개가 넘는 AI 기능을

---

10   필모라는 '21:9(시네마)'의 영화스크린 사이즈로도 편집이 가능하다. 개인 AI영화 제작 시대를 예상한 것으로 보인다.

11   https://kr.cyberlink.com

12   https://www.synthesia.io

사용할 수 있다. 필모라와 관련하여, 강화되고 있는 AI 툴은 다음과 같다.

먼저, 텍스트를 기반으로 편집할 수 있는 **Text to Video Editing**TTVE 기능이 강화되고 있다. 〈AI 수로부인〉 제작 과정에서도 시도해보았으나, 만족스러운 결과를 얻지 못하고 중단했다. 그러나 머지않아 놀라운 발전이 있으리라 예상된다. 영상의 내용과 스타일을 분석하여 적합한 편집, 전환 및 효과를 제안하고 편집 작업 흐름을 간소화하는 AI 코파일럿 편집도 주목할 만하다.

음악 생성 작업도 수월해지고 있다. 영상 분위기에 맞는 저작권 프리 음악을 자동 생성하는 AI 음악 생성, 오디오에서 음악과 보컬을 분리하는 AI 보컬 리무버VocalRemover, 영상 클립이 늘어나면 오디오 클립도 자동으로 늘어나서 배경음악을 연결하는 AI 오디오 스트래치, AI 노이즈 제거 기능은 자주 사용하게 될 것 같다. 개체의 윤곽을 자동으로 추가하는 AI 스마트 마스킹, 영상에서 배경을 제거하거나 변경하는 AI 스마트 컷아웃, AI 효과 덧입히기 등은 다른 TTV나 TTVE에서도 중요시여기는 부분이다.

AI 섬네일 생성, AI 카피라이팅, 자막 받아쓰기 등은 이미 상용화되었으며, 지금도 편집 툴에서 곧장 TTV, TTS, 자막 받아쓰기(음성 인식하여 자막으로 변환, 많은 편집 툴이 한국어 지원) 등을 생성할 수 있다.

영화의 시청 방식이 바뀌면, 편집 방식도 바뀐다. OTT나 유튜브 등을 통해 모바일에서 영화를 보는 관객이 늘어남에 따라 화질에 대한 부담이 줄었다. 스마트폰으로 영화를 보는 것은 물론, 스마트폰을 사용하여 영화를 촬영하고 제작한다. 스마트폰 영화제도 늘어나는 추세다. 아이폰 필름 페스티벌iPhone Film Festival[13], 국제 모바일 필름 페스티벌International Mobile Film Festival[14], 올레 국제 스마트폰 영화제OISFF[15]와 같은 스마트폰 영화제는 이미 오래전부터 진행되고 있었다. 아울러 AI가 영화 제작에 투입되고 촬영, 편집, 음악 생성 등 전 과정을 모바일로 작업하는 일종의 "DIY 영화"[16]가 가

---

13   https://www.iphoneff.com

14   https://filmfreeway.com/InternationalMobileFilmFestival

15   https://filmfreeway.com/OISFF

16   Thompson, Kristin&Bordwell, David. *Film History: An Introduction, 3rd Edition*, McGraw-Hill, 2009.

능해졌다. 데이비드 노먼 로도윅은 "필름은 사라져도 영화는 계속된다"[17]고 했다. 마찬가지로 캔버스와 물감이 사라져도 미술은 계속되고, 악기가 사라져도 음악은 계속된다. 영화에 대한 패러다임의 변화는 AI와 만나 모바일로도 가능한 영화 제작, 개인 영화 제작 시대의 불씨를 지폈다.

---

17   데이비드 노먼 로도윅, 『디지털 영화 미학』, 정헌 옮김, 커뮤니케이션북스, 2012.

2. 스크립트 및 시나리오

〈AI 수로부인〉의 구조

표 II-2-1 〈AI 수로부인〉의 구조: 시퀀스와 신의 전환 — 파란 선은 문제 해결 및 긴장 완화 구간

막	시퀀스	신	스타일	주요 액션	주요 감정 및 역할
1막	시퀀스	타이틀	사실주의	노이즈 화면	AI와 현실 / 나와 우주의 밀접함 AI영화라는 암시 / AI의 도래
		프롤로그	아트 판타지	두 무당의 만남	현대와 과거의 연결 현실 관객들을 허구로 안내
2막	시퀀스 (윤회 1)	S1	초현실주의	수로부인을 찾는 천룡과 해룡	문제 암시 〈구지가〉
		S2	사실주의	강릉 행차, 수로부인과 천신 (노인)의 만남	문제1 시작 〈수로가〉
		S3	초현실주의 / 키치	우주여행	절정1 〈헌화가〉 반복 극적 해결1
	시퀀스	S4	사실주의	강릉 행차	문제2 시작
		S5	초현실주의 / 키치	바다로 납치	절정2 〈해가〉 극적 해결2
3막	시퀀스 (윤회 2)	S6	사이언스 판타지	수로부인의 귀환	클라이맥스 이후
		에필로그	아트 판타지	두 무당의 만남	허구에서 다시 현실로

제작에 앞서 영화의 전체적인 구조를 정리한 개요도를 작성해두는 것이 좋다. 숏의 길이가 아주 짧은 AI영화는 수많은 '기본 컷Standard Cut'의 연속이라고 볼 수 있다. 따라서 〈AI 수로부인〉은 막, 시퀀스, 신을 간략하게 구분하고, 신은 일반 영화처럼 시

공간 변화에 따라 나누었다. 신에 대한 설명은 다음과 같다.

타이틀 신에서는 TV가 있는 안방과 우주가 연결된다. 우리와 우주가 얼마나 밀접하게 연결되는지 이야기하고, AI가 실제 생활에 가까워졌다는 것, 알파 세대는 개인이 AI영화를 만들 수 있으리라는 암시를 담았다.

프롤로그와 에필로그는 각각의 신이지만, 수미상관을 이루며 다른 신들과 구별된다. 오프닝 신은 관객과 영화 사이의 간격을 좁히는 역할을 한다. 이에 따라 현대의 백남준과 신라시대의 수로부인이 만나는 장면을 연출했다. 두 사람의 연결은 현실의 관객들을 허구로 안내하겠다는 의미다.

첫 번째 신은 문제가 발생할 것을 〈구지가〉[18]를 통해 암시한다. 〈구지가〉는 지도자를 찾는 노래로, 김해시의 구지봉에서 구전되었다. 구지가에 응답해 여섯 개의 알이 내려왔고, 이후 여섯 명이 여섯 가야의 시조가 되었다는 설이다. 수로부인과는 직접적인 관계가 없으나, 역사가 이어지고 환원된다는 동양적 시공간을 암시하기 위해 차용했다. 천룡과 해룡이 나타나 수로부인을 찾으며 우주적인 어떤 문제가 발생했음을 알려준다.

두 번째 신은 수로부인의 역할을 들려주는 〈수로가〉로 시작되며, 첫 번째 신의 문제를 해결할 사람이 등장했다는 걸 알 수 있다. 세 번째 신에서는 우주 재앙으로 인해 수로부인이 위험에 처하나 예술로 인해 목숨을 구한다. 네 번째 신에서 다시 문제가 발생하고 다섯 번째 신에서 다시 목숨에 위협을 받지만 이내 극복한다. 모든 존재와 비존재, 지구와 우주가 하나라는 것을 보여준다.

여섯 번째 신은 클라이맥스로 모든 문제가 해소되고 하나가 되며 이로 인해 기쁨을 만끽한다. 에필로그인 클로징 신에서는 프롤로그와 반대로, 과거와 허구에 있던 관람객들을 다시 현실로 되돌아오게 한다.

---

18 龜何龜何(구하구하, 거북아 거북아) / 首其現也(수기현야, 머리를 내어라) / 若不現也(약불현야, 내어놓지 않으면) / 燔灼而喫也(번작이끽야, 구워서 먹으리)
〈구지가〉에서 거북은 장수 신앙이나 남성 성기를 상징하며, 장수와 생명을 의미하는 금관가야의 시조 설화다. 여기서 "굽는다"는 후반부와 관련해서, 거북의 등딱지를 이용해 점을 치는 의식을 의미할 수도 있다. 首는 '표시하다'라는 뜻의 동사로, 燔은 제사에 쓰는 고기를 굽는 의식으로, 灼은 등딱지를 태우는 의식으로, 喫은 등딱지에 새겨진 점괘를 받는다 등으로 해석이 가능하다.

신라시대 이야기이기에 시공간적 조건도 유불선儒佛仙의 색채가 가미되었다. 내용뿐만 아니라 시퀀스에서도 비슷한 양상의 전개를 두 번 반복함으로써 동양의 순환적 시공간을 보여주고자 했다. 서구의 직선적 시간과 역사관과 구별된다. 막은 서론, 본론, 결론의 형태라고 보면 된다.

제1세대 AI영화는 아무래도 애니메이션처럼 보이기 쉽다. 제2세대 AI영화의 목표는 실사와 같은 스타일, 실제 배우처럼 보이는 캐릭터를 생성하는 것이다. AI 캐릭터의 표정이나 몸짓에서 감정이 배어난다면, 이는 제3세대 AI영화가 된다. 〈AI 수로부인〉역시 사실주의 스타일의 영화를 목표로 했지만, 당시의 툴로는 약간의 가능성만 제시할 수 있었다. 사실주의로 표현할 수 없는 부분은 환상적 스타일과 키치 스타일로 대체했다. 하지만 작금의 AI 발전 속도라면, 머지않아 이러한 로망이 실현될 듯하다.

〈AI 수로부인〉의 배경과 내용

이제 잠시 영화를 관람해보도록 하자. 영화는 옛날 TV 화면의 노이즈로 시작된다. 한 어린아이와 할머니가 대화를 주고받는 목소리가 들린다. 그리고 'AI가 만든 영화, AI 수로부인'이라는 오프닝 타이틀이 뜨며 페이드아웃 된다. 곧이어 다양한 종류의 스크린이 열매처럼 달린 나무가 가득한 디지털 숲이 펼쳐진다. 안개가 피어오르고, 노란 옷을 입은 사내가 춤을 춘다. 나무에 달린 스크린 하나가 켜지고 그 속에서 어떤 외국인이 나타나 손을 흔들며 "안녕하세요, 전자무당님!"이라고 인사한다. 이를 보아 춤추는 남자가 백남준이라고 유추할 수 있다. 다른 스크린들이 하나둘씩 켜지면서 외계인들도 나타나 "다시 만나 반갑다"고 인사한다. 마지막으로 켜진 스크린에서는 백남준과 비슷한 노란 옷을 입은 수로부인이 등장해 "함께 춤추러 왔다"고 말한다. 이 프롤로그에서는 예술을 통해 사람, 자연, 우주와 소통한 백남준과 예술의 본질을 상기시킨 수로부인의 만남을 그렸다. "백남준이라면, AI 변곡점을 어떻게 받아들였을까?"라는 질문이 영화 제작의 시발점이었다.

프롤로그 이후 〈AI 수로부인〉은 『삼국유사』에 근거하여 다음과 같이 전개된다. 신라 성덕왕 때, 순정공이 강릉 태수로 부임하는 길에 그의 부인 수로가 천 길 높이의 절벽에 피어 있는 철쭉꽃을 발견한다. 그녀는 이 꽃을 원했으나 위험해서 아무도 시도하지 못한다. 그런데 한 노인이 꽃을 꺾어다 주며 〈헌화가〉를 부른다. 다시 이틀 길을 가는데 바다에서 용이 나타나 수로를 납치한다. 노인이 다시 나타나, "사람들이 마음을 모아 함께 노래를 부르면 구할 수 있다"고 한다. 이에 〈해가〉를 불러 부인을 구해낸다.[19]

〈AI 수로부인〉에서는 앞서 말한 원전에 다음 에피소드가 추가된다. 수로부인은 천룡에 의해 우주여행에 초대된 뒤 지구로 귀환하나, 다시 해룡에게 납치된다. 2084년 우주와 용궁은 인간이 배출한 쓰레기와 오염으로 위기에 처했고, 수로부인 역시 절체절명의 난관에 빠진다. 이 에피소드는 샤먼이 신과 인간, 존재와 비존재, 자연과의 소통을 매개한다는 샤머니즘에 근거해 만들어졌다. 백남준은 샤머니즘을 한국 문화의 근간으로 보았다. 샤머니즘이 그러하듯 자연을 두려워했다면 이러한 재앙은 없었을 것이며, 자연과의 소통으로 문제를 극복할 수 있다는 의미를 담았다.

수로부인을 구하기 위해 부르는 〈해가〉는 제의적인 의미도 있지만, 전쟁, 힘, 권력, 자본이 아니라 '노래', 즉 '예술'로 사람을 구한다는 예술의 본질이자 역할을 알려준다. 〈AI 수로부인〉의 역사적 배경은 신라시대이지만, 현재의 급박한 문제를 외면하지 않는다. 하늘과 바다를 여행하는 장면을 통해 이 시대의 화두인 환경 문제도 제기한다. 한국의 역사와 현재를 동시에 다루는 문화 콘텐츠 결과물이 생성됐다. 또한 〈AI 수로부인〉은 근원적인 예술의 역할을 떠올리며 현대예술의 문제를 비평한다. 전통예술의 의례적인 면을 보여주기 위해, 〈구지가〉[20], 〈해가〉, 〈헌화가〉[21]의 내용을 기본 골격으로 삼았다. 이는 자본주의화 되어가는 현대예술을 성찰하며 예술의 근본적인 의미와 소통의 역할을 상기시키기 위해서다.

〈AI 수로부인〉은 1950년대 초반에 시작된 AI가 변곡점을 지나는 2023년 당시 AI의 민낯을 그대로 보여주고자 했다. "기록이 없으면 역사도 없다"는 제작사의 모체 ㈜나라지식정보의 모토를 실천하는 일환이기도 하다.

---

19 『삼국유사』, 제2권 「기이」, 수로부인 조(條) 참조.

20 『삼국유사』, 제2권 「기이」, 가락국기.

21 『삼국유사』, 제2권 「기이」, 수로부인 조.

대규모언어모델(LLM)과 챗봇[22]

하이데거는 "언어는 존재의 집"[23]이라고 했다. 인간은 그 집에 거주한다. 모든 것은 언어로 구성되며, 언어는 나와 세상이 만나는 장소이다. 인간은 언어를 통해 자신을 표현하고 타인과 소통한다. 하이데거는 "샘에 가거나 숲속을 지날 때, 우리는 이미 '샘'과 '숲'이라는 낱말을 통과한다"고 했다. 결국 언어는 존재가 드러나는 장소이다. 챗GPT발 폭풍에 휩쓸려 다니며, 언어(프롬프트)와 이미지(TTI), 영상(TTV), 음악(TTM)이 더욱더 밀접해지는 관계를 보면서, 그가 후기 철학에서 했던 시적 화두들이 떠오르곤 한다. 비록 그가 의미하는 바와는 다른 필자의 해석이지만, 그의 말이 체험되고 있다.

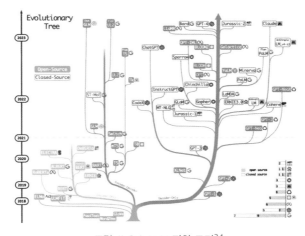

그림 II-2-1 LLM 진화 트리[24]

[그림 II-2-1]은 LLM의 구조를 한눈에 보여주는 진화 트리다. "최근 몇 년간 언어

22　LLM(Large Language Model)은 자연어 처리를 위해 훈련된 대규모 인공지능 모델이고, 챗봇은 특정 작업이나 대화 시나리오에 맞춰 사용자와 상호작용하는 응용 프로그램이다.

23　"Language is the house of being", in Martin Heidegger, *Letter on Humanism*, trans. Frank A. Capuzzi, p.239.
　　cf. Martin Heidegger, *Unterwegs zur Sprache*, Gesamtausgabe Volume 12, 1959.

24　cf. Jingfeng Yang *et al.*, "Harnessing the Power of LLMs in Practice: A Survey on ChatGPT and Beyond", Cornell University, 26 Apr 2023, p.3.

모델의 발전 동향을 잘 보여준다. 트랜스포머 기반 모델은 파란색 가지에, 디코더 전용 모델은 분홍색 가지에, 인코더 전용 모델은 녹색 가지에, 인코더-디코더 모델 등은 회색 가지에 표시되어 있다. 모델들의 세로 위치는 출시일을 나타내며, 오픈 소스 모델은 색이 채워진 사각형으로, 폐쇄 소스 모델은 빈 사각형으로 표시되었다. 오른쪽 하단의 누적 막대그래프는 다양한 회사 및 기관의 모델 수를 보여준다."[25]

LLM은 문장 생성, 번역, 대화 시스템 구축 등에 사용된다. 최근에는 멀티모달 기능을 갖춘 LLM이 등장하고 있다. 멀티모달 LLM은 텍스트 외에도 이미지, 오디오, 비디오 등 다양한 형태의 데이터를 처리하고 이해한다. 언어뿐만 아니라 시각적 정보나 음성 정보를 함께 고려하여 훨씬 더 풍부한 콘텍스트를 이해해 결과를 생성한다. 예를 들어, 이미지 캡션 생성 작업에서 멀티모달 LLM은 주어진 이미지에 대한 설명을 생성한다. "사람이 숲을 산책하는 모습"의 이미지가 주어졌을 때, 멀티모달 LLM은 해당 이미지를 문장으로 묘사하고, 이를 바탕으로 다시 이미지, 영상, 음악 등으로 생성한다. 또한 비디오의 시각적 내용과 오디오의 음성 내용을 동시에 이해하여 해당 비디오의 내용을 요약하거나 설명한다. 이제 LLM은 이미지나 비디오뿐만 아니라 실제 사람의 행동과 대화, 동물, 사물에 대해 파악하고, 다양한 방법으로 묘사하고 행동하기 시작했다.[26] 제1세대 AI영화를 만드는 데 지대한 역할을 한 LLM은 훗날 그 역할이 더욱 커질 것으로 예상한다.

〈AI 수로부인〉에는 대표적인 LLM인 챗GPT, 빙Bing, 바드Bard, 클로바XClova X가 사용됐다. 시놉시스, 시나리오, 프롬프트 등을 쓰게 하고 자료조사도 시켰다. 2022년 11월 30일 테스트 버전이 공개된 챗GPT는 이후 광풍이라고 불릴 정도로 무서운 성장세를 보였다. 페이스북은 10개월, 인스타그램은 2개월이 걸린 100만 사용자를 챗

---

25   *Ibid.*

26   2024년 3월 13일, 로봇회사인 피규어(Figure)가 오픈AI의 챗GPT가 탑재된 로봇 피규어1(Figure1)의 영상을 공개했다. 키는 170cm, 몸무게는 60kg으로 20kg까지 물건을 들 수 있으며, 충전이 필요하면 스스로 충전기로 이동하는 등의 자율성도 갖췄다. 챗GPT가 탑재되어 사람과 소통할 수 있으며, 복잡한 작업 지시도 동시에 해내고, 스스로 판단하고 행동하는 비약적 발전을 보여줬다.
유튜브 〈Figure Status Update - OpenAI Speech-to-Speech Reasoning〉
https://www.youtube.com/watch?v=Sq1QZB5baNw

GPT는 출시 5일 만에 달성했으며, 두 달 만에 1억 명을 돌파했다. 챗GPT는 지금까지 역사상 그 어떤 기술이나 질병보다도 더 빠르게 확산되고 있다. 무엇보다 AI의 대중화를 이뤄냈다.

시놉시스 및 시나리오 생성

〈AI 수로부인〉의 개발 시놉시스 역시 AI로 생성했다. AI 툴에 따라서 생성되는 시놉시스도 다르며, 환각 문제도 다양하게 나타난다. 2023년 9월, "수로부인을 주제로 AI영화를 만든다면?"이라는 프롬프트를 네 개의 챗봇인 챗GPT, 빙, 바드, 클로바X에 똑같이 물었다. 챗GPT는 "수로부인은 신라시대 제35대 왕인 고종과의 로맨스"가 유명하다는 오류를 포함해 시놉시스를 써주었다. 구글 바드는 "박제상과의 비극적인 사랑 이야기"가 전해져온다고 했다. 환각이 가장 심하게 나타난 것은 빙이었다. 수로부인은 "수영장에서 일어난 비극적인 사건"이라며 수사물로 풀어냈다. 클로바X는 네이버와 라인이 합작으로 만든 덕분인지 별다른 환각 없이 작성됐다.

"세종대왕이 화가 나서 맥북을 던졌다"던 챗GPT는 하루하루 괄목할 만한 발전을 보여주고 있다. 어쩔 수 없는 환각 문제도 좀 더 지능적으로 그럴듯하게 발생한다. 그럼에도 불구하고, 아직은 오류를 잡기 위해 여러 번 크로스 체크를 해야 한다. 전문가들은 환각 현상이 완전히 사라지지는 않을 것이라고 평한다. 인간의 언어는 라캉이 말한 것처럼 "기표가 기의에 닿지 못하고 계속 미끄러지기 때문이다". 하지만 예술 분야에서는 이러한 환각 현상이 때로는 전혀 예상치 못한 영감을 주기에, 적극적으로 응용되기도 한다.

'개발 시놉시스Development Synopsis' 또는 '작업 시놉시스Working Synopsis'는 영화의 줄거리와 캐릭터에 초점을 맞추어 아이디어 단계나 제작 초기에 작성된다. 이는 영화의 기본 틀을 설정하고 제작 관련자들이 공통된 비전을 공유할 수 있게 한다. 필자 역시 가장 먼저 개발 시놉시스를 수작업으로 작성해놓았다. 그러나 실제 생성형 AI 툴로 작업에 들어가자, 개발 시놉시스를 일반 영화처럼 작성하는 것을 포기해야 했다. 예를 들어, "360도 화면이 돌며 신라시대로 간다(패닝 기법)"고 상세하게 시놉시스에 표기했다. 이 장면을 AI 툴로 생성하려고 수십 번 시도했으나 실패했다. 이러한 기술적 문제로 시놉시스 작성 방식을 바꿔야 했다. 보통은 개발 시놉시스 또는 작업 시놉시스를 가장 먼저 작성하지만, 〈AI 수로부인〉은 영화제 출품을 위해 '마케팅 시놉시스 Marketing Synopsis' 또는 '판매용 시놉시스Sales Synopsis'를 먼저 작성하는 역순을 밟았다.

시놉시스부터 시나리오까지 생성형 AI를 사용했으나, 2023년 챗봇을 이용해본 사람들은 수많은 시도와 편집 후에야 원하는 결과가 나오는 것을 체험했을 것이다. 다음의 예시를 통해 당시 텍스트 생성 능력의 한계를 살펴보자.

프롬프트: 아래 노래를 현대식으로 운율 있게 바꿔줄래?
자줏빛 바위 가에
잡고 있는 암소 놓게 하시고
나를 아니 부끄러워하시면
꽃을 꺾어 바치오리다

이처럼 〈헌화가〉와 관련된 프롬프트를 네 개의 챗봇에 똑같이 요청했다. 그러자 챗GPT는 "보라색 바위 테두리 / 암소를 놓아 자유로워지게 / 나를 향한 믿음 잃지 않는다면 / 꽃을 따서 너에게 줄게"라고 대답했다. 빙은 "보랏빛 바위 위에 / 놓아준 소가 있어 / 나를 보고 부끄러워하지 않으면 / 꽃을 따서 선물할게"라고 답했다. 바드는 "자줏빛 바위 가에 / 잡고 있는 암소 놓아주세요 / 나를 부끄러워하지 않으시면 / 꽃을 꺾어 바치겠습니다"라고, 클로바X는 "보랏빛 언덕 위에 / 놓여 있는 암소를 치우고 / 나를 보고 미소를 지으면 / 꽃을 따다 선물할게요"라고 답했다. 놀라운 것은 바드를 제외하고 모두 '자줏빛'을 '보랏빛'으로 바꾸었다는 사실이다. 한국에서 만들어진 클로바X는 자줏빛과 보랏빛을 구분할 줄 알았는데 그러지 못했다. 첫 결과물을 보고 네 개의 챗봇에 "좀 더 철학적이고 장엄하게, '철쭉꽃'이라는 용어를 추가해서 써달라"고 요청했다.

요청을 거듭해 만족스러운 시가 나오면, '선택'과 '편집'이 이루어져야 한다. 결과물 중 괜찮은 시구들을 선택해서 나열한 뒤, 흐름을 자연스럽게 배열(편집)한다. 빙에서는 "고요한 자줏빛 바위 그림자에 / 거룩한 암소가 잠시의 안식을 구하며 / 시간의 흐름 속에 서 있어요"를, 바드에서는 "자연의 순환 속에서 / 나는 당신을 위해 / 불가능한 철쭉꽃을 가져다 줍니다"를, 챗GPT에서는 "이 꽃이 당신 앞에 놓이는 순간에 / 시간이 멈추고 / 모든 것은 정적 속에 머무네요"를, 클로바X에서는 "영원한 소망의 순간이 / 당신께 있습니다 / 나의 여신이여"를 선택했다.

의미와 상징이 풍부해지고 영화의 내용과 잘 어우러져서 만족스러웠지만, 각 구절을 각각 다른 툴에서 가져오다 보니 문체가 통일되지 않았다. 챗봇들에 "시의 문체를 통일하고 리듬, 운율을 맞춰 다시 써달라"고 다시 요청했다. 챗봇들이 시의 문체를 통일하고 리듬, 운율은 맞춰주었지만, 필자가 원하는 결과물은 아니었다.

〈헌화가〉를 부른 노인이 차후에 '천신'으로 변하기 때문에, 권위와 겸손이 드러나며 솔직한 독백의 뉘앙스가 담기길 원했다. 이러한 요청을 네 개의 챗봇에 요청했으나 역시 만족스러운 결과물을 받을 수 없었다. 결국 수작업으로 마무리했다. 원래는 가사로 쓰려고 했으나, 당시만 해도 한국어로는 노래를 생성할 수 없어서 일반적인 시로 변환해야 했다.

그렇게 완성된 〈헌화가〉는 다음과 같다. "고요한 자줏빛 바위 그림자에 / 거룩한 암소가 잠시의 안식을 구하며 / 시간의 흐름 속에 서 있구나 / 자연의 순환 속 / 나는 당신을 위해 / 불가능한 철쭉꽃을 가져다 주겠소 // 이 꽃이 당신 앞에 놓이는 순간 / 시간은 잠시 멈추고 / 모든 것이 정적이오 // 그 영원한 소망의 순간을 / 당신에게 바치오리오." 처음의 결과물과 비교해보면 상당히 달라졌음을 알 수 있다.

〈AI 수로부인〉에는 총 네 개의 시가 나온다. 이 시들은 영화의 주제와 의미를 담는 중요한 역할을 한다. 각각의 시가 연작처럼 일관성이 있기를 원했기에, 네 개의 시를 동시에 비교하며 수정과 편집을 거쳤다.

시나리오도 시와 비슷한 과정을 거쳤다. 전반적인 흐름(시놉시스)에 맞춰 대사와 모션을 반복하여 생성하고 수정했다. 대사는 근사하게 나왔는데 영상이 따라오지 못하면, 영상에 맞춰 대사를 바꿔야 했다. 시공간적 조건(생성형 AI의 랜덤 값)에 따라 영화의 전체 구성이 바뀌기도 했다. 2023년 11월 13일 YTN 인터뷰에서, 〈AI 수로부인〉을 실연했는데, 당시 최종 결과물은 확연히 달라졌다. 같은 주제, 같은 AI 툴로 진행되었지만, 순간의 선택이 달라지자 전혀 다른 영화가 만들어졌다. 이 때문에 AI영화 제작은 처음부터 끝까지 매순간 '선택'과 '편집'이라고 반복하여 말한다.

여러 개의 챗봇을 옮겨 다니며 같은 프롬프트를 입력하는 것도 번거롭다. 챗허브 ChatHub를 사용하면, 많은 챗봇을 동시에 사용(무료 2개, 유료 6개까지 동시 사용, 2024년 2월 기준)할 수 있다. 여러 개의 챗봇을 동시에 사용하다 보니 한국어로 프롬프트를 작성해도 어떤 챗봇은 영어로 대답하기도 한다. 이때는 프롬프트 마지막에 "한국어로 대답해달라"고 요청하면 된다.

콘티의 혁명

그림 II-2-2 〈AI 수로부인〉의 한 장면

[그림 II-2-2]의 스틸 컷은 전자무당인 백남준이 춤을 추고 있는, 〈AI 수로부인〉의 한 장면이다. 좀 더 정확히는 굿을 하는 장면이다. 원래는 1990년 7월 20일 현대화랑 마당에서 요셉 보이스를 추모하는 진혼굿 〈늑대 걸음으로〉를 하던 백남준의 모습으로 콘티를 만들었다. 당시 백남준은 갓을 베레모처럼 삐딱하게 쓰고, 하얀 두루마기를 옷고름도 묶지 않은 채 입었다. 처음 상상한 〈AI 수로부인〉의 주인공 백남준은 이러한 모습이었다. 스테이블 디퓨전으로 체크포인트Checkpoint, 로라LoRA, VAE 적용 후 생성하면, 겨우 구현할 수 있었다. 백남준 이미지 데이터로 학습까지 시키면, 원하

는 결과물을 얻을 수 있었을 것이다.

하지만 이는 애초에 목적한 제1세대 생성형 AI 툴의 '민낯'이 아니었다. 또한 백남준 이미지를 데이터로 사용하려면 허가를 얻어야 하는데, 그렇게 되면 '한 달'이라는 기한 내에 영화를 완성할 수 없었다. 그래서 콘티를 대폭 수정했다. AI 툴이 춤추는 장면을 가장 우아하고, 신비스럽게 연출할 수 있는 조건을 찾았다. 그 키워드는 "노란 드레스를 입고 춤추는 남자Dancing man in a yellow dress"였다. 그리고 조금씩 프롬프트를 바꿔가며 무한 생성을 통해 어느 정도 원하는 스타일을 생성해낼 수 있었다. 그러나 생성된 인물들에 일관성이 없었기에, 얼굴이 식별될 정도의 근경 영상은 사용할 수 없었다. 굿 장면 역시 삽입되지 않았다. 기대에 미치는 이미지가 나오지 않았기 때문이다. 대신 굿과 관련된 요소들을 AI로 따로 생성해서 비디오 숲의 스크린에 집어넣는 시도를 했다. 하지만 자연스럽지 않을뿐더러 불필요하게 시선을 분산시켜 생성했던 굿 관련 이미지와 영상은 모두 폐기했다. 따라서 다시 콘티를 수정해야 했다.

콘티와 달라진 부분은 이뿐만이 아니다. 원래 계획한 프롤로그 장면은 이렇다. 백남준과 수로부인이 만난 후 현대에서 신라시대로 거슬러 올라가는 장면에서는, 굿 소리에 맞춰 주변 환경이 시계 반대 방향으로 점점 더 빠르게 돌아가고 갑자기 멈추는 곳에서 순정공과 수로부인이 강릉으로 가는 장면이 시작된다. 현대로 돌아오는 에필로그에서는 카메라가 시계 방향으로 돌며 주변 환경을 비추게 했다. 하지만 생성형 AI 툴에 패닝Panning 모드가 있음에도, 카메라 팬Pan은 360도는커녕 10도도 제대로 돌릴 수 없었다. 기능의 한계로 다시 콘티를 수정했다. 이렇게 몇 번 헛수고를 한 후에는 이미지를 먼저 생성해보고 가능성이 있을 때 콘티에 추가했다. 마치 시범 촬영을 하고 거기에 맞춰 콘티를 짜는, 일반 영화의 역순이다. 그래서 다음과 같은 새로운 스타일의 콘티를 만들게 됐다.

그림 II-2-3 〈AI 수로부인〉의 콘티 작업

〈AI 수로부인〉도 처음엔 클립스튜디오페인트로 콘티를 직접 그려서 작성했다. 하지만 콘티를 아무리 상세하게 짜놓아도, 툴이 이미지와 영상을 생성해내지 못하면 아무 의미가 없다. 그래서 시나리오 기반으로 이미지를 먼저 생성해보고 가능성이 있으면 샘플 이미지를 프리미어프로의 타임라인에 삽입한다. 또한 '춤'과 같이 동작이 큰 경우에는 영상으로도 그 가능성을 먼저 확인한 후에 타임라인에 샘플 영상을 집어넣는다. 충분히 생성 가능한 이미지, 영상, 효과는 메모 이미지([그림 II-2-3]에서는 초록색 바탕에 하얀색 글씨)로 표시해둔다. 팀원이 있다면 이 콘티를 공유하고, 이를 바탕으로 영상을 생성한다. 생성한 수많은 이미지와 영상들에서 영화에 사용할 것을 선정한다. 선택된 이미지나 영상을 타임라인에 얹을 때는 더 이상 콘티가 아니라 촬영 편집이 된다. 즉, 콘티 파일이 편집 파일로 변환된다.

AI영화에서는 음악과 음향의 역할이 일반 영화보다 더욱 중요하다. 제1세대 AI영화의 경우에는 AI 툴의 한계로 완성도가 떨어지는데, 이를 어느 정도 보완해줄 수 있는 것이 음악이나 효과다. 앞서 말했듯 〈AI 수로부인〉에 '굿소리'를 사용하고 싶었으나 TTI와 TTV의 한계가 있었다. 생성형 AI 음악(TTM)이나 효과(TTSE)를 사용해서라도 굿소리를 비슷하게 구현하면 좋았겠지만, 이 역시 불가능했다. 대부분의 경우 영

II. 〈AI 수로부인〉 제작 과정과 제1세대 AI영화 툴

상에 음악을 맞추지만, 때로는 중요한 음악이나 효과에 영상을 맞추기도 한다. 이처럼 영화의 마지막 순간까지 실제 생성형 AI 툴로 만들 수 있는지 확인해보지 않고서는 결국 시나리오도 콘티도 완성될 수 없다. 따라서 AI영화는 텍스트, 영상, 음악, 효과 작업 등과 편집이 상호적으로 영향을 끼치며 계속 수정된다.

그림 II-2-4 웹툰을 이용한 콘티

생성형 AI 웹툰은 다양하며 수준도 천차만별이다. 단순한 웹툰 제작부터 영화 콘티, 만화영화까지 할 수 있는 툴은 AI코믹팩토리AI Comic Factory[27], 딥툰Deeptoon[28], 로어 머신Lore Machine[29], 버블탭BubbleTap[30], 코믹젠Comicgen[31], 투툰TooToon[32], 툰 크래프터ToonCrafter[33], 페탈리카 페인트Petalica Paint[34] 등이다. 멀티 뷰의 경우도 실사 스타일에서는 불가능했지만, 생성형 웹툰이나 미드저니와 같은 몇몇 툴의 웹툰 스타일에서는 2023년 초반에도 이미 가능했었다.

27   https://huggingface.co/spaces/jbilcke-hf/ai-comic-factory

28   https://www.deeptoon.com

29   https://www.loremachine.world

30   https://www.bubbletap.com/bubblepick?tab=FRI

31   https://gramener.com/comicgen

32   https://www.gpt.tootoon.ai

33   https://doubiiu.github.io/projects/ToonCrafter
      https://huggingface.co/spaces/Doubiiu/tooncrafter
      https://github.com/ToonCrafter/ToonCrafter
      툰 크래프터 백서 https://arxiv.org/abs/2405.17933v1

34   https://petalica.com/index_en.html

개념적 선택

마르셀 뒤샹은 "예술은 선택"이라고 했다. 필자는 여기에 '개념'이라는 의미를 추가해 '개념적 선택'이라 부른다. 뒤샹의 "샘"이라는 개념이 없었다면, 이는 아무리 미술관에 놓인다고 하더라도 예술작품 〈샘〉이 아니라 남성 소변기일 뿐이다. 영화도 마찬가지다. 생성형 AI 툴이 예상치 못하게 근사한 이미지나 영상을 생성할 때가 있다. 하지만 아무리 멋진 요소라도 영화의 맥락상 도움이 되지 않는다면, 과감하게 열외로 두는 것이 좋다. '개념적 선택'이란, 영화 전체의 바탕이 되는 담론이다.

여기서 '개념'은 질 들뢰즈의 정의에 근거한다. "모든 개념은 역사를 가진다. (중략) 개념 안에는 종종 다른 개념들로부터 온 조각이나 구성 요소들이 있으며, 이들은 다른 문제들에 대한 해답이고, 다른 계획들을 전제로 한다. 이것은 필수적이다. 왜냐하면 각 개념은 새로운 구분을 운영하고 새로운 윤곽을 잡으며, 재활성화되거나 재조정되어야 하기 때문이다."[35]

수많은 클립, 음악, 텍스트 등을 선택하는 작업은, 비슷한 "조각이나 구성 요소들"을 찾아 맞춘다. 각각의 다른 요소들이 '선택'이라는 적극적인 개입에 따라서 개념이되고 역사성을 부여받게 된다. 개념적 요소들은 고립된 게 아니라 서로 연결되어 있으며, 하나의 개념이 다른 개념들로부터 영향을 받고 서로가 서로의 일부가 된다. 그렇기에 조화를 이루면 시너지가 극대화되나 그렇지 못하면 계속해서 이질감이 생기게 마련이다. 이처럼 개념적 요소는 끊임없이 재조정·재활성화되며, 개념은 계속해서 재평가되고 새로운 맥락에서 재해석된다.

이 영화에서 백남준과 수로부인의 신분적 공통점은 '무당'이다. 물론 상징적이고 개념적인 차원의 의미다. 무당을 산 자와 죽은 자, 존재와 비존재 등과 소통하는 매개자로 보았다. 〈늑대 걸음으로〉라는 진혼굿에서, 백남준은 속 빈 피아노에 삽으로 흙을 떠서 집어넣었다. 피아노 위에는 보이스의 상징인 펠트 모자가 놓여 있다. 백남준은 악기를 다루듯 담뱃대로 요강을 두드렸는데, 이 요강은 뒤샹의 〈샘〉을 떠오르게 한다. 백남준은 진혼굿 퍼포먼스로 망자가 된 친구의 영혼을 불러냈다. 백남준이

---

35   Gilles Deleuze&Félix Guattari, *Qu'est-ce que la philosophie?*, Éditions de Minuit, 2005, p.23.

망자가 된 보이스를 불러냈듯이 수로부인을 불러낸다. 역시 샤먼이라 불렸던 보이스는 살아생전에 죽은 토끼를 품에 안고 약 세 시간 동안 미술관에 걸려 있는 그림을 토끼에게 설명했다(《죽은 토끼에게 어떻게 그림을 설명할 것인가?》, 1965). 그는 갇힌 공간에서 코요테와도 3일 동안 생활했다. 커다란 펠트 천을 두른 채 지팡이만 내놓고 코요테와 대화를 시작하였고, 마지막에는 코요테와 함께 창밖을 바라보기까지 어느 정도 소통이 가능해졌다(《나는 아메리카를 좋아하고 아메리카는 나를 좋아한다》, 1974). 샤먼으로서의 수로부인 역시 존재와 비존재, 생물, 신적인 존재까지도 소통이 가능하다.

굿은 인간과 천상을 연결하는 장치이며, 식사[36]와 제사가 하나가 된다. 굿을 통해 죽은 자와 산 자가 대화하고, 과거와 현재, 현재와 미래가 소통하고, 외부와 연결되며 새로운 창조가 가능해진다. 굿의 원형은 개인 굿이 아니라 대동굿이다. 피날레에서 수로부인이 해신에게 납치당하자, 그녀를 구하기 위해 모두가 '크게 하나大同'가 된다. 신라인들이 입을 모아 〈해가〉를 부르며 춤을 춘다. 집단으로 푸는 대동굿이다. 두 거대한 대나무도 '크게 하나'가 될 때 만파식적이 되어 세상을 치유하는 운율을 발산한다.

죽어가는 것에 생명의 기운을 불어넣어 되살리기 위해서 단체로 다짐을 한다. 축제성과 단결성을 발휘한다. 삶의 리듬과 축제를 되찾으며, 신명과 신바람을 일으킨다. 굿 혹은 매개체로서의 '중간적 행위Mediumistic Practice'는 서로 오해를 풀고 소통의 장을 펼쳐 화해하게 한다.

〈AI 수로부인〉으로 보는 편집 예시

앞서 AI영화가 어떤 기준으로 편집되는지 상세히 설명했다. 여기서는 〈AI 수로부인〉의 한 장면을 예시로 들어 수정 및 효과에 관한 편집을 좀 더 상세하게 다뤄본다.

---

36   『삼국유사』에 따라 〈AI 수로부인〉에는 두 번의 점심 식사 장면이 연출된다.

그림 II-2-5 〈AI 수로부인〉의 스틸 컷, 미디어 숲에서 춤을 추고 있는 전자무당 백남준

[그림 II-2-5]는 〈AI 수로부인〉의 첫 장면이다. 나무에 TV 스크린, 컴퓨터 스크린, 모바일 스크린이 열매나 꽃처럼 달려 있다. 이 숲을 배경으로 전자무당인 백남준이 춤을 추고 있다.

(1) 인사하는 할머니
13단계 이상을 거쳐 만들어진 영상

(2) 미디어 숲
Created by BIC and prompted by SimEunlog *et al.*

(3) 춤추는 전자무당
① 미드저니
② 포토샵 베타: 아웃페인팅
③ 리사이즈 (2048x858: 포토샵)
④ 업스케일 (두 종류 AI)
⑤ 배경 제거 (세 종류 AI)
⑥ Gen2 영상

(4) 미디어 숲속의 전자무당
포토샵(Ph) 베타: 아웃페인팅(위, 아래, 양옆)
Ph. 일러스트레이터(Ai) 베타 인페인팅(수풀, 스크린 생성)

그림 II-2-6 미디어 숲 컷을 위한 영상 제작 도구와 방식

영화 전반에 사용한 생성형 AI 이미지 툴로는 **미드저니**Midjourney, **스테이블 디퓨전** Stable Diffusion, **레오나르도**Leonardo, **플레이그라운드**Playground, **달리**DALL·E, **딥 드림 제너레이터** Deep Dream Generator 등이 있다. 생성형 AI 영상 툴로는 배경에는 **런웨이 ML의 Gen2**Gen2 by Runway ML를 사용했고, 캐릭터가 말하는 장면은 **D-ID**를, 변신하는 모습은 **윈모프 3.01**WinMorph3.01 등을 주로 사용했다. 대부분 ITV로 생성되었고, TTV 사용은 거의 불가능했다. 아무리 섬세한 프롬프트에도 불구하고, 일관성 있는 캐릭터나 환경이 만들어지지 않았기 때문이다. 2023년 10월 당시, 생성형 AI 영상 툴에서 15초에서 18초까지도 연속 생성이 가능했으나 2~3초만 지나도 보디 디스토션Body Distortion(신체 뭉개짐 현상)이 심해지기 시작한다. 이 문제로 영화에 사용된 가장 긴 영상은, 인물이 없는 배경화면의 경우 8초, 인물의 경우 1~2초였으며, 짧은 경우는 1초 미만이었다.

[그림 II-2-6]의 제작 방식을 보면, 이미지 (2)가 미디어 숲의 원본이다. 이를 가지고 포토샵 베타버전을 사용해서 아웃페인팅과 인페인팅을 수십 회 반복하며, 이미지 (4)로 확장했다. 그 위에 춤추는 전자무당 영상 (3)과 TV 스크린 속 할머니와 고양이 영상 (1)을 얹었다. 한 클립을 위해서 수십 회의 다양한 작업을 반복하는 '노가다'였다. 이는 모든 게 예술의 기본이 아닐까 싶다. 역설적으로 들릴지 모르지만, 끊임없이 반복되는 행위에서 '차연diffrance'이 발생하고, 창의성이 나온다.

(1) MJ로 이미지 생성

(2)~(4) 배경과 스크린 삭제(AI) (리사이즈, 업스케일)

(5) AI가 불필요하게 삭제하는 경우가 많아서, 다시 AI로 리터치

(6)~(8) 이미지 생성(리사이즈, 업스케일)

(9) **클로바 더빙**(한국말) (10) **D-ID**(말하는 영상) (11), (12) **효과음, 배경음악** (Soundraw 외)

안녕하세요, TV 마이스터

(13+) 자막, 리터치, 등

그림 II-2-7 스크린 컷을 위한 영상 제작 도구와 방식

미디어 숲 스크린 속 할머니와 고양이가 등장하는 [그림 Ⅱ-2-7]을 보자. 미드저니로 (1)의 스크린 이미지를 생성한다. (5)처럼 빈 스크린을 생성하는 것이 목적이었으나 불가능했다. 그래도 큰 어려움은 없었다. 당시 어도비에서 AI를 사용한 베타 버전이 출시되었는데, 특히 포토샵의 경우 배경을 삭제하거나 인페인팅하는 데에 최적화되어 있었다. 포토샵을 하다가 다른 프로그램으로 옮겨갈 필요가 없을 정도로 손쉽고 간단했다. 스크린 속 내용과 배경을 삭제하고 리사이즈와 업스케일을 한다. (5)를 보면, AI가 지나치게 배경을 삭제한 탓에 TV 이미지 일부가 지워졌다. 포토샵 베타 버전의 인페인팅 기능으로 이 부분을 간단하게 수정했다. 다음으로 할머니와 고양이가 있는 이미지 (6)~(8)을 생성하고, 리사이즈와 업스케일을 했다. 이제 할머니 이미지와 빈 스크린을 합친다. 클로바 더빙으로 대사를 생성(TTA)한다(9). D-ID에서 오디오 파일과 할머니 이미지를 연동시키기 전에, 포토샵, 애프터이펙트 중 효율적인 툴을 사용해서 벌어진 할머니의 입을 다문 모습으로 수정한다. 그래야 말하는 표정이 좀 더 자연스럽게 나오기 때문이다(10). 마지막으로 이 영상을 프리미어프로에 올린 뒤 자막(TTT)과 배경음악(TTM)을 넣었다(13+). 이전과 이후의 영상들이 어우러지도록 밝기·색상·톤을 조절하고, 속도를 조정한 뒤, 자연스러운 화면 전환을 위한 트랜지션 효과 등을 추가했다.

나는 춤을 춘다

그림 Ⅱ-2-8 〈AI 수로부인〉의 안개 효과 최종 리터치

캐릭터의 일관성이 없는 전자무당이 나오는 장면은 특히 효과에 신경을 썼다.

〈AI 수로부인〉에서 전자무당이 나오는 거의 모든 장면에는 안개 효과가 들어갔다. [그림 II-2-8]에서처럼 파티큘러Particular[37]를 사용한 안개, 가벼운 AI 편집 애플리케이션을 사용한 안개 등 두 종류의 안개를 사용했다. 파티큘러를 사용한 안개가 더욱 근사하고 훌륭했으나 무거운 용량과 호환성이 문제였다. 전자무당이 발을 디디고 있는 바닥이 마루, 콘크리트, 알 수 없는 재질 등 일정하지 않았기 때문에 안개 효과를 주어 바닥을 가렸다. 보디 디스토션도 동시에 감출 수 있었다. 화면에 안개가 짙을수록 감출 것과 가릴 것이 많았다는 의미다. 〈AI 수로부인〉의 경우, 안개 효과와 빛 효과가 영화 전반에 사용됐다. 눈雪도 자연스럽고 좋은 효과다. 더욱이 눈 같은 경우는 작은 편집 툴에서도 가능하며, 애프터이펙트로는 더욱 자연스럽게 효과를 줄 수 있다. 하지만 〈AI 수로부인〉에는 겨울 장면이 없어서 눈 효과를 사용하지 않았다. 반면에 빛 효과는 영화 전반에 사용했다. 물방울 효과는 수중에서 계속 사용할 수 있는 효과다. 제1세대 AI영화에 눈, 안개나 빛 효과 등이 사용되는 것은 생성형 AI 영상의 단점을 커버하면서 동시에 전체적인 통일성을 주기 위해서다.

AI를 사용하여 텍스트에서 이미지, 영상, 목소리, 음악, 음향을 생성할 때, 필자는 최대한 현실과 가깝게 하려고, 즉 '말(프롬프트)'과 '사물'의 유사성을 추구했다. AI 르네상스에 접어든 것일까? 푸코는 『말과 사물』[38]에서 "르네상스 시대의 에피스테메는 유사성(닮음) 중심의 질서"라고 했다. 다음 단계는 "고전주의 시대의 에피스테메인 표상 중심의 질서"가 될 것 같다.

---

37 레드자이언트(Red Giant) 사의 트랩코드 스위트(Trapcode suite)인 파티큘러는 유기적인 3D 입자 효과와 복잡한 모션 그래픽 요소를 생성할 수 있는 애프터이펙트용 플러그인이다.

38 Michel Foucault, *Les mots et les choses*, Gallimard ("coll" Tel), 1990.
    푸코는 『말과 사물』에서, 르네상스 시대(16세기~17세기 초), 고전주의 시대(17세기 중엽~18세기 중엽), 그리고 근대의 세 시기를 말한다. 고전주의 시대의 에피스테메 '표상'은 사물의 세계를 동일성과 차이의 원리에 의해 분류하고 질서화한다. '차이', 즉 비교를 기준으로 분석, 식별, 탐색으로 대체되며, 이 시대의 "기호들의 체계는 개연성, 분석과 조합, 체계의 당연한 자의성을 인식 속으로 끌어들이는 것이다". 그리고 근대는 인간 중심의 이성 판단의 시대가 된다.

3. 이미지 및 영상 생성

'벨라미', AI가 부활시킨 렘브란트

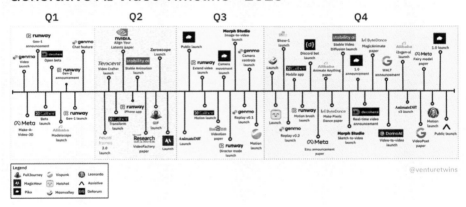

Generative AI Video Timeline - 2023

그림 II-3-1 생성형 AI 영상 툴 타임라인[39]

    2023년, 대중은 챗GPT와 같은 챗봇에 크나큰 관심을 보였다. 그만큼 LLM에서 놀랍고 흥미 있는 발전이 많았다. 그사이에 [그림 II-3-1]에서 보는 것처럼, TTI나 TTV의 발전과 연구도 지속되었다. 2023년 상반기만 해도 일반 생성형 AI 툴로 영화를 만들 수 있으리라곤 상상도 못 했다. 그러나 하반기로 들어서면서 일말의 가능성이 보였고, 그리하여 〈AI 수로부인〉이 제작되었다.

---

39   'Generative AI Video Timeline' by Justine Moore
      https://briansolis.com/2024/01/generative-insights-in-ai-january-5-2024

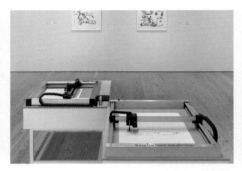

(1) 뉴욕 휘트니 미술관, 2024년 2월 3일~5월 19일 | (2) AARON 소프트웨어로 이미지를 그리는 활성 플로터 (밴텀 툴즈 제작), 〈해럴드 코헨: 아론〉 전에서 선보였다.

그림 II-3-2 〈해럴드 코헨: 아론〉 전시 풍경

"2024년 2월부터 5월까지 명망 높은 뉴욕 휘트니 미술관에서 독특한 전시가 개최됐다. 바로, 해럴드 코헨의 회고전 〈해럴드 코헨: 아론〉([그림 II-3-2])이다. 1973년, 코헨은 아론AARON이라는 인공지능 알고리즘을 만들고, 자신이 개발한 로봇이 직접 그림을 그리게 했다. 화가와 인공지능이 예술적으로 협업하는 과정을 살펴볼 수 있다. AI를 이용한 예술 창작은 1960년대부터 시작되었으나, 초기에는 사이버네틱Cybernetic 창작물과 자율적인 그림 생성이 대부분이었다. 인공지능이 결합된 이미지는 코헨이 선구자다."[40]

휘트니 미술관은 이 전시를 다음과 같이 설명한다. "예술 제작을 위한 최초의 인공지능 프로그램인 아론의 진화 과정을 추적한다. 런던에서 화가로 활동하던 해럴드 코헨은 (중략) 예술적 창작이 종종 신과의 소통의 한 형태로 미화되는 방식에 의문을 제기한다. 코헨은 아론과의 작업을 협업으로 이해했으며, 예술가의 지식과 과정을 코드로 변환하는 인공지능의 잠재력을 탐구하는 데 평생을 바쳤다. (중략) 이미지 제작을 위한 인공지능 도구가 달리, 미드저니, 스테이블 디퓨전 등 텍스트 프롬프트 기반 소프트웨어로 주류에 진입함에 따라 이 전시는 중요한 역사적 관점을 제공한다. 또한 AI의 맥락에서 창의성, 저작, 협업에 대한 아이디어를 심도 있게 탐구한다."[41]

---

40 심은록, 「AI 화가 아론, 해럴드 코헨展」, 〈SEM Art Magazine〉, 2024년 4월 호.

41 https://whitney.org/exhibitions/harold-cohen-aaron

고대부터 예술을 하는 오토마톤을 상상했지만(cf. Ⅴ. 결론), 실제 오토마톤은 18세기 피에르 자케 드로에 의해 만들어졌다. 그는 작가, 데생 화가, 음악가 이렇게 세 대의 오토마톤을 만들었다. 이는 아주 정밀하게 프로그래밍된 기계였다. 1955년, 장 팅겔리는 드로잉 머신을 만들었다. 2014년 이안 굿펠로의 연구로 GAN이 개발되어 AI 예술에 큰 영향을 끼쳤으며, 이를 통해 새로운 이미지를 생성하는 것이 가능해졌다. 2016년 〈더 넥스트 렘브란트The Next Rembrandt〉 프로젝트에서는 AI가 렘브란트의 작품 346점을 분석해 렘브란트 스타일로 새로운 그림을 생성했다. 또한 3D 프린터로 질감과 깊이감을 더한 새로운 작품을 선보였다. 이 프로젝트는 예술과 기술의 결합을 통해 창조의 새로운 가능성을 탐구하며, 데이터와 인간 디자인, 기술과 감정 사이의 관계에 대한 토론을 촉발시켰다.[42]

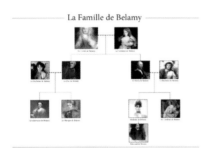

그림 Ⅱ-3-3 벨라미의 가계도(La Famille de Belamy)[43]

42 2016년 〈더 넥스트 렘브란트〉 프로젝트는 AI가 네덜란드 화가 렘브란트의 스타일로 이미지를 생성하게 하는 것이다. 이는 마이크로소프트(Microsoft), ING, 델프트 공과대학(Delft University of Technology), 마우리츠하우스(The Mauritshuis), 렘브란트하우스 박물관(Museum Het Rembrandthuis) 등이 협력하여 진행했다. AI는 렘브란트의 작품 346점을 분석하고, 조명, 스타일, 구성 등 다양한 측면을 학습했다. 렘브란트는 30~40대 남성을 많이 그렸기에, AI는 초상화를 중점으로 훈련되었다. AI는 딥 러닝을 사용하여 렘브란트 작품 속 기하학적 데이터와 특징들을 분석한 후 생성하는데, 그 결과물은 단순한 2차원 그림이 아니라, 3D 프린터를 사용하여 13개의 층을 추가함으로써 새 그림에 깊이와 질감을 부여했다. 이는 렘브란트의 원래 작품들에 나타난 붓질을 모방한 것이다. AI로 생성된 초상화는 렘브란트의 작품 데이터에서 추출된 1억 4800만 개의 픽셀로 구성되었다. 프로젝트는 18개월 동안 진행되었으며, 150GB의 디지털 렌더링 그래픽을 사용했다.
「How a Microsoft machine learning AI created this entirely new Rembrandt」, 〈The Drum〉, 2016년 4월 7일에서 요약.
https://www.thedrum.com/news/2016/04/07/how-microsoft-machine-learning-ai-created-entirely-new-rembrandt
43 「Is artificial intelligence set to become art's next medium?」, 〈Christie's〉, 2018년 12월 12일 자.
https://www.christies.com

그림 II-3-4 인공지능이 그린 〈에드몽 드 벨라미(Edmond de Belamy)〉, 캔버스에 GAN 네트워크 프린트, 2018, GAN 모델 loss function으로 서명, 파리의 Obvious Art가 생성한 11개 이미지 중의 하나, 오리지널 금박 나무 프레임. 700×700mm

$$\min_{G} \max_{D} \mathbb{E}_x[\log(D(x))] + \mathbb{E}_z[\log(1 - D(G(z)))]$$

그림의 오른쪽 하단에서 이 서명을 발견할 수 있는데, 에드몽 드 벨라미의 초상화를 만들어낸 수식을 서명으로 사용했다.

2018년 10월 25일, 뉴욕의 경매장 크리스티에서는 최초로 인공지능 작품인 〈에드몽 드 벨라미Portrait of Edmond Belamy〉([그림 II-3-4])를 판매했다. 예상 낙찰가 약 7,000달러보다 60여 배 높은 43만 2,500달러(한화 약 4억 9,300만 원)에 판매됐다.

사용자들이 텍스트 프롬프트를 사용하여 손쉽게 이미지를 생성할 수 있게 되면서부터, AI 이미지 생성 도구들은 2022년 하반기부터 대중화되기 시작했다. 오픈AI에 따르면, TTV 또는 TTV의 발전은 "언어 GPT에서 이미지 GPT로의 전환"과 궤를 같이한다. "언어 분야에서 단어 예측에 의존하는 비지도 학습unsupervised learning 알고리즘(예: GPT-2 및 BERT)은 다양한 언어 작업에서 탁월한 성과를 거두었다."[44] 텍스트에는 질문 뒤 답변이나 요약 등 "하위 언어 작업 사례"가 자연스럽게 나타나는 경우가 많기 때문이다. 반면, 픽셀의 시퀀스에는 해당 픽셀이 속한 이미지에 대한 레이블이 명확하게 포함되어 있지 않다. 비지도 학습은 사람이 라벨링한 데이터 없이도 뛰어난 기능을 제공하지만, 최근에는 제한된 양의 사람 라벨링 데이터human-labeled data를 허용하는 준지도 학습semi-supervised learning이라는 보다 관대한 프레임 워크에서 상당한 진전

---

44   https://openai.com/research/image-gpt

이 이루어졌고, 성공적인 결과를 가져왔다.[45]

　2024년 상반기 AI의 두 가지 키워드는 'RAG_{Retrieval-Augmented Generation}(검색 증강 생성)'와 뒤에서 다룰 '소라_{Sora}'였다. LLM의 한계와 환각 현상을 줄이기 위해 제안된 RAG는 LLM의 기본 모델 자체를 수정하지 않고도, 사용자에게 좀 더 개인화되고 적합한 타깃 정보_{targeted information}의 아웃풋에 대해 최적화된 방법을 제공한다.[46] 이러한 AI 도구들이 더욱 정확해지고 활용도가 높아지면서, 예술과 영화뿐만 아니라, 산업 분야에도 점점 더 큰 영향을 미치고 있다.

생성형 AI 이미지 툴(TTI)과 프롬프트

Stable Diffusion 1.5 Demo　Stable Diffusion XL　　Stable Diffusion 2.1 Demo　Playground v1

Playground　　　　　　DALL·E　　　　　　Midjourney　　　　　Bing
〉Stable Diffusion 1.5

45　　"Image GPT", 2020. 6. 17. https://openai.com/research/image-gpt

46　　Patrick Lewis *et al.*, 「Retrieval-Augmented Generation for Knowledge-Intensive NLP Tasks」, 2020.

BIC(Bing Image Creator)　　Deep dream Generator　　NightCafé　　　　　　　　NightCafé
　　　　　　　　　　　　　　　　　　　　　　　　　　　　　　　〉Stable Diffusion XL 0.9　〉Stable Diffusion 1.5

NightCafé　　　　　　　NightCafé　　　　　　　StableDream　　　　　　firefly
〉Stable Diffusion 2.1　〉DALL·E 2

Deliberate v2　　　　　A-Zovya Photoreal　　　Dreamlike V　　　　　　ICBINP

Lexica art　　　　　　　Leonardo　　　　　　　dezgo　　　　　　　　Dream by WomBo

Askup	B^DISCOVER	Soprky	WEART AI
Deep AI	pokeit	Canva	Canva 〉Gen2(영상)
Craiyon	krea		

그림 II-3-5 생성형 AI 이미지 툴 비교[47]

영상이나 영화를 제작하기 전에는 가능한 한 여러 툴을 알고 있는 게 좋다. 제작 여건에 맞춰 적합한 툴을 선택할 수 있기 때문이다. '선택'은 여기서부터 시작된다. 〈AI 수로부인〉은 일반적인 툴을 사용했지만, 전문가용 툴을 사용한다면 더욱 완성도가 높은 영상을 만들 수 있다. [그림 II-3-5]는 〈AI 수로부인〉을 제작하기 전, "Vincent Van Gogh, Spring Scenery"라는 프롬프트를 가지고 생성형 AI 이미지 툴을 비교한 이미지다. 효과적인 비교를 위해 반고흐의 풍경, 특히 시공간적 특성이 강

---

47   이처럼 TTI, TTV를 나열하고 그 특징까지 간략하게 적어놓으면 차후에 많은 참조가 된다. 너무나 많은 툴로 인해서, 나중에는 어떤 툴을 사용했는지 기억하기 어렵기 때문이다.

한 '봄'을 기준으로 했다. 익숙한 스타일인 만큼 비교하기가 쉬웠다. 대부분의 이미지는 2022년부터 2023년 상반기에 생성됐다(캔바Canva와 크레아krea는 2023년 하반기에 생성). 그사이에 AI 툴이 새로 생기기도 하고 사라지기도 했다. 플레이그라운드Playground와 나이트카페NightCafé 플랫폼에서는 여러 가지 다른 툴 서비스를 사용할 수 있어서 이를 비교했다.

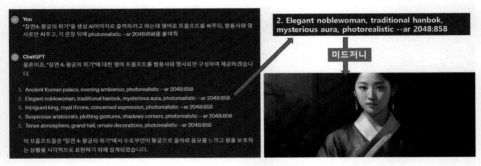

그림 II-3-6 2023년 11월 13일 YTN 인터뷰 실연 중 프롬프트 생성

2023년 11월 13일 YTN 인터뷰 실연 중 〈AI 수로부인〉 제작 과정을 간략하게 실연했다. 똑같은 툴, 똑같은 프롬프트를 사용했으나 다른 시간에, 다른 사람에 의해, 다른 선택을 하게 되니 기존의 〈AI 수로부인〉과 전혀 다른 시나리오와 캐릭터가 생성됐다. 생성형 AI 이미지(영상) 툴에 넣을 프롬프트를 생성할 때는 개별 툴의 특성에 맞게끔 요청하는 것이 일을 간략히 할 수 있다. [그림 II-3-6]의 예시처럼, 챗GPT에게 미드저니에 넣을 프롬프트를 요청할 것이기에 언어는 '영어'로, 문장보다는 '형용사나 명사'를 사용해서, 스타일은 '포토리얼리스틱Photorealistic'48으로, 영화에 필요한 사이즈 '--ar 2048:858'을 넣어서 작성하라고 했다. 각각의 툴에 맞게 좀 더 상세하고 적절한 프롬프트를 넣는 것이 좋다. 생성형 AI 툴마다 프롬프트 유형이나 방식이 다르기에 각 툴에 맞게 사용하는 것이 좋다.

---

48   2024년부터는 미드저니에 'Photorealistic'을 넣지 않아도 디폴트값으로 생성된다.

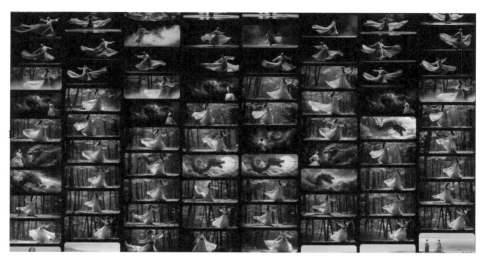

그림 II-3-7 미드저니로 생성한 수로부인 이미지들

[그림 II-3-7]은 춤추는 수로부인의 이미지를 미드저니를 사용해 생성한 것이다. 미드저니는 미드저니Midjourney라는 미국의 독립 연구소에서 만든 AI 아트 생성기 애플리케이션으로, 2021년 4월 1일에 처음 출시되었다. 미드저니는 한 이미지를 기준으로 계속 변화를 주면서 생성할 수 있지만, 다른 생성형 AI 이미지 툴의 경우에는 시간에 따라서 랜덤 값이 많이 적용된다. 적절한 프롬프트를 얻기 위한 방편으로, 미드저니에 관해 이미 많은 참고 서적들이 출판되었으며, 또한 디스코드의 미드저니 방에서 생성된 이미지들의 프롬프트를 보며 참조할 수 있다. 다음은 미드저니 회사에서 추천하는 '프롬프트 작성 가이드'다.

〈미드저니 프롬프트 작성 가이드〉

https://docs.midjourney.com/docs/prompts

- 이미지 링크Image Prompts: 생성할 이미지의 스타일과 콘텐츠의 레퍼런스. 미드저니에 직접적인 예시를 보여주는 것으로 프롬프트의 가장 앞에 놓임.
- 텍스트 프롬프트Text Prompt: 생성할 이미지에 대한 텍스트 설명.

- **파라미터**Parameters: 생성될 이미지를 제어하는 옵션으로, 이미지의 비율, 품질, 생성 속도 등을 설정할 수 있음. 다수 파라미터도 가능하며, 항상 프롬프트의 끝에 놓임.

미드저니는 프롬프트를 사용하는 대신, 스타일 매핑[49], 파라미터 조정[50], 합성[51], Sref, Cref[52] 등으로 이미지의 스타일이나 캐릭터를 조절할 수 있다. 내용을 설명하는 간단하고 명료한 문구가 가장 잘 작동하기에, 긴 요청 및 지침 목록은 피하는 것이 좋다. '발전된 프롬프트advanced Prompts'의 경우에는 앞의 〈미드저니 프롬프트 작성 가이드〉에서처럼 하나 이상의 이미지 URL, 여러 텍스트 문구, 하나 이상의 매개변수를 포함할 수 있다.

생성형 AI 이미지 툴은 종류도 많고, 따라서 프롬프트를 넣는 방식도 다양하다. 오픈AI의 달리와 클립CLIP 모델[53]의 경우에는 다음과 같은 프롬프트로 원하는 이미지를 얻을 수 있다(2024년 4월 기준).

- **명확하고 간결한 프롬프트 작성**: 프롬프트는 원하는 이미지의 특징이나 콘셉트를 명확하게 전달해야 한다.
- **상세한 설명과 예시 이미지 함께 제공**: 프롬프트에 세부 정보를 포함하여 원하는 이미지를 정확하게 설명한다. 또한 프롬프트와 함께 예시 이미지를 제공하면 도움이 된다.
- **다양한 시도와 실험**: 한 번의 시도로는 원하는 결과를 얻지 못할 수 있다. 다양한 프롬프트를 시도하고 실험한다.

---

49 원본 이미지와 스타일 이미지를 입력하여, 원본 이미지의 스타일을 변경하는 방법을 사용할 수 있다. 이를 통해 스타일을 바꿔가며 다양한 효과를 얻을 수 있다.

50 모델이나 알고리즘의 파라미터를 조정하여 원하는 결과를 얻을 수 있다. 예를 들어, 이미지의 선명도, 색상 대비, 밝기 등을 조절하여 이미지의 품질을 개선할 수 있다.

51 여러 개의 이미지를 합성하여 새로운 이미지를 생성하는 방법을 사용할 수 있다. 이를 통해 다양한 이미지를 생성하거나 이미지를 합성하는 등의 작업을 수행할 수 있다.

52 Sref(Style reference 스타일 참조), Cref(Character reference 캐릭터 참조).

53 CLIP 모델은 오픈AI에서 개발한 Contrastive Language-Image Pretraining 모델로, 이미지와 텍스트를 모두 이해하는 데 사용된다. CLIP은 주어진 이미지와 텍스트 쌍을 함께 훈련하여 이미지와 텍스트 간의 관련성을 학습한다. 이를 통해 CLIP은 이미지에 대한 설명을 읽거나, 텍스트로 이미지를 설명할 수 있는 능력을 갖추게 된다.

- **예시 이미지 분석**: 생성하려는 이미지와 유사한 이미지를 분석하여 관련된 특징이나 속성을 파악하고 이를 프롬프트에 포함하면, 원하는 이미지에 좀 더 가깝게 생성할 수 있다.
- **적절한 제약 사항 추가**: 모델이 생성할 이미지에 대한 제약 사항을 추가하여 원하는 결과를 보다 정확하게 제어할 수 있다. 예를 들어, 특정 색상이나 모양과 관련된 제약 사항을 추가할 수 있다.

LLM과 함께 프롬프트의 중요성도 커지고 있다. 문제는 위에서 보는 것처럼 프로그램마다 프롬프트 적용이 다를 수 있다. 다행히 프롬프트를 비교하고 잘 사용할 수 있도록 도움을 주는 백서[54]들이 많다.

메인 캐릭터 생성 조건

붉은 천룡(천天)
『삼국유사』에서 철쭉꽃을 따다 수로부인에게 받치며 〈헌화가〉를 부르는 노인을 '천신'으로 묘사했다.

푸른 해룡(지地)
거북을 시켜 수로부인을 납치하게 한 해신이지만, 예술에 의해 본래의 신격을 되찾는다.

수로부인(인人)
지구 멸망의 위기에서, 전자무당인 백남준(좌)이 신라시대 무당인 수로부인(우)을 불러내고 있다.

그림 II-3-8 〈AI 수로부인〉의 메인 캐릭터
붉은 천룡, 푸른 해룡, 노란 의복의 수로부인은 3태극을 상징

---

54 "Principled Instructions Are All You Need for Questioning LLaMA-1/2, GPT-3.5/4", Sondos Mahmoud Bsharat, Aidar Myrzakhan, Zhiqiang Shen, 18 Jan 2024(v2).
https://arxiv.org/abs/2312.16171
"A Survey of Prompt Engineering Methods in Large Language Models for Different NLP Tasks", Shubham Vatsal, Harsh Dubey, 17 Jul 2024.
https://arxiv.org/abs/2407.12994
이 외 다수.

〈AI 수로부인〉의 메인 캐릭터([그림 II-3-8])로는 AI 수로부인, 천신, 해신이 있고, 서브 캐릭터로는 순정공, 백성, 아기 용 등이 있다. 붉은 천룡(천), 푸른 해룡(지), 노란 의복을 입은 수로부인(인)은 삼태극을 상징한다. 먼저, 수로부인의 캐릭터 생성 과정을 살펴보자.

제1세대 AI영화 툴의 가장 큰 문제는 동일 인물의 일관성을 유지하기 어렵다는 점이다. 그래서 수로부인도 '한복 혹은 한국 고전 옷(한복을 모르는 경우)을 입은 아시아 여자'라고 했을 때, 빈번하게 나오는 스타일의 인물로 선택했다. 감독의 마음에 들거나 고증에 가까운 스타일이 아니라 AI가 가장 잘 생성하는 평균적인 얼굴이 캐스팅된 셈이다. 다시 말해서 수로부인의 얼굴은 2023년 9~10월 미드저니에 '동양 여성'을 입력하면 주로 나오는 전형적인 얼굴이다. 각 생성형 AI 툴마다 아시아 여성을 상징하는 전형적인 스타일이 있다. 2023년 10월 중순경, 미드저니에서 한국 여성 혹은 아시아 여성을 생성하면 강아지 상의 인물이 나왔고, 달리3에서는 고양이 상의 인물이 나왔다. 반면에 외국 여성의 경우에는 초창기부터 전형적인 스타일을 찾기 어려울 정도로 다양했다. 그만큼 외국 여성과 관련된 데이터가 많고, 그러한 데이터가 주로 학습되었다는 뜻이다. 최근에는 아시아 여성들의 얼굴도 좀 더 다양해지고 있다.

그림 II-3-9

(1) 수로부인 의상 앞(상)과 옆(하)   (2) 신라 왕비 의복   (3) 신라 여성 귀족의 옷[55]

---

55   [그림 II-3-9]의 (2)와 (3) 출처: 〈신라인의 옷, 신라의 美〉, 2017년 3월 25~31일, 서라벌문화회관 대전시실.

또한 의상도 어느 정도 비슷하게 나오는 것이 유리했다. 미드저니는 초창기에 "Hanbok(한복)"을 인식하지 못했다가, 어느 순간부터 한복이 한국의 전통의상이라는 것을 감지한 듯했다. 하지만 한복과 기모노, 그 사이의 애매한 의상이었다([그림 II-3-9] (2)). 불행 중 다행인 것은 신라시대 여성 귀족들의 의상 (2), (3)과 비슷해 보여서 이를 그대로 사용하기로 했다. 반면에 달리3은 [그림 II-3-10]에서처럼 3국의 전통의상을 잘 재현한다.

'한푸(Hàn fú)'로 알려진 중국 한나라 시대 전통 여성 복장 | 만다린어로 '한푸(Hán fú)'로 알려진 한국 전통 한복 | 만다린어로 '헤푸(Hé fú)'로 알려진 일본 전통 기모노

그림 II-3-10 중국·한국·일본 여성 의복을 달리3으로 2024년 1월 13일 생성[56]

---

56 cf. 每日頭條, "科普-漢服、韓服、和服究竟有何區別？"(2019.10.11.)
레드 슬리브 한복(紅袖漢服) 문화에서 다음과 같이 발표했다.
"사람들이 종종 한복(漢服), 한복(韓服), 기모노(和服) 이 세 종류의 복장을 혼동하고, 중국인지, 일본인지, 한국인지 구분하지 못하는 것을 보았다. 그래서 오늘은 한복(漢服), 한복(韓服), 기모노(和服)를 구분하는 방법에 대해 설명한다. 한복(漢服): 아시아 '한문화권(漢文化圈)'의 전통의상의 어머니로, 다양한 스타일, 우아하고 고상한 스타일로 한(漢) 문명의 정수를 집중적으로 보여준다. 한복(韓服): 주로 중국 명나라(明朝) 의상의 영향을 받아 상의가 점점 짧아지고, 치마허리는 점점 위로 올라가고, 브이넥과 가슴 앞에 묶는 끈이 있다. (중략) 사실, 외국인은 말할 것도 없고, 많은 중국인도 한복(漢服), 한복(韓服), 기모노(和服)의 차이를 제대로 이해하지 못한다."
출처: https://kknews.cc/culture/bzokll6.html
cf. 한복(漢服)은 한(漢)나라 때의 복식(服飾)이라는 뜻이 아니라 한인(漢人)들의 복식을 말한다. 한나라 이전의 하(夏)·상(商)·주(周)를 포함한다.

(1) 비^디스커버(B^DISCOVER)[57]로 2023년 생성
얼굴, 손 등이 대단히 어색하나, 한복에 가까운 의상이다.

(2) 미드저니로 2023년 5월 22일 생성
미드저니는 당시 인물 표현이 어색했던 다른 툴과는 달리 완벽한 얼굴과 손을 생성해냈으나, 한복은 아니다.

그림 II-3-11 **프롬프트**
"Korean woman in hanbok, traditional Korean clothing, full shot, wide shot"
"한복을 입은 한국 여성, 한국 전통의상('한복'을 이해하지 못하는 경우), 풀숏, 와이드숏"

생성형 AI 이미지 툴에 '사람'을 그려달라고 하면, '서양 여성'이 디폴트 값이다 (2023년 10월 당시, 이하 마찬가지 상황). '남성'이라고 하면, '서양 남자'가 나온다. '동양 여성'을 그려달라고 하면 대부분 비슷한 이미지의 아시아 여성 얼굴이 나온다. "한국 전통 옷 혹은 한복을 입은 한국 여성"이라고 해도, 기모노를 입고 나오거나 한·중·일의 전통의상을 교묘하게 섞어놓은 스타일이 생성된다([그림 II-3-11](2)). 한국에서 만든 툴은 단번에 '한복'과 '아시아 여성'의 이미지가 생성된다. 하지만 얼굴 형태가 성형외과 광고에 나오는 여성들처럼 거의 비슷하다. 그리고 [그림 II-3-11] (1)에서처럼 얼굴,

---

57   https://bdiscover.kakaobrain.com

손, 스타일 등의 표현이 상당히 어색하다.

이러한 일관성의 문제로 수로부인의 옷을 노란색으로 정했다. 수로부인에게만 원색에 가까운 노란색 의복을 입혀서, 얼굴이나 스타일이 약간씩 달라져도 노란색 의상이면 수로부인이라고 떠올릴 수 있도록 정체성을 의도했다. 다행히 "노란 한복"이라는 프롬프트는 미드저니에서 비교적 비슷한 모양과 색상의 결과물들을 보여주었다. 전자무당의 경우에는 "노란 한복을 입고 춤추는 남자"라고 하면 이상하게도 대부분 대머리로 나왔다. 가끔 수염 달린 남자가 나오기도 해서 포토샵 베타나 애프터이펙트로 면도를 해줬다. 전자무당은 춤을 춘다기보다 '무술'하는 스님 같았다. 중국영화에서 소림사 스님들이 무술하는 장면이 여러 번 연상되었다.

스테이블 디퓨전, 플레이그라운드, 레오나르도 등과 같은 TTI는 수제품처럼 창의성은 풍부하지만 그만큼 손이 많이 간다. 미드저니는 공산품 같은 느낌으로 완벽하게 나오기에, 창의성은 부족해도 한 달 만에 영화를 제작하기에는 적합한 툴이었다. 미드저니에서 "한복"이라는 프롬프트를 넣으면, 열 번에 세 번 정도는 비슷한 인상의 단정한 여인이 생성된다. 반면에 "현대 한국 여성"을 요청하면 좀 더 다양한 스타일로 나왔다. "서구 여성"이라는 프롬프트를 쓰면, 일관성을 포기해야 할 정도로 다양한 얼굴, 피부, 스타일 등이 생성됐다(2023년 10월 기준).

천신과 해신([그림 II-3-8])은 수로부인보다 좀 더 배역에 적합하고, 실제 사람에 가깝게 생성된 모델을 선택할 수 있었다. 사람에 가까운 실사일수록, 일관성 있는 모습이 나올 확률이 적어진다. 시드넘버seed number를 사용해도 마찬가지다. 그래도 이 캐릭터들의 모습을 실사에 가깝게 사용할 수 있었던 것은 언제든지 용으로 변신할 수 있었기 때문이다. AI가 이 두 캐릭터의 특정한 모습을 생성하지 못할 때, 즉 사람의 모습일 경우에는 LS(롱숏)으로 하고, MS(미디엄숏), KS(니숏), FS(풀숏)의 경우에는 용으로 변신하여 연기하게 한다. ECU(익스트림클로즈업숏)나 CU(클로즈업숏)의 경우에는 기본 이미지에서 D-ID를 사용했기에 보디 디스토션이 거의 없었다. 용의 경우에는 재질만 비슷하면 어느 정도 비슷한 느낌을 주기 때문이다. 하지만 용을 생성하는 데에도 문제가 있었다.

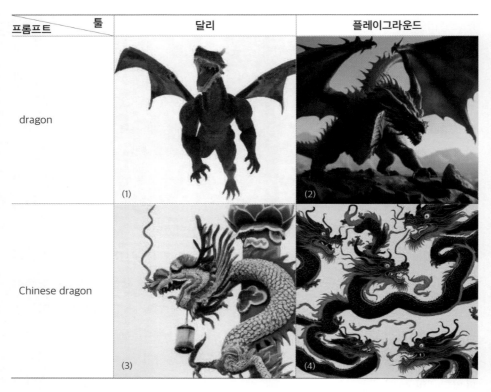

프롬프트 \ 툴	달리	플레이그라운드
dragon	(1)	(2)
Chinese dragon	(3)	(4)

그림 II-3-12 **2023년 4월 달리와 플레이그라운드에서 용을 생성한 결과물**

2023년 상반기, [그림 II-3-12]에서 보듯이 필자의 예상과는 전혀 다른 용들이 생성됐다. 2023년 4월 당시 빙이나 BIC처럼 한글과 영어가 가능한 AI 툴에 흥미로운 현상이 있었다. '용'이라고 한국어나 한자로 프롬프트를 적으면 '아시아 용'이 나오고, 'Dragon'이라고 영어로 입력하거나 "용감한", "불길을 내뿜는" 등과 같은 형용사를 더하면 두 날개가 달린 '서구식 용'이 생성됐다. 프롬프트를 'dragon'이라고 했을 때, 게임이나 애니메이션에 나오는 용들([그림 II-3-12](1), (2))이 주로 생성되었고, 아시아 용의 형태는 거의 나오지 않았다. 'Chinese dragon'이라고 하면 아시아 스타일의 긴 용이 생성되었는데, 이 용들의 데이터가 어디에서 주로 수집되었는지 알 수 있을 정도였다. 예를 들어, 중국 건축물의 장식이나 패턴에 있는 용 문양([그림 II-3-12](3), (4))이었다. 서구에서는 용이 '악마'의 상징이나 '악'의 근원처럼 여겨졌기에 부정적인 모습으로 많이 생성됐다. 반면에 '아시아 용' 혹은 '중국 용'은 중성적 이미지로 출현된다.

Red Asian dragon --ar 2048:858　　　　　Blue Asian dragon --ar 2048:858

그림 II-3-13 **2024년 1월 14일 미드저니로 재생성한 용 이미지**

〈AI 수로부인〉에서 필요한 용은 아시아 용이다. [그림 II-3-13]의 이미지들은 이 책의 집필을 위해 미드저니로 2024년 1월 14일에 다시 생성했다. 1:1 크기와 2,048:858 크기에 따라 용의 모양이 달라진다. 옆모습의 용이 필요하다면, 16:9나 2,048:858처럼 가로가 긴 사이즈로, 정면 모습이 필요하면 1:1 사이즈로 하면 원하는 모습이 나올 확률이 높다. 물론 이러한 사이즈보다도 프롬프트로 '정면', '옆면'이라고 적는 것이 더욱 정확하다. 사이즈와 프롬프트를 함께 적용한다면 원하는 이미지에 더욱 가깝게 생성할 수 있다. 재질을 바꾸면 캐릭터의 분위기가 많이 바뀐다.

2023년 5월, 여러 가지 생성형 AI 툴을 사용하여 재질을 바꿔가며 붉은 천룡과 푸른 천룡 생성을 시도했다([그림 II-3-14]). 다른 툴보다 BIC가 오히려 더 잘 나왔다. 천룡의 재질로는 '불'이 적합했다. 해룡은 '물'을 재질로 하고 싶었다. 초반에는 물보다 얼음의 느낌이 강했으나, 여러 번 다시 시도한 후에 어느 정도 원하는 재질이 나왔다. '불'을 재질로 하는 용의 이미지도 '물'과 '불', 그리고 '붉은색'과 '푸른색'을 교차로 적용하며 시도해보았다. '물'이라는 재질을 넣자 바다에 있는 천룡이 나왔다. 이 경우, 천룡은 하늘에서 주로 활동하기에 물에 있는 것이 알맞지 않았다. 반면에 해룡은 파도치는 가운데 등장하는 것 같아서 적절했다. 미드저니로 '불로 만든 붉은 용'을 다시 한번 생성해보았으나, 용이 불에 타서 재가 되는 것 같은 형상이라서 사용하지 않았다. 결국 천룡은 BIC로 생성된 밝은 붉은 색의 용([그림 II-3-15](1))으로, 해룡은 미드저니로 생성된 물로 만든 용([그림 II-3-15](2))으로 선택되었다.

그림 II-3-14 (1) 나무(木)로 만든 용, (2) 흙(土)으로 만든 용, (3) 불(火)로 만든 용, (4) 물(水)로 만든 용
(2023년 5월 생성)

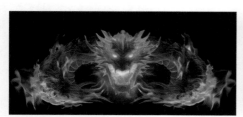

(1) 불로 만든 아시아 용, 자비롭고 평온한 정면 얼굴
(An Asian dragon made of fire, benevolent and serene frontal face)

(2) 물로 만든 아시아 용, 자비롭고 평온한 정면 얼굴
(An Asian dragon made of water, benevolent and serene frontal face)

그림 II-3-15 2023년 9월 생성한 용 정면 이미지

생성형 AI 이미지 툴(TTI)과 플랫폼

| 디스코드Discord

한국에서는 미드저니를 통해 디스코드Discord[58]를 알게 된 경우가 많을 것이다. 디스코드는 주로 음성 통화, 비디오 통화, 텍스트 메시징·파일·미디어 공유를 통한 커뮤니케이션을 지원하는 즉각적 메시징·VoIP 소셜 플랫폼이다. 이 서버는 지속적인 채팅방과 음성 채널 모음으로 구성된다. 디스코드의 경우에는 한 플랫폼에서 이미지(미드저니), 3D(루마 AI), 음악(수노), 음향(보이스모드) 생성 및 활발한 커뮤니티 활동을 할 수 있다.

이처럼 생성 플랫폼이면서 동시에 다양한 기능을 제공하는 멀티모달형 플랫폼이 눈에 띄게 늘어나고 있다. 편집 툴의 경우도 그러하다. AI 기반의 올인원 동영상 에디터 및 그래픽 디자인 도구인 **캣컷**CapCut은 AI 기능을 이용하여 배경 제거, 이미지 업스케일, AI 색 보정, 오래된 사진 복원, 사진 컬러라이저, 인물 생성기, 음성을 텍스트로 변환, 음성 변환, AI로 다양한 효과 등을 실행할 수 있다. 핸드폰으로 사진이나 동영상을 찍어서 이러한 생성 편집 툴을 사용하여 영상을 만들 수 있다. 더욱이 다양한 템플릿을 제공하기에 프로페셔널하고 근사한 영상도 손쉽게 만들어진다. **타입캐스트**Typecast의 경우, 더빙된 영상을 생성한 후 기초적인 형태이지만 편집을 통해 쉽게 영상을 만들 수 있다. 한 플랫폼에 점점 더 많은 AI 기능이 탑재되거나 플러그인 기능이 강화되면서 'AI 멀티모달 플랫폼'이 점점 더 확산되고 있다.

| 스테이블 디퓨전(SD)

전문적으로 영상을 만들고 싶다면, 초보자일지라도 공산품의 맛에 익숙해지기 전에 수제품처럼 창의성이 풍부한 **스테이블 디퓨전**stable diffusion(SD)을 추천한다. [그림 II-3-16]은 스테이블 디퓨전에서 〈AI 수로부인〉 영화에 사용된 수로부인 이미지에 체크

---

58   Jason Citron과 Stanislav Vishnevskiy이 온라인 게이머들을 위한 음성 채팅 앱을 개발하여, 2015년에 Discord 베타 버전이 공개되었다.

포인트Checkpoint, 로라LoRa, VAEVariational Autoencoder를 적용하여 다시 생성한 예시다.[59] 이후 컨트롤넷ControlNet으로 다양한 포즈를 생성해서 영상에 적용한다. 여기서는 시비타이Civitai나 허깅페이스Hugging Face에서 제공하는 체크포인트, 로라, VAE를 사용했지만, 직접 만들어서 영화의 목적이나 스타일에 맞게 파인 튜닝한 이미지와 영상을 생성하는 편이 낫다.

그림 Ⅱ-3-16 스테이블 디퓨전에서 체크포인트, 로라, VAE를 적용 후 생성한 수로부인 이미지

스테이블 디퓨전은 다양한 데이터 소스에서의 정보를 통합하여 보다 정확하고 유용한 결과를 얻기 위한 소프트웨어로, 체크포인트와 로라, VAE, 임베딩Embedding 등이 기본적으로 필요하다. 스테이블 디퓨전에서 체크포인트는 중간 결과를 저장하고 다음 단계에서 활용하는 역할을 하기에, 실험 중에 중단되더라도 중간 결과를 손실 없이 보존할 수 있다. 로라는 낮은 차원의 특성을 사용하여 데이터를 효율적으로 표현하는 방법을 제공한다. 이를 통해 고차원 데이터의 특성을 추출하고 저장할 수 있으며, 메모리와 연산 비용을 절약할 수 있다. VAE는 데이터의 잠재 변수를 학습하여 데이터를 효율적으로 표현하는 데 사용된다. 스테이블 디퓨전에서는 다양한 데이터 소

---

59 SD를 사용할 때 다음 네 가지를 함께 조정해야 한다.
    - Checkpoint: 모델 상태 저장, 훈련 중단 및 재개, 재사용 가능
    - LoRa(Low-Rank Adaptation): 대규모 모델 특화, 적은 훈련으로 효율적 적응, 모델의 기존 지식 유지
    - VAE(Variational Autoencoder): 데이터 인코딩 및 디코딩, 중요 특징 학습, 이미지 생성 및 복원
    - Embedding: 데이터 저차원 표현, 특징 압축, 효율적 이미지 처리 및 생성

스에서의 특성을 잘 반영하기 위해 VAE를 사용하여 데이터를 잠재 공간으로 매핑하고, 이를 통해 다양한 데이터를 통합할 수 있다. 임베딩은 고차원의 데이터를 저차원의 공간에 투영하는 기술로, 데이터의 특성을 보존하면서 차원을 줄이는 역할을 한다. 즉, 다양한 데이터를 효율적으로 표현할 수 있으며, 데이터 간의 유사성을 측정하여 통합하는 데 도움이 된다.[60]

| 달리3DALL·E 3 / 챗달이[61]

〈AI 수로부인〉이 창원국제민주영화제에 상영되기 하루 전인 2023년 10월 19일, 오픈AI는 "달리3을 챗GPT Plus 및 엔터프라이즈Enterprise에서 사용할 수 있다"[62]고 발표했다. 이와 함께 공개된 백서 「더 나은 캡션으로 이미지 생성 개선하기」[63]의 제목처럼, **달리3**DALL·E 3은 "설명력이 높은 이미지 캡션에 대한 훈련을 통해 텍스트–이미지 모델의 프롬프트 팔로잉 능력이 크게 향상된 것"[64]을 보여주고 있다. 텍스트와 이미지 간의 긴밀한 상관관계를 보여주고 있으며, 이는 4개월 후 공개될 소라Sora에 대해서도

---

60 스테이블 디퓨전에서 사전 훈련된 AI 모델을 사용하면 원하는 이미지를 생성할 수 있으며, 다양한 모델 중 원하는 것을 선택해 사용할 수 있다. AI 모델들을 공유해주는 사이트는 다음과 같다.
   (1) 우선 본문에서 소개한 시비타이(civitai)로, 다른 사람들과 협력하여 플랫폼을 만들 수 있다.
      https://civitai.com/
   (2) 허깅페이스(Hugging Face)는 AI 모델을 다운로드할 때 가장 많이 접하게 되는 사이트다.
      https://huggingface.co/
   (3) 아트허브(Arthub)는 AI 모델을 구할 수 있는 사이트로, 갤러리에서 프롬프트 정보도 제공한다.
      https://arthub.ai/
   (4) 칠아웃믹스(Chilloutmix)는 예쁜 반실사 아시아인을 구현해준다.
      https://huggingface.co/swl-models/chilloutmix-ni/blob/main/chilloutmix-Ni.safetensors
   (5) 딜리버레이트(Deliberate)는 예쁜 반실사 서양인을 구현해준다.
      https://huggingface.co/stablediffusionapi/deliberate-v3
   [주의] 커스텀 AI 모델을 다운로드하는 경우에는 NSFW(Not Safe for Work) 콘텐츠가 포함될 수도 있으므로, Safetensor 파일 유형을 사용하는 것이 좋다.
61 챗GPT의 달리는 '챗달이'라는 애칭으로 불린다. '빙달이'는 빙(Bing)에서 사용하는 달리의 애칭이다. 두 애칭은 챗봇과 TTI의 긴밀성을 잘 보여준다.
62 https://openai.com/index/dall-e-3-is-now-available-in-chatgpt-plus-and-enterprise
63 James Betker *et al.*, "Improving Image Generation with Better Captions", 19 Oct 2023.
64 *Ibid.*

그림 II-3-17

(1) 프롬프트: "그래픽 소설의 삽화. 보름달이 비추는 번화한 도시의 거리. 밤문화를 즐기는 보행자들로 인도가 북적인다. 모퉁이 노점에서는 불 같은 붉은 머리칼에 시그니처 벨벳 망토를 입은 젊은 여성이 심술궂은 늙은 상인과 흥정을 하고 있고, 심술궂은 상인은 키가 크고 세련된 정장을 입고 눈에 띄는 콧수염을 기른 남성이 스팀펑크 전화기(steampunk telephone)로 생동감 있게 대화를 나누고 있다."

(2) 프롬프트: "도널드 트럼프가 연설하는 장면을 그려줘."

(3) 프롬프트: "다니엘 뷔렌의 작업에서 영감받은 작품을 그려줘."
cf. "콘텐츠 정책 제한으로 인해 다니엘 뷔렌 같은 아티스트의 스타일로는 이미지를 생성할 수 없습니다"라는 언급과 함께 그림을 생성하지 않는다. 그러나 "…에서 영감받은 작품"이라고 하면 대다수 생성된다.

마찬가지다. 백서에서 제시한 샘플 모델 중 [그림 II-3-17]의 (1)은 프롬프트를 얼마나 잘 수행했는지 보여준다. 프롬프트가 요청한 그대로 이미지의 전체 스타일은 "그래픽 소설의 삽화"다. 선명하게 "보름달이 비추는 번화한 도시의 거리"가 한 번에 보인다. "밤 문화를 즐기는 보행자들"이 인도를 꽉 채울 정도로 "북적인다". 그리고 상점 안이 아니라, "노점the corner stall"에서 "불 같은 붉은 머리칼에 시그니처 벨벳 망토를 입은 젊은 여성"도 그대로 잘 표현됐다. "상인이 키가 크고 세련된 정장을 입고 눈에 띄는 콧수염"을 가지고 있는 것도 정확하며, "스팀펑크 전화기steampunk telephone"로 대화를 나누고 있는 것도 그대로 이미지에서 재현됐다. 상세한 요소들을 이미지로 모두 만족시키고 있다. 이로써 일반 사용자들의 접근성이 더욱 수월해졌다는 것뿐만 아니라, 소라의 등장을 예견했다. 달리3은 유명인사나 작가의 작품 스타일을 생성하지 않는다. [그림 II-3-17]의 (2)를 보면, 프롬프트와 전혀 다른 인물이 나왔으나 '연설'하는 장면은 살렸다. 즉 캐릭터만 다르게 생성했다. (3)과 관련하여, 처음에는 피카소 "스타일로by the style of" 그려달라고 하자 그리는 것을 거부했다. 그래서 다니엘 뷔렌 "스타일에 영감받은inspired by the style of" 작품을 그려달라고 하니 비슷한 느낌으로 그려주었다. 달리3이 완전히 거부하기보다는, 자체적으로 완곡하게 프롬프트를 바꾸어서 생성하려고 노력한다.

〈AI 수로부인〉의 상영 시기와 비슷하게 달리3이 공개됐기에, 달리3을 영화에 적용할 수 없었다. 하지만 달리3의 등장으로 조만간 제2세대 영화가 가능하리라는 것을 예견할 수 있었다. 덕분에 2023년 10월 26일 열린 〈AI 수로부인〉의 GV에서 [그림 II-3-17]의 이미지를 보여주며, 제1세대와 제2세대 AI영화의 차이에 대해 설명할 수 있었다.

(1) 원본

(3) 사선에서 정면 응시

(2) 고개 사선

[그림 Ⅱ-3-18]의 (1)은 "노란 한복을 입은 젊은 여성"이라는 프롬프트로 달리3에서 생성한 원본이며, 이어진 이미지는 원본을 바탕으로 멀티 뷰를 요청했다. (4)와 (5)는 각각 오른쪽 프로필과 왼쪽 프로필을 생성한 것이다. 이를 여러 번 시도했지만, 달리3은 결국 구분하지 못하고 왼쪽 프로필만 두 번 반복한다. 뒷모습을 나타낸 (6)은 머리 스타일이 다르지만, 큰 문제가 되지 않는다. 그 이유는 얼굴 모양과 눈, 코, 입은 같게 수정하기가 쉽지 않은 반면, 머리 스타일은 AI의 인페인팅 도구(포토샵 베타, 스테이블 디퓨전, 레오나르도 등)로 비슷하게 수정할 수 있기 때문이다. 물론, 영상(여기서는 '좁은' 의미의 영상)에 국한해서 하는 말이다. 영화에서는 '비슷한데', '같지' 않다면 문제가 된다. 여기서 '영화'와 '영상'의 차이가 드러난다. 일상 공간에서 작은 화면(TV 스크린 포함)으로 볼 때는 거의 비슷하면 차이가 크게 드러나지 않는다. 하지만 영화관의 어두운 공간에서 4K 해상도로 상영되는 대형 스크린만 뚫어지게 쳐다본다면, 거의 비슷한 것도 다르게 보인다. 신 중에 한 부분이 이상하면 바로 눈에 거슬리게 된다.

(4) 오른쪽 프로필

(5) 왼쪽 프로필[65]

(6) 뒷모습

(7)~(9) 원본의 나이 변화 및 멀티 앵글

---

65 달리3은 좌우를 구분하지 못한다. 다른 TTI나 TTV의 경우도 마찬가지이며, 프롬프트를 영어로 써도 같은 현상을 보인다.

이전 이미지에서 같은 여성으로 춤추고, 웃고, 우는 다양한 이미지를 각각 그려줘.

(10) '이전 이미지와 같은 사람'이라는 프롬프트로 생성한 캐릭터의 감정 표현

초록색 배경에 노란색 한복을 입은 여인, 부드럽게 미소 지으며 평온함을 발산하는 여인을 그려줘. 515127154

초록색 배경에 노란 한복을 입은 여인, 우울하고 침울한 표정을 짓고 있는 여인을 그려줘. 515127154

녹색 배경에 노란 한복을 입은 상심에 깊이 잠긴 여인을 그려줘. 515127154

(11) 같은 시드넘버(515127154)로 생성한 캐릭터의 감정 표현

그림 II-3 18 **원본에서 다양한 변주를 시도한 이미지** [66]

    (7)부터 (9)까지는 원본의 캐릭터가 나이 들어가는 모습을 요청했다. 한 번의 요청으로 곧장 나이 든 모습이 생성됐다. 〈AI 수로부인〉을 만들 때는 불가능한 기술이

---

66   [그림 II-3-18]의 이미지들은 모두 영어 프롬프트로 생성했으나, 번역하여 게재한다.

었다. 이미지 (8)은 하이 앵글을 요청했고, (9)는 조감도bird eye level 앵글을 요청했으나, 둘 다 하이 앵글이 나왔다. (9)는 셀카 찍는 포즈 같다. 이 정도면 제1세대 영화 툴과 비교하여 놀라운 발전이다.

(10), (11)은 표정 변화를 요청한 것이다. (10)의 이미지 그룹과 (11)의 이미지 그룹은 각각 다른 방식으로 일관성을 시도했다. (10)의 이미지들은 '이전 이미지와 같은 사람'이라는 프롬프트로 표정 변화를 요청했고, (11)의 이미지들은 새 창에서 원본과 같은 시드넘버로 생성한 것인데, 두 그룹 모두 같은 캐릭터의 다른 표정을 다양하게 잘 표현했다.

달리3은 비교적 쉽게 일관성 있는 캐릭터와 동일 캐릭터의 다양한 멀티 뷰를 생성해낸다. 하지만 일관성이 지켜진 대신 다양성이 줄어들었다(2024년 1월 기준). '한복'이라는 요구가 추가될 때 더욱 그러하다. "스타일리시한 젊은 여성"이라고 하거나 다른 유형의 이미지를 요청하면 훨씬 더 다양한 얼굴이 생성된다. 그만큼 한복 입은 여성에 대한 데이터가 많지 않고, 학습 훈련이 덜 된 문제일 테다. 멀티 뷰와 관련해서도, 만화 툰과 같은 경우에는 제1세대 툴로도 오래전부터 가능했다. 만화나 웹툰을 그릴 때, 멀티 뷰를 먼저 그리고 시작하기에 그만큼 양질의 데이터가 많이 사용됐다. 앵글도 마찬가지다. 풍경이나 오브제는 다양한 앵글이 가능했지만, 메인 캐릭터를 유지하면서 앵글의 변화를 시도할 때는 많은 시도에도 불구하고 원하는 대로 생성되지 않았다. 〈AI 수로부인〉 제작 당시 달리3을 사용하지 못한 것이 아쉬웠으나, 역사적인 측면에서는 제2세대 AI영화 툴과 분기점이 될 수 있기에 오히려 다행이었다. "텍스트–이미지 모델의 프롬프트 팔로잉 능력"이 뛰어난 달리3은 그 기본적인 원칙이 소라에도 연결되고 이는 제2세대 영화의 특징인 '사실적 재현' 혹은 이를 바탕으로 한 '초현실주의적' 표현을 가능하게 한다.

생성형 AI 영상 툴(TTV)

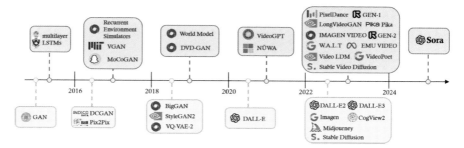

그림 II-3-19 비전 영역에서 생성 AI의 역사[67]

생성형 AI 영상 툴(TTV)의 대중화는 이미지 툴(TTI)보다는 다소 늦었으나, 2023년 중순부터 수요가 급격히 늘어났다. 소셜미디어 사용자들이 쇼츠를 필두로 한 영상 콘텐츠에 적용하기 시작하면서부터다. TTV는 기계 학습 및 컴퓨터 비전과 같은 AI 기술을 결합하여 영상 콘텐츠 생성을 자동화한다. 기계 학습 알고리즘은 대량의 데이터를 분석하고 패턴과 상관관계를 학습하여, 시각적으로 일관된 영상을 만들어낸다. TTV는 영화 및 애니메이션부터 광고, 엔터테인먼트 산업, 교육 및 훈련 등 다양한 분야에서 활용되고 있다.[68] TTV의 대중화는 기술의 발전, 사용의 용이성, 그리고 다양한 산업 분야에서의 적용 가능성에 의해 주도되었다.[69]

---

67 Yixin Liu *et al.*, "Sora: A Review on Background, Technology, Limitations, and Opportunities of Large Vision Models", 2024.

68 비디오 역사(Video History)에 대해서 알고 싶다면 〈The U.S. National Archives and Records Administration〉 참조. https://www.archives.gov/preservation/formats/video-toc.html

69 쉽게 사용할 수 있는 생성형 AI 영상(TTV, ITV) 툴은 다음과 같다.
- Synthesia: 인공지능을 사용하여 말하는 아바타를 생성할 수 있다. 다양한 템플릿과 실감 나는 아바타를 제공하며, 사용자가 원하는 내용을 여러 억양으로 말하게 할 수 있다. https://www.synthesia.io
- Veed.io: 초보자에게 적합한 AI 비디오 편집 옵션 중 하나다. 간단하고 배우기 쉬운 인터페이스를 제공하며, AI 기반의 음성-자막 도구가 특징이다. https://www.veed.io
- InVideo: 프롬프트를 넣어서 스토리, 음성, 자막, 영상을 쉽게 생성할 수 있는 플랫폼이다. AI 기반의 '기사-텍스트 도구'를 사용하면, 기사를 입력해 주요 아이디어를 추출하고 그에 맞는 간결한 콘텐츠를 제작할 수 있다. https://invideo.io
- Descript: AI를 사용하여 자동으로 텍스트와 비디오 음성을 동시에 편집할 수 있다. 사용자가 녹음한 음성과 영상을 AI가 비디오와 작성된 스크립트로 변환하며, 편집 내용은 영상에서도 자동으로 수정된다. https://www.descript.com

| 런웨이 ML_{Runway ML}의 Gen2

〈AI 수로부인〉에 주로 사용한 툴은 Gen2다. Gen2는 텍스트 프롬프트(TTV)와 이미지 프롬프트(ITV) 모두 입력 가능하며, 최초 4초짜리 영상을 생성하고 직전 영상을 4초씩 연장하여 최대 18초짜리 영상까지 만들 수 있다. 무료 크레디트를 사용하면 워터마크가 달리며, 유료는 워터마크를 제거할 수 있고 해상도도 높일 수 있다. TTV로 같은 캐릭터를 일관성 있게 생성하는 것은 매우 어렵기 때문에 〈AI 수로부인〉에서는 배경 풍경 외에는 TTV를 사용하지 않았다. 아무리 길고 명료한 프롬프트를 넣어도 일관된 배경과 캐릭터는 기대할 수 없었다.

그림 II-3-20 Gen2로 생성한 수로부인 이미지들

미드저니나 다른 TTI로 생성한 이미지를 ITV에 입력한다. 같은 이미지로 수십 번 반복해서 영상을 생성해야만 제대로 된 한 컷이 나온다. 그마저도 4초 정도의 춤추는 영상이다. 물론 이것도 거의 디폴트 값으로 카메라 변화(팬, 틸트, 줌 등)를 아주 조금씩만 주며 생성할 때의 경우다. 생성된 영상은 슬로모션 같아서 1.5~2배속 정도로

- FlexClip: 템플릿과 다양한 스톡 이미지 및 비디오를 제공하는 소프트웨어다. 초보자에게 적합한 인터페이스를 제공하며, AI 음성-텍스트(STT) 및 텍스트-음성 변환(TTS) 기능을 포함한다.
  https://www.flexclip.com
- Rawshorts: 애니메이션 비디오를 만들기 위한 도구로, 스크립트를 입력하면 AI가 음성 해설을 생성하고 텍스트의 주요 아이디어를 사용하여 일관된 애니메이션 스토리보드를 만든다.
  https://www.rawshorts.com
- Artbreeder: 다양한 이미지 요소를 조합하고 편집하는 데 뛰어난 온라인 플랫폼이다.
  https://www.artbreeder.com
- Dream Machine: 미국 AI 스타트업 루마 AI(Luma AI)에서 만든 드림머신은 친화적 UI와 다양한 기능, 높은 성능과 품질로 Sora급이라는 평판을 받고 있다.
  https://lumalabs.ai/dream-machine

속도를 높여서 편집할 때도 많다. 따라서 4초 영상이라고 할지라도 실제 영화에서는 2초 내외의 영상이 된다.

Gen2는 16초까지 영상 길이를 늘릴 수 있으나 플리커Flicker나 왜곡 현상이 심해서 8초가 넘는 결과물은 사용할 수 없다. 다른 AI 영상 툴도 마찬가지다. 이 8초도 속도를 스탠다드로 설정했을 경우이며, 카메라 모션의 속도나 효과를 높일 경우 왜곡이 가속화된다. 풍경이 아니라 사람의 신체가 대상이 되면 영상이 생성되자마자 보디 디스토션이 시작된다. 이렇게 생성된 짧은 클립들을 편집 툴 위에 올리면, 장면과 장면 사이의 연결이 부자연스럽다. 결국 클립과 클립 간의 연결을 위해서 또 다른 영상이나 이미지를 생성해야 한다. 두 영상 사이를 이어줄 매개체 영상을 생성하는 것은 더욱 난도가 높다. 그래서 필자는 앞의 영상을 생성한 원본 이미지와 뒤의 영상을 생성한 원본 이미지를 미드저니나 아트브리더 등으로 블렌딩하거나 믹싱한다. 원하는 것에 가까운 이미지가 나오면, 다시 ITV로 생성한다.

대상, 〈Generation〉,
Riccardo Fusetti 감독, 2분

금상, 〈Checkpoint〉,
ron Filkey·Joss Fong 감독, 6분

은상, 〈Given Again〉,
Jake Oleson 감독, 8분

그림 II-3-21 런웨이 AI Film Festival 2023 수상작

Gen2는 2023년에 영상을 만들 때, 전 세계적으로 가장 많이 사용된 TTV(ITV 포함)였다. 2023년 기준, 가장 독보적인 AI영화 페스티벌인 AIFFAI Film Festival[70]를 개최하고 있다. 이 영화제의 수상작들을 살펴보면, 주로 TTI, TTV, ITV를 사용했다. 놀라운 창의력과 스토리텔링으로 단숨에 관람객을 사로잡는 이 영상들은 모두 10분 이내다. '제7의 예술'로서의 '영화'가 되려면, 좀 더 다양한 분야의 생성형 AI 툴이 사용될 필요가 있다. 영화는 종합예술이기에, AI영화 역시 종합적인 예술의 총체가 실현되어야 한다.

---

70   https://aiff.runwayml.com/2023#winners

| 피카_{Pika}

(1) TTV	(2) ITV	(3) ITV	(4) VTV
프롬프트: "Korean woman" 2024년 3월 생성	2023년 9월 생성	2024년 3월 생성	드레스 색상 변경 2024년 3월 생성

그림 II-3-22 피카로 생성한 영상들

"Idea to video 플랫폼"이라고 자칭하는 **피카**_{Pika}[71]는 피카랩스에서 2023년 11월 28일에 공식 론칭했으나, 이미 9월에 디스코드에서 베타 버전을 사용할 수 있었다. 2024년, 피카는 음향, 음악, 립싱크 기능까지 갖춰졌다. 최초 3초 분량의 영상이 생성되고, 직전 영상을 늘려서 4초 분량의 영상을 추가로 생성하는 방식으로 영상의 길이를 최대 15초까지 연장할 수 있다. 피카는 TTV, ITV, VTV(Video to Video) 방식 모두 가능하다.

[그림 II-3-22]의 (1)은 프롬프트 "Korean woman"을 입력해 생성된 3초 영상이다. 직전에 "노란 고전 옷(한복)을 입은 한국 여성"이라는 영상을 생성해서인지, '한복'을 요청하지 않았는데도 한복을 입고 있다. (2)는 미드저니에서 생성한 이미지를 가지고 디스코드의 피카 베타 버전으로 영상을 생성했다. 춤추는 선도 아름답고 선명하게 나와서 메인 캐릭터의 품질은 Gen2보다 다소 좋았으나, 메인 캐릭터를 제외하고 그 주변이 아웃포커싱된 것처럼 흐릿하게 생성되었다. (3)은 2024년 3월 30일, 미드저니에서 생성한 이미지를 다시 한번 피카에서 영상으로 생성했다. 전체적인 품질은 향상됐으나, 팔 아래가 과다하게 노출되었다. (4)는 (3)의 영상을 VTV로 생성한 것이다. 피카에는 여러 가지 편집 기능이 있어서, '노란 드레스'를 '하얀 드레스'로 바꿀 수 있다. 하지만 만족스러운 결과물은 아니다.

---

71   https://pika.art/home

그림 II-3-23 윈모프3.01로 생성: 붉은 용에서 천신으로 바뀌는 과정

[그림 II-3-23]은 **윈모프3.01**WinMorph3.01[72]을 사용해 붉은 용에서 천신으로 바뀌는 과정을 생성했다. 푸른 용에서 해신으로 바뀌는 과정도 같은 툴을 사용했다. 〈AI 수로부인〉에서는 변신 장면이 여러 번 나온다. 2023년 영화 제작 당시 변신 영상을 위한 툴로는 윈모프3.01이 가장 만족스러운 결과를 주었다. 용과 인물의 크기나 모양이 비슷할수록 자연스러운 변형이 가능하다. [그림 II-3-23]에서 보듯이 용의 얼굴과 천신의 얼굴 크기가 비슷하고, 용의 정면 숏과 천신의 정면 숏의 크기와 형태도 비슷하다. 이를 위해서, 용의 정면 모습을 TTI로 생성했다. [그림 II-3-23] 스틸 컷의 용처럼 정면 모습이 나오기 위해서는 수십 번의 반복 작업이 필요하다. 프롬프트를 아무 수식어 없이 "용의 정면 프로필"이라고 적으면, 험악하고 무서운 용모로 나온다. 이를 완화하기 위해, "인자하고 평온한"과 같은 긍정적인 형용사를 붙이면 조금 나아지나, 여전히 좋은 인상은 아니다. '형용사'보다는 '재질'이나 '스타일(인상주의, 키치 등)'로 프롬프트를 조정하는 것이 더 효과적이다. 배경색은 크로마키로 하면 차후 편집하기에 용이하다.

달리, 미드저니, 스테이블 디퓨전 등 생성형 AI 이미지·영상 툴이 더욱 정교해지면서, 예술과 디자인 분야에 큰 영향을 미쳤다. 〈AI 수로부인〉에서 AI 영상을 생성하

---

72   https://softradar.com/winmorph

기 위해 주로 사용된 생성형 AI 툴과 업스케일 툴[73]을 표로 정리하면 다음과 같다.

표 II-3-1 〈AI 수로부인〉에서 사용한 AI 툴과 업스케일 툴

이미지	미드저니, 스테이블 디퓨전, 레오나르도, 플레이그라운드, 달리, BIC, 딥 드림 제너레이터 등
영상	Gen2, D-ID, 윈모프3.01, 피카(2023년 9월 베타 버전), Genmo 등 참조: 캔바(Canva), 미리캔버스 등
리터치	어도비 포토샵, 일러스트레이터 베타 버전, 애프터이펙트 등
업스케일	업스케일(Upscayl), 토파즈(Topaz) 등

민낯 그대로의 제1세대 AI영화

그림 II-3-24 보디 디스토션 문제   그림 II-3-25 캐릭터의 일관성 문제

---

73   - Topaz Video Enhance AI: https://www.topazlabs.com/topaz-video-ai
     - Upscayl: https://upscayl.org
     - Waifu2x: https://github.com/nagadomi/waifu2x
     - Flowframes: https://nmkd.itch.io/flowframes
     - ESRGAN(Enhanced Super-Resolution Generative Adversarial Networks)
     ESRGAN 공식 GitHub 페이지: https://github.com/xinntao/ESRGAN
     관련 백서: https://arxiv.org/abs/1809.00219

〈AI 수로부인〉 제작 당시 사용한 생성형 AI 영상 툴의 가장 큰 문제는 보디 디스토션이었다. 특히, 얼굴과 손에서 이러한 현상이 심하다. 최대한 왜곡을 줄이려고 노력했지만, 어쩔 수 없는 경우에는 굳이 감추지 않았다. 수작업으로 수정하거나 CG를 많이 사용하면 훨씬 자연스러운 이미지를 만들 수 있다. 더욱이 제작사 나라AI필름의 모체인 ㈜나라지식정보에는 이런 보정 작업을 잘하는 뛰어난 인재들이 있다. 비유하자면 AI의 못난 곳을 가려줄 수 있는 CG 메이크업 기술자들이다. 그러나 〈AI 수로부인〉은 화장을 거부하고 2023년 당시 생성형 AI 툴의 민낯을 그대로 드러냈다. 완성도를 포기하더라도 당시 한계를 그대로 보여주는 영화 한 편은 존재해야 한다고 여겼기 때문이다. 앞으로 생성형 AI 툴이 발전하면, 이러한 오류들은 모래사장의 발자국처럼 빠르게 사라질 것이다. "기록이 없으면 역사도 AI도 없다"라는 ㈜나라지식정보의 모토가 있었기에, 역사적 기록의 차원에서 2023년 AI의 자취를 남기는 모험을 감행했다.

TTV나 ITV를 사용할 때, 보디 디스토션이 발생하는 이유는 여러 가지가 있다. 우선 AI 모델이 필요한 보디 이미지 데이터를 충분히 학습하지 않았기 때문이다. 스테이블 디퓨전의 컨트롤넷을 사용해 각각의 비디오 프레임을 변환하거나 스테이블 디퓨전의 파인튜닝을 통해 캐릭터의 이미지 데이터를 활용하여 모델을 훈련시켜 문제를 완화할 수 있다. 또한 모델의 복잡성도 문제인데, 정규화 기법을 사용하거나 데이터 확장data augmentation을 통해 모델의 일반화 능력을 향상시킬 수 있다. 이 외에 플리커 현상과 같은 다양한 문제(오버피팅, 학습 파라미터 설정, 손실 함수 선택 등)를 해결하기 위해서도, 꾸준한 실험과 반복적인 모델 튜닝이 필요하다. 문제의 원인에 대한 궁금증이나 해결 방안들을 상세히 알기 위해서는 최신 연구 백서를 참조하는 것이 바람직하다(cf. 인덱스 5).

9월 중순에서 10월 중순 한 달간 〈AI 수로부인〉을 제작해야 하는데, 마침 어도비 베타 버전이 출시되어서 대단히 효과적으로 유효하게 사용할 수 있었다. 사용하다 보니, 어느새 정식 버전으로 업데이트되었다. 더욱이 생성된 이미지에 대해서는 저작권 문제가 없다고 하니, 더욱 편안하게 사용했다. 하지만 프리미어프로에서 자동 자막 배치 기능이 호환되지 않아 어려움이 있었다.

그림 II-3-26 AI 툴도 빠르게 변한다. 해당 베타 버전들은 이미 정식 버전으로 출시됐다(2023년 9월 기준)

AI와 스톡 서비스

스톡Stock 서비스는 1920년대 매체 제작자들이 고품질의 이미지, 비디오, 음악 등을 저렴한 비용으로 쉽게 공유하기 위해서 생겨났다. 초기에는 주로 신문과 잡지 업계에서 사용되었지만, 점차 영화, 방송, 광고 등 다양한 매체로 확장되었다. 스톡 서비스는 빅데이터가 필요한 AI와도 밀접한 관계를 맺게 되었다. 어도비는 자체 스톡 이미지 서비스를 운영하면서 AI 데이터로 활용하고 있다. 오픈AI의 달리 모델, 구글의 이마젠Imagen 등도 데이터세트의 일부로 스톡 서비스를 사용하고 있다. TTI는 물론, TTV 학습 훈련에도 필수적이다. TTV 모델은 대량의 훈련 데이터를 필요로 하는데, 스톡 서비스는 다양한 상황과 테마를 아우르는 풍부한 데이터를 제공하여, AI가 더 넓은 범위의 시나리오를 이해하고 학습할 수 있게 한다. 스톡 서비스는 이미지, 비디오, 음악 등 다양한 미디어 자원을 제공한다. 이 자원들은 AI가 실제와 유사한 비디오를 생성하는 데 필요한 시각적·청각적 자료로 사용된다.

3D에도 스톡 서비스가 필요하다. 예를 들어, 춤추는 3D 장면을 만들기 위해서는 먼저 3D 아바타를 만든다. 이후 2D로 춤추는 영상을 생성하여, 아바타가 이 영상의

모션을 그대로 따라 하는 모션 트래킹을 사용한다. 하지만 2D로 춤추는 영상을 생성하려면 현재(2023년 기준)까지의 기술로는 오랜 시간이 걸리며 만족스러운 결과물을 얻기도 힘들다. 그래서 원하는 모션에 가까운 영상을 스톡 서비스에서 구해 사용하는 것이 효율적이며, 좀 더 리얼하고 섬세한 모션을 얻을 수 있다.

대표적인 스톡 서비스[74]로는 셔터스톡Shutterstock[75], 게티 이미지Getty Images[76], 어도비 스톡Adobe Stock[77], 비디오 중심의 스톡 서비스인 폰드5Pond5, 아트리스트Artlist 등이 있다. 영상 작업자가 즐겨 사용하는 스톡 서비스에는 엔바토Envato[78], 아트그리드ArtGrid[79]가 있고, 음원 스톡 서비스는 아트리스트Artlist[80]와 에피데믹 사운드Epidemic Sound[81], 모션 어레이Motion Array[82] 등이 있다.

모션 어레이는 애프터이펙트, 프리미어프로 등과 같은 어도비 소프트웨어와 긴밀하게 통합되는 확장 프로그램extension을 제공하기에 편집이 편리하다. 특히 '비디오 컬래버레이션 기능'은 팀원들과 원활하게 비디오 프로젝트를 공유하고 협업할 수 있게

---

74   스톡 콘텐츠는 시간과 비용을 절약할 수 있으며, 특정한 요구 사항이나 창의적인 아이디어를 충족시키는 데 유용하나, 각 서비스마다 라이선스 조건과 저작권 규정을 잘 확인해야 한다.

75   셔터스톡(Shutterstock): 엄청난 양의 자료를 보유하여, 전 세계적으로 널리 사용되며, 다양한 종류의 스톡 이미지, 비디오, 음악을 제공한다.

76   게티 이미지(Getty Images): 뉴스, 스포츠, 엔터테인먼트 분야의 이미지를 전문적으로 다루는 고품질의 스톡 사진을 제공한다.

77   어도비 스톡(Adobe Stock): 고품질의 이미지, 비디오, 템플릿, 3D 자산 등을 제공하며, 특히 어도비 크리에이티브 클라우드와 통합되어, 영화 편집에도 편리하다.

78   엔바토(Envato): 디지털 자산과 창작자를 위한 다양한 자원을 제공하는 온라인 플랫폼이다. 웹사이트 테마, 그래픽, 비디오, 음악 등 다양한 디자인 요소와 자료를 판매하며, 특히 워드프레스 테마와 플러그인으로 유명하다. https://elements.envato.com

79   아트그리드(ArtGrid): 고품질의 로열티-프리 스톡 비디오를 제공하는 서비스로, 영화 제작자와 비디오 제작자는 다양한 종류의 비디오 클립을 사용하여 창작물에 활용할 수 있다. https://artgrid.io

80   아트리스트(Artlist): 음악과 사운드 이펙트를 제공하는 서비스로, 주로 영상 제작자를 대상으로 한다. 로열티-프리 트랙을 구독 서비스 형태로 제공하며, 다양한 장르의 음악을 포함하고 있다. https://artlist.io

81   에피데믹 사운드(Epidemic Sound): 아트리스트와 유사하게 로열티-프리 음악과 사운드 이펙트를 제공한다. 이 서비스는 특히 광범위한 라이브러리와 사용하기 쉬운 인터페이스가 장점이다. https://www.epidemicsound.com

82   모션어레이(Motion Array): 비디오 제작자를 위한 다양한 자원을 제공하는 플랫폼으로, 비디오 템플릿, 애프터이펙트 프리셋, 로열티-프리 음악, 사운드 이펙트 등 다양한 자료를 포함하고 있다. https://motionarray.com

한다. 컬래버레이션 툴을 사용하여 팀원과 자료를 손쉽게 공유하고 실시간으로 피드백을 주고받을 수 있다. 프로젝트의 다양한 버전 관리, 친화적 UI(사용자 인터페이스), 다양한 파일 포맷 지원으로 다른 소프트웨어와의 호환성 문제를 최소화한다. 팀원뿐만 아니라, 클라이언트와 원격으로 리뷰할 일이 생기면, 무거운 영상 파일을 다운로드하지 않아도 PC뿐만 아니라 모바일에서 공유할 수 있다.

| 비디오젠VideoGen과 인비디오Invideo

그림 II-3-27 스톡 영상을 주 데이터로 사용한 (1) 비디오젠과 (2) 인비디오

[그림 II-3-27]의 두 영상은 **비디오젠**VideoGen[83]과 **인비디오**Invideo[84]에 "예술가의 하루"라는 프롬프트를 넣어서 생성한 약 2분짜리 영상이다. 이 두 영상은 비디오 스톡을 사용하기에 아무리 길어도 보디 디스토션이 생기지 않는다. 하지만 캐릭터, 주변 환경 등이 일관되지 않고 컷마다 달라지는 문제가 있다. 두 서비스 모두 생성된 시나리오나 클립을 바꿀 수 있다. 인비디오에는 유튜브 비디오 에디터, 슬라이드쇼 메이커, AI 말하는 아바타, AI 스크립트 생성기, AI 비디오 에디터, AI 음성 생성기 등 많은 기능이 있다. 2023년 인비디오는 가장 많이 쓰이는 생성형 AI 툴 10위 안에 들었다.

83 https://app.videogen.io
84 https://ai.invideo.io

4. 음성 및 음악, 음향효과 생성

AI와 사운드 생성

그림 II-4-1 손 씻는 장치: 새가 휘파람을 불면 물이 아래 대야로 쏟아지고, 오리가 사용한 물을 마시고 꼬리를 통해 단상 아래에 숨겨진 용기로 배출된다.

그림 II-4-2 물로 작동하는 플루티스트 자동화 장치: 잠에서 깨어나도록 부드러운 음색을 전달하게 설계되었다.

이 파트에서는 AI를 사용하여, 텍스트에서 음성(대사)을 생성하는 TTS[85]와 텍스트

---

85 넓은 의미의 TTS에서 더빙, 노래, 음향효과 등의 AI 아키텍처는 각각의 목적과 기능에 따라 상당히 다르다. 점점 더 많은 TTS와 여러 서비스를 겸비한 플랫폼들이 생겨나고 있다. 더빙 관련 아키텍처도 다양한데, 그중의 하나를 소개하면 다음과 같다.
  - 데이터 학습: TTS 시스템은 일반적으로 대량의 음성 데이터와 텍스트 데이터를 사용하여 학습하며, 이 데이터에는 다양한 발음, 억양, 강조가 포함된다.
  - 음성합성 모델: TTS 시스템은 주로 순환 신경망(RNN)이나 변환기(Transformer) 모델과 같은 딥 러닝 기술을 사용한다. 이 모델들은 텍스트의 음성학적 특성을 이해하고 자연스러운 음성으로 변환하는 데 중점을 둔다.

에서 노래(배경음악 포함)를 생성하는 TTM, 텍스트에서 음향효과를 생성하는 TTSE[86]
에 관해 다룬다.

인간의 말소리를 흉내 내는 오토마톤 기술은 12세기 아랍의 과학자 알 자자리에
서 그 전조가 보인다.[87] TTS 기술의 초기 개념은 1770년대에 크리스티안 고틀리프
크라첸슈타인이 개발한 인간의 음성을 모방하는 기계적 장치Acoustic resonator에서 착안
되었다. 본격적인 TTS 기술은 20세기에 들어서면서 전자 기술과 컴퓨팅의 발전과 함
께 보더Voder[88], DEC토크DECTalk[89] 등이 등장하며 빠르게 성장한다. 2000년대에 들어서

- 음성 생성: 생성된 음성은 자연스러운 억양, 강조, 그리고 인간의 음성과 유사한 흐름을 가지도록 설계된
  다. TTS 시스템은 발음 정확도와 말하는 속도 조절에 중점을 둔다.

86 AI 음악 생성과 AI 음향효과 생성은 비슷한 기술적 기반을 공유하면서도 각각의 고유한 목적과 요구 사항에
    맞춰 다른 접근 방식을 취한다.
    AI 음악 생성(TTM) 아키텍처
    - 데이터 학습: AI 음악 생성 시스템은 다양한 장르와 스타일의 음악 데이터를 학습하며, 여기에는 멜로디,
      하모니, 리듬, 구조 등의 요소가 포함된다.
    - 모델 구조: 음악 생성에는 LSTM(Long Short-Term Memory)과 같은 순환 신경망(RNN)이나 변환기
      (Transformer) 기반의 모델이 일반적으로 사용된다. 이 모델들은 시퀀스 데이터 처리에 적합하며, 음악의
      시간적 구조와 패턴을 학습하는 데 유용하다.
    - 음악 생성: 학습된 모델은 새로운 음악을 생성하는데, 멜로디, 하모니, 리듬 등의 조화를 감안하여 생성된다.
    AI 음향효과 생성(TTSE) 아키텍처
    - 데이터 학습: 음향효과 생성은 주로 특정 환경이나 상황에 대한 사운드 이펙트의 오디오 샘플을 학습한다.
      예를 들어, 빗소리 같은 자연의 소리, 차량과 같은 도시의 소음, 기계 돌아가는 소리 등이 학습된다.
    - 모델 구조: 음향효과 생성에는 컨볼루션 신경망(CNN)이나 GAN(Generative Adversarial Networks)과
      같은 모델이 사용될 수 있다. 이 모델들은 복잡한 오디오 특성과 텍스처를 학습하는 데 적합하다.
    - 음향효과 생성: 학습된 모델은 특정 상황이나 환경에 맞는 사운드 이펙트를 생성하며, 영화, 비디오 게임,
      가상현실 등에서 사용된다.
    TTM과 TTSE 모두 딥 러닝 기술을 사용하지만, 사용되는 모델의 종류와 학습 방식에 차이가 있다. 음악 생성
    은 시간적 구조와 패턴을 학습하는 데 중점을 둔 모델을 사용하는 반면, 음향효과 생성은 복잡한 오디오 특
    성과 텍스처를 학습하는 데 적합한 모델을 사용한다. 이 차이는 각 기술의 목적과 적용 범위에 따라 결정되
    며, 각 분야의 특정 요구 사항에 최적화된 AI 아키텍처를 사용한다.

87 12세기 무슬림 출신의 발명가이자 기계공학자인 알 자자리(Al-Jazari)는 자동 기계와 로봇 공학의 초기 형
    태를 포함한 저서 『기계장치에 관한 지식의 책(Book of Knowledge of Ingenious Mechanical Devices)』
    (1206)을 집필했다. 이 책에는 '자동화된 휘파람(Automated Whistle)' 또는 '피리 부는 자동 인형
    (Automated Flute-Playing Automaton)' 등과 같은 발명품들이 설명되어 있다.

88 'Voder(Voice Operating Demonstrator)'는 1939년 벨 연구소의 호머 더들리(Homer Dudley)가 개발한
    초기 전자 음성 합성기다.

89 DECTalk은 1983년 '디지털 이큅먼트 코퍼레이션(Digital Equipment Corporation)'에서 개발한 음성 합성기
    및 텍스트 음성 변환 기술이다.

는 구글, 아마존, 애플과 같은 빅테크 기업들이 현대적 TTS 기술을 크게 발전시켰다. 이때부터 TTS는 AI 기술을 포함해 자연어 처리(NLP)와 유기적인 관계를 맺으며 본격적으로 발전했다.[90]

클로바 더빙

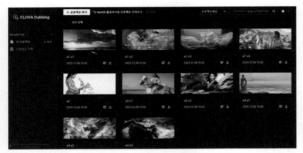

(1) 프로젝트별로 더빙 저장, 이미지나 영상은 사용자가 가지고 있는 것을 업로드

(2) 동영상이나 PDF 또는 이미지 파일을 추가하고, 더빙과 효과음 생성

(3) 수로부인의 목소리는 '아라'로 설정

90　AI TTS
- Google의 TTS: 자연스러운 음성과 다양한 언어를 지원하며, 모바일 및 웹 애플리케이션에서 널리 사용된다.
  https://cloud.google.com/text-to-speech
- Amazon Polly: 리얼타임 텍스트 처리와 음성 변환을 제공하며, 다양한 음성과 언어를 지원한다.
  https://aws.amazon.com/fr/polly/
- IBM Watson TTS: 높은 수준의 맞춤화와 자연스러운 음성 변환을 제공한다.
  https://www.ibm.com/products/text-to-speech
- Microsoft Azure TTS: 클라우드 기반 TTS 기능을 제공하며, 다양한 애플리케이션에 통합된다.
  https://azure.microsoft.com/en-us/products/ai-services/text-to-speech

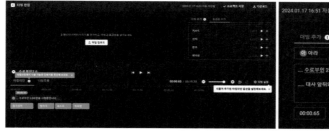 

(4) 동영상 파일 업로드, 편집 기능, 효과음   (5) 더빙 시험(2024년 1월 17일 생성)

그림 II-4-3 클로바 더빙 사용 예시

클로바 더빙은 2020년 네이버에서 개발한 AI 음성합성 기술이다. 음성 콘텐츠를 제작할 때, 성우나 배우를 섭외하지 않아도 인공지능 음성으로 쉽게 콘텐츠를 제작할 수 있다. [그림 II-4-3]의 (1)과 (2)에서 보는 것처럼 새 프로젝트를 생성하고 동영상이나 PDF 등 파일을 불러와 더빙할 AI 보이스를 선택하면 자동으로 음성이 입혀진다. 2023년 8월 기준 클로바 더빙에서 제공하는 한국어 목소리는 총 103종(여성 42종, 남성 29종, 아이 12종, 음성합성 20종)으로, 다양한 목소리를 제공한다는 강점이 있었다. 한국어뿐만 아니라 영어, 스페인어, 중국어 등 외국어 보이스도 사용할 수 있다. 각국의 목소리는 그 나라의 언어로 특화되어 있다. 즉, 한국어 보이스는 한국어를 잘한다. 한국어를 하는 미국인을 표현하고 싶다면, 영어 보이스에 한국어 더빙을 입히면 된다. 하나의 프로젝트에서 최대 열 가지 보이스 선택이 가능한데, 더 많은 보이스가 필요하면, 프로젝트를 두세 개로 나누어서 진행하면 된다. 〈AI 수로부인〉을 제작할 당시, 빠른 제작을 위해 동영상을 직접 불러올 수 있는 TTS가 거의 없었기에 클로바 더빙이 유용했다.

더빙할 내용을 텍스트로 입력한 후, 미리 듣기를 하면서 수정할 수 있다(3). 클로바 더빙에서 생성한 오디오를 D-ID로 가져갈 경우에 대비해서, (5)의 대사가 시작하기 전과 후, 즉 한 문장의 앞부분과 끝부분에 휴지를 주려고 했다. 클로바 더빙 자체 혹은 D-ID 자체에서 음성을 생성할 때는 가능했으나, 다른 오디오 파일을 업로드할 때는 되지 않았다(2023년 9월 기준. 2024년부터는 해결됨). 다른 TTS에서는 가능했던 손쉬운 작업일 수도 있기에 TTI, TTV를 포함한 가능한 한 많은 서비스를 미리 알고 있는 것이 좋다. 최종적으로, 프리미어프로에서 편집할 때 조정을 했지만, 많은 어려움을 초래했다.

　그 외 사용법은 클로바 더빙 홈페이지에 영상으로 상세히 설명되어 있다. 앞에서 언급한 것처럼 클로바 더빙에는 타임라인이 있어 슬라이드를 삭제하거나 순서를 바꾸는 등 손쉽게 수정할 수 있다. 더빙 파일을 대사를 하나씩 다운로드하거나 전체 대사를 통으로 다운로드할 수 있다. 필자는 개개의 파일을 받아 프리미어프로에서 편집하는 쪽을 선호했다. 대사 역시 계속해서 수정되었기 때문에, 통으로 받으면 자르고 맞추는 편집 과정에서 여러 어려움이 발생하기 때문이다. 클로바 더빙에서는 효과음도 일부 지원한다. 귀뚜라미, 발자국, 환호, 박수 등의 효과음을 대사와 함께 중첩할 수 있다.

D-ID와 타입캐스트

　타입캐스트는 일부 캐릭터의 감성 표현과 톤 조절까지 가능하다. 또한 프롬프트로 목소리를 조정하는 기능도 있는데, 아직은 사용할 수 없다. 인물 클로즈업 장면에서는 클로바 더빙이나 타입캐스트로 오디오를 생성한 후 D-ID에 적용하여 최종 영상을 생성했다. 물론, D-ID에서도 한국어 더빙이 가능하나 2023년 9월에는 한국어 목소리가 아홉 가지밖에 없어서 오디오는 사용하지 않았다.

(1) 우주인　　　　　　　(2) 외계인　　　　　　　(3) 웹툰 아바타

(4) 여자 노인 더빙 장면 스틸 컷

(5) 수로부인 프로필, 더빙 장면 스틸 컷

(6) 남성 노인 프로필, 더빙 연속 장면 스틸 컷[91]

(7) 수로부인 원본(더빙 전) (8) 수로부인 더빙 연속 장면 스틸 컷

(9) 중년 여인 더빙 장면 스틸 컷

(10) 바다괴물 더빙 스틸 컷

---

91 2022년에는 D-ID를 사용해서 캐릭터 옆모습의 이미지로 더빙하는 것이 거의 불가능했다. 2023년에는 옆모습은 가능해졌으나, [그림 II-4-4]의 (5)에서 보는 것처럼 입 모양이 어그러지고 자연스럽지 않다. 오른쪽의 노인처럼 수염이 있는 경우에는 수염에 가려져서인지 좀 더 자연스럽게 보인다. 2024년 1월에 다시 같은 이미지로 생성해본 결과, 옆모습도 훨씬 자연스러워졌다.

(11) 문어 더빙 스틸 컷

그림 II-4-4 D-ID 더빙 생성 예시

[그림 II-4-4]에서 (3)을 제외한 모든 이미지는 〈AI 수로부인〉의 스틸 컷이다. (2), (10), (11)를 제외하고는 모두 **D-ID**[92]에서 생성한 것이다. D-ID를 사용하기 위해서는 기본적으로 사람 얼굴로서 인식이 되어야 한다. 이목구비가 뚜렷해도 사람이 아닌 동물이나 사물(사람처럼 눈, 코, 입을 추가한 경우)은 인식이 되지 않는다. 예시를 보자. [그림 II-4-4]의 (1)은 헬멧을 쓰고 있지만, 얼굴이 인식되어서 사용할 수 있었다. (3) 같은 만화 스타일의 이미지도 문제없이 잘 적용되었다. 하지만 외계인 이미지 (2)는 인식되지 않았다.

앞서 언급했듯이 〈AI 수로부인〉은 클로바 더빙이나 타입캐스트(TTS)로 음성파일을 생성한 뒤 D-ID에 업로드해서 사용했다. D-ID 자체에서 음성파일을 생성하면, 대사 전후로 2~3초 정도 자연스러운 텀을 줄 수 있다. 하지만 다른 음성파일을 업로

---

92 D-ID는 이스라엘의 텔아비브-야포(Tel Aviv-Yafo)에 기반을 둔 기업으로, 2017년에 셀라 블로인폼(Sella Blondheim), 엘리란 쿠타(Eliran Kuta), 그리고 길 페리(Gil Perry)에 의해 설립되었다. D-ID는 딥 러닝 기술을 활용하여 사람의 얼굴이나 다른 신체 특징을 인식하고 분석하는 기술을 말한다. 주로 보안, 개인 식별, 감시 시스템, 스마트폰 잠금 해제, 사진 및 동영상에서의 얼굴인식 등 다양한 분야에서 사용된다.
주어진 얼굴 이미지에 목소리를 더빙하는 과정은 일반적으로 '얼굴인식 및 애니메이션 기술'과 '음성합성 기술'을 사용한다.
- 얼굴인식 및 애니메이션(Facial Recognition&Animation): 이 기술은 얼굴 이미지를 분석하여 얼굴의 특징을 파악하고, 이를 바탕으로 입 모양이나 표정을 실제 말하는 것처럼 움직이게 만든다. 이 과정에서 사용되는 AI는 컴퓨터 비전과 딥 러닝 알고리즘을 사용하여 얼굴의 구조를 이해하고, 말하는 동작에 맞게 이미지를 조작한다.
- 음성합성(Voice Synthesis): 이 기술은 텍스트를 자연스러운 음성으로 변환한다. 음성합성 AI는 특정 텍스트 입력을 받아 음성으로 변환하는 과정에서 억양, 발음, 강세 등을 조절하여 자연스럽고 현실적인 음성을 생성한다.
이 두 기술을 조합하면, 주어진 얼굴 이미지에 맞는 음성을 생성하고, 해당 음성에 맞게 입 모양과 얼굴 표정을 조절하여 캐릭터가 말하는 것처럼 된다.

II. 〈AI 수로부인〉 제작 과정과 제1세대 AI영화 툴

드해서 사용하면 휴지 시간을 줄 수 없다. 보통의 대화는 말하기 전후로 공백이 있다. 그런데 이 경우 캐릭터가 등장하자마자 쉴 틈 없이 곧장 대사를 시작하기 때문에 어색하고 급한 느낌이 든다. 프리미어프로로 편집을 할지라도 자연스럽지 않다. 이를 해결하기 위해서는, TTS를 사용할 때, 대사 앞뒤에 같은 단어를 한 번 더 넣어 두 번 반복하게 하고(다른 단어를 넣어도 되나 명료한 구분을 위해서), 같은 두 단어 사이에 넉넉하게 텀을 주면 된다. 이후 D-ID로 생성한 후에, 반복된 단어를 말하는 영상은 삭제한다.

(8)은 〈AI 수로부인〉의 주인공 수로부인이 용궁을 배경으로 말하는 장면이다. 원본 (7)과 비교하면 고개가 왼쪽으로 기울어져 있다. 또한 왼쪽 스틸 컷에서는 눈과 입이 크게 벌어졌고, 오른쪽 스틸 컷에서는 눈은 감긴 채 입은 조금만 벌어져 있다. 이 정도가 D-ID로 생성할 수 있는 최대의 움직임이다. D-ID에 사용할 이미지는 배경을 포토샵 베타로 삭제하고 크로마키[93]를 집어넣었다. 배경을 없애는 이유는 인물 뒤에 다른 배경을 넣기 위해서다. 수로부인이 클로즈업된 장면은 캐릭터의 일관성을 위해 다른 장면에서도 사용해야 했다. 더빙 영상과 배경 영상의 레이어를 프리미어프로에서 겹쳐서 사용했다.

(9)는 수로부인의 몸종 캐릭터다. 이 이미지는 미드저니에서 생성한 원본을 그대로 사용했다. 이 인물의 클로즈업 장면이 영화 내에서 짧게 두 컷만 사용되기 때문이다. 그런데 판단 착오였다. "마님이 저 바다로"라는 짧은 대사였기에 무난하게 넘어갈 줄 알았으나 비록 짧은 장면이라도 배경의 파도와 구름이 움직였어야 했다. 결국, D-ID를 사용하는 모든 장면은 인물과 배경을 예외 없이 모두 분리하는 것이 정답이다. 영상을 생성한 후에 다른 TTV, ITV, VTV 툴을 통해 수정할 수도 있지만, 자칫하면 캐릭터에 아티팩트[94]가 발생할 수 있기에 삼가는 것이 좋다. (9)의 맨 오른쪽 스틸 컷을 보면 이미 심각한 보디 디스토션이 있다. 오른쪽 손가락이 네 개밖에 없다. 이 캐

---

93 크로마키를 초록색으로 사용하는 것은 인물과 최대한 구별하기 위해서다. 인물이 초록색을 띠는 경우가 드물기 때문이다. 인물이 초록색 의상이나 장신구를 착용했다면, 다른 색을 사용하면 된다.

94 아티팩트(Artifact)는 일반적으로 이미지 전반에 걸쳐 발생하는 시각적 오류를 말하며, 이미지 품질 저하와 관련된 광범위한 문제를 포함한다. 반면, 보디 디스토션(Body Distortion)은 특히 인간의 신체가 잘못 표현되었을 때 사용되며, 이는 주로 인간 형상에 관련된 모델링 오류나 데이터의 한계에서 비롯된다. 상기 두 현상 모두 AI 모델의 훈련 데이터와 알고리즘의 정확성, 일반화 능력의 한계에서 기인한다.

릭터의 양팔이나 소매가 조금씩 움직이게 효과를 넣었다. 그러나 최종 자막 편집 과정에서 호환이 되지 않아서 효과를 걷어내야 했다.

(10)과 (11)은 용궁 영상이다. 캐릭터와 배경을 모두 분리해 작업했고, 바다괴물과 문어 캐릭터는 D-ID로 안면인식이 불가능해서 애니메이트나 애프터이펙트를 사용해 입을 뻐끔거리게 했다. 바다괴물은 물방울 효과를 주어서 말할 때마다 기포가 올라가도록 했다. 문어는 말을 하면서 몸을 회전시키는 등 좀 더 많은 움직임을 주었다. (11) 문어는 말을 계속하면서 -90도 회전하여, 화면 오른쪽에서 왼쪽으로 수영하면서 완전히 사라진다. 문어와 배경은 각기 따로 생성된 영상이다.

(1) 타입캐스트의 캐릭터들

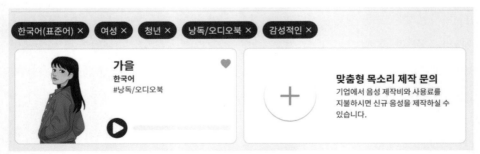

(2) 타입캐스트의 캐릭터 카테고리 예시1

　　　　　　　　　　　　　Ⅱ. 〈AI 수로부인〉 제작 과정과 제1세대 AI영화 툴

(3) 타입캐스트의 캐릭터 카테고리 예시2

(4) 타입캐스트로 생성한 〈AI 수로부인〉 소개

(5) 자막   (6) 휴지(쉼)

그림 II-4-5 **타입캐스트의 더빙 영상 생성 예시**

　　타입캐스트는 TTS뿐만 아니라, 아바타, 음악 그리고 기본적인 편집 기능을 제공하기에 간단한 영상을 만들기 좋다. 단, 배경 이미지, 배경 영상, 음향효과 등은 사용자가 직접 업로드해서 사용해야 한다.

　　타입캐스트에서는 AI 보이스 생성뿐만 아니라, [그림 II-4-5]의 예시처럼 캐릭터가 들어간 영상도 만들 수 있다(1). "400개가 넘는 캐릭터와 10명이 넘는 가상 인간(이하 캐릭터)"이 연기한 오디오 또는 비디오 파일을 선택해 사용할 수 있다. (1)~(3)처럼 웹툰 스타일의 이미지들과 (4)처럼 실제 사람 같은 캐릭터도 있다. 400여 개의 캐릭터를 일일이 검토하기 어려우니, (1)의 왼쪽 메뉴 바 '캐릭터 캐스팅'에서 원하는 요소를 체크한 후 '캐스팅'을 하는 것이 편리하다.

필자는 가능한 한 감정 신이 가능한 목소리를 위주로 캐스팅을 했다. (2)에서는 카테고리를 '한국어(표준어)', '여성', '청년', '낭독/오디오북', '감성적인'으로 했더니, '가을'이라는 캐릭터 한 명이 캐스팅되었다. (3)에서는 '낭독/오디오북' 대신 '게임/애니'를 넣었더니, '발키리'와 '가희'라는 캐릭터 두 명이 선정되었다. 현재로서는 '가을'보다는 '발키리'나 '가희'가 좀 더 감정의 폭이 넓은 것 같다.

타입캐스트로는 뉴스, 유튜브와 같은 정형화된 스타일의 짧은 영상을 간단하게 만들 수 있다(4). 오디오만 필요한 경우에는 캐릭터 선정 후, 화면 오른쪽 메뉴의 '음성'에서 조정하면 간단하다. 영상으로 출력하고 싶으면, 텍스트를 넣어준 후, 이미지를 넣고 싶은 만큼 문단 개수를 만들어주면 된다. 즉, 배경으로 이미지나 비디오를 사용할 수 있는데, 비디오는 하나밖에 넣을 수 없고, 이미지는 각 문단마다 새로운 이미지를 넣을 수 있다.

(5)처럼 자막을 추가할 경우, 한 컷에 자막이 너무 길어지지 않도록 쉼 시간(끊어읽기)을 '0.1초' 정도 주는 것이 좋다. 0.1초에서 10.0초까지의 쉼 시간을 줄 수 있으며, 이 쉼 시간은 가장 오른쪽 메뉴 바에서 '음성>구간 추가하기'로 설정한다. 쉼 시간을 늘리거나 줄이고 싶으면 이미 생성된 파란색 '쉼 시간'을 클릭해서 조정할 수 있다. 또한 음악도 제공되는데, 음악의 길이를 편집할 수 있고, 소리도 조정할 수 있으나, 간단한 편집만 가능하다. 클립과 클립 사이에 트랜지션 효과를 넣을 수도 있다.

일레븐랩스와 다양한 TTS

이 외에도 다양한 감정이 포함된 AI 음성을 생성할 수 있는 툴은 [그림 II-4-6]과 같다.

(1) 더빙과 관련된 생성형 AI 툴: ElevenLabs, kreadoai, Gomlab 등

(2) 다양한 TTS들   (3) Voicemod(https://tuna.voicemod.net/)

그림 II-4-6 AI 더빙 및 TTS 툴

〈AI 수로부인〉이 영어 대사였거나 혹은 보이스 클로닝(음성 복제)을 할 시간이 충분했다면, **일레븐랩스**ElevenLabs를 사용했을 것이다. 일레븐랩스도 다른 TTS처럼 음성 오버레이, 다국어 지원 등을 한다. 핵심 기능 중의 하나인 TTS는 28개 언어를 사용하는 70여 개의 보이스로 더빙할 수 있다(2023년 9월 기준). 생성된 음성은 128kbps의 고품질 MP3 파일로 다운로드할 수 있다. '음성 설정'에서 음성 튜너를 사용하여 음성의 안정성, 선명도 및 스타일을 조정할 수 있다. 다른 TTS와 달리, 여기에는 Speech to Speech(음성-음성 변환기)로 목소리를 다른 캐릭터로 변환하여 영상에 맞는 감정을 설정할 수 있다.

일레븐랩스의 뛰어난 점 중 하나는 쉽게 보이스 클로닝을 할 수 있다는 것이다. 인스턴트Instant의 경우에는 30분 정도의 음성 샘플을 업로드해서 자신만의 보이스를 가질 수 있다. 샘플의 양이 많을수록 원본 목소리에 가까워진다. 좋은 결과를 생성하기 위해서는 동일한 녹음 조건, 소음이 없는 배경, 스피커와 마이크의 동일 거리 유지 등을 지키는 것이 좋다. 보이스 클로닝을 한 후, 해당 음성을 들어보고 사용 여부를 결정할 수 있다. 생성된 음성에는 이름을 지정할 수 있으며, 자신만의 AI 음성을 빠르고 효율적으로 생성할 수 있다. 물론, 자신의 음성이 아닌 경우에는, 클로닝을 위해서 관련 디바이스나 인물의 사용 허가를 반드시 받아야 하는 것은 기본이다.

이 외에도 독특하고 다양한 TTS들이 많이 있다. 좀 더 다양한 서비스를 알고 싶으면 이 각주[95]에서 확인하면 된다.

생성형 AI 오디오 및 음악의 발전

감각 중 시각에 대한 의존도는 대단히 높으며, 외부 세계의 정보 가운데 70~80%를 시각에서 얻는다. 그리고 청각이 10~15%이고, 나머지는 촉각, 미각, 후각 순으로 알려져 있다. 정보를 저장하고 기억하는 시간도 시각 정보가 가장 길다. 이 때문인지 우리는 시각적 이미지나 영상에 대해서는 특히 예민하며, 이 이미지가 인물인 경우에는 더욱 그렇다. 초창기 TTI로 사람을 생성할 때, 64쪽의 〈에드몽 드 벨라미〉([그림 II-3-4])에서 볼 수 있듯이 그림 자체가 대단히 어설프게 보인다. 반면에, 놀랍게도 '텍스트에서 AI 음악 생성(TTM)' 기능은 초반부터 뛰어났다. 고대 그리스 현자들

---

95 **다양한 TTS 소개**
- Murf AI: 텍스트를 음성으로 변환할 때 감정을 포함하여 더 자연스러운 음성을 생성할 수 있는 기능을 제공한다.
- Google의 TTS API 및 Microsoft의 Azure Cognitive Services: 기계 학습과 딥 러닝 알고리즘을 사용하여 자연스럽고 감정적인 음성을 생성할 수 있다. 생성 후에 오디오북, 팟캐스트, 이러닝 자료 또는 유튜브 비디오 등 다양한 용도로 사용할 수 있다.
- 보이스모드(voicemod): 수천 개의 사운드 클립과 밈을 제공하며, 오디오와 관련된 종합 플랫폼의 역할을 하고 있다. 실시간 음성 변환 및 사운드 효과가 가능해서, 게임, 스트리밍, 그리고 여러 음성 채팅 플랫폼에서 사용된다. 간단한 노래, 음악도 생성한다. 이 소프트웨어는 다양한 게임과 음성 채팅 플랫폼, 예를 들어 Discord, Skype, VRChat 등과 쉽게 통합될 수 있다.
  이 외에도 Spik.ai, Play.ht, Chipchamp, Resemble.ai, Speechmax.ai, Lovo, Design.ai, Robot Voice Generator, Speechify와 같은 다수의 TTS들이 있으며, 모두 친화적인 사용자 인터페이스(User Interface, UI)와 사용자 경험(User Experience, UX)을 갖추고 있다.

의 언급대로, 음악이 수학과 가까워서 그런 걸까? LLM의 언어기능도 시각보다 청각과의 유사성이 더 많아서인지 빠른 발전을 보여주고 있다.

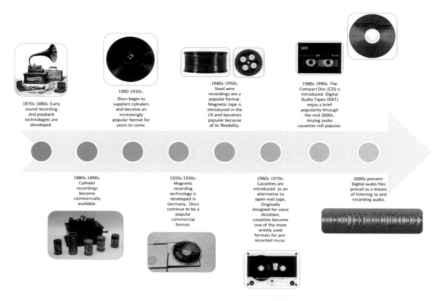

그림 II-4-7 오디오의 역사[96]

'오디오의 역사'([그림 II-4-7])는 19세기 산업혁명부터 소리를 녹음 매체에 담아 보존하고 재생하는 실험이 본격적으로 시작됐다. 1857년 스콧의 축음기 등 소리를 기록하고 재생하는 선구적인 시도를 필두로 1877년 에디슨이 축음기를 발명하면서 오디오의 변곡점에 이른다. 20세기 후반에 디지털 녹음이 시작되었으며, 디지털 음악과 온라인 스트리밍 서비스에까지 이르렀다.[97] 그리고 21세기 초, 인공지능 작곡가가 탄

96　출처: The U.S. National Archives and Records Administration
　　https://www.archives.gov/preservation/formats/audio-toc.html
　　참조: Infographic: The History Of HiFi
　　https://www.columnfivemedia.com/work/infographic-the-history-of-hifi

97　음향학(Acoustics)은 기원전 6세기에서 기원전 1세기 사이, 고대 그리스와 로마에서 시작되었다. 피타고라스(Pythagoras)가 음 간격의 특성에 관심을 보이고 이를 수학적으로 분석하기 전까지는 과학적 방법으로 연구되지 않았다. 그는 일부 음의 간격이 다른 것들보다 더 아름답게 들리는 이유를 알고 싶어 했고, 수학적 비율을

생했다. 이어서 메타의 엔코덱EnCodec, 구글의 '스테이블 오디오2.0'은 CD 포맷에 도달할 만큼 성능이 개선됐다.[98] CD 포맷에 도달했다는 것은 TTMText To Music으로 상업화가 가능하다는 의미이며, 인간이 만든 음악과 AI가 만든 음악을 구분하기 힘들 정도로 발전했다는 뜻이다.

최초의 AI 작곡가 아이바AIVA

2016년 룩셈부르크에서 시작한 스타트업 '아이바 테크놀로지'는 아이바AIVA, Artificial Intelligence Virtual Artist를 개발했다. 아이바는 프랑스와 룩셈부르크 작곡가 권리 협회 SACEM[99]으로부터 공인받아 등록된 최초의 '인공지능 작곡가'다. 아이바는 챗GPT3.5(2022)보다 이전인 2016년에 공개되었다. 처음부터 높은 완성도를 지닌 아이바는 게임이나 영화 OST에서 활용되고 있다.

그림 II-4-8 아이바가 작곡한 〈교향적 환상곡 A마이너, op. 21,
"제네시스"(Symphonic Fantasy in A Minor, Op. 21, "Genesis")〉 악보[100]

이용해 해답을 찾아냈다. 그에게 "모든 것은 수이다(All things are numbers)". 역시 과학적으로 음향을 분석한 아리스토텔레스(기원전 384-기원전 322)는 소리가 공기의 압축과 팽창들로 구성된다고 이해했다.
cf. https://mlpp.pressbooks.pub/audioproduction/chapter/unit-three-part-one-history-of-audio-recording

98   인코덱: Alexandre Défossez et al., "High Fidelity Neural Audio Compression", 2022, 참조.
      스테이블 오디오2.0: Zach Evans et al., "Fast Timing-Conditioned Latent Audio Diffusion", 2024, 참조.

99   SACEM: Société des Auteurs, Compositeurs et Éditeurs de Musique(프랑스어) Society of Authors, Composers and Publishers of Music, 1851년 설립.

100   https://www.slideshare.net/wortlu/genesis-aiva

아이바는 2016년 『제네시스Genesis』라는 클래식 음반을 처음 발매했다. 이 앨범에는 [그림 II-4-8]의 악보 〈교향적 환상곡 A마이너, op. 21, "제네시스"〉가 실렸다. '심포니'라는 타이틀에 어울리게 플루트, 오보에, 잉글리시 호른, Bb 클라리넷, 바순, 콘트라베이스, 프렌치 호른 in Fa, 팀파니, 베이스 드럼, 탐탐, 하프 등이 사용된다. 다양한 클라리넷 중에서도 Bb를 선택하는 등, 악기의 선택부터 하모니까지 놀랍다. [그림 II-4-8]에서 보듯이, 처음에는 바순과 프렌치 호른 in Fa가 낮은 멜로디로 시작한다. 두 박자 후에 청량하고 물 흐르는 듯한 하프가 합류하고, 바이올린, 콘트라베이스 등의 현악기가 뒤따른다. 이 곡은 2017년 아비뇽 교향악단이 연주하며 큰 주목을 받았다. 2018년 두 번째 앨범 『별들 사이에서Among the Stars』에는 24개 곡이 수록되었다. 이 가운데 〈I am AI〉(AI Composed Music by AIVA, Soundtrack composed by AIVA)[101] 곡이 인기를 끌었다. 최근 아이바는 좀 더 폭넓게 재즈, 팝, 영화음악 등 다양한 장르에서 창작 활동을 하고 있다.

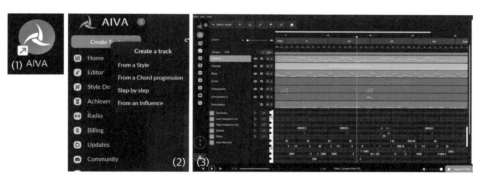

그림 II-4-9 아이바 사용 예시 https://www.aiva.ai

아이바는 〈AI 수로부인〉에서도 가장 많이 사용한 TTA(TTM)이다. 앞에서 언급한 심포니처럼 완벽에 가까운 곡도 있지만, 다양한 장르의 음악을 클릭 몇 번으로 몇 분만에 생성해주는 가벼운 음악도 있다. 〈AI 수로부인〉은 일반인이 간단하게 사용할

---

101 〈Symphonic Fantasy in A Minor, Op. 24, I am AI〉, Sofia Symphonic Orchestra&Choir, Aiva Among
     the Stars (For Symphonic Orchestra and Four-Hands Piano)
     https://www.youtube.com/watch?v=_AErscKnG4g

수 있는 생성 툴을 위주로 만들었기에 TTA 혹은 TTM 역시 쉽게 작곡할 수 있는 툴을 사용했다. 아이바는 초창기부터 품질이 좋았지만, 점점 더 발전해서 다양하고 좋은 음악을 생성하고 있다.

[그림 II-4-9]는 아이바 사용 예시다. 아이바 홈페이지에 접속해서 애플리케이션 (1)을 다운로드한다. 구글 메일 등으로 간단한 회원 가입 후 사용할 수 있다. 'Create track'을 누르면, (2)처럼 네 종류의 방식이 나오는데, 모두 어렵지 않으며 친화적 UI(사용자 인터페이스)다. 예를 들어, 'style'을 누르고, 'orchestra' 스타일을 누르면 (3)과 같이 된다. 여기에서 편집 모드를 켜면 (2)와 같이 되고, 자유롭게 편집할 수 있다. 기본적인 모델을 가지고 수정하기에 들으면서 편집하면 된다.

아이바의 기본 AI 아키텍처는 크게 세 단계다.[102]

- **역사적 음악 데이터**: 아이바는 과거의 유명한 작곡가들의 작품을 포함하는 대규모 고전 음악 데이터를 기반으로 한다. 이 데이터는 음악 이론과 작곡 기법을 AI에 학습시키는 데 사용된다.
- **AI 학습(딥 러닝 모델)**: AI는 역사적 음악 데이터를 분석하여 다양한 음악 스타일, 리듬, 멜로디, 하모니 등을 학습한다. 이 과정은 딥 러닝 모델을 사용하여 수행된다.
- **음악 작곡**: 학습된 데이터와 알고리즘을 바탕으로, AI는 새로운 음악 작품을 생성한다. 이 때 생성된 음악은 학습된 패턴과 음악 이론을 반영하여 고유한 스타일과 감성을 지닌 작품이 된다.

아이바는 이러한 과정을 통해 다양한 장르와 스타일의 음악을 생성할 수 있으며, 특히 클래식 음악 작곡에 강점을 보인다.

| 뮤지아 원MUSIA ONE, 한국의 TTM

예일대학교의 쿨리타Kulitta, 케임브리지대학교의 주크덱JukeDeck, 스페인 말라가대학

---

102   챗GPT, 바드(Bard), 코파일럿(Copilot), 클로바X, 2024년 1월 19일 생성, 축약 및 수정.

교의 멜로믹스Melomics, 광주과학기술원GIST(안창욱)의 뮤지아 원 등은 AI 음악 프로듀서다. 캘리포니아대학교는 AI 작곡가 하웰E. Howell을 개발했다.

(1) 뮤지아 원이 작곡한 작품

(2) 이봄(EvoM)의 AI 작곡 서비스

(3) 뮤지아 원

(4) 챗GPT와 연동된 뮤지아 원

그림 II-4-10 **뮤지아 원 예시**

2022년 12월 16일, 안창욱 광주과학기술대학원 교수는 AI 작곡가 이봄EvoM을 공개했다.[103] 이봄은 신인가수 소울의 데뷔곡인 〈스트레인저〉를 만들었다. **뮤지아 원**MUSIA

---

103 2022년 7월, 한국음악저작권협회는 가수 홍진영의 〈사랑은 24시〉를 작곡한 '이봄(EVOM)'에 대해 저작권료를 중단했다. 현행 저작권법은 AI를 저작자로 인정하지 않는데, 이를 뒤늦게 알게 되어 실행된 조치다.

ONE[104]은 인공지능으로 음악을 제작할 수 있는 국내 최초의 AI 프로듀서로, 스타트업 크리에이티브마인드가 개발했다. AI 기반 음악 작곡·편곡 소프트웨어로, 대표적인 AI 작곡 기술 중 하나인 이봄이 탑재된 뮤지아 원을 사용하면 음악적 지식이 없어도 쉽게 음악을 만들고 수정할 수 있다. 기존의 DAW보다 훨씬 간단하고 쉽다. 작업 보드는 멜로디, 코드, 베이스, 비트, 네 가지 트랙으로 이뤄졌다. 뮤지아 원은 사용자 입력 혹은 AI 추천 코드 진행을 바탕으로 곡의 뼈대가 되는 멜로디와 반주를 생성할 수 있다. AI 자동 생성 기능을 통해 각 트랙에 맞는 음악을 쉽게 생성할 수 있으며, 생성된 음악은 음을 이동·변형하며 수정할 수 있다. 음원뿐만 아니라 미디MIDI, Musical Instrument Digital Interface 파일 형태로 다운받을 수 있기에, 마음에 드는 멜로디와 반주를 DAW에 옮겨서 간단한 악기 및 사운드 터치업 작업을 통해 자신만의 곡을 완성시킬 수 있다. 뮤지아 원은 챗GPT와 연동되어 있어 가사와 코드, 그 외 필요한 BPM, 키, 모드 등을 챗GPT에 요청할 수 있다. 물론 이렇게 얻은 가사와 코드는 뮤지아 원뿐만 아니라, 비슷한 기능의 다른 AI 툴에서도 사용할 수 있다.

AI영화에서의 음악은 어색한 AI 음성을 보완해주기에 일반 영화보다 더 큰 역할을 한다. 지금까지 공개된 생성형 AI 음악 툴(TTM)[105]은 대단히 많고 다양하다. 몇 번의 클릭만으로 심포니 같은 배경음악이 생성되기도 하며, 취향에 따라서 선호하는 악기를 선택할 수도 있다. 수노Suno가 공개되기 전까지는 AI 음악 및 가사 생성 도구가 한국어를 지원하지 않는 경우가 대부분이었다.[106] 그런데 이제 하나둘씩 한국어로

---

104 https://musiaone.com/studio

105 https://www.apple.com/kr/logic-pro (Mac용)
 https://theresanaiforthat.com/ai/beatbot
 https://theselyricsdonotexist.com (챗봇으로 가사 및 코드 생성)
 https://www.uberduck.ai

106 AI 음악 및 가사 생성 도구가 한국어를 지원하지 못하는 주요 이유는 다음과 같다.
 (1) 데이터 부족: AI는 대량의 데이터를 필요로 하며, 이 데이터는 모델 훈련에 사용된다. 영어와 같은 주요 언어에 대한 데이터는 풍부하게 이용 가능하지만, 국제적 사용 빈도가 적은 언어의 데이터는 상대적으로 부족하다.
 (2) 기술적 한계: 현재의 AI 프로듀싱 서비스의 기술은 여전히 완벽하지 않으며, 특히 언어 생성 및 이해에 있어서 어려움이 있다.
 (3) 시장의 수요: 영어는 국제적으로 널리 사용되는 언어이기 때문에, 많은 AI 도구 개발자들은 영어를 기본으로 하는 시스템에 우선적으로 중점을 두고 있다.
 (4) 자원 및 개발 비용: 한국어를 지원하는 AI 도구를 개발하려면 추가적인 시간, 노력, 자원이 필요하며, 이는 개발 비용을 증가시킨다.

가사 및 음원을 생성할 수 있는 TTM 서비스가 등장하고 있다.

| 키닛_{keeneat}, 한국 칠로엔

한국 회사 칠로엔의 AI 작곡 프로그램 **키닛**_{Keeneat}[107]은 한국어가 지원된다. [그림 II-4-11]의 화면 왼쪽 메뉴 바를 보면, 마켓이 있어서 음원을 살 수 있으며 비슷한 유사 작곡도 가능하다. 메뉴 바 아래, '내음악'에서는 직접 작곡을 하거나 AI에게 요청할 수 있다. 애플리케이션을 깔면 영상과 음악을 함께 편집할 수 있고, 음향효과도 추가할 수 있다. 먼저 테크노, 디스코, 소프트하우스 등 다양한 장르 가운데 하나를 선택한 후, 음악 분위기, 빠르기, 길이 등을 선택한다. 마지막으로 박자와 음정을 고른 후에, 완료 버튼을 누르면 음악이 생성된다.

그림 II-4-11 키닛 사용 예시

| 구글의 뮤직LM_{MusicLM}과 뮤직FX_{MusicFX}

그림 II-4-12 뮤직LM 사용 예시[108]

이는 AI 프로듀싱 서비스뿐만 아니라, 다른 AI 서비스도 마찬가지다.

107   https://keeneat.com

108   https://google-research.github.io/seanet/musiclm/examples

뮤직LM은 "몇 분 동안 일관성을 유지하는 24kHz의 음악을 생성"[109]한다. 예시로 보여주는 모델 버전에 의하면 다음과 같다. "긴 프롬프트Rich Captions"에 맞춰 음악을 생성하고, 5분 정도의 긴 생성물Long Generation도 가능하다. '스토리 모드Story Mode'의 오디오는 텍스트 프롬프트를 제공하여 생성되는데, 이전 캡션에서 파생된 시맨틱 토큰Semantic tokens을 이어가는 방식이다. 예를 들어, 2분 길이의 곡에서 15초마다 다른 장르의 음악이 다음과 같이 연결된다.

재즈(0:00-0:15) → 팝송(0:15-0:30) → 록(0:30-0:45) → 데스메탈(0:45-1:00) → 랩(1:00-1:15) → 바이올린과 현악 4중주(1:15-1:30) → 드럼이 포함된 서사 영화 사운드트랙(1:30-1:45) → 전통 악기로 연주하는 스코틀랜드 민요(1:45-2:00)

[그림 II-4-12]에서 보듯이, 마티스나 뭉크의 그림과 이에 대한 묘사를 제공하면 이에 걸맞은 음악도 생성한다. 뮤직LM은 이후 **뮤직FX** 등으로 발전된다.

AI Test Kitchen[110]에 들어가면, 한꺼번에 이미지FXImageFX, 뮤직FXMusicFX, 텍스트FXTextFX라는 세 가지 생성형 AI를 테스트할 수 있다. 플랫폼 이름 그대로 테스트 키친으로서 생성된 비디오, 오디오 및 프롬프트 제안은 실험 단계이며 사용자가 새로운 AI 기술과 모델을 체험하고 피드백을 제공할 수 있다. 이를 통해 AI 기술의 발전과 개선을 목표로 한다.

---

109   Andrea Agostinelli, *et al.*, "MusicLM: Generating Music From Text", 26 Jan 2023.
      "뮤직LM은 조건부 음악 생성 프로세스를 계층적 시퀀스 간 모델링 작업(hierarchical sequence-to-sequence modeling task)으로 캐스팅하며, 몇 분 동안 일관성을 유지하는 24kHz의 음악을 생성한다. 실험 결과 뮤직LM은 오디오 품질과 텍스트 설명 준수 모두에서 이전 시스템보다 뛰어난 성능을 보였다. 또한, 텍스트 캡션에 설명된 스타일에 따라 휘파람과 허밍 멜로디를 변형할 수 있다는 점에서 뮤직LM이 텍스트와 멜로디 모두에 맞춰 조절될 수 있음을 입증했다. 향후 연구를 지원하기 위해 5.5만 개의 음악-텍스트 쌍으로 구성된 데이터 세트인 MusicCaps와 전문가가 제공한 풍부한 텍스트 설명을 공개한다." *Ibid.*, p.1.

110   https://aitestkitchen.withgoogle.com

(1) 뮤직FX에서 프롬프트로 음악 생성

(2) 뮤직FX의 DJ mode

(3) 뮤직FX는 뮤직LM과 딥마인드의 워터마킹 기술인 SynthID가 결합된 기술

그림 II-4-13 **뮤직FX 사용 예시**

뮤직FX[111]는 2023년 12월 13일에 발표된 것을 업그레이드해서 2024년 2월 1일에 공개됐다. 뮤직FX에서 [그림 II-4-13]의 (1)처럼 프롬프트를 "하모니를 상징하는 현악 사중주, 부드럽고 경쾌한 음악string quartet symbolizing harmony, soft, upbeat music"이라고 입력하면, 30초 미만의 음악 두 곡이 생성된다. 프롬프트 작성 후, '생성generate'을 클릭하면, 프롬프트를 최적화한다는 문구와 함께 주요 단어들을 다르게 바꿀 수 있는 옵션도 함께 생성된다. (2)의 'DJ mode'는 음악 프롬프트를 추가하고 조정하여 실시간 음악 스트림real-time stream of music으로 생성할 수 있다. 슬라이더로 조정하며, 때로는 시간이 조정된다.

뮤직FX는 뮤직LM으로 구동되며, 구글 딥마인드의 새로운 워터마킹 기술인 SynthID[112]를 사용하여 출력물에 디지털 워터마크를 삽입한다. 뮤직FX는 나만의 음

---

111   https://aitestkitchen.withgoogle.com/tools/music-fx
112   SynthID는 AI로 생성된 콘텐츠에 워터마크를 삽입하고 식별할 수 있는 도구다(2024년 3월 기준 베타 버전). 사람은 이 워터마크를 인식할 수 없다.
       https://deepmind.google/technologies/synthic

악을 생성할 수 있는 실험적인 기술로, 저작권에 많은 신경을 썼다. 특정 아티스트가 언급되거나 보컬이 포함된 특정 쿼리는 생성되지 않는다.

| 디프SVC_{DiffSVC}(TTS)

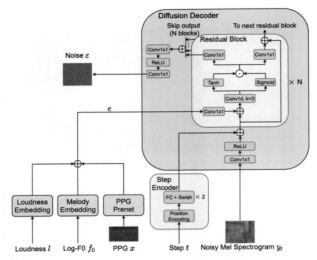

(1) 데이터세트 준비: 반주와 화음이 없는 노래 음성, 배경음과 잡음이 없는 말하기 음성
https://docs.google.com/document/d/1nA3PfQ-BooUpjCYErU-BHYvg2_NazAYJ0mvvmcjG4Oo/edit?pli=1#heading=h.x5mtoparsl14
(2) 코랩 사용: 데이터 전 처리 및 훈련
https://colab.research.google.com/drive/1kiUvz1TrNJa_MOfOld7DHanv4gZsl7MN
(3) 노래 출력: (2)에서도 가능하나 (3)이 에러가 적음
https://colab.research.google.com/drive/1zGPrh-qxscYU2mvhiv8rrjqEn0WHnOOF?usp=sharing

그림 II-4-14 디프SVC 모델 개요[113]

보이스 클로닝을 간편하고 빠르게 할 수 있을 정도로 TTS가 발전했다. 하지만 노래를 자신의 목소리 혹은 저작권을 허락받은 다른 가수의 목소리로 생성하려면 어떻게 해야 할까? 음성 변환_{voice conversion}을 위한 AI 모델도 있고, 조만간 여러 TTS에

---

113 Songxiang Liu *et al.*, "DiffSVC: A Diffusion Probabilistic Model for Singing Voice Conversion". https://liusongxiang.github.io/diffsvc

서도 가능하겠지만, 현재로서는 **디프SVC**가 적합한 듯하다(2023년 12월 기준). 공개 라이선스 작업물 및 저작권이 만료된 공용 도메인 콘텐츠의 노래에 자신의 목소리나 저작권 문제가 없는 소리를 파인튜닝하여 노래를 생성한다. 그리고, 'Ableton'이나 'Logic Pro X'와 같은 DAW_{Digital Audio Workstation}(디지털 오디오 워크스테이션)에서 반주, 믹싱 등을 할 수 있다. [그림 II-4-14]에서 보듯이 '데이터세트 준비', '코랩 사용'하여 파인튜닝, '노래 출력' 순으로 진행하면 된다.

| 메타의 뮤직젠MusicGen

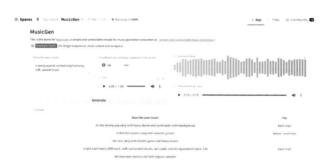

그림 II-4-15 뮤직젠에서 생성한 음악[114]

2023년 6월, 메타가 새로운 TTM인 **뮤직젠**MusicGen[115]을 공개했다. [그림 II-4-15]를 보면, 원하는 음악 스타일을 설명하고, 소장한 다른 음원 파일을 업로드하자 15초 정도의 음악이 생성된다. 뮤직젠은 "2만 시간 분량의 음악 중 절반 정도는 라이선스가 있는 고품질 음악 트랙과 스톡 미디어 라이브러리인 Pond5 및 셔터스톡에서 선별한

---

114 https://huggingface.co/spaces/facebook/MusicGen
115 "조건부 음악 생성 작업을 다룬다. 압축된 불연속 음악 표현, 즉 토큰의 여러 스트림에서 작동하는 단일 언어 모델(LM)인 뮤직젠을 소개한다. 뮤직젠은 이전 작업과 달리 효율적인 토큰 인터리빙 패턴과 함께 단일 단계 트랜스포머 LM으로 구성되므로 계층적 또는 업샘플링과 같은 여러 모델을 캐스케이딩할 필요가 없다. 이 접근 방식에 따라 뮤직젠이 텍스트 설명이나 멜로디 특징에 따라 모노 및 스테레오 모두 고품질 샘플을 생성하는 동시에 생성된 출력을 더 잘 제어할 수 있는 방법을 시연한다."

39만 개의 악기 곡을 학습했다"[116]고 설명한다. 뮤직젠은 오픈 소스로 상업용 음악에도 사용할 수 있으나, 다양한 음악 스타일이 갖춰지기까지는 좀 더 시간이 필요해 보인다. 현재 데모 버전으로 AI 플랫폼 허깅페이스나 구글 코랩에서 실행할 수 있다.

초기의 AI 음악 생성 도구로는 레이 커즈와일의 하모니 신디사이저[117], 데이비드 코프의 '음악 지능 실험'[118] 등이 있다. 2016년 파리 소니 컴퓨터 과학 연구소Sony Computer Science Laboratories는 플로컴포저FlowComposer와 딥바흐DeepBach[119]를 개발했다. 두 모델

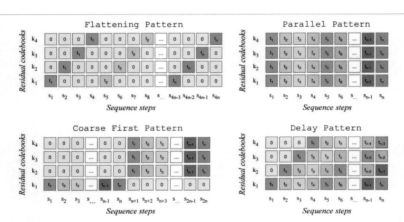

코드북 인터리빙 패턴(interleaving patterns)은 각 시간 단계 t1, t2, … tn은 4개의 정량화된 값(해당 k1, … k4에 해당)으로 구성된다. 자동 회귀 모델링을 수행할 때, 다양한 방법으로 평평하게 하거나 간격을 두며 4개의 평행 스트림과 단계 s1,s2, … sm을 가진 새로운 시퀀스를 만든다. 총 시퀀스 단계 수 S는 패턴과 원래 단계 수 T에 따라 달라진다. 0은 패턴의 빈 위치를 나타내는 특수 토큰이다.
Jade Copet *et al.*, "Simple and Controllable Music Generation", Submitted on 8 Jun 2023(v1), last revised 30 Jan 2024(this version, v3). https://arxiv.org/abs/2306.05284

116   *Ibid.*

117   1980년 대, 레이 커즈와일(Ray Kurzweil)은 RMI 하모니 신디사이저(RMI Harmonic Synthesizer)를 개발했다. 이 기기는 초기 디지털 신디사이저 중 하나로, 음악 생성에 AI 요소를 사용했다.

118   1980년대 초, 데이비드 코프(David Cope)는 Experiments in Musical Intelligence(EMI)를 시도하여, 초기 AI 작곡모델 '에미(Emmy)'를 개발했다. 이 프로그램은 고전 작곡가들의 스타일을 모방하여 새로운 곡을 생성했다.

119   플로컴포저(FlowComposer)는 사용자가 지정한 특정 스타일과 규칙을 바탕으로 음악을 생성하는 도구다.
https://www.flow-machines.com/history/projects/flowcomposer-composing-with-ai
딥바흐(DeepBach)는 바흐의 합창 칸타타 스타일을 모방하여 새로운 작곡을 생성하는 데 초점을 맞춘 신경망 기반의 도구다.
https://www.flow-machines.com/history/projects/deepbach-polyphonic-music-generation-bach-chorales

모두 AI를 이용해 음악적 스타일을 학습하고 새로운 작품을 생성하지만, 음악 스타일과 기능 면에서 차이가 있다. 복잡한 음악적 구조와 스타일을 학습할 수 있는 능력을 보여줌으로써, AI와 음악 작곡의 결합 가능성을 크게 확장시켰다.

단순한 프로그램일수록 거의 비슷한 느낌의 음악이 생성된다. 이는 2023년 후반 아시아 여성을 그려달라고 할 때 미드저니는 강아지상으로, 달리는 고양이상으로 생성하는 현상과 비슷하다. 샘플링 음악 같은 느낌, 비슷한 비트, 페이드아웃fade out 없이 갑자기 끊기는 문제 등 2023년 당시 쉬운 AI 음악 서비스(TTM)일수록 이러한 현상이 뚜렷했다. 이미지나 영상처럼 음악도 영화의 톤과 맞추기 위해서는 DAW를 통한 편집이 중요했다.

| 사운드로우Soundraw와 스플래시 뮤직Splashmusic

그림 II-4-16 **사운드로우 예시**

사운드로우soundraw([그림 II-4-16])[120]는 사용자 친화적 UI를 갖추고 있어, 쉽고 간편

2019년, 새로운 스마트폰 모델의 컴퓨팅 파워를 이용하여 슈베르트의 미완성 심포니(Unfinished Symphony, n. 8, 1822)를 완성하는 데에 AI가 사용되었다. 같은 해, 도이체 텔레콤(Deutsche Telekom)은 국제 음악 및 AI 전문가 팀을 구성하여 베토벤의 미완성 10번째 심포니(Beethoven's unfinished 10th symphony)를 완성하고 그의 탄생 250주년을 축하했다. 완성된 심포니 〈베토벤X: AI 프로젝트(Beethoven X: The AI Project)〉는 2021년 10월 9일 독일 본에서 초연되었다.
[슈베르트] https://www.youtube.com/watch?v=yzbOM7_6Up4
[베토벤X] https://www.beethovenx-ai.com
120   https://soundraw.io

하게 사용할 수 있다. 초기 화면에서 마음에 드는 '장르genre'만 누르면 3분짜리 음악이 생성된다. 혹은 '오케스트라orchestra'를 클릭하면, 여러 음악이 생성된다. 이때, 오른쪽 메뉴에서 '편집 패널Edit panel'을 켜면, 멜로디Melody, 반주Backing, 베이스Bass, 드럼Drums, 필Fills을 조정할 수 있게 된다. 또한 아래쪽에 보면 길이Length, BPM, 악기, 키 볼륨Key Volume 등을 편리하게 조작 및 편집할 수 있다.

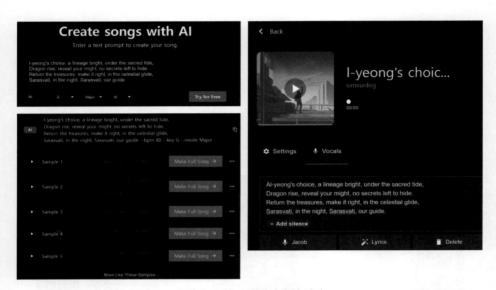

그림 II-4-17 스플래시 뮤직 예시

스플래시 뮤직splashmusic[121]의 유료 버전을 사용하면, 최대 180초짜리 상업용 라이선스 음악을 무제한 생성할 수 있다. 2023년 당시 AI 가수는 열 명이며, 그 가운데 AI 래퍼는 세 명이다. [그림 II-4-17]에서 보는 것처럼, 가사 생성 및 맞춤 설정이 가능하다. MP3는 물론이고, 가사와 비디오를 함께 MP4로 다운로드할 수 있다. 아마존에서 개발한 '알렉사'에 새로운 생성 AI 라인업이 추가되어 챗봇, 음악, 퀴즈 등을 할 수 있다. 음성만으로도 음악을 쉽게 생성STM, Speech to Music할 수 있다.

---

121   https://pro.splashmusic.com

| **수노**Suno, 다국어 지원 TTM

2023년 11월경 등장한 **수노**Suno는 공식 웹사이트[122]와 마이크로소프트 코파일럿에서 사용할 수 있다. 텍스트로 음악과 가사를 생성하며 한국어를 비롯한 50여 개 언어를 지원한다(2023년 11월 기준). 초창기보다 더 많은 스타일의 노래가 트레이닝되는 것이 눈에 보일 정도로 빠르게 발전하고 있다. 이전에는 보지 못했던 K-팝 스타일도 추가됐다.

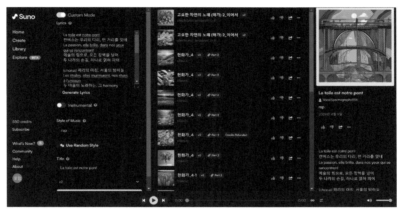

(1) 수노의 커스텀 모드 전체 화면

(2) 수노의 일반 모드 일부

그림 II-4-18 **수노의 사용 예시**

---

122   https://app.suno.ai
      Suno, Inc.는 미국 케임브리지에 기반을 둔 스타트업으로, AI를 이용한 음악 생성에 집중하고 있다. 이들은 Chirp v1 모델을 기반으로 음악과 가사를 생성하는 AI 모델을 개발했다. 수노는 한국어를 포함한 50개 이상의 언어를 지원한다. 이 플랫폼은 마이크로소프트 코파일럿과 파트너십을 맺고 있어, 사용자는 간단한 프롬프트만으로도 가사, 악기 및 보컬을 포함한 전체 오디오 작곡을 생성할 수 있다. 수노는 디스코드를 통해서도 접근할 수 있다. 이 플랫폼의 단점은 복잡한 작곡이 어렵다.

수노는 다양한 언어로 노래를 생성할 수 있다는 점과 [그림 II-4-18]의 (1)에서 보듯이 UI가 여느 TTM보다 잘 되어 있다는 장점 때문에 전 세계적으로 빠르게 퍼져나갔다. 사용자가 한 화면 안에서 주요 메뉴는 물론, 입력한 프롬프트와 현재 생성 음원, 지난 음원 등 모든 것을 볼 수 있어 간편하고 편리하다. 수정과 편집 기능이 단순한 만큼 편리하나 섬세한 편집은 어렵다. (2)처럼 커스텀 모드Custom Mode가 비활성화된 일반 모드에서 프롬프트를 넣으면 노래 가사도 자동으로 생성된다. 가사는 일반적으로 1절, 2절, 후렴과 코러스까지 기승전결이 있으며 자연스럽다.

하지만 필자는 (1)처럼 가사를 직접 입력하는 커스텀 모드를 선호한다. 수노에서 가사를 자동 생성하는 것보다 챗봇에 요청하는 것이 원하는 결과물에 가깝기 때문이다. 챗봇에서 가사를 생성한 후 커스텀 모드를 활성화한 뒤 가사를 붙여넣는다. 수노는 한국어 지원이 되기 때문에 한국어로 프롬프트를 사용할 수 있고 한국어 가사로 생성된 노래의 발음도 명료하다. (1)에서 보듯이 한국어와 외국어 두 언어 이상을 믹스해서 사용할 수 있으며, 정확한 발음으로 생성된다. (1)의 화면 오른쪽 상단에서 보이듯 앨범 커버도 자동 생성된다. 다운로드는 오디오 파일과 커버가 들어간 비디오 파일 두 종류로 할 수 있다.

[그림 II-4-19]는 〈AI 수로부인〉에 나오는 〈헌화가〉를 수노로 다시 생성했다(수노가 영화 상영 후에 출시되었기에, 영화 제작 시에는 사용하지 못했다). 앞에서 언급한 것처럼 수노로도 가사를 생성할 수 있지만, 이미 영화를 위해 챗봇이 생성한 가사가 있어서 그 일부를 사용했다. 챗봇이 생성한 가사를 수노의 특성에 따라 수정 및 편집했다. 이는 가사가 생성되는 모든 TTM을 사용할 때 공통적으로 유의해야 할 점이다(2024년 1월 기준). 우선 벌스Verse와 코러스Chorus를 나눈다. 수노는 가사가 길 경우 갑자기 중간에서 뚝 잘리는 듯하기 때문에 짧은 가사가 좋다. 그래서 원래도 짧은 〈헌화가〉의 가사를 더욱 짧게 두 번으로 나누었다. 이러한 노력에도 불구하고 여운 없이 뚝 잘리기도 하고 때로는 자연스럽게 끝나기도 한다. 괄호 속에 같은 가사를 반복해 기입함으로써 메인 보컬을 도와주는 백그라운드 보컬인 코러스Chorus가 생성된다. 노래가 끝나는 마지막에 두세 번 같은 가사를 반복하는 것은 생성된 음악이 마무리 없이 갑자기 끝나더라도 편집에서 자연스럽게 조정하기 위해서다.

(1) 〈헌화가〉 생성   (2) 〈헌화가〉 전반부 생성   (3) 〈헌화가〉 후반부 생성   (4) 〈헌화가〉 전반부 가사 생성

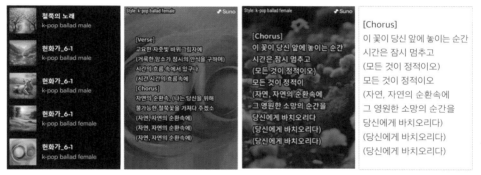

(5) 〈헌화가〉 추가 생성   (6) 〈헌화가〉 전반부 가사   (7) 〈헌화가〉 후반부 가사   (8) 〈헌화가〉 후반부 가사 생성

그림 II-4-19   수노에서 〈헌화가〉를 생성하는 과정(2024년 1월 19일)

2024년 3월 22일, **수노 알파**Suno alpha v3가 공개되었으며, v2와의 차이를 다음과 같이 설명하고 있다.

(1) 더 나은 오디오 품질
(2) 더 많은 스타일과 장르
(3) 환각 감소 및 더 우아한 엔딩

수노 알파 v3는 그 차이가 눈에 보일 정도로 명확하게 좋아졌다. 최초 공개된 지

불과 4개월 만의 뛰어난 발전이다. 참조로, 수노 AI_Suno.ai가 만든 트랜스포머 기반의 텍스트-오디오 변환 모델이자 음향효과까지 가능한 모델로는 **바크**Bark[123]가 있다.

수노가 빠른 속도로 여러 나라의 현대 음악 스타일을 학습하고 있다. 하지만 한국 고전 스타일의 음악, 즉 국악은 학습되지 않았다. 바로 이러한 이유로 한국에서도 한국적인 음악을 잘 생성할 수 있는 TTM이 필요하다. 한국어 지원은 이미 대부분의 LLM에서 가능했기에, 수노처럼 한국어 가사를 생성할 수 있는 TTM의 등장은 예상 가능했다. 국악을 생성하는 TTM도 언젠가는 가능하겠지만, 오래 기다려야 할 것 같다. 대부분의 외국 TTM들은 인기 음악이나 부가가치 순으로 학습된다. 한국에서 개발하지 않는다면, 국악을 생성할 수 있기까지는 오랜 시간이 걸릴 듯하다. 또한 생성된 결과물이 얼마나 국악의 묘미를 살릴지는 또 다른 문제다.

| 스테이블 오디오

프롬프트: "Trance, Ibiza, Beach, Sun, 4 AM, Progressive, Synthesizer, 909, Dramatic Chords, Choir, Euphoric, Nostalgic, Dynamic, Flowing"
제목: La toile est notre pont
비고: 필자는 업로드한 파일 강도 75%, 오디오 프롬프트 강도 80%로 생성했다.
그림 II-4-20 **스테이블 오디오 사용 예시**

---

123 "바크(Bark)는 트랜스포머 기반의 TTA 변환 모델로, MIT 라이선스에 따라 깃허브(Github)에서 무료로 사용할 수 있다. 바크는 음악, 배경 소음, 간단한 음향효과 등 기타 오디오뿐만 아니라 사실적인 다국어 음성을 생성할 수 있다. 이 모델은 웃음, 한숨, 울음과 같은 비언어적 커뮤니케이션도 생성할 수 있다. 연구 커뮤니티를 지원하기 위해 추론에 사용할 수 있는 사전 학습된 모델 체크포인트에 대한 액세스를 제공하고 있으며, 상업적으로도 사용할 수 있다." https://github.com/suno-ai/bark

스테빌리티 AIstability.ai는 2023년 9월, 최대 90초 길이의 오디오 파일을 생성하는 TTM **스테이블 오디오1.0**Stable Audio 1.0을 공개했다. 반년이 지난 2024년 4월 3일, **스테이블 오디오2.0**([그림 II-4-20])이 출시됐다. 스테이블 오디오1.0이 최대 1분 30초 분량의 음악을 생성한 반면, 2.0 모델은 최대 3분짜리 오디오 트랙을 생성할 수 있으며, 여러 기능이 추가됐다. 대중음악이 보통 3분 내외라는 것을 고려하면, 일반적인 노래 길이에 도달했으며 품질도 일반 노래에 견줄 정도다. 스테이블 오디오2.0에 음악 형식이나 장르, 악기, 용도 등 원하는 느낌이나 분위기를 프롬프트로 입력하면, 이를 기반으로 고음질 음악, 즉 CD 음질 수준인 44.1kHz의 스테레오로 생성된다. 이는 "기본 AI 아키텍처에 대한 대대적인 업그레이드의 결과"라고 한다.[124] 2024년 하반기에 개발자를 위한 API도 내놓을 것이며, 오픈 소스도 공개할 예정이라고 한다.

스테이블 오디오2.0을 더욱 매력적으로 만드는 것은 ATAAudio to Audio 생성을 지원

---

124 "텍스트 프롬프트에서 긴 형식의 44.1kHz 스테레오 오디오를 생성하는 것은 계산적으로 까다로운 작업이다. 게다가 대부분의 기존 연구는 음악과 음향효과의 길이가 자연스럽게 달라진다는 점을 고려하지 않았다. 본 연구는 생성 모델을 통해 텍스트 프롬프트에서 44.1kHz의 긴 형식의 가변 길이 스테레오 음악과 사운드를 효율적으로 생성하는 데 중점을 두고 있다. 스테이블 오디오는 잠재 확산을 기반으로 하며, 이는 완전 컨볼루션 가변 자동 인코더에 의해 정의된다. 텍스트 프롬프트와 타이밍 임베딩에 따라 조절되므로 생성된 음악과 사운드의 콘텐츠와 길이를 세밀하게 제어한다. 스테이블 오디오는 A100 GPU에서 44.1kHz로 최대 95초의 스테레오 신호를 8초 만에 렌더링할 수 있다. 컴퓨팅 효율성과 빠른 추론 덕분에 두 개의 공개 텍스트-음악 및 오디오 벤치마크에서 최고를 기록했으며, 최신 모델과 달리 구조와 스테레오 사운드가 있는 음악을 생성할 수 있다."
Zach Evans, *et al*., "Fast Timing-Conditioned Latent Audio Diffusion", 7 Feb 2024 (v1), 8 Feb 2024 (v2), p.1.

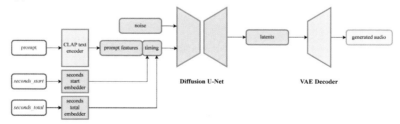

Figure 1. Stable Audio. Blue: frozen pre-trained models. Green: parameters learnt during diffusion training. Purple: signals of interest

Figure 2. Timing embeddings examples. Left: Audio file longer than training window. *Right*: Audio file shorter than training window.

한다는 점이다. 즉, 오디오 파일을 업로드하면 이를 기반으로 새로운 음악 파일을 만들 수 있다. 하물며 소음 같은 소리나 입으로 흥얼거린 멜로디 파일도 가능하다. 물론, 입력용 오디오는 자연의 소리, 본인이 직접 만든 음원 등과 같이 저작권 문제가 없는 것이어야 한다. 업로드된 오디오 파일은 오디오블 매직Audioble Magic과 제휴한 콘텐츠 인식 기술을 활용해 저작권 침해 검토 과정을 거친 후에 사용된다. 뛰어난 TTI 모델을 개발하는 스테빌리티는 TTV에도 좋은 성과를 내고 있다. 좀 더 완벽한 TTV를 위해서는 TTS, TTM, TTSE 기능이 추가되어야 하기에 함께 개발되는 추세다.

| 유디오Udio, 탁월한 TTM

그림 II-4-21 유디오에서 스니펫 생성 후 확장 및 편집 툴을 사용해 노래를 연장

2024년 4월 10일, 스타트업 유디오Udio[125]가 동명의 애플리케이션 **유디오**[126]를 공개했다. 유디오의 공동 창립자이자 CEO인 데이비드 딩David Ding은 "유디오의 사용 편의성, 음질, 음악성에 필적할 만한 제품은 없다"며, "유명 음악 프로듀서 윌 아이엠will.

---

125 유디오는 전직 구글 딥마인드 연구원 및 음악과 기술 분야의 전문가들로 구성된 스타트업이다.

126 https://www.udio.com

i.am, 유명 아티스트 테이 키스Tay Keith와 같은 거장들로부터 피드백을 수집했다"[127]고 한다. 유디오([그림 II-4-21])의 사용법은 수노만큼 간단하다. 가사, 스토리, 장르 등을 포함한 텍스트 프롬프트를 입력하면 40초 미만의 노래가 생성된다. 수노처럼 유디오도 간단한 프롬프트를 넣어 가사를 자동 생성하거나 사용자가 직접 가사를 입력할 수 있다. 그러면 33초 분량의 오디오 스니펫snippet이 두 개 생성되는데, 일반적인(전문가 툴이 아닌) TTM보다 탁월한 점은 생성 후 확장extend 및 수정이 가능하다. 이미 만들어진 한 소절을 일곱 번까지 재확장해 4분 22초 길이의 노래를 생성할 수 있다.[128] 그 이상 확장을 요구하면, "더 짧은 노래를 연장하라"는 요청을 받는다. 4분 22초까지 자연스럽게 TTM이 생성된 것은 필자도 처음 경험하는 것이라 놀랍기만 하다. 스니펫을 확장할 때 생성한 음원을 아래와 같이 원하는 부분(노래 앞, 중간, 마지막 부분 등)에 삽입할 수 있다.

"Add Intro (Before), Add Section(Before), Add Section(Before), Add Outro(After)"

스니펫을 확장하면서 동시에 편집 및 수정이 가능하다. 예를 들어, 챗GPT에 하나의 주제로 한국어와 영어를 섞어 운율을 담은 가사를 쓰라고 요청한 후 그 가사를 유디오에 입력했다. 생성된 노래의 한국어, 영어 발음은 자연스러웠다. 3분 17초에서 4분 22초까지 스니펫의 아웃트로를 확장할 때 가사의 자동 생성을 요청했다. 자동으로 생성되었는데도, 필자가 생성했던 앞의 가사와 자연스럽게 연결되었다. 유디오는 앞의 가사와 연결되게끔 영어 가사에 한국어 가사도 한 문장 넣어 생성했으며, 코러스 파트도 알아서 만들었다. 무엇보다 아웃트로Outro에서 확장을 하면, 많은 TTM의 고질적 문제였던 갑작스럽게 끝나는 어색한 엔딩이 자연스러워진다. 파일을 직접 다

---

127 「Former Google Deepmind Researchers Assemble Luminaries Across Music And Tech To Launch Udio, A New AI-Powered App That Allows Anyone To Create Extraordinary Music In An Instant」, 〈PR Newswire〉, 2024년 4월 10일 자.
「Former Google DeepMind researchers launch AI-powered music creation app Udio」, 〈VentureBeat〉, 2024년 4월 11일 자.
128 최초 생성된 33초짜리 노래를 일곱 번 확장. 0:33 → 1:06 → 1:38 → 2:11 → 2:44 → 3:17 → 3:49 → 4:22.

운로드할 수도 있고, SNS, 틱톡, 디스코드에도 바로 공유할 수 있다. 현재(2024년 4월)는 무료로 한 달에 1,200곡까지 생성할 수 있으나, 높은 품질로 보아 베타 기간이 곧 끝나고 유료화될 것으로 예상된다.

제1세대 생성형 AI 음악 툴은 프롬프트로 음악을 생성할 수 있다는 가능성을 여실히 보여주었다. 기대보다 좋은 결과물이 많았다. 그러나 다국어 지원이 되지 않으며, 장르와 상관없이 비슷한 느낌의 곡, 어색한 엔딩, 저품질 등의 문제가 있었다. 수노(v3)나 유디오와 같은 제2세대 TTM에서는 상기 문제들이 해결되기 시작했다. 일반 노래의 기준으로 볼 수 있는 CD 포맷에 대해서는 4장의 마지막인 '압축, 편집' 부분에서 다루도록 하겠다.

생성형 AI 음향효과 툴(TTSE)

음악뿐만 아니라, 음향, 영상, 편집까지 한 번에 되는 멀티모달 생성형 AI 음악 툴이 늘어나고 있다. 음향효과는 대사, 음악, 해설을 제외한 소리 또는 의도적으로 부가한 음향을 의미한다.[129] 음향은 동서양 모두 고대 연극에서부터 시작됐다. 영화 음향은 영화의 시작과 함께였다. 음향효과에는 사실적 음향효과Real Sound Effects와 가상적 음향효과Virtual Sound Effects가 있다. '사실적 음향효과'는 실제 환경에서 발생하는 소리를 녹음하여 사용한다. 예를 들어, 비가 내리는 소리, 새가 지저귀는 소리 등 자연에서 발생하는 소리를 직접 녹음한다. 가상적 음향효과는 컴퓨터 소프트웨어를 사용하여 인공적으로 생성된 소리다. 외계인의 목소리나 가상의 우주선이 비행하는 소리 등은 현실에 존재하지 않기 때문에 소리 디자이너가 창의적으로 만들어내야 한다. 이 음향효과 덕분에 제작자들은 각각의 미디어가 요구하는 특정한 분위기나 감정을 효과적으로 전달할 수 있다. 이 두 효과를 AI로 생성해내는 것이 TTSEText to Sound Effects이다. 이 분야는 다른 분야에 비해 아직 초기 단계에 있다. 자연어 이해와 오디오 신호 처리를 더욱 정교하게 결합하여 더욱 다양한 소리와 효과를 생성할 수 있는 기술 개

---

129 김일태 외, 『만화 애니메이션 사전』, 한국만화영상진흥원, 2008.

발이 요구된다.

그림 II-4-22 TTSE 프롬프트 참조를 위한 BBC 음향효과 아카이브, BBC Sound Effects [130]

영국의 BBC는 음향효과의 역사에서 중요한 역할을 해왔다. 1958년 BBC는 라디오포닉 워크숍을 설립해 대중매체를 위한 새로운 음악과 음향효과를 창조하는 데 전념했으며, 〈닥터 후〉처럼 프로그램 고유의 상징적 음향을 만들어냈다. BBC는 수십 년에 걸쳐 중요한 사건에서 녹음된 역사적인 소리부터 세계 각지의 일상적인 주변 소음에 이르기까지 방대한 음향효과 라이브러리를 구축했다. 2018년에는 1만 6,000개 이상의 사운드 클립을 일반에 무료로 개방하여 사용할 수 있게 했다. 이 아카이브는 사운드 디자인 분야뿐만 아니라 20세기 소리 역사의 소중한 자산이 되고 있다. 시각적 묘사는 우리에게 익숙하나, 청각적 프롬프트 작성은 생소할 수 있다. 이때 BBC 음향효과에 묘사된 설명([그림 II-4-22])을 참조하면 도움이 된다.

---

130   https://sound-effects.bbcrewind.co.uk

| 마이에디트온라인MyEdit.online

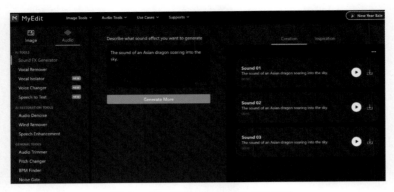

그림 II-4-23 마이에디트온라인 사용 화면

마이에디트온라인MyEdit.online([그림 II-4-23])[131]은 AI 기술을 활용한 오디오 편집 및 음향효과 생성 도구다. 프롬프트를 넣어 음향효과를 생성하거나 오디오를 수정하는 TTA, TTSE 방식이다. 영화 제작 및 미디어 제작에 유용하다. 그런데 '효과'를 위한 프롬프트를 어떻게 작성해야 할지 처음에는 당황스러울 수 있다. 마치 TTV에서 갤러리를 사용하듯이 TTSE 또한 예시를 참조하는 것도 한 방법이다. BBC 음향효과([그림 II-4-22])의 묘사를 참조할 수 있다. 예시를 들어보자. BBC 아카이브에서 '용'을 찾아보니, 여러 개의 결과물이 나왔다. 이를 참조해서 마이에디트온라인에 넣을 프롬프트를 작성한다. "아시아 용이 하늘로 올라가며 크게 포효하는 소리"를 입력하고 생성

---

131 마이에디트온라인 플랫폼은 머신러닝과 AI 알고리즘을 사용하여 고품질의 사운드 이펙트를 효율적으로 생성한다. 사용법은 '프롬프트 입력, 이펙트 생성, 다운로드'로 대단히 간단하다. 운용 구조는 다음과 같다.
- 데이터 수집: 다양한 사운드 샘플에 익숙해질 수 있도록 마이에디트온라인은 대량의 소리 및 잡음 데이터를 수집하여 AI 모델에 제공한다.
- 신경망을 통한 딥 러닝: 이 도구는 오디오 생성을 위해 훈련된 신경망을 사용하여 데이터에서 패턴과 관계를 식별한다.
- 특징 추출: 패턴을 인식한 후 AI는 데이터에서 특정 정보를 추출하고 분류한다.
- 사용자 정의: 사운드 이펙트를 생성하기 전에 마이에디트온라인은 사용자가 선호도와 특별 요청을 지정할 수 있다.
- 사운드 이펙트 생성: 마지막으로, 도구는 수집된 데이터를 기반으로 새로운 사운드를 생성하며, 사용자가 지정한 기간, 스타일, 볼륨, 주파수 등에 맞춰 조정된다.
https://myedit.online/en/audio-editor/ai-sound-effect-generator

Generate을 눌렀다. 그러자 [그림 Ⅱ-4-23]에서 보는 것처럼 세 개의 결과물이 나온다. 오른쪽 'Creation' 옆의 'Inspiration'을 누르면, 다양한 효과음의 예시가 있다. 마음에 드는 효과음이 있으면 'Try prompt'를 누르고 'replace'를 클릭하면 생성된다. 무료 버전은 하루에 두 종류의 효과와 결과물(총 여섯 개의 MP3 파일)을 생성하고 다운로드할 수 있다(2023년 12월 기준).

| 프리사운드Freesound, 바르셀로나 UPF의 MTG

그림 Ⅱ-4-24 프리사운드 홈페이지 및 사운드 맵(map of sound)

표 Ⅱ-4-1 라이선스 표

표시	사용 범위	의미
	공유	'자유로운 문화적 저작물(Free Cultural Works)'에 해당. 영리적 목적으로의 이용 허가
	CC0	Creative Commons 라이선스 0, 혹은 CC0(CC Zero). 일반적인 경우에는 사용하지 않는 방식이지만, 저작자가 완전히 본인의 저작권을 포기할 경우 퍼블릭 도메인으로 저작물을 배포할 수 있다. 보통은 CC BY로 함
	저작권 표시(BY)	저작자 이름, 출처 등 표시
	비영리(NC)	저작물을 영리적인 목적으로는 이용 불가. 비영리적으로만 이용
	저작자표시(BY)& 비영리(NC)	출처를 표시하고 비영리적으로 이용하여야 한다는 표시. 저작자 표시만 하고 영리적으로 사용하지만 않는다면 얼마든지 사용 가능
	2차변형금지(ND)	No Derivative Works. 해당 저작물의 내용을 바꿀 수 없다. Ctrl+C/Ctrl+V만 가능
	동일 조건 변경 허락 (SA)	Share-alike. 저작물의 내용을 바꿀 수는 있으나, 반드시 같은 조건을 적용하여 배포. 원 저작자와 이후에 거쳐간 저작자를 모두 표기해야 함

프리사운드Freesound[132]는 양질의 음향효과를 편하게 이용할 수 있는 TTSE 사이트다. 다른 TTSE와 비교하기 위해서 "dragon(용)"을 프롬프트로 사용했다([그림 II-4-24]). 생성형 AI 툴의 가장 어려운 문제가 바로 저작권인데, 프리사운드는 저작권이 명료하게 제시되어 있다. 프롬프트를 넣자 총 907개의 결과물이 나왔다. 바로 그 아래 '라이선스LICENSES'가 보인다. '자유로운 문화적 저작물Free Cultural Works', 즉 영리적 목적을 포함해서 자유롭게 사용할 수 있는 음향이 706개다. [표 II-4-1]의 라이선스 표를 참고하여 사용하면 된다. 프리사운드에서 제공하는 다양한 묘사를 참조하여 프롬프트로 사용할 수 있다.

│ 보이스모드Voicemode(음향), 발렌시아 보이스모드 S.L. 팀

(1) https://www.voicemod.net/

(2) https://tuna.voicemod.net/discord-bot

그림 II-4-25 보이스모드 사용 예시

---

132   https://freesound.org

BBC에서 본 프롬프트를 디스코드에 적재된 **보이스모드**Voicemod에 사용해서 생성한다. 우리에게 익숙한 생성 AI 이미지처럼 프롬프트를 생각하면 안 된다. 오히려 복잡하고 상세한 프롬프트는 원하는 결과물이 나오지 않을 수도 있다. 다른 생성형 AI 툴처럼, TTSE도 랜덤 값이 적용되기에 "dragon roar"라는 같은 프롬프트를 써도 다른 결과가 나온다.

| 메타, 오디오 크래프트Audio Craft(TTA)-오디오젠AudioGen(TTSE)

그림 II-4-26 오디오젠 음향 모델[133]

2023년 8월 2일, 메타는 오픈 소스로 새로운 TTA '오디오 크래프트Audio Craft'를 출시했다. 메타 AI팀은 오디오 크래프트를 "원시 오디오raw audio 신호를 학습한 후 음악, 음향효과, 압축 등 생성 오디오에 필요한 모든 것이 원스톱 코드 기반"[134]이라고 설명한다. 이 언급대로, 오디오 크래프트는 다음과 같은 세 가지 기능이 있는데, 음악을 생성하는 **뮤직젠**MusicGen, AI 음향효과 생성기AI Sound Effect Generator인 **오디오젠**AudioGen[135], 다양한 종류의 오디오를 압축하고 원래 신호를 복원하도록 특별히 훈련한 신경망 기반 오디오 압축 코덱 **엔코덱**EnCodec 등이 그것이다.

오디오젠은 친화적 UI를 갖추고 있으며 다양한 오디오 프롬프트를 지원한다. 여러 개의 음향효과가 자연스럽게 섞이는 것이 다른 툴과 변별되는 특징이다. "바람이 내는 휘파람 소리Whistling with wind blowing"라는 프롬프트를 넣고 생성한 결과물에는 휘파

---

133 https://audiocraft.metademolab.com/audiogen.html

134 https://audiocraft.metademolab.com

135 Felix Kreuk, *et al.*, "AudioGen: Textually Guided Audio Generation", 30 Sep 2022 (v1), 5 Mar 2023 (v2).

람 소리와 바람 소리가 정확하게 함께 들린다. 정황만으로는 바람이 부는데 사람이 휘파람을 부는 것인지, 아니면 바람이 어딘가를 통과하면서 휘파람 소리를 내는 것인지 알 수 없다. "사이렌과 윙윙대는 엔진 소리가 가까워지다가 멀어지는 소리Sirens and a humming engine approach and pass"의 경우에도 생성된 결과물은 프롬프트 그대로 사이렌과 자동차의 엔진 소리가 가까워지다가 멀어진다. 다른 예시들도 이처럼 두 종류의 다른 음향이 섞였는데도 자연스럽다. 가까이서 들렸다가 멀어지는 효과를 주는 것이 놀라웠는데, 대부분의 TTSE가 한 가지 소리만 생성하며, 처음부터 끝까지 거의 일정한 음량이거나 혹은 엔딩에서 갑자기 사라지기 때문이다. 이러한 점에서 오디오젠은 음향 발전의 초기 단계를 벗어나고 있다. 이 외에도 TTSE 서비스가 많아지며 다양해지고 있다.[136]

DAW와 〈해가〉 프로듀싱

편집은 시나리오, 이미지, 영상에서만 필요한 것이 아니다. 프리미어프로에서 각각의 클립들을 배열하고 맞추는 종합 편집도 필요하지만, 영화의 톤과 맞추기 위해서는 [그림 II-4-27]의 〈해가〉 제작 예시에서 보는 것처럼, 음악도 편집(프로듀싱)을 해야 한다. 음악 편집 프로그램으로는 **프로 툴즈**Pro Tools, **로직 프로**Logic Pro, **큐베이스**Cubase, **에이블톤 라이브**Ableton Live, **FL 스튜디오**FL Studio, **리즌**Reason 등이 있다.[137] 필자의 컴퓨터 윈도

---

136 **다양한 TTSE 서비스 툴**
- TTS로 뛰어난 성능을 가진 일레븐랩스(ElevenLabs)가 TTSE에도 뛰어들었다. 이 플랫폼을 통해 사용자는 라이선스 비용 없이 음향효과를 생성할 수 있다. https://elevenlabs.io/sound-effects
- Soundeff는 전문적인 사운드 효과 생성 서비스를 제공하며, 게임 개발, 비디오 콘텐츠 제작 등 다양한 분야에서 사용된다. https://soundeff.com
- ClipMove는 자연 환경에서 복잡한 시나리오에 이르기까지 다양한 종류의 소리를 지원하고 있다. https://www.clipmove.com/ai-sound-effect-generator
- UnlimitedSFX by NoteableAI는 창작자, 게임 개발자, 예술가를 위해 설계되었으며, 디스코드(Discord)와 같은 플랫폼과 원활하게 통합되어 쉽게 접근하고 생성할 수 있다. https://www.optimizerai.xyz/?utm_source=noteableai_com

137 **다양한 DAW(Digital Audio Workstation)들**
- 프로 툴즈(Pro Tools): 업계 표준으로 널리 인정받으며, 전문 스튜디오와 오디오 엔지니어링에서 가장 많이 사용된다.

시스템이기도 하고, 우연히 시작한 프로그램이 '에이블톤 라이브'[138]이기에 손에 익은 툴을 그대로 사용하고 있다. 다음은 수노나 유디오를 사용하지 않고도, 한국어 작사부터 작곡, 편집까지 어떻게 할 수 있는지 그 전 과정을 살펴본다.

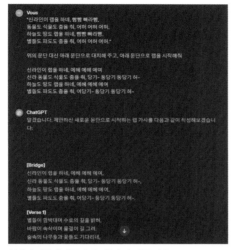

(1) "당기둥당기둥당기 허"의 가사를 차용

[Choros1]
어당기~ 둥당기 둥당기 허~
신라인이 랩을 하네
에헤 에헤 에여
동물도 식물도 춤 춰
당기~ 둥당기 둥당기 허~
하늘도 땅도 랩을 하네
에헤 에헤 에여
별들도 파도도 춤 춰

[Verse1]
별들이 깜박대며 수로의 길 밝혀
바람이 속삭이며 물결이 길 그려
숲속의 나무들과 꽃들도 기다리네
하늘이 노래하며 그녀를 부르네

[Choros2]
오! 오! 돌아와, 수로, 들어와 우리의 외침
거북의 바다 넘어, 펼쳐 네 자유의 날개
이 노래 모두가 부르는 숭고한 우리의 멜로디
널 위해 밝혀주는, 밤하늘과 대지의 빛

(2) 챗GPT에서 최종적으로 생성된 〈해가〉

- 로직 프로(Logic Pro): Mac 사용자들 사이에서 매우 인기가 있으며, 다양한 고급 기능을 저렴한 가격에 제공한다. 로직 프로는 스마트 기능들을 통해 사용자의 작업을 도와주며, 이 중 일부는 AI 기술을 기반으로 한다.
- 큐베이스(Cubase): MIDI 작업과 오케스트레이션에 강점을 보이며, 전문적인 음악 제작에 널리 사용된다. AI 기반의 기능들을 도입하고 있으며, 예를 들어 오디오 정렬, 음성 인식 등에 AI를 활용하고 있다.
- 에이블톤 라이브(Ableton Live): 라이브 퍼포먼스와 전자 음악 제작에 최적화되어 있으며, 창의적인 워크플로를 제공한다. 에이블톤 라이브의 AI 기능은 아직 소개되지 않았지만, 사용자는 AI를 활용한 다양한 플러그인을 사용할 수 있다.
- FL 스튜디오(FL Studio): 비트 제작과 전자 음악에 강점이 있으며 친화적인 UI로 인기 있다.
- 리즌(Reason): 독특한 가상 스튜디오 환경을 제공하며, 창의적인 사운드 디자인에 적합하다.
- 스튜디오 원(Studio One): 빠르게 성장하고 있는 소프트웨어로, 효율적인 워크플로와 현대적인 인터페이스가 특징이다.
- 케이크워크 바이 밴드랩(Cakewalk by BandLab): 무료로 제공되며, 고급 기능을 포함하고 있어 가성비가 뛰어나다.
이 외에도 다양하고 전문적인 DAW들이 많다. 참조로 영화음악이나 오케스트레이션 작업에는 큐베이스나 로직 프로가 선호되고, 전자음악 제작에는 에이블톤 라이브나 FL 스튜디오가 사용되는 추세다.

138   https://www.ableton.com

(3) 타입캐스트의 데이지 목소리로 2023년 12월 7일
음원 생성

(4) 싸이매틱스에서 humble 팩을 사용

(5) 앤젤릭바이브

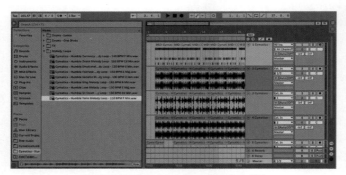

(6) 에이블톤 라이브 11로 랩 노래 및 반주 생성

(7) 프리미어프로로 가져와서 최종 편집

그림 Ⅱ-4-27 〈해가〉 랩 버전 제작 과정

Ⅱ. 〈AI 수로부인〉 제작 과정과 제1세대 AI영화 툴

〈AI 수로부인〉의 〈해가〉를 생성하는 과정([그림 II-4-27])을 요약하면 다음과 같다.

(1), (2) 챗GPT-4: 〈해가〉 랩 버전 가사 생성(『삼국유사』, 〈둥당기타령〉 참조)

(3) 타입캐스트: 데이지 목소리로 〈해가〉 랩 보이스 생성

(4), (5) 싸이매틱스: 샘플 클립(humble pack) 사용

(6) 에이블톤 라이브 11: 프로듀싱

(7) 프리미어프로: 이미 준비한 '영상'과 '자막(가사)' 편집

(1), (2) 챗GPT-4: 〈해가〉 랩 버전 가사 생성

『삼국유사』 속 〈해가〉를 챗GPT에 넣고 랩 리듬에 어울리게 여러 번 수정하면서 가사를 생성했다. 그리고 "어허 어허 어허" 대신 〈둥당기타령〉의 후렴인 "당기둥당기둥 당기 허"를, "빰빰 빠라빰" 대신 "에헤 에헤 에여"라는 추임새를 넣어달라고 요청했다. 한국 타령에서 많이 사용되는 추임새를 넣음으로써 고전적인 분위기의 〈AI 수로부인〉과도 잘 어우러지게 했다.

〈둥당기타령〉의 "당기 둥당기 둥당기 허"나 "에헤 에헤 에여"와 같은 후렴은 한국 타령에서 많이 사용된다. 랩에서는, 그것이 한국어 랩일지라도 일반적으로 "Oh baby", "Oh yeah"를 많이 사용하는데, 한국적인 받는 소리를 찾기 위한 일환이었다. 또한 〈AI 수로부인〉이 고전적인 배경을 가지고 있기 때문에 더욱 자연스럽다. 〈둥당 기타령〉의 후렴은 "당기 둥당기 둥당기 허"이지만 앞에 '어'를 넣어 '어당기'로 리듬을 맞춰 부드럽게 시작할 수 있도록 했다.

(3) 타입캐스트: 데이지 목소리로 〈해가〉 랩 보이스 생성

이렇게 완성된 가사를 타입캐스트Typecast로 가져간다. 해당 툴에는 한국어로 랩을 할 수 있는 두 명의 남녀 가수가 지원된다. 최종적으로는 여성인 데이지를 선택했다. 남성 래퍼는 속도, 음색 등 조정할 수 있는 게 거의 없기 때문이다. 이렇게 생성된 오디오를 다운로드하고, 랩에 어울리는 음악을 찾는다.

(4), (5) 싸이매틱스: 샘플 클립(humble pack) 사용

음악 팩을 찾기 위해 **싸이매틱스**cymatics[139]나 **앤젤릭바이브**angelicvibes[140] 등을 방문한다. 여기에는 무료부터 유료까지 모두 있다. 상업용으로 사용하기 위해서는 팩을 구매해야 한다. 랩 버전 〈해가〉에는 싸이매틱스의 험블humble 팩을 사용했다.

(6) 에이블톤 라이브 11: 프로듀싱

이제 에이블톤에 〈해가〉랩 음성파일과 험블 팩을 업로드하고, 서로 매치시킨다. 서로 다른 오디오 파일을 프로듀싱하는 경우, 필자는 무엇보다 BPM을 먼저 맞추는데, 이것만 잘 조정해도 어느 정도 자연스럽게 된다. 이후 각 파트를 조정 및 편집하고 추출Export하고 싶은 부분을 'shift'로 선택한다. 루프Loop 형태가 되게 'Ctrl+L' 하여, 위의 막대를 클릭하면 필요한 음원 전체가 선택된다. 마지막으로 File>Export audio/vidio>export 하면 파일이 추출된다. 비록 서로 다른 AI 툴로 가사, 노래 등을 생성했지만, 에이블톤에 넣어 믹스하면 랜덤 값에 의해서가 아닌, 자신이 원하는 음악을 만들어낼 수 있다.

(7) 프리미어프로: 이미 준비한 '영상'과 '자막(가사)' 편집

이제 음원을 가져와서 프리미어프로에 넣는다. [그림 II-4-27]의 (7)에서는 예시로 보여주기 위해서 비디오보다 오디오를 중심으로 편집을 했다. 최종적으로 영화의 장면에 맞춰서 다시 음량이나 속도를 조정한다.

---

139 https://cymatics.fm/pages/free-download-vault

140 https://www.angelicvibes.com/free-sample-packs

AI 음악 콘테스트, 인간과의 협연

(1) 2020년 'AI Song Contest' 통계

(2) 2020년 우승팀 언캐니 밸리의 〈아름다운 세상〉 공연

(3) 2020년에 참가한 13개 팀

그림 II-4-28 **2020년 열린 국제 음악 경연 대회 'AI Song Contest'**

2020년부터, AI로 만든 노래를 겨눌 수 있는 국제 음악 경연 대회 'AI Song Contest'([그림 II-4-28])가 매년 개최되고 있다. 제1회 'AI Song Contest'는 코로나-19로 인해 취소된 유로비전 노래 콘테스트에서 영감을 받아 네덜란드 힐베르쉼에서 개최됐다. 이 행사는 네덜란드 방송사 VPRO가 라디오 방송국 NPO 3FM 및 NPO Innovation과 협력하여 주최했다. 제1회 콘테스트에서는 AI가 대부분 작곡한 호주 팀 '언캐니 밸리'의 〈아름다운 세상Beautiful the World〉이 우승했다(2). 우승 팀은 "코알라, 쿠카부라, 태즈메이니아 데블koalas, kookaburras and Tasmanian devils의 오디오 샘플로 훈련시켜 이 노래에 호주 특유의 감성을 불어넣었다"[141]고 한다. 2019년 "호주를 황폐화하고 많은 동물의 목숨을 앗아간 대형 산불 이후 자연은 회복할 수 있다는 긍정적인 사회적 메시지도 담았다". 경연은 "전 세계 시청자들과 AI 전문가 패널이 온라인으로 부여한 점수를 합산하여 결정"된다. 2023년 7월의 콘테스트에서는 컴퓨터 과학자, 프로그래머, 음악인 등으로 구성된 46개 팀이 참가해 15개 팀이 결승에 올랐다. 1등은 '야보이

---

141   https://www.aisongcontest.com/hilversum-2020

하노이'라는 팀이 선보인 〈엔터 데몬스&갓스Enter Demons&Gods〉라는 곡이다. "현대사회의 인공지능 작곡 기술은 강화학습 기법을 사용해 심층적으로 학습하는 딥 러닝 기술로 구현된다"[142]고 한다.

전라남도교육청이 글로컬 미래교육박람회를 홍보하기 위해 마련한 박람회 주제곡 공모전을 개최했다. 2024년 4월 5일, 최우수작에 목포석현초등학교 교사 임우균 씨가 제작한 〈세상에 소리쳐! 글로컬!)이 선정됐다. 이 곡은 프롬프트를 사용해 작곡과 노래 모두 AI가 생성했다. 심사위원들은 심사 과정에서 AI로 만들어진 노래인지 몰랐다고 한다. 비록 논란은 있었지만, 전라남도교육청은 "주제곡 공모 조건에 AI를 사용하지 말라는 내용이 없었고, 노래가 미래교육이라는 박람회 주제를 잘 담고 있다"고 여겨, 최우수작으로 선정했다고 한다.[143]

"이걸 상을 줘야 되나 말아야 되나…. 그리고 이제 난 뭐 해 먹고살아야 되나." 이 공모전에 심사위원으로 참가한 김형석 작곡가는 우승 곡을 인간이 아닌 AI가 만들었다는 사실을 알게 된 후, X에 그 소회를 상기와 같이 남겼다. 그러나 이미 AI 음악으로 먹고사는 사람들이 생기고 있다. 'AI Song Contest'를 비롯해 여러 분야에서 AI가 작곡, 작사, 연주, 노래 등을 하고 있다. 현재 공개된 TTM을 사용하면 화성학을 몰라도 몇 분 내로 대중가요를 만들 수 있다. 그리고 AI 작곡가 아이바AIVA처럼 좀 더 심도 있는 클래식 작곡도 가능하다.

그림 II-4-29 (1) CCTV 뉴스 화면, AI 세대 붐 '대만 AI 스위트' 2024년 3월 14일 공식 출시
(2) '대만 AI 모음곡'이 공개 연주된 공연장에서는 피아니스트, 바이올리니스트 그리고 인간이 아닌 AI 첼리스트로 구성된 트리오의 무대도 펼쳐졌다.[144]

---

142   *Ibid.*

143   「"AI 작곡이 최우수작" … 전남 미래교육박람회 주제곡 '화제'」, 〈연합뉴스〉, 2024년 4월 5일 자.

144   https://www.youtube.com/watch?v=vjuLpHrZmm4

대만에서의 콘서트는 인간과 AI의 절묘한 하모니를 보여주는 예시다. 2024년 3월 14일 대만푸위문교기금회가 설립한 푸위실내악단은 대만 최초로 아이바가 만든 〈대만 AI 모음곡台灣AI組曲〉을 초연했다([그림 II-4-29](1)). Radio Taiwan INTL中央廣播電臺이 전하는 이 곡에 대한 평가는 다음과 같다. "구스타프 말러가 직접 작곡했다고 해도 믿을 만큼 정교한 구성이 돋보이는 〈대만 AI 모음곡〉은 3개의 악장으로 구성되어 있다. (중략) 1악장 '대만의 해양海洋台灣'은 천둥이 치고 비바람이 부는 거친 파도가 지나가고, 하늘이 화창해지며 바다의 물결이 잔잔해지는 바다의 경이로운 모습이 펼쳐진다. 여러 악기로 파도 소리를 흉내 내는데 이 소리를 듣고 있노라면 깊고 푸른 대만의 바다를 항해 중인 배에 앉아 파도 소리를 듣는 듯한 착각에 빠진다."[145]

주위창朱玉昌 집행장은 〈대만 AI 모음곡〉은 '대만 음악 학습', '멜로디와 어울리는 악기 선택', '악보 생산' 등 3단계의 과정을 거쳐 완성됐다"고 했다. 첫 단계는, 아이바가 대만의 전통 민요, 대중가요, 원주민족 전통 음악 등 다양한 장르의 대만 음악 작품들을 공부하고 분석한 뒤, 이를 바탕으로 대만의 정서와 미적 감각을 지닌 교향 모음곡을 생성했다. 2단계는 곡과 어울리는 악기를 배치한다. 팁을 준다면, "AI에게 악기의 종류를 지정해줄 때, 다양한 악기를 배치해줄수록 폭넓은 스펙트럼의 곡이 생성될 수 있다"고 전했다. "아이바가 음악의 구조 및 코드 설계부터 악보 생성까지 모음곡을 완성하는 데 꼬박 6개월이 걸렸다"고 한다.

이 연주장에는 또 다른 행사가 있었는데, 바로 인간 연주자와 인공지능 연주자의 협연 무대다. 휴먼 피아니스트와 휴먼 바이올리니스트, AI 첼리스트로 구성된 트리오의 연주였다([그림 II-4-29](2)). 'AI 악보 넘기기 기술'이라는 또 다른 음악적 개발도 발표되었다. 이로써 연주자들은 악보를 손으로 넘기지 않아도 된다. 이에 대해 중앙연구원 정보과학연구소 소속 수리蘇黎 부연구원은 다음과 같이 설명한다. "AI가 악보를 넘기기 위해서는 모델 설계, 훈련 그리고 탐지 메커니즘이 필수다. 연주 소리에 맞춰 악보를 넘겨야 하는데, 무엇보다 '반응 속도'가 중요하며, 그 속도가 매우 빨라야

---

145   Radio Taiwan INTL(中央廣播電臺), 2024년 3월 24일 자.
       https://www.rti.org.tw/news/view/id/2198960

한다. 두 명의 연주자가 합주하면서, 서로 호흡을 마추는 정도의 반응 속도가 필요하다."

AI가 작곡하고 인간이 연주하거나 그 반대의 경우도 가능하다. 음악과 관련하여 AI는 예술의 다른 어떤 분야보다 앞섰으며, 빠르게 발전하고 인정받고 있다. 일반적인 TTM으로도 편집 툴을 거치면 영화음악도 그럴싸하게 만들어진다. 자신의 목소리를 트레이닝해서 본인이 부르는 것처럼 노래를 생성할 수도 있으며, 자신의 아바타를 만들어 연기를 시킬 수도 있다. 한 번쯤 꿈꿔본 오페라 가수가 될 수도 있다.

AI 음악의 압축과 편집

이미지, 비디오에서처럼, 음악, 효과 등의 오디오에서도 편집이 중요하다. 비디오에서도 영화 스크린에 적절한 품질을 위해 매번 리사이즈와 업스케일링을 하듯이, 오디오에서도 압축과 편집은 필수다. 〈AI 수로부인〉의 경우, 전문가 툴이 아닌 일반적인 생성형 AI 툴을 사용하여 음악, 음향효과 등을 생성했다. 많이 사용되는 발자국 소리, 째깍거리는 시계 소리, 빗소리 등은 일반 TTSE에서도 좋은 결과를 얻을 수 있었다. 하지만 "용의 포효"같이 흔치 않은 소리는 아예 생성되지 않거나 사용하기 어려울 정도로 길이가 짧거나 불분명했다. 원하는 음향효과가 생성되지 않을 때는 여러 개의 비슷한 효과를 생성한 뒤 이를 음악 툴에서 편집해 사용했다.

'영상'에서 해상도와 프레임레이트$_{fps}$가 높을수록 좋은 화질을 얻을 수 있기에, 이를 위해 AI 툴을 사용한다. 마찬가지로 음악도 '해상도'와 같은 '비트$_{bit}$'와 '프레임레이트'와 같은 '헤르츠$_{hz}$'가 중요하다. 더 좋은 품질도 있지만, 일반적인 기준이 'CD 포맷'이다. 그래서 메타의 엔코덱이나 구글의 스테이블 오디오2.0이 'CD 포맷'에 도달할 만큼 성능이 개선됐다고 강조한다. 'CD 포맷'에 도달했다는 것은 이제 TTA, TTM으로 생성한 결과물을 상업화할 수 있으며, 음악애호가들이 일반 음악을 들을 때처럼 AI 음악을 즐길 수 있게 되었다는 의미다.

CD포맷

샘플링 레이트: 44.1khz

비트: 16bit

비트레이트: 2×16bit×44.1khz=1441.2kbps(스테레오는 ×2)[146]

목소리나 음향, 음악 등의 자연현상인 아날로그는 무한한 값을 가진다. 그래서 모두 기록할 수 없다. 비트와 헤르츠를 최대한 높여서 아날로그에 가까운 소리로 디지털화한다. 요즘, DVD-Audio는 스테레오(2채널)인 경우 192khz/24bit까지 지원한다. 현재 대부분의 TTA는 MP3로 포맷[147]되는데, 무손실 압축을 위해서 APE(http://www.monkeysaudio.com), Flac(http://flac.sourceforge.net), LPAC(https://www.rarewares.org/rrw/lpac.php), OptimFROG(http://losslessaudio.org) 등에서 참조하거나 사용할 수 있다.

| 메타, 엔코덱_{EnCodec}

그림 II-4-30 **48kHz 스테레오 오디오**: 엔코덱은 음악의 표준 음질인 48kHz의 스테레오 오디오를 위한 최초의 신경 오디오 코덱이다. 48kHz 모델은 3, 6, 12 및 24kbps 대역폭을 지원한다.[148]

146　CD포맷 관련 용어 설명
- 샘플링, Hz: 1초간을 얼마나 작게 잘라 추출 및 저장하느냐로, 1초 동안 4만 4,100번 측정하면 44.1kHz라고 샘플 레이트를 표기한다. 4만 4,100Hz 혹은 4만 8,000Hz를 많이 사용한다(라디오 주파수나 소리의 높낮이를 나타내는 헤르츠와는 다름).
- 비트(bit): 음높이(고음, 저음)를 얼마나 작게 잘라 추출해서 저장하느냐로, 16bit가 일반적이다(16bit=2의 16승=65,536단계로 추출함).
- 비트레이트(bit rate), Kbps: 1초에 처리되는 데이터 양이다.
- PCM: 아날로그 시그널을 디지털시그널로 변환하는 샘플링. [1]PAM(Pulse Amplitude Modulation)=Sampling, [2]Quantization, [3]Binary Encoding, [4]Digital/Digital Encoding의 4단계를 거친다.

147　WAV 파일은 PCM(Pulse Code Modulation)과 동일한 사운드 데이터를 가진다. 그러나 WAV 파일의 용량 때문에 손실압축을 하는 MP3를 사용하게 됐다(마치, 이미지에서도 용량 때문에 RAW가 아닌, 손실압축을 하는 JPG를 사용하는 것과 같다).

148　https://audiocraft.metademolab.com/encodec.html

메타는 "엔코덱이 신경망을 활용한 최첨단 실시간 고음질 오디오 코덱"이라며, "모든 종류의 오디오를 압축하고 원본 신호를 고음질로 재구성하도록 훈련되었다"고 한다. 또한 "오디오 언어 모델링 작업의 입력으로 사용할 수 있다"고 소개했다. 엔코덱[149]은 다양한 대역폭과 모노 및 스테레오 오디오 모두에서 일반 오디오 코덱과 같은 성능을 보여준다. 사용자가 원하는 코덱으로 직접 압축 모델을 훈련할 수 있도록 엔코덱의 학습 코드도 공개하고 있다. TTA도 점점 더 높은 샘플링과 '무손실 압축 포맷'을 지원하는 방향으로 가고 있다.

149 Alexandre Défossez, *et al.*, "High Fidelity Neural Audio Compression", 24 Oct 2022.

5. AI영화와 저작권

AI영화와 편집저작권

〈AI Times〉의 2024년 1월 4일 자 기사[150]

〈AI 수로부인〉 영화 발표 후, 예상치 못한 놀라운 관심이 쏟아졌다. 이후 콘퍼런스 혹은 대중매체를 통해 제작 발표를 하게 되었다. 2023년 내내 생성 AI 저작권과 관련하여 워낙 많은 스캔들과 구설수가 있었다. 〈AI 수로부인〉을 상영할 때, 국내뿐만 아니라 해외에서도 AI 저작권과 관련한 기준이 없었다. '일단 부딪혀 보자'는 ㈜나라지식정보의 추진력으로 다음과 같은 성과를 냈다.

---

150 이 기사를 캡처한 2024년 1월 10일, '많이 본 기사' 1위에 올랐다. 또한 세 번째 '많이 본 기사'에도 〈AI 수로부인〉에 대한 긍정적 언급이 있었다.

- 12월 20일 한국저작권위원회에 〈AI 수로부인〉 편집저작물 등록 신청.
- 12월 29일 한국저작권위원회에 〈AI 수로부인〉 저작권 등록 완료 및 저작권 등록증 발급.

한국저작권위원회[151]에 저작물을 등록하면 저작권을 보호받을 수 있다. 법제처[152]에서는 '저작권'과 '저작물'에 대해 다음과 같이 명시한다. "저작권이란 저작물에 대한 권리를 말하며, 저작물이란 인간의 사상 또는 감정을 표현한 창작물을 말합니다 (「저작권법」 제2조 제1호)." 여기에는 "보호되는 저작물"의 실례(「저작권법」 제4조)와 「저작권법」의 보호를 받지 못"하는 저작물의 실례(「저작권법」 제7조)와 세부 사항도 열거되어 있다.

〈AI Times〉의 같은 기사에는 "12월 27일 문화체육관광부와 한국저작권위원회는 생성 AI 창작물 관련 가이드라인을 발표한 바 있다. 법적 효력을 발휘하는 공식적 규율은 아니지만, 어느 정도의 공시성을 지니고 있다"는 내용이 실렸다. 〈AI 수로부인〉은 "문화체육관광부와 한국저작권위원회가 생성 AI 창작물 관련 가이드라인을 발표" 한 지 이틀 만에 저작권을 승인받은 셈이다.

〈AI 수로부인〉은 편집저작물로서는 세계에서 두 번째나 세 번째일 수 있지만, 'AI 영화'로는 첫 사례다. 이 때문인지 "해외에서도 〈AI 수로부인〉이 큰 화제가 되고 있고, 국제기구인 세계지식재산기구WIPO에서도 이에 관심을 많이 보이고 있다"고 한다.

〈AI 수로부인〉의 편집저작물 저작권 등록증

151   https://www.copyright.or.kr
152   https://www.moleg.go.kr/legnl/legnlInfo.mo?mid=a10403000000&leg_nl_pst_seq=987

〈AI 수로부인〉의 제작 방식을 보면 '편집'되지 않은 곳이 없다. 컷마다 수십 번씩 반복 편집되었기에, 영화 전체가 저작권을 인정받은 것과 마찬가지다. AI가 발전함에 따라서 편집의 수고가 덜어질 수는 있지만, 최소한 제2세대 AI영화까지는 편집이 필요할 것으로 보인다. 편집마저 AI가 하게 된다면, 저작권과 관련해서는 '개념적 선택'이 중요한 요소가 될 것이다. 미국에서는 저작권의 기준으로 "약간의 창의성modicum of creativity"과 "마스터 마인드master mind"[153]를 중요하게 여기는데, 이와 '개념적 선택'의 비교 및 연구도 필요하다. "약간의 창의성"과 "마스터 마인드"라는 고전적 기준을 21세기 신인류인 호모 AI의 저작물에도 적용하는 것은 아이러니다.

AI 편집저작물과 개념적 선택

⑥ AI 생성물: 원칙적으로 AI 생성물의 경우 저작물로 볼 수 없으며, 이는 저작권 등록 대상도 될 수 없다. AI 생성물의 제호를 정하고 전체 기획을 하고 프롬프트(명령어)만 입력한 경우도 저작권 등록은 불가하다. 이 경우 어떠한 표현행위에 인간의 창작적 개입이 있었다고 볼 수 없다. 표현이 아닌 아이디어 자체는 저작권 보호 대상이 아니며, 프롬프트(명령어)를 입력하는 등에 많은 노력을 들였다고 하여도 '이마의 땀'은 저작권법 보호 근거가 아니다. **노력(이마의 땀)이 아닌 '창조적 개성'이 들어가야 저작물이 되는 것이다. AI 생성물에 일정 부분 수정증감을 하였다고 하여도, 사소한 개변 정도만으로는 저작권 등록이 어렵다. (중략) 또한, AI 생성물 자체는 등록을 할 수 없더라도, AI 생성물을 선택하고 배열한 것 등에 창작성이 있으면 '편집저작물'로 등록될 수는 있다.** 예를 들어 미저작권청의 「새벽의 자리야」 사건에서와 같이 AI가 생성한 이미지 자체에 대한 저작권 등록은 할 수 없어도, 그 이미지들을 선택하고 배열한 것 등에 창작성이 있으면 '편집저작물'로 등록될 수 있다.

한국저작권위원회가 2023년 11월 30일 자로 발간한 「2023 저작권 등록 심사 편람」[154]
(굵은 글씨는 필자 강조)

---

153   https://casetext.com/case/aalmuhammed-v-lee

154   https://www.cros.or.kr/psnsys/cmmn/infoPage.do?w2xPath=/ui/twc/sercen/data/data_dt.xml

한국저작권위원회가 11월 30일 자로 발간한 「2023 저작권 등록 심사 편람」 39쪽을 보면, "편집저작물" 개념이 도입됐다. 이를 참조하면서 '편집저작권'의 예술사적인 배경을 살펴보겠다. 이러한 고찰은 AI 생성물 저작권의 길잡이가 될 것이며, 동시에 현대예술의 현주소를 돌아보는 좋은 기회가 될 수 있다. 필자는 "편집"이 "배열"에서 왔으며, 이 "배열"을 전제하는 것이 바로 "개념적 선택"이라고 본다.

2023년 5월 2일 한국저작권위원회가 번역 발표한 〈미국 저작권청 「인공지능 생성물 관련 저작권 등록 안내서」 검토보고서〉[155]의 "선택과 배열"을 보고 필자는 데자뷔를 느꼈다. 그것도 1세기도 전에 일어난 현상이다.

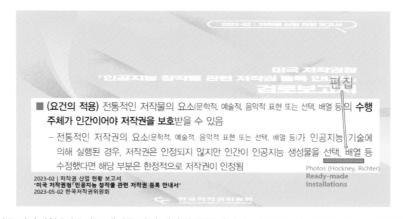

〈미국 저작권청 「인공지능 생성물 관련 저작권 등록 안내서」 검토보고서〉, 2023. [노트 심은록][156]

1917년 마르셀 뒤샹은 공산품으로 만들어진 남성용 소변기에 가명 'R. Mutt'와 연도 '1917'을 기입한 후 〈샘Fountain〉이라는 제목으로 뉴욕 앵데팡당 전展에 출품했다. 그러면서 뒤샹은 작품이란 작가가 직접 손으로 제작해야만 하는 것이 아니며, 중요한 것은 "작가의 선택"이라고 강조했다. 그는 소변기 한 개만 있었기에 "선택"이라고 했을 테지만, 이후 설치가 미술의 한 분야가 되면서, '선택'과 함께 '배열'이 중요해졌다. 그

155 https://www.copyright.or.kr/information-materials/trend/the-copyright/viewPress.do?brdctsno=51831

156 2023년 11월 29일 유튜브 'AI프렌즈' 채널에서 발표한 슬라이드 중 일부.
     https://www.youtube.com/watch?v=8Cz924q3L_Y

가 소변기를 화장실이 아닌 아트페어에 '배치'하자 미술계에 혁명이 일어났다.

뒤샹을 비롯한 레디메이드 작가들은 직접 만들지 않은 것이 어떻게 예술작품이냐는 비난을 받았다. 하지만 현재는 레디메이드 작품을 보고 예술이 아니라고 하는 사람은 없다. 이러한 '선택'과 '배열'이 AI영화에서 더욱 중요해졌다.

2023년 10월 26일 씨네아트 리좀에서 개최된 〈AI 수로부인〉 GV에서, 그리고 그 이후에도 가장 빈번한 질문은 다음 두 가지다. 첫째는 "AI가 시놉시스부터 수정까지 모든 것을 했다면, 감독은 무엇을 했느냐?"이다. 이에 대해 필자는 마르셀 뒤샹의 말을 빌렸다. 1917년 미술의 고정관념을 깨트린 뒤샹은 한 상점에서 남성용 변기를 선택하며 "예술은 선택"이라고 했다. 1세기도 더 지나서 필자는 이를 AI영화에 적용했다. 〈AI 수로부인〉은 0.8~8초짜리 클립 수백 개를 가지고 '개념적·창의적 선택'을 해야 했다. 두 번째 질문은 "AI가 영화까지 만든다면, 예술계와 영화계에 사람이 설 자리는 어디냐?"였다. 사진기가 처음 발견됐을 때, '미술은 죽었다'고들 했다. 그때까지의 미술은 재현에 중점을 두었기 때문이다. 당시 우려와 달리, 오늘날 미술은 그 어느때보다 다양하고 창의적 모습으로 전 세계에 확장되었다. 〈AI 수로부인〉은 손영호 ㈜나라지식정보 대표의 말처럼 "개인 영화 제작 시대를 앞당겼다". 머지않아 AI영화는 간편하고, 빠르며, 저렴한 제작 덕분에 기존의 영화보다 더 독창적이고 다양해질 것이다. AI는 새로운 창작의 붓이다. 그 붓으로 무엇을 어떻게 만들 것인지는 뒤샹이 했던 '개념적·창의적 선택'에 달렸고, 그 목적은 백남준이 구축한 '소통'과 '구원'에 의거한다.

사진기의 등장과 AI

그림 II-5-1 나폴레옹 새로니의 〈오스카 와일드 No.18〉, 1882, ©public domain

　나폴레옹 새로니Napoleon Sarony가 찍은 오스카 와일드Oscar Wilde의 사진과 관련된 저작권 역사는 중요한 법적 판례를 포함하고 있다. 사진이 창작 작업으로서 저작권 보호를 받을 수 있는지가 논쟁의 핵심이었다. 이 판결은 사진뿐만 아니라 다른 형태의 창작 미디어에 대한 저작권 보호의 범위를 확장하고 그 정의에 대한 이해를 발전시켰다.

　1882년, 사진작가 나폴레옹 새로니는 아일랜드의 소설가이자 극작가인 오스카 와일드의 사진 〈오스카 와일드 No.18Oscar Wilde No.18〉([그림 II-5-1])을 찍었다. 그런데 버로우-길 석판회사Burrow-Giles Lithographic Co.는 새로니의 허락 없이 이 사진의 석판화를 제작하고 판매했다. 새로니는 저작권 침해를 주장하며 소송을 제기했다. 사진은 크게 독창성을 지닌 '예술 사진'과 '기록 사진(단순 기록용 사진 또는 데이터베이스용 사진)'[157]

---

[157]　'단순 기록용 사진'은 일상적인 사건이나 환경을 기록하는 데 초점을 맞추며, 주로 실제 상황을 그대로 포착하는 것을 목표로 한다. 이와 달리 '데이터베이스용 사진'은 더 구체적인 정보나 데이터를 제공하기 위한 목적으로 사용되며, 특정 주제나 대상에 대한 광범위한 정보를 수집하고 체계적으로 정리하는 데 중점을 둔다. 예를 들어, 과학 연구나 역사적 기록을 위한 사진이 해당된다. 이러한 구분은 사진이 담고자 하는 내용과 그 사용 목적에 따라 달라지나, '예술 사진'과 '기록 사진', '데이터베이스용 사진'의 구분이 명료하지는 않다. 특히 '기록 사진' 중에서도 우연성 혹은 시간에 의해 예술 사진이 되는 경우도 많다.

으로 나뉘는데, 이는 버로우-길 석판회사 사건에 의해 정립되었다. 미국 대법원은 1884년 새로니가 와일드로 하여금 카메라 앞에서 포즈를 취하게 하고, 의상, 장식, 조명 등을 직접 '선택'하고 '배열'했다는 점에서 기계적 과정을 거친 단순한 '기록 사진'이 아니라, 창작적 선택을 포함한 "사진의 독창성"이 있는 예술작품이라고 판단했다. 사진이 '예술작품'으로 승격되면서 위상이 높아졌다. 예술 사진은 '기계적 복제'가 아닌 '창작적 표현'으로, 데이터 기록보다 더 많은 것을 제공하며, 창작자의 예술적 결정에 의해 만들어지는 작품이 됐다. 이 사건은 사진이 미국 헌법이 보호하는 저작권의 대상이 될 수 있다는 중요한 선례를 마련했다.

사진과 저작권에 관한 약사

1839년: 사진의 발명, 사진 저작권 문제의 시작, 예술로서의 인정 및 법적 보호 요구

1884년: 〈오스카 와일드 No.18〉 저작권 인정

19세기 후반: 여러 국가에서 사진 저작권 법률 처음 도입

1886년: 베른 협약, 사진을 포함한 다양한 저작물에 대한 국제적 보호 제공

20세기: 기술 발전, 디지털 사진과 인터넷의 등장, 저작권 법률의 발전

디지털 시대: 디지털 저작권 관리(DRM), 복제 및 배포 용이성 증가에 따른 새로운 보호 메커 니즘 개발

21세기: 온라인 환경(소셜미디어, 온라인 공유 플랫폼의 영향)으로 저작권 문제 진화와 'AI 생성물' 관련 저작권 도입

창의성과 마스터 마인드에 관한 논의

"저작물이란 인간의 사상 또는 감정을 표현한 창작물(「저작권법」 제2조 제1호)"[158]이라는 조항에서 '사상'과 '감정'은 노자, 공자, 플라톤, 어거스틴을 거쳐 푸코, 들뢰즈, 코넬 웨스트에 이르기까지 모두 다르며, 사상 또는 감정의 영역을 규정하고 한계를

---

158   https://www.moleg.go.kr/legnl/legnlInfo.mo?mid=a10403000000&leg_nl_pst_seq=987

짓는 것은 또 다른 영역의 작업이다. '사상'과 '감정'을 어떠한 '매개체(종류, 방식, 마티에르 등)'로 이용하느냐 역시 중요하지만, 이 책의 주제에서 멀어질 수 있기에 여기서는 언급하지 않는다.

대신 AI 생성물과 관련해 좀 더 구체적인 논의를 이끌어낼 수 있는 〈새벽의 자리야Zarya of the Dawn〉 사건을 다뤄보고자 한다. 〈새벽의 자리야〉는 미국 저작권청(USCO)이 AI가 만든 저작물에 대해 구체적 처분을 내린 첫 사건이자, 저작권을 주고 취소한 뒤 다시 일부 인정한 흥미로운 선례다. 2022년 9월, 크리스 카슈타노바는 미드저니로 만든 만화 〈새벽의 자리야〉의 저작권을 신청했다. 그러나 2023년 2월 22일 미 저작권청은 작가가 제작 과정에서 "주도성master mind을 지니지 않았다"는 이유로 미국 내 저작권 등록을 취소했다. 미 저작권청은 "카슈타노바 씨가 저작물의 텍스트뿐만 아니라 저작물의 서면 및 시각적 요소의 선택, 조정 및 배열의 저자라고 결론을 내린다. (중략) 해당 저작물은 저작권에 의해 보호되지만, 아래에서 설명하는 바와 같이 미드저니 기술로 생성된 저작물의 이미지는 인간 저작물의 산물이 아니다"라고 회신[159]했다.

미 저작권청은 〈새벽의 자리야〉의 저작권과 관련해서 "약간의 창의성modicum of creativity"과 "마스터 마인드master mind"의 부재를 말했다. 즉, 저작권을 인정받으려면 저작자가 결과물에 대해 상당한 창작 통제권을 가지고 있어야 한다는 의미다. 미 저작권청은 카슈타노바가 자신이 결과물이 어떻게 될지 예측할 수 없다고, 즉 통제하지 못한다고 여겼다. "미드저니가 어떤 결과물을 만들어낼지 예측할 수 없기 때문에 사용자는 이 과정을 통제할 수 없다"며 미드저니가 생성한 여러 장의 이미지를 예시로 들었다. 카슈타노바는 자신의 창의적 기여를 보여주기 위해 만화책에 사용된 이미지의 최종 버전에 도달하고자 수행한 고된 반복 작업(한국저작권위원회가 말한 "노력" 또는 "이마의 땀")과 프롬프트를 통한 수정("사소한 개변")이 있었다고 항변했다. 하지만 미 저작권청은 오히려 카슈타노바가 미드저니가 어떤 결과물을 만들어낼지 예측할 수 없었기 때문에 이러한 광범위한 반복 과정이 필요하다고 생각했다.[160]

---

159   미 저작권청이 보낸 2023년 2월 21일 자 서신 「Re: Zarya of the Dawn(Registration # VAu001480196」
160   Aalmuhammed v. Lee, 202 F.3d 1227, 1233 (9th Cir. 2000).

문제는 현대예술의 "창작성"이나 "마스터 마인드"의 개념이 근대와는 달라졌다는 것이다. 미 저작권청이 말하는 '통제'와 '예측'은 근대적인 관점일 뿐, 현대의 예술을 담지 못한다는 사실이다. 오늘날은 '통제할 수 없는 것들을 예측'하고, '예측할 수 없는 것을 통제'한다. 과학뿐만 아니라 예술에서도 '라플라스의 악마Laplace's Demon'보다는 '슈뢰딩거의 고양이Schrödinger's cat'를 선호하는 것과 마찬가지다.[161] 현대 추상화와 다다이즘 이후 '필연성'보다 '우연성'이 더 중요시되었으며, 이를 '외부의 간섭' 혹은 '물질 자체의 존중'이라고도 표현한다. 드리핑 페인팅Dripping painting, 드리블링 페인팅Dribbling painting, 붓기 페인팅Pour/Pouring painting, 그리고 다다이즘 시나 그림 등은 통제도 포기하고 예측도 포기하고 있다. 또한 질 들뢰즈는 니체에 의거해 '창조'나 '창작'을 삶을 통해 새로운 가능성을 발견하고, 이를 통해 새로운 가치를 만들어내는 과정이라고 보고 있다.

최근 AI 생성물의 저작권 등록이 거부된 사례는 다음과 같다. 2023년 12월 12일, 특허 및 지식재산권법의 이슈를 다루는 온라인 플랫폼 'IPWatchdog.com'은 「저작권청, 4번째 생성 AI 저작물 등록 거부Copyright Office Affirms its Fourth Refusal to Register Generative AI Work」라는 기사[162]를 게재했다. 기사에 따르면 미 저작권청은 앙킷 사니가 RAGHAV라는 맞춤형 소프트웨어 프로그램을 부분적으로 사용하여 만든 〈SURYAST(일몰)〉라는 2차원 컴퓨터 생성 이미지의 저작물 등록을 네 번째로 거부했다.

필자가 이 책에서 말하는 '저작권과 관련한 생성형 AI 결과물'은 '예술' 분야에 국

---

https://casetext.com/case/aalmuhammed-v-lee

161 대규모 시스템에서는 고전 물리학의 결정론적 접근이 유효하지만, 원자나 소립자 수준에서는 양자역학의 확률적 접근이 효율적이다.

162 미국 저작권청은 〈SURYAST(일몰)〉를 검토한 후 다음과 같이 결론지었다. "사니 씨의 사진을 다른 그림 스타일로 해석한 것은 모델이 작동하는 방식과 모델이 훈련받은 이미지의 함수이다. 사니 씨로부터 받은 구체적인 기여나 지침이 아니다." 미 저작권청은 "생성적 저작물은 보호받을 수 없으므로 공개 도메인"으로 간주된다고 했다.
「Copyright Office Affirms its Fourth Refusal to Register Generative AI Work」, 〈IPWatchdog〉, 2023년 12월 12일 자.
https://ipwatchdog.com/2023/12/12/copyright-office-affirms-fourth-refusal-register-generative-ai-work/id=170564/#

한한 것이다. 생성형 AI 툴을 사용한 작품의 특성과 미래 예술의 생산적 조건, 현대 예술이 전반적으로 충분히 고려된 새로운 관점을 포용하는 저작권에 대한 고려가 있어야 할 것이다.

개념 선택과 랜덤 선택

2023년 12월 21일 30명의 구글 연구원이 발표한 백서 「비디오포엣: 제로숏 영상 생성을 위한 대규모언어모델」[163]에 따르면 텍스트, 이미지, 영상, 음악, 음향까지 하나의 툴로 만들 수 있게 된다. 즉, 시나리오를 쓰면 이미지, 영상을 생성하고, 영상에 맞는 음악과 음향을 생성한다. 이들은 쇼츠를 생성하는 과정을 다음과 같이 설명한다. "비디오포엣의 기능을 보여주기 위해 모델이 생성한 여러 개의 짧은 클립으로 구성된 단편영화를 제작했다. 시나리오는 바드Bard에 여행하는 너구리에 대한 짧은 이야기를 자세히 설명하는 일련의 프롬프트를 작성해달라고 요청했다. 그런 다음 각 프롬프트에 대한 비디오 클립을 생성하고 모든 결과 클립을 연결하여 최종 영상[164]을 제작했다. (중략) 기본적으로 2초짜리 비디오를 생성하나 1초 단위로 다음 클립을 연장할 수 있고, 이를 반복하면 원하는 길이의 비디오를 생성할 수 있다. (중략) 텍스트 없이, 입력된 비디오만으로도 영상에 맞는 적절한 오디오를 생성한다."

이 외에도 독립적인 스타일화, 마스킹 비디오, 인페인팅과 아웃페인팅, 텍스트로 비디오 변환 등 AI의 수정 및 편집 기능이 점점 더 강화될 추세다. 제1세대 AI영화에서는 '선택'과 '편집(배열)'이 비등하게 중요했지만, 향후 '선택'의 비중이 커질 것이다. '선택'만이 인간의 영역으로 남아서, '편집저작물'이 아니라 '선택저작물'이라는 개념이 등장할 수도 있다. 여기에서 '선택'은 좀 더 정확히는 '개념적 선택'이다.

여기서 '개념'은 공산품을 사용한 레디메이드를 사례로 이해할 수 있다. 나아가

---

163 Dan Kondratyuk *et al.* "VideoPoet: A Large Language Model for Zero-Shot Video Generation", 21 Dec 2023 (v1), 4 Jun 2024 (v4).

164 https://www.youtube.com/shorts/70wZKfx6Ylk

자연과 관련된 "차경"의 연장으로도 확장될 수 있다. 모노하의 이론적 바탕을 구축한 작가이자 단색파의 주축이 된 이우환의 대표적인 작품은 〈관계항〉이다. 대부분 자연석 하나와 철판 하나로 이뤄진 설치미술이다. 작가는 자연석에 조금의 변형도 가하지 않고 하물며 사인도 하지 않고 그대로 둔다. 철판도 공장에서 나온 그대로다. 작가가 손 하나 대지 않고 그대로 전시한 사물이나 자연물이 예술작품이 되는 것은, 관객으로 하여금 그동안 보지(느끼지) 못했던 것을 보게(느끼게) 하기 때문이다. 보이지 않는 개념을 시각화함으로써, 전혀 아름답지 않은 〈샘〉이 20세기의 명작이 된 것과 마찬가지다. 이것이 현대예술에서는 빠질 수 없는 중요한 요소이기에, 〈AI 수로부인〉에는 다음과 같은 장면이 등장한다.

(천신이 암소를 몰고, 수로부인에게 다가가는 장면)
암소: 아니 수로부인은 지상의 저 많은 철쭉꽃은 지나치더니 똑같은 철쭉꽃인데 왜 절벽 위의 꽃을 가지고 싶어 하죠?
천신: 너무 많을 때는 보기가 어려워. 저렇게 몇 송이를 따로 두면 그 아름다움이 보이는 거란다.
암소: 칫, 그 말은 21세기 이우환이라는 화가가 노상 드는 비유와 비슷한데….

'선택'도 AI에게 맡길 수 있다. "단편 공상영화를 만들어달라"거나, "오늘 비가 오니 멜랑콜리한 영화 한 편 만들어줘"라고 하면, AI가 요청자의 성격에 맞춰서 영화를 생성하는 것이 먼일 같지는 않다. 이 경우, '개념 선택'이 아닌, '랜덤 선택'이라고 하겠다. '오토_Auto' 생성형 AI로 편집이 거의 필요 없는 영상을 자동 생성하는 것이 빅테크 기업들의 목표인 듯하다. 여기서 'Auto'는 아직 개발 중인 'AutoGPT'에서 차용했는데, 그 특징은 다음과 같다.

- **자율성**: AutoGPT는 인간의 개입 없이 목표를 달성할 수 있다.
- **유연성**: AutoGPT는 다양한 작업에 활용될 수 있다.
- **효율성**: AutoGPT는 작업을 효율적으로 수행할 수 있다.

AI가 영화를 제작하고, 사람이 관람하는 오토 AI영화는 제5세대 AI영화에서는 가능하지 않을까?

AI 툴의 라이선스

저작권 파트를 마무리하며 강조하고 싶은 것은 라이선스다. 영화를 만들 때 사용하는 생성형 AI 툴의 라이선스는 반드시 일일이 확인해야 한다. 아직(2024년 6월 기준) 통일되지 않고 천차만별이기 때문이다. 영화 제작 및 배포와 관련해서도 여러 요소들의 라이선스를 받아야 한다. 주요 저작권 대상은 다음과 같으며, 단계마다 라이선스를 확인하고 시작하는 것이 좋다.

- **시나리오 및 대본 라이선스**: 영화의 스토리라인, 대화, 캐릭터 설정 등
- **영상 자료 라이선스**: 촬영된 영화의 모든 시각적 요소, 예를 들면 장면, 설정, 특수 효과 등
- **음악 라이선스**: 영화에 사용된 배경음악, 주제곡, 기타 사운드트랙 등
- **음향효과 라이선스**: 배경 소음, 효과음 등 영화의 청각적 요소들

각 요소는 별도의 저작권을 가지며, 이를 사용하기 위해서는 적절한 허가나 특정 사용 권한, 기간, 조건 등이 명시된 라이선스가 필요하다. 이처럼 타인의 저작권을 존중해야 자신이 만든 창작물에 대한 권리도 지켜진다.

6. 후속 작업 및 마케팅

영화의 등급분류 신청

영화 및 비디오물의 진흥에 관한 법률 제29조(상영등급분류)

① 영화업자는 제작 또는 수입한 영화(예고편 및 광고영화를 포함한다)에 대하여 그 상영 전
까지 제71조의 규정에 의한 영상물등급위원회(이하 "영상물등급위원회"라 한다)로부터 상
영등급을 분류 받아야 한다. 다만, 다음 각 호의 어느 하나에 해당하는 영화에 대하여는
그러하지 아니하다.

1. 대가를 받지 아니하고 특정한 장소에서 청소년이 포함되지 아니한 특정인에 한하여 상영
하는 소형영화·단편영화
2. 영화진흥위원회가 추천하는 영화제에서 상영하는 영화

영화진흥위원회: https://www.kofic.or.kr/
영상물등급위원회 ORs(온라인등급분류시스템): https://ors.kmrb.or.kr/rating/ongoing_all_
list.do

영화를 상영하기 위해선 등급분류를 받거나, 면제추천서를 받아야 한다. 〈AI 수
로부인〉은 영화진흥위원회가 추천하는 영화제에 출품되었기에 '배급 전 영화제 상영
영화'로 등급분류를 면제받았다. 영화제에서는 '전체관람가'로 상영되었다. 이처럼 첫
영화를 만들 때는 영화제에 출품하는 것이 여러모로 도움이 된다. 등급 면제로 빠르

게 대중에게 공개할 수 있으며, 다양한 층의 관객(영화 관계자, 영화평론가, 감독, 배우)들을 만나서 의견을 나눌 수 있는 좋은 기회다. 영화 상영 후에는 GV를 통해 관객의 감상이나 평도 들을 수 있다.

영화 총제작 단계와 마케팅

영화를 만드는 것만큼 중요한 것이 홍보와 마케팅이다. 대부분은 일반 영화와 같은 과정을 거쳤다. 포스터, 트레일러 등은 AI의 도움을 받을 수 있지만, 그 외는 일반 영화의 수순을 따르게 된다. 일반 영화와 AI영화 제작 과정을 표로 정리하면 아래와 같다.

표 II-6-1 일반 영화와 AI영화 제작 단계 비교

일반 / AI	일반 영화 단계	내용	소요기간: 영화에 따라 다름	AI영화 비교
1/1	개발 시놉시스 작성 (Development Synopsis)	영화의 기본 개념과 스토리라인을 개발하는 단계	수 주에서 수개월	- 일반 영화와 비교하여 AI 영화에서는 이 모든 파트가 한꺼번에 진행됨 - AI영화는 일반 영화보다 비용이 저렴하고 작업 기간이 빠름
2/1	전단계의 저작권 확보	- 시나리오 작성 단계: 시나리오 개발 단계에서 이미 존재하는 작품(예: 소설, 연극)을 바탕으로 한 경우, 해당 작품의 저작권 사용에 대한 허가 - 프리-프로덕션 단계: 제작 준비 과정에서 음악, 아트워크, 기타 저작물을 사용할 경우, 저작권을 확보 - 포스트-프로덕션 단계: 편집 과정에서 사용되는 모든 저작물(음악, 영상 클립 등)에 대한 저작권을 검토 및 확보 - 배급 전 단계: 영화가 상업적으로 배급되기 전에 모든 저작권 문제 해결 * AI영화의 경우에는 사용하는 생성형 AI 영화 툴이 상업적으로 사용 가능한지 미리 확인해야 함	수개월에서 수년 생성형 AI 툴의 경우는 빠르게 변화하기에 지속적인 확인 필요	
3/1	시나리오 작성(Scriptwriting)	개발 시놉시스를 바탕으로 시나리오 초안 작성	수개월에서 수년	

II. 〈AI 수로부인〉 제작 과정과 제1세대 AI영화 툴

4/1	프리-프로덕션 (Pre-production)	캐스팅, 로케이션 선정, 예산 책정, 스태프 구성 등을 포함하는 단계	수개월에서 1년	캐스팅, 로케이션 등은 AI영화에서는 불필요
5/1	제작(Production)	영화의 실제 촬영을 진행하는 단계 생성 AI로 이미지, 영상 생성	수 주에서 수개월	
6/1	포스트-프로덕션 (Post-production)	편집, 시각 효과, 사운드 믹싱, 컬러 그레이딩 등을 포함하는 단계	수개월	
7/1	테스트 상영 및 수정 (Test Screenings and Edits)	관객 반응을 테스트하고 필요한 수정을 진행하는 단계	수 주에서 수개월	
8/2	등급 심사 (Rating Classification)	영상물등급위원회에서 영화의 등급을 심사받는 단계 * 영화제에 상영되는 영화(및 트레일러)는 상업적 배급 목적이 아닐 경우, 등급 심사를 면제	수 주	영상물등급위원회 https://www.kmrb.or.kr/
9/3	편집저작권 허가	* AI영화의 경우에는 '편집저작물'로 등록 가능		AI 영화 https://www.copyright.or.kr/
10/4	마케팅 시놉시스 작성 (Marketing Synopsis)	영화의 핵심 내용과 매력적인 요소를 간략하게 소개하는 문서 작성	수 주에서 수개월	여기서부터는 AI 영화도 일반 영화와 같은 수순을 밟는다.
11/5	마케팅 전략 및 캠페인 계획 (Marketing Strategy and Campaign Planning)	타깃 관객, 홍보 채널, 예산 등을 고려하여 마케팅 전략을 수립하는 단계	수개월	
12/6	티저 트레일러 제작 (Teaser Trailer Production)	영화의 초기 마케팅 단계에서 관객의 호기심을 불러일으키는 트레일러 제작	수 주에서 수개월	트레일러, 포스터, 보도자료는 AI로 제작
13/7	공식 트레일러 제작 (Official Trailer Production)	영화의 주요 장면, 캐릭터, 플롯을 보여주는 보다 상세한 트레일러 제작	수 주에서 수개월	
14/8	프로모션 자료 제작 (Promotional Materials Production)	영화 포스터, 배너, 브로셔 등의 인쇄 및 디지털 프로모션 자료 제작	수 주에서 수개월	
15/9	소셜미디어 및 디지털 마케팅 (Social Media and Digital Marketing)	온라인 마케팅을 통한 관객과의 소통 및 참여 유도	수개월	
16/10	최종 트레일러 제작 및 공개 (Final Trailer Production and Release)	개봉 직전의 최종 트레일러 제작 및 공개	수 주에서 수개월	

17/11	프레스 키트 및 미디어 홍보 (Press Kit and Media Promotion)	언론 매체에 배포할 프레스 키트 제작 및 미디어 홍보 활동	수 주에서 수개월	
18/12	이벤트 및 프로모션 (Events and Promotions)	영화 프리미어, 팬 이벤트, 경연 대회 등의 오프라인 이벤트 진행	수 주에서 수개월	
14/13	배급(Distribution)	스트리밍 서비스, DVD/블루레이 등으로의 배급	프로젝트 별로 다름	
19/14	극장 개봉 및 최종 홍보 (Theatrical Release and Final Promotion)	개봉일 확정, 프리미어 이벤트, 최종 홍보 활동	수 주에서 수개월	

[표 II-6-1]은 일반 영화 제작 과정에서 각 단계를 시간 순서에 따라 나열했다. 일반 영화를 기준으로 했으며, 일반 영화의 제작 순서와 AI영화의 순서를 비교했다. 제작이 끝난 뒤 후속 작업부터는 일반 영화와 AI영화가 비슷하게 진행된다.

[표 II-6-1]에 정리한 순서는 영화의 성격이나 제작 상황에 따라 충분히 바뀔 수 있다. 예를 들어 〈AI 수로부인〉은 영화의 제작 초기부터 '포스터'를 만들었다. 제작 기간이 한 달이었는데, 영화제 홍보를 위해 포스터와 '마케팅 시놉시스'를 먼저 제작해야 했다.

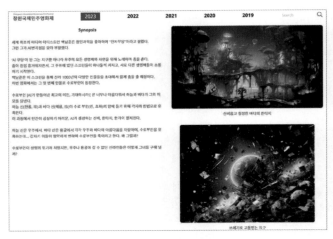

그림 II-6-1 창원국제민주영화제 홈페이지에 소개된 〈AI 수로부인〉의 마케팅 시놉시스[165]

---

165   https://cidff.imweb.me/542

[그림 II-6-1]과 같은 마케팅 시놉시스 또는 '판매용 시놉시스Sales Synopsis'는 마케팅이나 판매 전략의 일환으로 사용되며, 영화를 투자자, 영화제, 배급사 등에 효과적으로 소개하기 위한 목적으로 작성된다. 영화의 주요 매력 포인트를 강조하는 내용을 간결하게 담는다. 이 시놉시스는 영화를 외부에 소개하고 홍보하기 위해서 영화의 제작 중반 또는 후반 단계, 혹은 영화가 완성된 후에 작성된다. 결론적으로, 개발 시놉시스와 마케팅 시놉시스는 영화 제작 과정의 다른 단계와 목적을 반영한다.

포스터와 트레일러 제작

포스터는 영화의 가장 핵심적인 마케팅 도구로, 영화를 소개하고 브랜딩하는 데 매우 중요한 역할을 한다. 영화 포스터의 목적은 아래와 같다.

- **관심 유발**: 영화의 주제, 분위기, 장르를 시각적으로 전달하여 관객의 호기심과 관심을 유인
- **브랜딩**: 영화의 브랜드를 구축하고, 특정 영화에 대한 인식을 강화
- **정보 제공**: 영화의 주연 배우, 감독, 개봉일 등 주요 정보를 전달

포스터는 영화의 주제, 분위기, 장르를 시각적으로 전달하여 관객의 호기심을 끄는 동시에 주연 배우, 감독, 개봉일 등 주요 정보를 전달해야 한다. 〈AI 수로부인〉과 같은 급박한 경우가 아니라면, 영화 포스터는 주로 마케팅 및 홍보 단계에서 제작된다. 영화의 테마와 내용에 기반한 초기 디자인 개념을 개발하고 디자인 작업을 진행한다. 디자인이 완성되면 제작사의 승인을 받고 최종 포스터를 제작한다.

스티븐 스필버그 감독의 〈죠스Jaws〉(1975) 포스터는 참고할 만한 좋은 자료다. 수영하는 여성 바로 아래 거대한 상어가 보인다. 잡혀 먹히기 직전인데 아무것도 모른 채 수영을 하는 여성의 이미지는 간결하면서도 긴장감과 공포를 자아낸다. 1990년대 아이코닉한 인디 영화 〈펄프 픽션Pulp Fiction〉(1994, 쿠엔틴 타란티노 감독)이나 〈다크나이트The Dark Knight〉(2008, 크리스토퍼 놀란 감독)도 포스터의 좋은 예시다. 잘 만든 영화 포스터는

영화의 분위기, 테마, 그리고 주요 캐릭터를 강렬하고 독창적인 시각적 방식으로 표현하여, 관객의 관심을 끌고 영화에 대한 기대감을 증폭시킨다.

그림 II-6-2 달리3이 생성한 〈AI 수로부인〉의 포스터

[그림 II-6-2]의 포스터 세 장은 2024년 1월 31일 달리3으로 생성한 것이다. 우선 챗GPT가 〈AI 수로부인〉이라는 영화를 아는지 확인한 후 포스터를 만들어달라고 요청했다. 좀 더 적절한 프롬프트로 여러 번 요청하면 더 좋은 결과를 얻을 수 있겠지만, 당시 기준으로 가능한 일반적인 결과물이다.

포스터 디자인 전문가의 도움을 받으면 좋겠지만, 재정적 여유가 없을 수도 있다. 그럴 경우 영화를 제작하면서, 포스터에 사용할 장면을 미리 점찍어두는 것도 좋다. 포스터는 홍보와 직접적으로 관련되는 만큼 단순하고 영화의 주제를 잘 설명하는 것이 좋다.

그림 II-6-3 〈AI 수로부인〉의 공식 포스터

[그림 II-6-3]은 제5회 창원국제민주영화제에서 소개된 〈AI 수로부인〉의 포스터다. 세 부분으로 나뉜 포스터의 이미지는 AI로 생성되었으며, 각각 천지인天地人을 상징한다. 상단의 이미지는 '인간이 쏘아 올린 폐기물에 의해 우주의 아름다움이 파괴되는 모습'이다. 가운데 이미지는 '하늘과 땅 사이에서 소통하는 수로부인과 하늘과 땅을 매개하는 나무 한 그루'를 담았다. 하단의 이미지는 '사람의 손이 닿지 않아 여전히 신비와 청정함을 지키고 있는 심해 풍경'을 보여주었다. 포스터를 통해 수로부인이 우주와 바다를 넘나들며 여행한다는 것과 환경오염으로 인해 지구에 재앙이 닥쳤음을 암시하고 있다.

그림 II-6-4 〈AI 수로부인〉 공식 트레일러의 스틸 컷

　트레일러 역시 영화에 대한 관심을 이끌고 마케팅하는 중요한 수단이다. 그 내용은 영화의 핵심적인 요소를 강조하되 결말을 공개하지 않아 호기심을 유발해야 한다. 트레일러는 관객들이 영화를 보러 가게 만드는 중요한 도구로, 제작 시 다음과 같은 요소를 염두에 두면 좋다.

- **목표 청중 정의**: 제작자들은 영화에 관심을 가질 만한 대상 청중을 식별한다. 이는 트레일러의 내용, 스타일, 그리고 톤을 결정하는 데 도움이 된다.
- **중요 장면 선택**: 영화의 가장 매력적이고 흥미로운 장면들이 선택된다. 관객들이 영화에 호기심을 가질 수 있도록, 영화의 주제와 분위기를 전달한다.
- **편집과 후반 작업**: 선택된 장면들은 짧고 강렬한 경험을 제공하기 위해 편집된다. 이 과정에서 음악, 특수 효과, 그래픽, 내레이션이 추가될 수 있다.
- **마케팅 전략**: 트레일러는 영화의 발매 날짜에 맞춰 배포된다. 이는 종종 영화의 공식 웹사이트, 소셜미디어, 유튜브, 극장, 그리고 TV 광고 등 다양한 플랫폼을 통해 공개된다.
- **피드백과 조정**: 때때로 트레일러는 관객의 반응에 따라 수정될 수 있는데, 영화에 대한 관심을 극대화하기 위한 전략적 결정이다.

　영화 트레일러의 공개 시기는 영화의 종류, 마케팅 전략, 그리고 기대치에 따라 다르며, 일반적으로 다음과 같은 시기에 공개된다.

- **티저 트레일러**Teaser Trailer: 영화 개봉하기 6개월에서 1년 전에 공개되는 경우가 많다. 티저 트레일러는 일반적으로 짧고, 영화에 대한 초기 관심을 유도하는 데 초점을 맞춘다.
- **공식 트레일러**Official Trailer: 영화 개봉하기 2개월에서 6개월 전에 공개되는 것이 일반적이다. 이 트레일러는 영화의 주요 내용, 캐릭터, 그리고 테마를 더 자세히 보여준다.
- **최종 트레일러**Final Trailer: 영화 개봉하기 몇 주에서 한 달 전에 공개된다. 이는 영화에 대한 최종적인 관심을 유도하고, 개봉에 대한 기대감을 높이는 데 중점을 둔다.

물론 이러한 일반적인 규칙은 영화마다 다를 수 있으며, 특히 대규모 블록버스터나 매우 기대되는 영화의 경우, 트레일러 공개 전략이 다르게 적용될 수 있다. 예를 들어, 일부 대형 프랜차이즈 영화는 티저 트레일러를 더 일찍 공개하여 관심을 더 오래 유지하기도 한다. 영화의 결말을 포함하여 전체를 요약하는 트레일러는 드물며, '줄거리 요약'은 주로 교육적 목적 외에는 사용되지 않는다.

영화관입장권통합전산망 등록

영화관입장권통합전산망(KOBIS)은 "전국영화관 입장권 발권 정보를 실시간으로 집계 처리하는 시스템(서비스 플랫폼)으로, 신속하고 다양한 박스오피스 정보와 각종 영화산업 통계정보를 제공하여 한국영화산업 유통구조의 투명성을 제고"[166]한다. 〈AI 수로부인〉은 2024년 1월 9일 영화관입장권통합전산망 영화 등록 및 감독과 스태프들의 영화인 등록을 마쳤다([그림 II-6-5]).

영화를 먼저 등록해야 영화인 등록이 가능하다. AI영화이다 보니 '크랭크인/업' 일자를 '편집 시작/마무리 일자'로 대치하는 등 여러 기재 사항을 일반 영화 기준에 맞춰서 해야 했다. AI영화가 많아지면, 등록 정보도 좀 더 유연해질 것으로 예상된다. 영화는 끝없는 행정 서류와의 싸움인 것 같다.

---

[166] https://kobis.or.kr/kobis/business/comm/comm/openKobisIntro.do

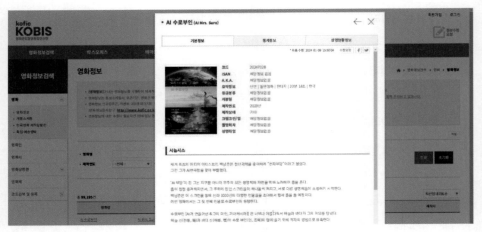

그림 II-6-5 영화관입장권통합전산망에 등록된 〈AI 수로부인〉

AI를 긍정적 방향으로

2023년 10월 16일, 〈AI 수로부인〉을 DCP로 전환하기 전 ㈜나라지식정보에서 먼저 사내 시사회를 열었다. 영화를 관람한 후 손영호 대표는 다음과 같이 당부했다. "〈AI 수로부인〉은 개인 영화 제작 시대를 앞당겼습니다. AI영화를 나라지식정보에서 시작했으니, 그 논쟁점을 잘 이끌어나가도록 합시다." 이때만 해도 수년이 흐른 뒤에야 AI영화에 대한 관심이 생길 것이며, 몇 편의 AI영화를 더 제작해야 담론을 형성할 수 있을 거라고 생각했다. 하지만 대폭 줄어든 영화 제작 기간처럼, 영화에 대한 반응역시 쏜살같았다. 2023년 11월 13일 YTN과의 인터뷰가 예정됐고, AI영화 제작에 대한 간단한 실연實演을 요청받았다.

그래서 전날인 12일 오전, 간단히 시연試演을 해보았다. 제작했던 순서대로 시놉시스부터 챗봇에 물었는데, 놀라운 일이 발생했다.

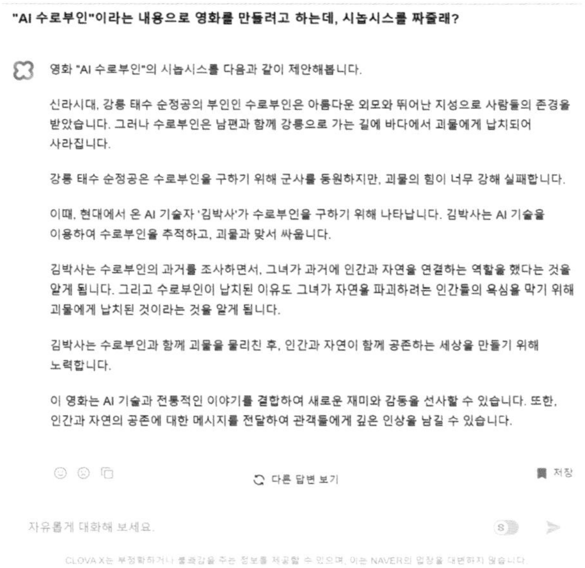
"AI 수로부인"이라는 내용으로 영화를 만들려고 하는데, 시놉시스를 짜줄래?
영화 "AI 수로부인"의 시놉시스를 다음과 같이 제안해봅니다.
신라시대, 강릉 태수 순정공의 부인인 수로부인은 아름다운 외모와 뛰어난 지성으로 사람들의 존경을 받았습니다. 그러나 수로부인은 남편과 함께 강릉으로 가는 길에 바다에서 괴물에게 납치되어 사라집니다.
강릉 태수 순정공은 수로부인을 구하기 위해 군사를 동원하지만, 괴물의 힘이 너무 강해 실패합니다.
이때, 현대에서 온 AI 기술자 '김박사'가 수로부인을 구하기 위해 나타납니다. 김박사는 AI 기술을 이용하여 수로부인을 추적하고, 괴물과 맞서 싸웁니다.
김박사는 수로부인의 과거를 조사하면서, 그녀가 과거에 인간과 자연을 연결하는 역할을 했다는 것을 알게 됩니다. 그리고 수로부인이 납치된 이유도 그녀가 자연을 파괴하려는 인간들의 욕심을 막기 위해 괴물에게 납치된 것이라는 것을 알게 됩니다.
김박사는 수로부인과 함께 괴물을 물리친 후, 인간과 자연이 함께 공존하는 세상을 만들기 위해 노력합니다.
이 영화는 AI 기술과 전통적인 이야기를 결합하여 새로운 재미와 감동을 선사할 수 있습니다. 또한, 인간과 자연의 공존에 대한 메시지를 전달하여 관객들에게 깊은 인상을 남길 수 있습니다.
다른 답변 보기
저장
자유롭게 대화해 보세요.
CLOVA X는 부정확하거나 불쾌감을 주는 정보를 제공할 수 있으며, 이는 NAVER의 입장을 대변하지 않습니다.

그림 II-6-6 2023년 11월 12일 10시 클로바X로 생성한 〈AI 수로부인〉의 시놉시스

한국 기업인 네이버에서 만든 챗봇 '클로바X'에 "'AI 수로부인'이라는 내용으로 영화를 만들려고 하는데, 시놉시스를 짜줄래?"라고 물었다. 불과 한 달 전 똑같은 질문을 했을 때와는 상당히 다른 답변이 생성됐다. 한 달 전에는 『삼국유사』나 일반적인 자료에 의거한 시놉시스가 생성됐다. 그런데 영화가 상영(2023년 10월 20일)된 지 불과 3주 만에 다음과 같은 이야기가 추가됐다.

"그녀가 과거에 **인간과 자연을 연결하는 역할**을 했다는 것을 알게 됩니다. 그리고 수로부인이 납치된 이유도 그녀가 **자연을 파괴하려는 인간들의 욕심을 막기 위해** 괴물에게 납치된 것이라는 것을 알게 됩니다. (중략) **인간과 자연이 함께 공존하는 세상**을 만들기 위해 노력합니다."([그림 II-6-6])

'인간과 자연의 중개자인 수로부인, 자연 보호, 인간과 자연의 공존'은 〈AI 수로부인〉의 중요 주제로, 3주 전에는 전혀 언급되지 않았다. 상기 결과물에 놀라서, 같은 프롬프트를 나머지 챗봇에도 적용해보았다.

그림 II-6-7 2023년 11월 12일 11시 빙으로 생성한 〈AI 수로부인〉의 시놉시스

"**백남준은 AI 예술가**로 세계적인 명성을 얻은 천재이다. 그는 AI가 만든 영화를 통해 인간과 자연의 조화를 주제로 한다. 그의 최신작은 고대가요 **〈구지가〉**와 향가 **〈해가사〉**에서 영감을 받은 'AI 수로부인'이다. (중략) 그녀[수로부인]는 **하늘과 바다의 소통자**로서, **인간과 자연의 관계**를 되돌아보게 한다."([그림 II-6-7])

빙Bing은 위와 같이 대답했다. 필자는 분명 〈AI 수로부인〉 영화를 만들겠다고 했으며, 백남준은 언급조차 하지 않았다. 캡처 이미지([그림 II-6-7])를 보면, 새 창을 열어서 처음 질문한 것이다. 따라서 이전의 작업은 이미 리셋된 상태다. 그런데 빙은 시놉시스의 첫 문장부터 백남준을 등장시킨다. 〈AI 수로부인〉에서 백남준이 처음 등장한 것과 같은 순서다. 그리고 영화 마지막에 백남준을 "AI 무당"이라고 지칭하는 부분이 있는데, 이 때문에 "전자무당"에서 "AI 무당"으로, 그리고 "AI 예술가"로 정체성이 바뀐 듯하다. 또한 수로부인 설화에서 〈헌화가〉와 〈해가〉는 같이 나오더라도, 〈구지가〉와 〈해가〉가 같이 다뤄지지는 않는다. 그러나 영화에서 필자는 아시아의 윤회적인 시간관을 암시하기 위해서, 수로부인 서사와는 관련 없는 〈구지가〉를 고의적으로 집어넣었다. 그것을 빙이 그대로 가져왔는데, 사실 이 부분에서는 '교육적인 측면'에서 혼동을 줄까 다소 염려스러웠다. 백남준과 수로부인의 만남은 쉽게 상상임을 알 수 있

지만, 〈구지가〉와 〈해가〉는 혼동할 소지가 있기 때문이다. 그리고 빙은 클로바X처럼, 수로부인이 '소통자'라는 것, 그리고 '자연 환경 문제'를 염려한다는 것을 언급한다. 무엇보다 빙의 시놉시스에 놀란 것은, '수로부인'을 물었는데, 갑자기 '백남준'이 등장한 것이다. 이로써 확실히 〈AI 수로부인〉에 영향받았음을 알 수 있었다. 물론, 3주 전에는 어떤 챗봇도 수로부인과 백남준을 함께 등장시키지 않았다.

그림 II-6-8 2023년 11월 12일 11시 바드로 생성한 〈AI 수로부인〉의 시놉시스

이번에는 바드Bard에 같은 프롬프트를 넣었다. 바드가 제시한 주제 역시 〈AI 수로부인〉의 주제와 같다([그림 II-6-8]). 즉, 미래에 지구 환경이 급격히 악화되어, 바다에는 해양 생물이 사라지고 하늘의 오존층이 파괴되어 태양의 강렬한 자외선을 맞게 된다는 이야기다. 바드는 시놉시스에 AI의 가능성과 위험, 환경 보호의 중요성, 인간과 AI의 공존이라는 주요 메시지를 담았으며 이 역시 〈AI 수로부인〉의 주제와 같다.

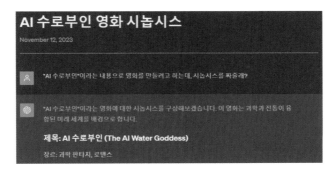

그림 II-6-9 2023년 11월 12일 11시 챗GPT로 생성한 〈AI 수로부인〉의 시놉시스

클로바X, 빙, 바드와 달리 챗GPT에서는 〈AI 수로부인〉의 영향이 거의 보이지 않는다. 챗GPT가 제시한 주제는 AI와 인간의 공존·정체성, 사랑과 기술의 융합, 전통과 현대의 조화다. 프롬프트를 통해 충분히 생성 가능한 주제다. 그래도 융합, 조화 등을 강조하고 있다는 점에서 한 달 전 챗GPT에 시놉시스나 시나리오를 요청했을 때와는 다른 결을 느낄 수 있다.

영화가 대중에게 공개되고 3주 만에 대표적인 챗봇들에 이 정도의 영향을 미칠 수 있었다는 것은 예상 외의 성과였다. 한 편의 작은 영화가 AI에게 이처럼 영향을 줄 수 있다는 것은 AI의 긍정적인 발전에 대한 작은 실마리를 주었다.

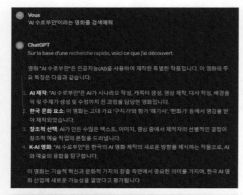

(1) 챗GPT 생성
"창조적 선택"이라는 점을 강조한 것이 놀랍다. '개념적 선택'과 '창조적 편집'을 합친 개념으로 여겨진다.

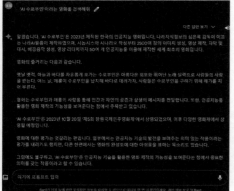

(2) 바드 생성

(3) 클로바X 생성

(4) 빙(코파일럿 내) 생성

그림 II-6-10 **2024년 1월 31일 네 개의 챗봇에 물어본 〈AI 수로부인〉의 검색 결과**

영화 〈AI 수로부인〉 상영 후 세 달이 지나고 해가 바뀐 시점에서, 챗봇들이 어떻게 〈AI 수로부인〉을 언급하는지 알아봤다. 프롬프트는 최대한 간단하고 중립적으로 "〈AI 수로부인〉이라는 영화를 검색해줘"라고 요청했다. 네 개 챗봇의 대답은 [그림 II-6-10]으로 대신한다.

7. 멀티모달형 AI 영상 비교:
〈AI 수로부인〉과 〈중국 신화〉

중국의 AI 드라마

2024년 3월 27일, CMGThe China Media Group(중국중앙방송총국)에서 "제작의 모든 측면을 AI"가 했다는 "최초의 다국어 마이크로 드라마 〈중국 신화〉가 공개됐다. 〈중국 신화〉는 〈AI 수로부인〉처럼 거의 모든 제작 부분에 생성형 AI 툴을 사용했다는 점에서 대등한 비교가 가능했다.

[러닝타임 0:22/총 러닝타임 4:59]
'AI, 고전을 읽다(AI, Reads Classics)' 시리즈의 타이틀 신

[0:38/4:59]
"물고기는 물을 의식하지 못한다"는 대사의 첫 더빙
스승이 학생에게 중국 고전과 교훈을 알려주는 장면

[1:40/4:59]
스틸 컷 속 '용'[167]은 '악어'처럼 보이고, 오른쪽 앞발, 뒷발의 보디 디스토션이 심하다.

[4:06/4:59]
'재앙'이었던 주인공이 훌륭한 '영웅'이 됐다는 피날레

[1:11]   [3:38]   [3:40]   [3:43]

[1:15]   [1:17]   [2:21]   [3:37]   [4:01]

그림 II-7-1 드라마 〈중국 신화〉의 스틸 컷(괄호 안 숫자는 러닝타임)[168]

---

167   "양쯔강 악어 또는 역사적으로 진흙 용이라고도 알려진 중국 악어는 중국 고유종으로, 미국 악어와 함께 악어목 악어과에 속하는 유일한 생물종이다."
「Was The Chinese Dragon An Alligator?」, 〈Times of india〉, 2020년 5월 4일 자 참조.
https://toistudent.timesofindia.indiatimes.com/news/explainer/was-the-chinese-dragon-an-alligator/51053.html

168   출처: 中国首部AI全流程微短剧〈中国神话〉合集
https://www.bilibili.com/video/BV1Dj421R776

CMG Mobile의 제작팀은 'AI, 고전을 읽다' 시리즈의 첫 번째 에피소드인 "〈저우추가 세 가지 악을 제거하다Zhou Chu Eliminates Three Evils〉를 5일 만에 제작했으며, AI가 없었다면 3~4개월이 걸렸을 제작 과정"[169]이라고 설명했다. 드라마의 제목처럼 "아침에 바른 길을 들으면 저녁에 후회 없이 죽을 수 있다"[170]는 중국 속담이 주제다. 이 드라마를 소개하며, 주인공 "저우추가 자신이 '삼악三惡' 중 하나라는 사실을 깨달은 후 어떤 삶의 선택을 했을까?"[171]라는 질문은 그 답을 알기 위해서라도 드라마를 보게 한다. [그림 II-7-1]의 소년의 스틸 컷 네 장과 청년의 스틸 컷 다섯 장은 같은 주인공의 소년 시기와 청년 시기이나, 일관성이 유지되고 있지 않다.

또한 CGTNChina Global Television Network 中国环球电视网(중국 글로벌 텔레비전 네트워크)은 고대 신화를 현대 기술로 재해석한 AI 프로덕션 '젊은 영웅 네자의 부활The Rebirth of the Young Hero Nezha'을 선보였다. 중국의 옛 신화를 생성하기 위해 대규모언어모델을 학습하고 AIGCAI-generated content(인공지능 기반 콘텐츠) 툴을 활용하여 AI가 대본을 각색하게 했다. 그 결과, AI가 "인류의 집단적 꿈과 열망을 포착하여 시대를 초월한 내러티브에 새로운 관점을 제시할 수 있게끔 했다"[172]고 한다. 현대 첨단기술과 문화유산의 융합은 과거에 대한 이해를 풍부하게 하고 사상, 예술, 기술을 매끄럽게 혼합하는 새로운 형태의 표현에 영감을 불어넣는다.

---

169   https://www.youtube.com/watch?v=LIFCJBrrE2U

170   조문도석사가의(朝聞道夕死可矣): 아침에 도를 들으면 저녁에 죽어도 좋다. 공자의 『논어(論語)』, 〈이인편(里仁篇)〉.

171   저우추는 강직하고 청렴하기로 유명한 중국 진나라 시대 장군이다. 저우추에 관한 민담은 430년에 출간된 『세계 설화에 대한 새로운 설명(世說新語, A New Account of the Tales of the World)』에 나온다. 이 이야기에 따르면 저우추는 젊은 시절 호랑이, 용과 함께 고향 이싱현(현재의 장쑤성 이싱시)의 '삼재(三災)' 중 하나로 불릴 정도로 잔인하고 폭력적인 악당이었다. 마을 주민의 부탁으로, 저우추는 호랑이와 용을 죽인다. 그리고 그는 자신이 마을 사람들이 두려워하는 마지막 재앙이라는 사실을 깨닫는다. 그는 동오의 장수 루지(陸子)와 육운(陸雲)을 찾아가 격려를 받고, 마침내 훌륭하고 뛰어난 장수가 된다.

172   「China Media Group launches new AI productions」, 〈Daily Sun〉, 2024년 3월 27일 자. https://www.daily-sun.com/post/741308

마이크로 드라마 시리즈 〈중국 신화〉
(2024년 3월 26일 발표)

영화 〈AI 수로부인〉
(2023년 10월 20일 상영)

신화 소재

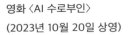

『삼국사기』, 『삼국유사』 신화

신화 속 여주인공

수로부인

신화적 동물(백호) 출연

신화적 동물(해룡, 용왕) 출연

군중들

비슷한 포맷의 군중들

그림 II-7-2 〈중국 신화〉와 〈AI 수로부인〉 비교

〈중국 신화〉와 〈AI 수로부인〉의 스틸 컷([그림 II-7-2])을 비교해보면 여러 가지 유사성이 파악된다. 〈중국 신화〉는 짧은 '마이크로 드라마'이기에 제작하기도 가볍고 생성

형 AI 툴을 적용하는 것도 훨씬 수월하다. 〈AI 수로부인〉은 영화관 상영을 목표로 했기에 해상도나 사이즈에 훨씬 많은 제약이 따랐다. 예를 들어, 이미지나 영상을 생성한 다음에는 반드시 리사이즈(2048×858)와 업스케일(2~4K)을 했다. 이처럼 높은 해상도에 효과를 넣을 경우 생각지 못한 갖가지 버그들이 발생한다. 이러한 기술적 문제를 해결하는 것 역시 AI피처 영화의 큰 과제 중 하나다.

〈중국 신화〉에서 보여주었듯이, AI를 통해서는 다국어 더빙이 가능하다. 일반 영화처럼 입 모양이 다르지만 성우의 더빙 음성을 입히는 게 아니라, 같은 캐릭터가 한국어, 중국어, 영어 등으로 직접 대사를 말할 수 있다는 게 큰 장점이다.

Ⅲ.

제2~3세대
AI영화 툴

1. 제2세대 생성형 AI의 특징

멀티모달 전쟁의 서막

2022년 11월 챗GPT 3.5가 공개된 이후, 생성형 AI 툴의 빠른 발전으로 '오늘'의 신기술이 '내일'이면 구버전이 되고 있다. 트랜스포머 아키텍처와 같은 혁신적인 기술 발전, 향상된 데이터의 양과 질, GPU·NPU·TPU[1] 같은 컴퓨팅 파워의 발전, 알고리즘 개선 등 다양한 이유가 기술 발전을 가속화하고 있다. 188쪽의 [그림 III-1-1]에서 보는 것처럼, 불과 1년 전과 지금의 결과물을 비교해보면 같은 회사의 생성형 AI 툴과 같은 프롬프트를 사용했는데도 눈에 띄게 차이가 난다.

[그림 III-1-1]의 (1)~(3)은 2023년 4월, **스테이블 디퓨전 1.0 데모**Stable Diffusion 1.0 Demo 로 생성한 이미지(TTI)다. "living salmon(살아 있는 연어)"이라는 프롬프트를 입력해 세 번에 걸쳐 이미지를 생성했다. (1)과 (2)에서는 두 토막 난 연어가 헤엄치고 있다. (3)은 연어 한 마리가 물 밖으로 튀어 오르는 모습이지만, 생동감이 느껴지지 않는다.

---

1 - GPU(Graphics Processing Unit, 그래픽 처리 장치): 그래픽 연산과 병렬 처리가 필요한 작업을 빠르게 수행
   - NPU(Neural Processing Unit, 신경망 처리 장치): 인공지능과 머신러닝 모델의 연산을 효율적으로 처리
   - TPU(Tensor Processing Unit, 텐서 처리 장치): 구글이 인공지능과 머신러닝 작업을 최적화하기 위해 개발한 하드웨어 가속기

(1)~(3) 스테이블 디퓨전 1.0 데모에 "living salmon(살아 있는 연어)"이라는 프롬프트를 넣어 생성한 이미지
(2023년 4월 23일 동시 생성)[2]

(4) 스테이블 비디오로 4개 이미지 생성

(5) 두 번째 이미지를 선택 후, Orbit, Steps 40, Motion Strength 127
로 설정

(6) 영상 1초 경과

(7) 영상 2초 경과

(8) 영상 3초 경과

그림 III-1-1 스테이블 디퓨전 1.0 데모(2023년)와 스테이블 비디오(2024년) 생성 결과물 비교

[그림 III-1-1]의 (1)~(3)을 생성하고 1년이 흐른 2024년 4월, 같은 회사의 제품인 **스테이블 비디오**Stable Video로 똑같은 프롬프트를 입력해 영상(TTV)을 생성했다. 프롬프트를 넣어 (4)에서 보는 것처럼 네 장의 이미지를 생성했다. 그중 두 번째 이미지를 선택해 4초짜리 영상을 생성했다. (6)~(8)은 해당 영상의 스틸 컷이다. (8)에서 보듯이 영상 말미에도 보디 디스토션이 발생하지 않고, 선명도도 거의 유지되었다. 이미

---

2   심은록, 「ChatGPT와 AI 아트의 창조적 동반」, 〈쿨투라〉 107호, 2023. 5.

지보다 영상 생성이 더욱 까다로운데도 영상의 품질이 뛰어나다. 1년 전 결과물과 비교해보면 놀라울 정도다. 일반인들은 어느 한계점에 도달하면 멈출 것이라고 생각할 수 있지만, 다수의 전문가는 오히려 반대로 다음과 같이 예측한다. AGI에 도달하게 되면 AI는 스스로 학습(자율학습)하고 개선할 수 있는 능력을 지니므로, 개발자의 개입 없이도 기술 발전이 이루어진다. 이때 AI는 현재의 속도가 무색할 정도로 지수적인 발전이 가능해진다. 현재 AI 전문가들이 숨 가쁘게 따라가고 있지만, AGI 변곡점에 이르면 현재의 발전 속도는 워밍업뿐일 수도 있다.

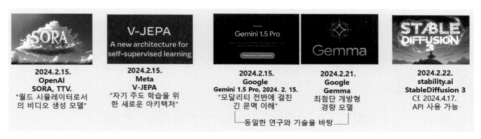

그림 III-1-2 멀티모달 AI(2024년 2월 15~22일)

2023년 하반기, 여기저기서 여러 작업이 가능한 생성형 멀티모달 AI가 출현하며 멀티모달 전쟁의 서막을 알렸다. 2024년 초 **소라**Sora의 등장으로 전쟁이 본격화되었다. [그림 III-1-2]에서 보듯 2024년 2월 15일부터 22일까지 불과 8일 동안 소라, **V-제파**V-JEPA, **제미나이1.5 프로**Gemini1.5 Pro, **젬마**Gemma, **스테이블 디퓨전 3.0**Stable Diffusion 3 등 엄청난 AI 모델들이 쏟아져 나왔다. 특히 2022년 11월 챗GPT가 공개됐을 때처럼, 소라의 등장은 전 세계에 소동을 일으켰다.

애니투애니 시스템 지향

멀티모달 AI의 징조는 2023년 12월 21일에 발표된 구글 **비디오포엣**VideoPoet([그림 III-1-4])[3]을 통해 예상할 수 있었다. 구글은 이어서 2024년 1월 25일에 AI 기반 비디

---

3   https://sites.research.google/videopoet

오 생성 도구 **뤼미에르**Lumiere[4]를 공개했다. TTV 툴에 더빙, 음악, 음향효과 생성 기능이 추가되고, 편집 기능까지 강화되었다. 이는 제1세대와 제2세대 생성형 AI를 가르는 구분점 중 하나다. 제2세대 생성형 AI 툴은 멀티모달의 형태로 거듭나고 있으며, TTV, TTS, TTM, TTSE 등으로 영역을 확장해가며 애니투애니Any to Any 시스템([그림 III-1-3])을 지향하고 있다.

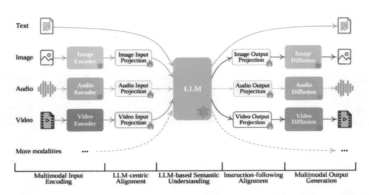

그림 III-1-3 싱가포르국립대학교 NExT++연구소의 애니투애니 MM-LLM(멀티모달 대규모언어모델) 개요도[5]

LLM을 멀티모달 어댑터 및 디퓨전 디코더와 연결함으로써
NExT-GPT는 범용 멀티모달 이해와 모든 모달리티 입출력을 실현

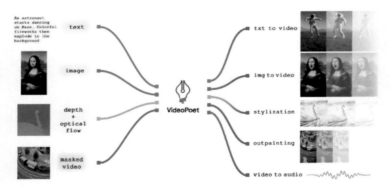

그림 III-1-4 구글의 비디오포엣 개요도[6]

여러 유형의 입력을 조건으로 다양한 동영상 생성 작업을 수행하는 다목적 동영상 생성기

---

4   https://lumiere-video.github.io

5   Shengqiong Wu *et al.*, "NExT-GPT: Any-to-Any Multimodal LLM", National University of Singapore, 11 Sep 2023 (v1), arXiv:2309.05519v3 [cs.AI]

6   Dan Kondratyuk *et al.*, "VideoPoet: A Large Language Model for Zero-Shot Video Generation", 21 Dec 2023 (v1), arXiv:2312.14125v4

위 두 개의 개요도를 보면, 향후 멀티모달 AI의 방향성을 예측할 수 있다. 애니투애니([그림 III-1-3])라는 이름처럼 텍스트, 이미지, 영상 등 어떤 형태로든 명령을 입력할 수 있고, 어떤 형태로든 원하는 결과물을 출력할 수 있게 된다. 싱가포르국립대학교 NExT++ 연구소는 "인간은 언제나 다양한 양식을 통해 세상을 인식하고 사람들과 소통하기 때문에, 모든 양식의 콘텐츠를 수용하고 전달할 수 있는 애니투애니 MM－LLM(멀티모달 대규모 언어모델)을 개발하는 것은 인간 수준의 AI에 필수적"이라고 말한다.

제1세대 영화 툴에서는 TTI, TTV, TTA, TTM 등 생성형 AI 툴을 찾아 여기저기 돌아다니면서 작업해야 했다. AI영화는 멀티모달이 필요한 종합예술이기 때문에 애니투애니 시스템이나 비디오포엣 같은 툴이 상용화된다면, 이러한 수고가 줄어들게 된다. 하지만 소라에 버금가는 멀티모달이라 할지라도 특정 양식의 결과물은 만족스럽지 않을 수 있다. 좀 더 섬세하고 완성도 있는 결과물을 원하는 창작자라면, 번거롭더라도 최고 사양의 툴을 찾아 옮겨 다니기 마련이다. 그러니 한 플랫폼에서 영화를 만들 수 있으려면 최고의 사양들이 모인, 가령 프리미어프로에 소라, Gen3, 유디오 등을 플러그인처럼 사용할 수 있을 정도(2024년 기준)가 되어야 한다.

빅테크 TTV의 종횡적 비교와 그 이유

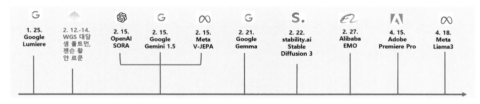

그림 III-1-5 2024년 AI 타임라인(1/3분기)

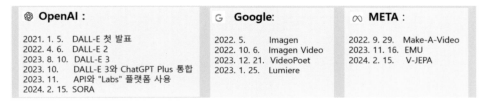

표 III-1-1 TTI와 TTV 계보(2021~2024년)

[그림 III-1-5]는 2장에서 다루게 될 TTV 툴 또는 챗봇 내의 TTV를 정리한 타임라인이다. [표 III-1-1]은 3대 빅 테크인 오픈AI_{OpenAI}, 구글_{Google}, 메타_{Meta}에서 출시한 TTI와 TTV의 간략한 계보다. 이 외에도 스테이블 비디오, EMO, 비두, 클링 등의 TTV와 편집 툴인 어도비 프리미어프로에 대해서도 다룬다. 여러 빅테크의 TTV 모델들을 횡적으로 비교하는 것은 가능한 한 전체적인 윤곽을 보려는 것이고, 종적인 계보를 되짚어보는 것은 그 발전사를 통해서 앞으로의 방향성을 예측하기 위해서다.

제2세대 TTV 툴의 대표주자인 소라를 비롯해 여러 빅테크 기업은 카메라로 현실 세계를 찍는 수준의 영상 생성을 목표로 한다. 이들이 제시한 예시 영상은 최상의 것을 보여주기에, 일반인들이 출시된 툴을 사용할 때는 어느 정도 품질이 떨어질 수 있다. 이를 감안하더라도 소라나 클링은 놀라울 정도의 퍼포먼스를 보여주고 있다. 다큐멘터리 영화의 가능성이 보인다. 제1세대 AI 영화 툴은 생성물의 형태나 스타일에 전형적으로 AI스러운 특징이 있으며, 사실주의적으로는 생성할 수 없었다. 이를 감추기 위해서 어쩔 수 없이 추상 스타일로, 환상적이고 키치한 스타일을 사용해야 하는 제약이 있었다. 그런데 이러한 스타일조차도 제2세대 영화 툴에서처럼 사실주의적인 표현이 가능하다면, 더욱 고품질로 보여줄 수 있다. 제1, 2세대 영화 툴의 큰 차이 중 하나는, 제1세대 툴은 단순한 키워드 매칭이었다면, 제2세대는 고급 자연어 처리 기술을 탑재하여 텍스트의 의미, 맥락, 뉘앙스를 보다 정확하게 이해한다. 프롬프트뿐만 아니라 전체적인 맥락을 파악하여 이에 맞는 이미지와 영상을 생성한다. 또한 제1세대 생성형 AI 툴에서는 있어도 품질이 좋지 않아 사용할 수 없었던 수정 및 에디팅 기능이 대폭 강화되고 있다.

2. 오픈AI의 소라, 제2세대 TTV의 선도자

전 세계를 뒤흔든 1분 영상

그림 III-2-1 소라가 공개한 영상의 스틸 컷[7]

2024년 2월 15일, 오픈AI는 TTV 모델인 **소라**Sora를 공개했다. 프롬프트를 입력하면 최대 60초 분량의 동영상을 생성한다. [그림 III-2-1]의 스틸 컷은 소라를 공개하며 메인으로 보여준 영상이다. 사용된 프롬프트도 다음과 같이 함께 공개됐다.

한 세련된 여성이 따뜻하게 빛나는 네온과 생동감 넘치는 도시 간판으로 가득한 도쿄 거리를 걷고 있다. 그녀는 검은색 가죽 재킷, 긴 빨간색 드레스, 검은색 부츠를 입고 검은색 지갑을 들었다. 선글라스를 착용하고 빨간 립스틱을 발랐다. 그녀의 걸음걸이는 자신감 있고 자연스럽다. 길은 축축하고 반사되어 화려한 조명이 거울 효과를 만들어낸다. 많은 사람이 걸어간다.

---

7   https://openai.com/sora

도쿄 거리에 아시아 여성을 내세운 것은 오픈AI의 또 다른 자신감이다. 2024년 2월까지, 대부분의 TTV는 학습 훈련이 많이 된 서양 여성이나 보디 디스토션을 감출 수 있는 동물들을 모델로 주로 보여줬다. 오픈AI는 [그림 III-2-1]의 영상을 통해 아시아인도 일관성 있게 생성할 수 있음을 증명했다. 게다가 프롬프트를 입력하면 최대 60초 분량의 동영상을 생성할 수 있다. "4초에서 최대 18초까지 생성"[8]하는 Gen2보다 훨씬 길다. 다른 TTV에서 흔히 발생하는 보디 디스토션, 아티팩트, 플리커Flicker 현상도 거의 없다. 또한 시공간적 일관성도 뛰어나고, 피사체가 시야에서 사라졌다가 다시 등장해도 동일하게 유지되는 등 현재까지의 TTV와는 현격히 월등한 품질을 보여주고 있다.

그림 III-2-2 소라 영상에서 노란 원 속 엑스트라(상)가 움직이는 동선의 스틸 컷(하)[9]

---

8   2023년 8월 Gen2의 발표 참조. Gen2를 포함한 다른 TTV는 3~4초부터(또는 시작하자마자) 보디 디스토션과 아티팩트가 보인다.

9   https://openai.com/sora

소라가 제공한 영상들을 보면 '충실도'와 '다양성'[10]이라는 두 마리 토끼를 모두 잡았다. 메인 캐릭터뿐만 아니라 그 뒤로 등장하는 엑스트라들의 움직임도 자연스럽다. 그간 대부분의 TTV는 메인 캐릭터와 엑스트라들이 같은 동작을 취하는 성향이 다분했다. 예를 들어, 메인 캐릭터가 하품을 하면 서브 캐릭터들도 입을 크게 벌린다. 그런데 [그림 III-2-2] 상단을 보면, 행인들의 움직임이 좀 더 자연스러워지고 몇몇은 독립적인 움직임을 보여주기도 한다. 예를 들어, 하얀 가방을 든 행인(노란 동그라미로 강조)을 자세히 들여다보자. [그림 III-2-2] 하단에서 보면, 그는 다른 행인들과는 달리 전봇대 뒤(00:03)에서 나타나 횡단보도를 건너(00:05~00:16) 오른쪽 건물 뒤로 사라지는(00:17) 독자적인 모션을 취한다.

그림 III-2-3 (1) 소라 영상 [그림 III-2-1]과 똑같은 프롬프트를 달리3에 넣어서 생성(2024년 3월 24일), (2) 이미지 (1)을 Gen2로 생성한 4초 영상(2024년 3월 24일)

[그림 III-2-3]의 (1)은 [그림 III-2-1]과 같은 프롬프트를 달리3에 넣어 생성한 이미지다. 달리3으로 생성한 이유는 오픈AI에서 달리(DALL·E, 2021년 1월 처음 공개)를 개발했으며, 소라에도 달리를 사용했기 때문이다. [그림 III-2-3] (1)을 보면, 영상보다 용이하게 생성되는 이미지인데도 품질의 차이가 확연하게 드러난다. 먼저, 거리는 일본 번화가 같으나 메인 캐릭터가 금발의 서양 여성이다. 이처럼 대부분의 TTV는 시공간이 아시아여도 서구 여성이 등장하는 경우가 빈번하다. 캐릭터 왼손을 보면 주머니에 넣은 듯 가려졌어도 보디 디스토션이 심하다. 뒤쪽 엑스트라들은 한 명을 제외

---

10   영화 제작 시 모델의 구조적 특성과 학습 방식에 기반하여 VAE(Variational Autoencoders)는 다양성(Diversity)에, GAN(Generative Adversarial Networks)은 충실도(Fidelity)에 더 뛰어나다(2024년 2월 기준).

하고는 모두 정면을 향해 걸어오는 모습으로, 다양성이 적다. 비와 네온사인이 표현되었지만, 전체적으로 붉은 톤이 심해서 현실감이 떨어진다.

[그림 III-2-3]의 (2)는 Gen2로 생성한 4초짜리 영상의 스틸 컷이다. 0.1초가 지나자 얼굴(노란 동그라미로 강조)과 왼쪽 다리의 보디 디스토션이 대단히 심하게 나타났다. 또한 뒤쪽 엑스트라들의 모습(노란 네모로 강조)이 변했을 뿐만 아니라, 앞을 향해 걸어오다가 갑자기 뒷걸음질한다. 불과 1초 만에 품질이 떨어진다. 이러한 이유로, 기존의 TTV나 ITV를 써본 사용자라면 소라가 1분 동안이나 보디 디스토션 없이 일관성 있게 영상을 지속하는 것에 놀라게 된다.

TTV의 물리적 현상 반영과 한계

그림 III-2-4 (1) 소라의 영상 39초 스틸 컷, (2) 소라의 영상 42초 스틸 컷,
(3) Gen2로 생성한 영상의 클로즈업 신

[그림 III-2-4]의 (1)과 (2)는 소라의 영상 39초와 42초의 스틸 컷[11]이다. 소라가 생성한 1분짜리 영상([그림 III-2-1])에서는 39초부터 인물이 클로즈업되며 모션이 바뀌지만, 어떠한 왜곡도 없이 일관성 있게 진행된다. [그림 III-2-4]의 (3)은 달리3으로 생성한 [그림 III-2-3]의 (1)을 Gen2에 넣어서 클로즈업한 영상이다. 소라와 현격히 다른 결과물이다.

무엇보다 놀라운 사실은 소라가 생성한 영상 속 선글라스에 비친 광학현상이다.

---

11   https://openai.com/sora

(1)과 (2)에는 선글라스 렌즈 위로 반대편 건널목이 사실적으로 비치고 있다. (2)의 경우, 실제 촬영이라면 카메라맨이 함께 비쳐서 후가공으로 이 부분을 지워야 할 테지만, 여기에서는 그럴 필요도 없다. "이 여성을 카메라맨이 촬영 중"이라는 프롬프트가 있었다면, 선글라스에 카메라맨이 반사됐을지 의문이 들 정도로 사실적이다. 다음 영상을 보면, 소라는 '촬영 중' 상황에 대해 인지하는 듯하다.

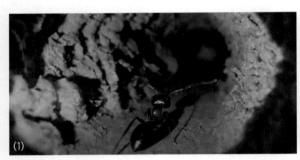 

그림 III-2-5 (1) 소라로 생성한 개미굴 영상, (2) 개미의 클로즈업숏[12]

소라는 실제 촬영으론 구현하기 어려운 AI만의 장점이 담긴 영상을 잘 생성해낸다. [그림 III-2-5]는 소라로 생성한 개미굴 촬영 영상이다. (1)에서는 굴속으로 점점 깊이 들어가는 개미를 카메라가 뒤따라가며 촬영하고 있다. 실제 촬영이라면 보통 라오와Laowa의 24mm 프로브 렌즈probe lens를 사용했을 것이다. 이 렌즈를 사용하더라도 좁은 개미굴을 이 정도로 깊이 따라가기는 힘들다. 소라는 실제로 프로브 렌즈를 사용한 것처럼 카메라 플래시가 비추는 곳은 밝게, 비추지 않는 곳은 어둡게 묘사했다. 그런데 (2)에서 보듯이, 개미의 모습에서 보디 디스토션이 발생했다. 개미 다리는 여섯 개인데 세 개밖에 보이지 않는다.

---

12   https://openai.com/sora

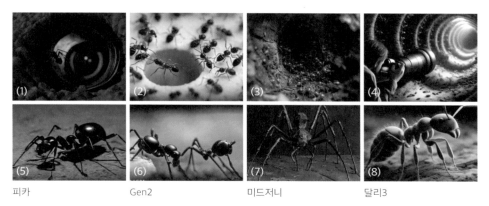

피카   Gen2   미드저니   달리3

그림 Ⅲ-2-6 피카, Gen2, 미드저니, 달리3으로 각각 생성한 개미굴(1)~(4)(상)와 개미(5)~(8)(하)
(2024년 2월 20일 생성)

다른 TTI나 TTV 툴을 사용해서 비슷한 이미지 생성을 시도해보았다. 먼저 "프로브 렌즈로 촬영한 개미굴"이라는 프롬프트를 넣고 두 종류의 TTV인 피카_Pika와 Gen2를 통해 생성했다. [그림 Ⅲ-2-6]의 (1)에서는 렌즈 같은 것이 보이기는 하지만, 정확한 상황을 알기 어렵다. (2)에서는 개미들만 보인다. 프로브 렌즈를 이해하지 못하는 것 같다. 그래서 똑같은 프롬프트를 두 개의 성능이 좋다는 미드저니(3)와 말귀를 잘 알아듣는 달리3(4)을 사용해서 시도해봤지만, 성공하지 못했다. 그나마 달리3이 카메라로 개미굴을 촬영하는 모습처럼 생성되었지만, 카메라 종류도 틀렸을 뿐더러 개미굴이 터널이라고 할 정도로 크다.

[그림 Ⅲ-2-6]의 (5)~(8)은 "여섯 개의 다리를 가진 개미 한 마리"라는 프롬프트를 피카(5)와 Gen2(6), 미드저니(7)와 달리3(8)에 넣어 생성했다. (6)처럼 '한 마리'라고 했는데 두 마리가 나오기도 하고, 완전히 이상한 로봇 개미(여기에는 게재 안함), (7)처럼 거미 같은 생물이 출현하기도 했다. 어떤 생성형 AI 툴도 여섯 개의 다리가 제대로 붙은 개미는 생성하지 못했다.

소라의 고도화된 편집 기술

2024년 2월 15일, 오픈AI는 TTV 모델인 소라를 공개하며 다음과 같은 기능이 가능하다고 소개했다. 이들이 강조한 일곱 가지 기능은 새로운 기술은 아니지만, 상용이 가능할 정도로 품질이 높아졌다는 것이 중요하다.

(1) 이미지와 텍스트 프롬프트로 영상 생성

(2) 텍스트로 더빙 및 자막 생성(TTS)

(3) 두 개의 다른 동영상을 연결해주는 영상 생성

(4) 영상의 앞 혹은 뒷부분을 확장

(5) 텍스트로 영상 수정(TTE)

(6) 영상으로 음악 및 음향효과 생성(VTA)

(7) 더빙·음악·음향효과의 조화

(1)과 (2)는 이미 다른 생성형 AI 툴에서 사용되고 있는 기능이다. 흥미로운 것은 (3)과 (4)로, 이에 대해서는 뒤에서 상세히 설명하겠다. (5)는 이미 다른 TTV에서도 볼 수 있는 기능이고, (6)은 뒤에서 다룰 비디오포엣의 VTA$_{Video\ to\ Audio}$ 기능([그림 III-3-7])과 비슷하다. 하지만 (7)은 획기적인 기술이다. 더빙, 음악, 음향효과가 한 번에 생성될뿐더러 조화를 이룬다는 것은, 가령 대사가 나올 때 이에 맞춰 음악과 음향효과가 줄어든다는 뜻이다.

비디오포엣의 VTA 툴에서는 영상에 맞춰서 오디오(음악, 음향 등)가 생성된다. 213쪽 [그림 III-3-7]에서 보는 것처럼, 팝콘을 먹는 강아지의 입 모양과 씹는 소리가 거의 일치하게 생성되며, 곰인형의 드럼 스틱이 드럼에 닿을 때 소리가 나고, 캐릭터의 앞발이 기타 줄이나 피아노 건반에 닿을 때 연주가 시작된다. 영상에 맞춰 소리, 음악, 음향효과가 자연스럽게 생성된다. 문제는 더빙, 음악, 음향효과의 조화다. 이 모두가 한꺼번에 생성된다면 서로 조화를 이루어야 한다. 목소리는 선명하게 들리고, 음악과 음향도 이에 맞춰 조절되어야 한다. 소라의 무라티 CTO는 이러한 오디오의 조화를 염두에 둔 '음향 통합 계획'을 밝혔다. 이러한 TTV의 등장은 'OSMU$_{One\ Source\ Multi\ Use}$', AI로는 멀티모달 플랫폼의 실현이다.

Input video

keep the video the same but make it be winter

put the video in space with a rainbow road

(1) 원본 영상   (2) 겨울 풍경으로 수정   (3) 무지개 도로가 있는 우주 풍경으로 수정

그림 III-2-7 **소라, 프롬프트로 영상 수정**[13]

아웃페인팅·인페인팅 기능은 2023년 하반기부터 다수의 TTI와 편집 툴에 먼저 적용된 뒤 TTV에 들어갔다. 2023년부터 도입됐지만 영상에서 인페인팅을 적용하기란 쉽지 않았다. Gen2나 피카의 모션 브러시Motion Brush로 영상의 일부분을 수정할 수 있다고는 하나 품질이 현저하게 떨어진다. 반면, [그림 III-2-7]의 스틸 컷에서 보듯이 소라는 놀라운 편집 능력을 보여준다. [그림 III-2-7]의 (1)은 원본 영상이다. (2)는 (1)의 영상에서 "동영상은 동일하게 유지하되 겨울로 설정해달라"는 프롬프트를 넣어서 다른 것은 그대로 유지되고 겨울 풍경으로 수정됐다. (3)은 "무지개 도로가 있는 우주 풍경"이라는 프롬프트대로 수정된 영상의 스틸 컷이다. 모두 텍스트로 수정한 예시(TTVE)다. 이 외에도 클레이 애니메이션, 목탄 그림, 사이버펑크, 픽셀 아트 등의 스타일로도 바꿀 수 있다.

TTV의 확장 및 연결 편집

한 장의 이미지(이미지 프롬프트)를 넣고 영상을 생성하는 ITV는 영상을 뒤로 확장(extend 기능)하는 것이다. 앞부분을 확장하고 싶으면, 생성된 영상을 역재생했다. 예를 들어서, 영상을 프리미어프로와 같은 편집 툴로 가져가서 시간을 리버스Reverse한다. 이 경우 보행자는 문워크를 하게 되기에 유의해야 했다. 소라가 제시한 [그림 III-2-8]에서는 세 개의 다른 영상이 동시에 상영되고 있다. 각각의 영상 순서는 (1)에서

---

13   https://openai.com/research/video-generation-models-as-world-simulators

(4)로, (5)에서 (8)로, (9)에서 (12)로 진행된다. 그러나 자세히 보면, (4), (8), (12)는 같은 스틸 컷으로, 이 컷을 시작으로 소라가 영상을 생성했다. 따라서 (4)에서 (1)로, (8)에서 (5)로, (12)에서 (9)로 생성됐으며, 역재생이 아니다. 즉, "생성된 동영상 (4), (8), (12)의 세그먼트segment에서 시작하여 각각 시간을 거꾸로 연장했다". 보행자의 움직임도 자연스럽다. 하지만 영상 마지막 부분에는 심한 아티팩트가 보인다.

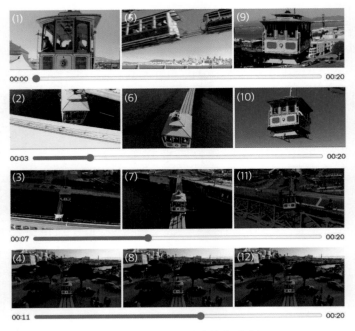

그림 III-2-8 소라의 영상 확장 기능[14]

현시점(2024년 기준)에서 보기 어려운 비디오 에디팅 기술 중 하나는 두 개의 서로 다른 영상을 연결시키는 '영상 연결Connecting videos'생성이다. 지금까지는 두 개의 영상을 연결하려면 앞 영상의 마지막 프레임과 뒷 영상의 첫 프레임을 블렌딩해야 했다. 소라가 생성해낸 연결 영상의 예시인 [그림 III-2-9]를 살펴보자. 예시 영상은 (1)~(3)과 (4)~(6), 두 개의 그룹이다. 우선 첫 번째 그룹은 서로 다른 영상 (1)과 (3)을 연결해주는 영상 (2)를 생성했다. (1)은 드론이 고대 유적지 위를 날며 촬영하고

---

14   *Ibid.*

있고, (3)은 나비가 물속을 날고 있다. (1)과 (3)을 연결하는 (2)는 고대 유적지를 날던 드론이 나비로 바뀐 뒤 배경이 물속으로 변한다. 영상 (4)~(6)도 마찬가지로, 실제 고즈넉한 성이 있는 영상 (4)와 아이들의 동화 세계가 펼쳐진 영상 (6), 두 개가 믹싱되어서 이 두 세계가 모두 있는 (5)가 생성됐다. 영상 (4)~(6)은 마치 실제 장소가 클로즈업되면서, 숨겨져 있던 영상 (6)의 세계가 드러나는 듯하다. 어린이들의 상상이 실현된 것 같다. 현실에서 비현실로의 연결이라는 발상이 AI가 일반 영상과 다르게 할 수 있는 특징 중 하나다.

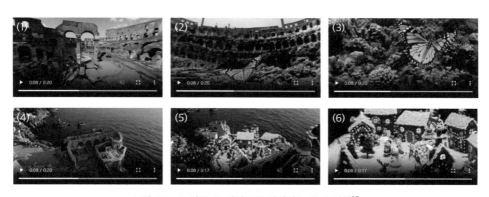

그림 III-2-9 다른 두 비디오를 연결하는 중개 영상[15]

그림 III-2-10 소라의 영상 에디팅(표기된 숫자는 러닝타임)[16]

---

15   *Ibid.*

16   *Ibid.*

[그림 III-2-10]은 AI의 편집 실력을 보여주기 위한 오픈AI의 야심찬 영상이다. 0.00초에 클로즈업된 인물과 0.03초에 멀리 보이는 인물이 동일인이라는 가정하에 영상은 17초 동안 열한 개의 숏(인물의 얼굴 앞, 뒤, 옆 등)과 여섯 개의 신(우주선 밖과 안 교차)이 편집됐다. 물론 실제 촬영이라면, 우주선 안과 밖을 순서대로 들락날락하면서 찍지는 않을 것이다. 하지만 AI는 우주선 밖의 신과 안의 신을 한 번에 찍고 이를 잘라서 편집할 수 없으니 공간이 바뀔 때마다 컷을 하고 다시 찍은 셈이라 총 열한 개의 신이 된다. 다시 말해서, 지금까지의 일반적인 생성형 AI를 사용해서 위의 영상을 생성하려면, 열한 번의 프롬프트를 넣어 영상을 생성한 뒤 편집으로 연결해야 한다. 그것도 매번 캐릭터의 일관성을 유지하면서 생성하기란 쉽지 않다. 소라가 생성한 [그림 III-2-10]의 영상은 신이 계속 바뀌는데도 메인 캐릭터가 일관성을 유지하는 것도 놀랍지만, AI의 다양한 컷 편집의 수준이 놀랍다.

비주얼 패치와 방대한 학습량

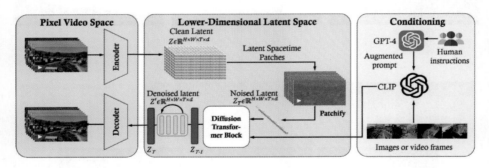

그림 III-2-11 리버스 엔지니어링: 소라의 프레임워크 개요[17]

이전 TTV와 비교하여, 구글의 비디오포엣과 오픈AI의 소라는 대규모언어모델(LLM)에 좀 더 밀접하게 연관된다. 이 두 모델은 언어에 대한 이해도를 높여서, 프롬프트를 정확하게 해석하고 사용자 지침에 밀접하게 부합하는 동영상을 생성한다. 사

17   Yixin Liu *et al.*, "Sora: A Review on Background, Technology, Limitations, and Opportunities of Large Vision Models", 27 Feb 2024 (v1), p.6. arXiv:2402.17177v3 [cs.CV]

용자가 짧은 프롬프트를 입력하면, 챗봇이 이를 스토리로 변환하거나 상세한 설명의 비디오 캡션을 생성한 후, 이에 따라서 영상이 생성된다.

표 III-2-1 LLM의 텍스트 토큰과 소라의 비주얼 패치 비교

	LLM의 텍스트 토큰(text tokens)	소라의 비주얼 패치(visual patches)
작업 분야	텍스트 기반의 작업	비디오 및 이미지 생성과 편집 작업
데이터 처리 기본 단위	텍스트를 작은 단위인 '토큰'으로 분해 처리(단어나 구문 포함)	시각적 데이터를 '비주얼 패치'로 분해 처리(비디오나 이미지의 작은 부분)
사용 이유	다양한 자연어를 효과적으로 처리하고, 이를 통해 문맥을 이해하며, 텍스트 생성 및 분류 작업 수행	비디오나 이미지와 같은 시각적 데이터의 복잡성과 고차원성을 효과적으로 관리
목적	자연어 처리(NLP), 대화 언어 이해와 생성	현실 세계의 동작을 시뮬레이션 새로운 시각적 콘텐츠 생성
아키텍처, 모델	Transformer 아키텍처 self-attention mechanism	Transformer 아키텍처 Diffusion 모델

　소라는 LLM이 텍스트를 처리하는 방식과 유사한 '비주얼 패치'라는 새로운 접근 방식을 만들어, 비디오 생성에 시각 데이터를 적용했다. LLM이 텍스트를 토큰으로 분해하여 언어를 이해하고 생성하는 것처럼, 소라는 동영상을 시공간 패치로 분해한다. 비디오 생성 과정에서 소라는 이 압축된 입력에서 파생된 시공간 패치 시퀀스를 트랜스포머 토큰으로 활용하여 다양한 해상도와 길이의 콘텐츠를 학습하고 생성한다.

그림 III-2-12 〈에어 헤드〉의 30초 스틸 컷(1)과 33초 스틸 컷(2)[18]

18　https://openai.com/blog/sora-first-impressions

소라는 일부 비주얼 아티스트, 디자이너, 크리에이티브 디렉터, 영화 제작자들에게 서비스를 제공했고, 2024년 3월 25일 그 피드백이 오픈AI의 블로그[19]를 통해서 소개됐다. 〈에어 헤드〉([그림 III-2-12])는 멀티미디어 제작사 샤이키즈에서 풍선 인간을 소재로 만든 1분 21초짜리 영상이다. 월터 우드먼이 작가이자 감독이었고, 시드니 리더가 제작했으며, 패트릭 세더버그가 후반 작업을 담당했다. 소라의 기술에 예술성이 가미되자 그 가치가 배가된다. 살바도르 달리의 초현실주의 작품을 처음 보는 느낌이랄까. (1)은 마치 노란 풍선이 하늘로 올라가듯, 캐릭터가 자유롭게 상상하는 것 같고, (2)는 수많은 선인장 가시에 위협받는 듯 노란 풍선의 긴장과 위험이 느껴진다.

월터 감독이 "가슴속에서 터져 나올 준비가 된 이야기를 가진 전 세계 사람들이 마침내 자기 내면을 세상에 보여줄 기회를 가지게 되었다"라고 한 것처럼, 많은 사람의 내면을 시각화할 기회를 얻었다. 〈에어 헤드〉를 통해 알 수 있듯, 영상 품질이 좋아질수록 초현실주의적인 영상도 더욱 사실처럼 느껴지기에 더 강한 효과를 준다. 이를 통해 시각적 효과뿐만 아니라, 우리의 생각이나 사유의 차원도 좀 더 넓어지고 깊어지기를 희망한다. 이는 물론 예술적 차원이고, 다른 분야와 관련해서는 사례별로 검토되어야 할 것이다.

---

19   *Ibid.*

3. 영상 종합 플랫폼을 향한 구글의 TTI와 TTV

구글의 이마젠Imagen

구글에서는 꾸준히 TTI와 TTV의 새로운 모델들을 발표하고 있다. 2022년 5월 알파고로 유명한 구글 딥마인드는 다음 문장으로 **AI 이마젠**AI Imagen을 소개한다.

전례 없는 수준의 포토리얼리즘과 월등한 언어 이해력을 갖춘 텍스트-이미지 확산 모델text-to-image diffusion model인 이마젠은 텍스트를 이해하는 대형 트랜스포머 언어모델의 성능을 기반으로 하며, 고충실도 이미지 생성에 있어 확산 모델의 강점에 의존한다.[20]

여기서 언급된 AI 생성물과 언어모델과의 밀접한 관계, 그리고 '포토리얼리즘'은 제2세대 영화 툴의 중요 특징이다.

---

20   https://imagen.research.google

그림 III-3-1 이마젠의 생성 이미지와 각각의 프롬프트[21]

(1) 불꽃놀이로 쓰여진 구글 브레인 로고가 있는 토론토 스카이라인
(2) 옥수수로 만들어진 거대한 코브라의 농장 산책
(3) 에펠탑을 배경으로 고급 식사를 하는 로봇 커플
(4) 모네의 그림이 전시된 미술관이 침수된 상황에서 로봇들이 패들보드를 타고 돌아다니는 모습

그림 III-3-2 이마젠 에디터의 기능 예시[22]

　　구글은 텍스트로 이미지를 편집할 수 있는 새로운 모델 **이마젠 에디터**Imagen Editor를 공개했다. [그림 III-3-2]에서 보듯, 사슴의 뿔 부분을 모션 브러시를 이용하여 영역을 정하고 텍스트로 "붉은 꽃의 꽃다발A bouquet of red flowers"이라고 입력한다. 기존의 사슴 이미지는 변함없이 그대로 유지되면서, 뿔 대신 꽃이 생성된다. 다른 TTI에서도 사용되는 인페인팅 방식으로, 일관성과 신뢰성 있는 편집이 가능하다.

21　　https://imagen.research.google
22　　https://imagen.research.google/editor

그림 III-3-3 이마젠 비디오의 생성 영상: 글씨 구현[23]

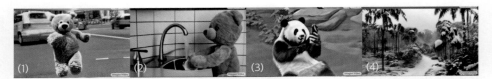

그림 III-3-4 이마젠 비디오의 생성 영상: 비현실적 요소 구현

2022년 10월 6일, 텍스트를 동영상으로 바꿔주는 **이마젠 비디오**Imagen Video[24]와 **페나키**Phenaki[25]가 출시됐다. 이마젠 비디오는 초당 24프레임, 1280×768픽셀의 고화질(HD) 영상을, 페나키는 2분 이상의 영상을 만들어준다. [그림 III-3-3]은 "잔잔한 호수 위에 떨어지는 단풍잎이 'Imagen Video'라는 텍스트를 형성한다A bunch of autumn leaves falling on a calm lake to form the text 'Imagen Video' Smooth"라는 프롬프트에 따라 생성됐다. 요청한 그대로 단풍잎들이 푸른 호수 위로 떨어지면서, 글씨가 정확하게 생성됐다. 글씨를 잘 생성한다는 달리3도 종종 틀릴 정도로, 철자를 올바르게 생성하는 것은 쉽지 않다. 단풍잎과 같은 특별한 오브제로 글씨를 생성하는 것은 더욱 어려운데, 여기서는 제대로 해냈다. [그림 III-3-4]는 현실에서 일어나기 어려운 상상의 장면을 조합했다. 왼쪽에서부터 '도로를 걷는 테디 곰'(1)은 곰 분장을 한 사람이 걷는 것처럼 느껴질 정도로

---

23 Jonathan Ho *et al.*, "Imagen Video: High Definition Video Generation with Diffusion Models", 5 Oct 2022. arXiv:2210.02303v1 [cs.CV]

24 https://imagen.research.google/video

25 https://sites.research.google/phenaki

III. 제2~3세대 AI영화 툴

현실감이 있다. '설거지하는 테디 곰'(2)의 경우도 마찬가지다. 반면에, '셀카를 찍는 판다'(3)의 경우에는 해상도가 많이 떨어지고 핸드폰을 쥐고 있는 부분도 어색하다. '눈으로 덮인 여름 정글을 나는 드론 뷰'(4)는 '정글'에서 불가능한 '눈'을 조합했다. 이 마젠 비디오는 프롬프트의 요청에 따라 정확하게 생성해내고, 비현실적인 상황도 현실적으로 그려내며, 일반 촬영에서 구현하기 어려운 AI 영상의 특성을 보여주고 있다.

비디오포엣, MM-LLM의 구현

그림 III-3-5 비디오포엣의 생성 영상과 프롬프트[26]

(1) 헤드폰으로 음악을 듣는 개, 매우 디테일하게, 8k
(2) 폭발하는 무지갯빛, 물감의 큰 물방울과 사과가 떠오르는 장면, 8k
(3) 스파게티를 먹는 로봇 고양이, 디지털 아트
(4) 호박이 폭발하는 장면, 슬로모션

영화의 기획 아이디어가 없다면, 챗봇에 "영화 주제를 몇 개 나열해줘"라고 요청할 수 있다. 결과물 중 마음에 드는 것을 선택하고, 이에 맞는 시놉시스, 시나리오 생성을 챗봇에 요구한다. 각 신에 맞춰서 프롬프트를 작성하게 하고, 이미지와 영상을 생성하게 한다. 이 영상에 음악, 음향을 추가하면 '영화' 한 편이 완성된다. 구글에서 이 모든 것을 하나의 툴로 생성할 수 있는 가능성을 보여준 백서가 발표됐다. 2023

---

26   https://sites.research.google/videopoet

년 12월, 구글 리서치팀은 텍스트, 이미지, 영상, 음악, 음향까지 하나의 툴 안에서 해결할 수 있는 「비디오포엣: 제로숏 영상 생성을 위한 LLM」[27]을 공개했다. 비디오포엣([그림 III-1-4])는 애니투애니Any to Any 시스템([그림 III-1-3])과 유사한 MM–LLM(멀티모달 대규모언어모델)을 지향하고 있다. "제로숏 영상 생성"이란, 모델이 특정 주제에 대해 사전에 학습하지 않았어도 원하는 종류의 영상을 생성할 수 있는 능력을 갖춘 것이다. "모델이 이전에 학습한 내용과는 상관없이 사용자가 요청한 주제나 스타일에 맞는 영상"을 만든다.

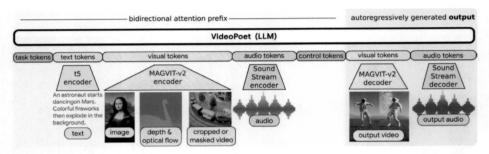

그림 III-3-6 비디오포엣의 시퀀스 레이아웃[28]

[그림 III-3-6]을 보면, 비디오포엣은 다양한 유형의 미디어(비디오, 이미지, 오디오, 텍스트)를 처리한다. 특정 작업을 수행하기 위해 필요한 입력을 토큰으로 분할하고, 작업 유형을 나타내는 작업 토큰으로 변환한다. 비디오나 이미지에서는 MAGVIT–V2 인코더를 통해 픽셀의 특정 부분을 나타내는 토큰, 각 프레임의 시간 정보를 포함한 토큰, 픽셀의 색상 정보를 포함한 토큰을 생성한다. 오디오에서는 사운드스트림SoundStream 인코더를 통해 시간 단위로 분할된 소리 신호를 나타내는 토큰으로 변환한다. 이렇게 변환된 입력은 자동 회귀 언어모델을 사용하여 훈련된다. 이 모델은 주어진 입력에

---

27   Dan Kondratyuk *et al.*, "VideoPoet: A Large Language Model for Zero-Shot Video Generation", 21 Dec 2023 (v1), arXiv:2312.14125v4 [cs.CV]

28   "모든 모달리티를 개별 토큰 공간으로 인코딩하여 비디오 생성에 대규모언어모델 아키텍처를 직접 사용할 수 있도록 한다. (중략) 모달리티에 구애받지 않는 토큰은 진한 빨간색, 텍스트 관련 구성 요소는 파란색, 시각 관련 구성 요소는 노란색, 오디오 관련 구성 요소는 초록색으로 표시된다." 상기 논문, 3쪽.

따라 토큰을 생성하는 데 사용된다. 예를 들어, 이전 토큰들을 보고 다음 토큰이 무엇인지 예측한다. 이렇게 생성된 토큰은 다시 보기 쉬운 형태인, 비디오나 오디오처럼 사람이 쉽게 접근하고 활용할 수 있는 형태로 변환되어 결과물을 생성한다.

비디오포엣의 음악·음향효과 에디팅

A dog eating popcorn at the cinema.   A teddy bear with a cap, sunglasses,   A teddy bear in a leather jacket,   A pink cat playing piano in the forest.
and leather jacket playing drums.   baseball cap, and sunglasses playing
guitar in front of a waterfall.

그림 III-3-7 비디오포엣의 음향 생성 예시[29]

비디오포엣에서는 영상에 맞춰서 음악 또는 음향효과가 자동 생성된다(VTA). 팝콘을 먹는 강아지 영상에는 팝콘 먹는 소리가, 드럼 치는 곰 영상에는 드럼 소리가, 피아노 치는 고양이 영상에는 피아노 소리가 생성됐다. 여기서 중요한 것은 캐릭터의 모션과 소리가 일치한다는 점이다. 즉, 고양이의 앞발이 피아노에 닿을 때 피아노 소리가 들린다. 이처럼 비디오포엣은 좀 더 다원화된 멀티모달형 AI영화 툴의 가능성을 보여준다. 그런데 '모나리자가 하품하는 영상'([그림 III-1-4])을 제외하면, 제시된 모델 영상에서 사람들의 얼굴이 흐릿하고 보디 디스토션이 보인다.[30]

---

29   https://sites.research.google/videopoet

30   *Ibid.*

그림 Ⅲ-3-8 비디오포엣의 텍스트 컨디셔닝과 모션 제어[31]

(1) 녹슨 스팀펑크 로봇을 클로즈업한 원본
(2) 텍스트 컨디셔닝을 적용하지 않은 샘플(프롬프트 없음)
(3) 텍스트 컨디셔닝(연기가 피어오르는 배경과 전원이 켜진 녹슨 로봇)을 한 샘플

비디오포엣에서는 입력된 동영상을 연장하거나, 제시된 목록에서 선택하는 '대화형 편집'도 가능하다. [그림 Ⅲ-3-8]의 (2)처럼 텍스트 컨디셔닝을 적용하지 않으면, (1)과 같은 녹슨 스팀펑크 로봇rusty steampunk robot의 모션이 생성된다. 반면 (3)의 "연기가 피어오르는 배경과 전원이 켜진 녹슨 로봇"과 같이 텍스트 컨디셔닝을 하면, 프롬프트대로 배경에 연기가 피어오르고 로봇의 얼굴에서 빛이 발산한다.

---

31   https://sites.research.google/videopoet/video-editing

Ⅲ. 제2~3세대 AI영화 툴

그림 III-3-9 비디오포엣의 아웃페인팅((1)~(2))과 인페인팅((3)~(5)) 비교[32]

[그림 III-3-9]의 (2)는 1:1 비율의 영상 (1)의 윗부분과 아랫부분을 아웃페인팅하여 6:19 비율로 생성한 것이다. 강아지 한 마리가 어질리티 경기에서 폴대 사이를 민첩하게 지나가고 있다. 실제 경기만큼 빠른 속도이지만, 보디 디스토션이 발생하지 않았다.[33] (2)의 아웃페인팅도 자연스러우나, 하단 잔디는 선명도가 떨어져 뭉개진 것처럼 보인다. 상단 폴대는 원근법까지 맞춰서 생성되었으며, 강아지와의 충돌로 폴대가 빠른 속도로 흔들림에도 불구하고 선명함을 유지하고 있다.

[그림 III-3-9]의 원본 (3)은 카이트 서퍼의 영상으로, 카이트는 보이지 않으나 팽팽하게 연결된 줄로 그 위치를 알 수 있다. 원본 (3)의 서핑보드를 (4)와 같이 검은 네모로 마스킹하고, "상어를 타는 카이트 서퍼"라는 텍스트로 프롬프트를 작성하여 인페인팅을 한다. 결과물인 (5)를 보면, 빠른 속도의 영상인데도 상어가 잘 구현되었고, 파도 거품도 자연스럽다. 다소 어색한 부분도 있으나 이전 툴과 비교하면 큰 발전을 이뤘다.

구글의 뤼미에르Lumiere

2024년 2월 5일, 구글이 공개한 TTV 뤼미에르Lumiere는 '시공간 U-넷Space-Time U-

---

32   https://sites.research.google/videopoet/inpainting

33   지금까지는 보디 디스토션을 최소화하기 위해 영상을 생성할 때 속도를 느린 디폴트값 그대로 하고, 반면에 편집 툴을 사용하여 재생속도를 1.5~3배속으로 빠르게 돌려야 했다.

_{Net}' 아키텍처를 강조한다. '비디오 생성을 위한 시공간 확산 모델'에 의하면, 기존 TTV는 영상의 시작과 끝을 먼저 만든 후, 중간 프레임들을 끼워 넣는 방식이었다. 하지만 시공간 U-넷은 사전 훈련된 텍스트-이미지 모델로 비디오 속 사물의 위치와 움직임을 동시에 고려해 보다 자연스러운 영상을 제작할 수 있다.

그림 Ⅲ-3-10 (위에서부터) 피카, Gen2, 애니메이트디프,
이마젠 비디오, 제로스코프, 뤼미에르(Ours) 툴 비교 [34]

왼쪽 그룹 프롬프트: "와인잔 오른쪽에 양 한 마리"
오른쪽 그룹 프롬프트: "타임스퀘어에서 스케이트를 타는 테디베어"

[그림 Ⅲ-3-10]은 윗줄부터 피카, Gen2, 애니메이트디프[35], 이마젠 비디오, 제로스코프[36], 뤼미에르('Ours'로 표기됨) 총 여섯 개의 TTV를 비교했다. 먼저, 왼쪽 그룹은

---

34 Omer Bar-Tal *et al.*, "Lumiere: A Space-Time Diffusion Model for Video Generation", 23 Jan 2024 (v1), arXiv:2401.12945v2 [cs.CV]

35 애니메이트디프(AnimateDiff)는 스테이블 디퓨전(Stable Diffusion)을 기반으로 한 영상 생성 툴이다. 스테이블 디퓨전 웹UI(Stable Diffusion WebUI)의 확장 프로그램 혹은 콤파이UI(ComfyUI) 환경에서 워크플로를 통해 사용할 수 있다. 장점은 추가 데이터 수집이나 맞춤형 학습 없이도 개인화된 텍스트-이미지 모델을 애니메이션화할 수 있다. 그러나 학습 데이터에 존재하지 않는 이국적인 그래픽이나 복잡한 움직임을 표현하는 데는 한계가 있다.
https://github.com/guoyww/AnimateDiff

36 제로스코프(ZeroScope)는 스테이블 디퓨전(Stable Diffusion)을 기반으로 텍스트 설명을 비디오 시퀀스로 변환한다.
https://replicate.com/anotherjesse/zeroscope-v2-xl

"와인잔 오른쪽에 양 한 마리A sheep to the right of a wine glass"라는 프롬프트에 따라 생성된 영상이다. 왜 위치 관련 프롬프트로 여러 다른 TTV들을 비교했을까? 실제로 생성형 AI는 왼쪽과 오른쪽을 잘 구분하지 못한다(2024년 3월 기준). 그런데 [그림 III-3-10]의 왼쪽 그룹 이미지처럼, '오른쪽'만 비교하는 것은 잘못된 판단을 가져올 수 있다. Gen2나 이마젠 비디오의 경우 양이 와인잔 오른쪽에 있기에 프롬프트에 충실한 것처럼 보이나, 사실 Gen2는 와인잔 왼쪽에 양을 놓으라고 해도 오른쪽에 놓는 경우가 있다.

프롬프트: "와인잔 오른쪽에 양 한 마리"　　　　프롬프트: "와인잔 왼쪽에 양 한 마리"

(1) 달리3(2회 시도)　　　　　　　　　　(2) 달리3(2회 시도)

(3) 미드저니(1회 시도)　　　　　　　　　(4) 미드저니(1회 시도)

(5) 피카(2회 시도)　　　　　　　　　　　(6) 피카(2회 시도)

(7) Gen2(2회 시도)　　　　　　　　　　(8) Gen2(2회 시도)

그림 III-3-11 TTV(달리3, 미드저니, 피카, Gen2)의 좌우 방향 인지 능력 비교(2024년 3월 27일 생성)

TTI는 TTV의 기반이기도 하다. 그래서 [그림 III-3-11]에서 언어와 밀접한 달리3과 대중적인 미드저니로 먼저 오른쪽, 왼쪽 구분을 시도했다. 달리3은 (1), (2)에서 보는 것처럼, '와인잔 오른쪽에 양'이라고 요청해도, 양을 와인잔의 왼쪽과 오른쪽에 각각 하나씩, '와인잔 왼쪽에 양'이라고 요청해도 양을 와인잔의 왼쪽과 오른쪽에 배치한다. 이는 84쪽 [그림 II-3-18]의 (4), (5)에서 보는 것처럼, 달리3이 처음 대중에게 공개될 때부터 있었던 문제로, 아직까지도 개선되지 않고 있다. 미드저니는 한 번에 네 장씩 생성되는데, '와인잔 오른쪽에 양'과 '와인잔 왼쪽에 양'을 각각 한 번씩 요청해서 (3)과 (4)라는 결과를 생성했다. 네 장 모두 양과 와인잔의 위치가 제각각이다. 피카는 와인잔이 보이지 않고, 대신 양이 오른쪽(5)과 왼쪽(6)에 자리했다. (7)과 (8)을 보면, Gen2는 모두 와인잔의 왼쪽에 양을 배치했다.

[그림 III-3-10]의 오른쪽 그룹은 프롬프트 "타임스퀘어에서 스케이트를 타는 테디베어Teddy bear skating in Times Square"를 넣어서 생성했다. 피카의 영상엔 곰이 아무것도 신지 않았고, Gen2는 스케이트보드를 타고 있다. 스케이트장에서 스케이트를 제대로 타고 있는 것은 뤼미에르뿐이다. 뤼미에르는 모델 영상 [그림 III-3-10]을 발표하면서 다음과 같이 비교했다. "Gen2와 피카는 프레임당 높은 시각적 품질은 제공하나 출력물의 움직임이 매우 제한적이어서 종종 모션이 매우 느리게 생성된다. 그래서 카메라 모션을 디폴트 값보다 높게 설정하면, 곧장 아티팩트가 심하게 나타난다. 이마젠 비디오는 적당한 모션을 생성하지만, 전체적으로 시각적 품질이 낮다. 애니메이트디프와 제로스코프는 눈에 띄는 모션을 보여주지만, 아티팩트가 발생한다."

당시(2024년 2월)까지 대부분의 TTV는 "시간적 일관성과 전반적인 품질을 유지하는 경우" 2초 내지는 4초 정도의 짧은 동영상을 생성하는 반면, 뤼미에르는 "5초 길이의 동영상을 생성"하고 "모션의 크기도 더 크다"[37]며 장점을 부각시켰다.

---

37 Omer Bar-Tal *et al.*, "Lumiere: A Space-Time Diffusion Model for Video Generation", 23 Jan 2024 (v1), arXiv:2401.12945v2 [cs.CV]

4. 메타의 예측하는 비생성모델 V-제파와 TTV

메타의 TTV: 메이크어비디오Make-A-Video, 에뮤 비디오Emu Video

메타는 2022년 9월 29일, TTV인 **메이크어비디오**Make-A-Video[38]를 발표했다. 메이크어 비디오는 TTI 모델을 사용해 텍스트와 이미지 간의 상호 연관성을 이해하고, 레이블이 지정되지 않은 비디오 훈련 데이터를 활용하여 텍스트나 이미지 프롬프트의 시공간적 위치를 학습한다. 그 결과, 현재 이미지를 바탕으로 다음 이미지를 예측하고 이를 토대로 움직이는 짧은 영상을 생성해낸다.

그 후 메타는 2023년 11월 16일, 새로운 TTV인 **에뮤 비디오**Emu Video[39]를 공개했다. 확산 모델을 기반으로 한 에뮤는 영상을 두 단계로 나누어 생성한다. 먼저 텍스트 프롬프트에 상응하는 이미지를 생성한 후 프롬프트와 생성된 이미지에 적합한 영상을 생성한다. 심층적인 모델 캐스케이드deep cascade of models가 필요한 이전 작업과 달리, 에뮤는 512pixel, 4초 길이의 동영상을 16fps로 생성하는 데 두 개의 확산 모델diffusion models[40]만 있으면 된다.

---

38   https://makeavideo.studio

39   https://emu-video.metademolab.com

40   팩터링된 TTV 생성은 먼저 텍스트 p를 조건으로 한 이미지 I를 생성한 다음, 생성된 이미지와 텍스트를 더 강하게 조건화하여 비디오 V를 생성한다. 이미지에 모델 F를 조건화하려면 이미지를 시간적으로 제로 패딩하고 제로 패딩된 프레임을 나타내는 이진 마스크(binary mask)와 노이즈 입력(noised input)으로 연결한다. Rohit Girdhar *et al.*, "EMU VIDEO: Factorizing Text-to-Video Generation by Explicit Image Conditioning", 17 Nov 2023, arXiv:2311.10709v2 [cs.CV].

그림 III-4-1 에뮤 에디트로 편집한 영상[41]

아울러 메타는 수정사항을 자연어로 입력해 영상을 편집해주는 TTVE_{Text to Video}

Editing인 **에뮤 에디트**Emu Edit도 함께 공개했다.[42] 텍스트 프롬프트로 편집을 요청하면, 프롬프트에서 요청하는 부분만 변경하고 관련 없는 픽셀은 그대로 유지된다.[43] 인스타그램과 페이스북 사용자는 친화적인 UI의 이 모델을 사용할 수 있다.

[그림 III-4-1]의 스틸 컷은 에뮤 에디트를 사용한 예시다. 원본 영상 (1)에서 "책을 노트북으로 대치해줘"라고 요청하자, (2)처럼 편집되었다. 노트북뿐만 아니라 손모양도 자연스럽게 키보드를 두드리는 것처럼 변했다. 그런데 요청하지 않은 책상 위의 오브제도 바뀌었다. (3)은 "스웨터에서 파란색 후드 티셔츠로 바꿔달라"고 한 결과물이고, (4)는 "서재에서 사이버실로 바꿔달라"고 한 결과다. 파란색 후드 티셔츠도

41   https://emu-edit.metademolab.com

42   *Ibid.*

43   에뮤 비디오는 "구글의 이마젠 대비 81%, 엔비디아의 피오코(PYoCo) 대비 90%, 메타의 메이크어비디오 대비 96% 더 나은 성능을 발휘하며, 런웨이 ML의 Gen2나 피카랩스의 비디오 솔루션보다 뛰어나다".
       Shelly Sheynin *et al.*, "Emu Edit: Precise Image Editing via Recognition and Generation Tasks", 16 Nov 2023, arXiv:2311.10089v1 [cs.CV]
       cf. 엔비디아의 피오코(PYoCo, Preserve Your Own Correlation 보존 상관관계)는 eDiff-I라는 최신 이미지 생성 모델을 기반으로 미세 조정된 TTV 확산 모델이다.
       https://research.nvidia.com/labs/dir/pyoco
       Songwei Ge *et al.*, "Preserve Your Own Correlation: A Noise Prior for Video Diffusion Models", 17 May 2023 (v1), arXiv:2305.10474v3 [cs.CV]

완벽하게 구현되었고, 방의 분위기, 오브제는 물론 조명까지 주제에 맞춰 바뀌는 섬세함을 보였다.

여기서 일반적인 '인페인팅'과 메타의 'TTVE'의 기능을 구별할 수 있다. '인페인팅'의 경우에는 수정하고 싶은 부분을 선택하고 그 부분만 바꾼다. 반면에 'TTVE'는 요청하는 프롬프트에 따라 수정되며, 때로는 영상 전체의 분위기를 바꾸기도 한다.

AGI로 가는 초석, 메타의 V-제파V-JEPA

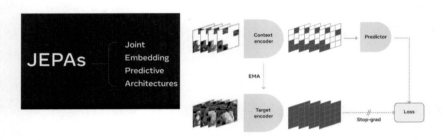

그림 III-4-2 메타 홈페이지에서 소개한 V-제파[44]

2024년 2월 15일 오픈AI가 소라를 발표한 날, 메타는 'V-제파: 얀 르쿤[45]의 고

---

44 V-제파 페이퍼: Adrien Bardes *et al.*, "Revisiting Feature Prediction for Learning Visual Representations from Video", 15 Feb 2024, arXiv:2404.08471v1 [cs.CV]
이 백서에서는 비디오에서 비지도 학습을 위한 독립적인 목표로서 특징 예측을 살펴보고 사전 학습된 이미지 인코더, 텍스트, 부정 예제, 재구성 또는 기타 감독 소스를 사용하지 않고 특징 예측 목표만을 사용해 학습된 비전 모델 모음인 V-제파를 소개한다. 이 모델은 공개 데이터세트에서 수집한 200만 개의 비디오로 학습되었으며, 다운스트림 이미지 및 비디오 작업에서 평가됐다. 그 결과, 비디오 특징을 예측하여 학습하면 모델의 매개변수를 조정하지 않고도, 예를 들어 frozen backbone(기본 구조 고정)을 사용하여 모션 및 외모 기반 작업 모두에서 잘 수행되는 다양한 시각적 표현을 얻을 수 있음을 보여준다. 비디오로만 훈련된 가장 큰 모델인 ViT-H/16은 Kinetics-400에서 81.9%, Something-Something-v2에서 72.2%, ImageNet1K에서 77.9%의 정확도를 얻었다.
cf. Mahmoud Assran *et al.*, "Self-Supervised Learning from Images with a Joint-Embedding Predictive Architecture", 19 Jan 2023 (v1), arXiv:2301.08243v3 [cs.CV]

45 얀 르쿤(Yann André LeCun)은 튜링상을 수상한 프랑스 컴퓨터 과학자로, 주로 기계 학습, 컴퓨터 비전, 모바일 로보틱스, 계산신경과학 분야에서 일하고 있다. 뉴욕대학교 실버 교수이자 메타의 AI수석과학자 겸 부사장이다.

급 머신 지능 비전을 향한 다음 단계V-JEPA: The next step toward Yann LeCun's vision of advanced machine intelligence'를 발표했다.[46] 얀 르쿤은 2022년에 이미 'V-제파는 스스로 개념을 이해하기 위해 추론하고, 이에 따라 가려진 부분을 예측하는 모델'이라고 설명했다. AI가 '인간과 유사한 방식human-like method'으로 비디오를 이해한다는 것이다.

인간이 주변 세계를 배우는 것처럼 AI도 물리적인 세계를 경험하게 한다. 기존의 생성형 AI처럼 이미지 픽셀을 채우는 것이 아니라, 이미지를 이해한 후 마스킹된 부분을 예측한다. 사람들이 현실에서 일어나는 일을 보며 세상을 배우는 것처럼, AI도 비디오를 보고 개체 간 상호작용을 배우고 이해한다. 그 후에는 인간이 설명하지 않아도(데이터에 라벨을 달아주지 않아도) 스스로 이해하고 예측한다. 이로써 V-제파는 얀 르쿤이 강조한 것처럼 '생성'에서 벗어나 '예측'하는 '비생성nongenerative' 모델로 만들어지고, 그 후 특정 작업에 모델을 적용할 때는 레이블이 사용된다.

얀 르쿤은 V-제파가 '일반세계모델General World Models, GWMs'을 위한 초석이 될 것으로 보고 있다. 영상의 내용을 시각적으로 이해하게 함으로써 AI의 인식 차원을 넓혔다면, 다음 단계는 계획이나 순차적 의사결정을 내릴 수 있게 할 예정이다. 메타는 V-제파의 모델을 저작자표시비영리(CC BY-NC) 라이선스로 공개하여 오픈 사이언스의 기치를 지키고 있다.

---

46   https://ai.meta.com/blog/v-jepa-yann-lecun-ai-model-video-joint-embedding-predictive-architecture

5. 스테이블 디퓨전 3.0, 전문가용 TTI·TTV

믿고 쓰는 스테이블 디퓨전_{Stable Diffusion}

스테이블 디퓨전의 발전 과정

2022년 8월 22일: 스테이블 디퓨전 첫 공개

2022년 10월: 스테이블 디퓨전 1.5(SD 1.5)

2022년 11월: 스테이블 디퓨전 2.0(SD 2.0)

2022년 12월: 스테이블 디퓨전 2.1(SD 2.1)

2023년 7월 26일: 스테이블 디퓨전 XL 1.0(SVXL 1.0) 안정화

2023년 11월: 스테이블 디퓨전 XL 터보(SVXL turbo)

2023년 11월 21일: 스테이블 비디오 디퓨전(SVD)

2023년 12월 20일: 스테이블 비디오 디퓨전(SVD) API 공개

2024년 2월 22일: 스테이블 디퓨전 3.0(SD 3.0)

2024년 4월 17일: 스테이블 디퓨전 3.0(SD 3.0) API 공개

그림 III-5-1 "눈에 반사된 우주(The cosmos within an eye's reflection)", Aspect Ratio: 16:9, Style: None, Stable Video Diffusion 1.1[47]

---

47   https://www.stablevideo.com

2023년 11월 21일 스태빌리티 AI는 **스테이블 비디오 디퓨전**Stable Video Diffusion[48]을 출시하면서, 같은 해 12월 20일 스테이블 비디오 디퓨전의 API를 공개했다. 두 달 후인 2024년 2월 22일에는 **스테이블 디퓨전 3.0**Stable Diffusion 3.0을 공개했고, 4월 17일에 그 API에 접근할 수 있도록 했다. 스테이블 디퓨전Stable Diffusion은 오픈 소스로 공개되어, 많은 사람들이 무료로 사용할 수 있다. 특정 서비스나 추가 기능이 유료화되었으나, 기본적인 모델이나 소스 코드는 여전히 오픈 소스로 제공되고 있다.

| 스테이블 비디오 디퓨전(TTV)

스테이블 비디오 디퓨전은 총 세 단계로 학습된다. 1단계는 텍스트에서 이미지로의 사전 학습이다. 텍스트와 이미지가 쌍으로 구성된 대규모 데이터세트를 사용하여 텍스트에 해당하는 이미지를 생성한다. 2단계는 저해상도 동영상의 대규모 데이터세트를 사용한 사전 학습으로, 저해상 동영상을 입력받아 잠재 영상 확산 모델을 통해 고해상도의 동영상을 생성한다. 3단계는 입력된 고해상 동영상을 잠재 영상 확산 모델을 통해 더욱 세밀하고 자연스럽게 생성하는 방법을 학습한다.[49]

스테이블 비디오 디퓨전은 TTV, ITV, TTI 등 세 가지 방식으로 콘텐츠를 생성한다. TTV의 경우 네 개의 이미지를 먼저 생성한 후 그중에 하나를 선택해 카메라 무빙을 조정[50]한다. Camera Locked, Camera Shake, Orbit, Dolly In/Out 등 다른 TTV보다 카메라 무빙이 좀 더 섬세하다.

---

48   https://stability.ai/news/stable-video-diffusion-open-ai-video-model
     SVD: https://huggingface.co/stabilityai/stable-video-diffusion-img2vid

49   Andreas Blattmann *et al*, "Stable Video Diffusion: Scaling Latent Video Diffusion Models to Large Datasets", 21 Sep 2023, arXiv:2311.15127v1 [cs.CV]

50   – Camera Locked: 카메라를 제자리에 고정하여 피사체의 주변이 움직임
     – Camera Shake: 무작위 모션 추가
     – Tilt Up/Down: 카메라를 위아래로 기울여 다른 시점으로 촬영
     – Orbit: Focal Point 주위로 카메라가 회전
     – Pan: 카메라를 수평으로 이동
     – Zoom In/Out: 카메라의 거리를 조정하여 확대/축소 촬영
     – Dolly In/Out: Dolly를 사용하여 카메라 자체가 피사체에 근접 혹은 후퇴
     – Move Up/Down: 카메라의 수직 이동

| 스테이블 디퓨전 3.0(TTI)

스테이블 디퓨전 3.0은 '디퓨전 트랜스포머 아키텍처'[51]와 '플로 매칭'[52]을 결합하여 "8억~80억 개의 파라미터를 지원"하고, "다양한 옵션을 제공함으로써 창의적인 요구 사항을 충족하는 것을 목표"로 한다. 기존 모델은 여러 개의 단어를 쉼표로 구분하는 형태로 프롬프트를 구성했으나, 스테이블 디퓨전 3.0부터는 긴 문장형 프롬프트를 입력할 수 있다.

(1) 프롬프트: "서사적 애니메이션 스타일의 삽화로, 한 마법사가 밤의 산 정상에서 우주 마법을 어두운 하늘에 발사하고 있으며, 그 마법은 다양한 색깔의 에너지로 이루어진 'STABLE DIFFUSION 3'라는 글자를 형성하고 있다."[53]

(2) 이미지 내 글씨: "크게 도전하라 아니면 집에 가라(GO BIG OR go HOME)."

(3) 이미지 내 글씨: "가라 / 꿈을 계속 꿔라(Go / DREAM ON)."

---

51   William Peebles *et al.*, "Scalable Diffusion Models with Transformers", 19 Dec 2022 (v1), arXiv:2212.09748v2 [cs.CV]

52   Yaron Lipman *et al.*, "Flow Matching for Generative Modeling", 2023, 6 Oct 2022 (v1), arXiv:2210.02747v2 [cs.LG]

53   https://stability.ai/news/stable-diffusion-3

(4) 프롬프트: "흰 건물 위에 놓인 빨간 소파. '도시에서 최고의 전망'이라는 글귀가 적힌 그래피티(A red sofa on top of a white building. Graffiti with the text 'the best view in the city.')"

(5) 프롬프트: "아름다운 파스텔 색감의 마법적 리얼리즘, 머리가 레트로 TV인 남자가 사막 한가운데 서 있는 빈티지 사진(Aesthetic pastel magical realism, a man with a retro TV for a head, standing in the center of the desert, vintage photo)."[54]

그림 III-5-2 스테이블 디퓨전 3.0의 텍스트 렌더링 기능(영어 프롬프트는 챗GPT가 한국어로 번역)[55]

스테이블 디퓨전 3.0에서 눈에 띄는 기능은 사용자가 입력한 문장을 이미지로 구현하는 텍스트 렌더링이다. 기존의 TTV나 TTI는 이미지 안에 텍스트를 구현하는 데 어려움이 있었다. 샘플 이미지를 보면 달리3, 미드저니의 텍스트 렌더링 기능을 능가하고 있다. 스테이블 디퓨전 3.0은 [그림 III-5-2]를 보면, (1) "Stable Diffusion 3", (2) "GO BIG OR go HOME", (3) "Go / DREAM ON"과 같이 짧은 문장은 물론 (4) "the best view in the city"와 같이 제법 긴 문장도 정확하게 구현했다. 허공에 쓴 컬러풀한 글자(1), 칠판에 쓰인 분필 글씨(2), 거리 안내 표지판과 버스 목적지를 알리는 LED 글자(3), 하얀 벽에 그래피티 스타일의 문장(4)과 같이 텍스트와 배경이 적절

---

54   https://twitter.com/StabilityAl/status/1780599202365743446
55   https://platform.stability.ai

하게 잘 조화된 것은 다른 TTV에서는 찾아보기 어렵다(2024년 2월 기준). 이미지 품질 또한 기존 모델 대비 향상되었고, 실제 사진 같은 사실주의 이미지를 생성하는 능력 역시 현저히 개선되었다.

최근 스테이블 디퓨전 모델을 기반으로 한 콤파이UI~ComfyUI[56]의 사용이 많아지고 있다. 그만큼 사용자들이 우연성에 맡기기보다는 자신의 창의성과 의도에 맞게 이미지와 영상을 생성하려는 경향이 높아졌다. 콤파이UI는 그래프와 노드 기반의 인터페이스를 제공하여 사용자가 다양한 모듈을 시각적으로 연결하고 조작할 수 있다. 콤파이UI는 SD~Stable Diffusion, SVD~Stable Video Diffusion 외에도 여러 생성 AI 모델을 지원하여, 사용자가 다양한 창의적 작업을 수행할 수 있다는 매력이 있다. 예를 들어, 애니메이트디프, 컨트롤넷, IP-어댑터 등의 모델들[57]을 통합하여 이미지와 비디오를 생성할 수 있다.

| SD video editing

그림 III-5-3 스테이블 디퓨전 3.0의 편집 기능

---

56   https://github.com/comfyanonymous/ComfyUI
      cf. 콤파이UI(ComfyUI)는 노드 기반의 GUI를 사용하여 이미지 생성 워크플로를 시각화하는 반면, 웹 UI(WebUI)는 텍스트 기반의 직관적인 인터페이스를 제공하여 초보자가 사용하기 쉽다.

57   - 애니메이트디프(AnimateDiff): 정지 이미지를 애니메이션으로 변환하는 모듈
        https://github.com/guoyww/AnimateDiff
      - 컨트롤넷(ControlNet): 이미지 생성 과정을 세밀하게 제어할 수 있는 조건부 제어 모듈
        https://github.com/lllyasviel/ControlNet
      - IP-어댑터(IPAdapter): 참조 이미지의 스타일을 적용하여 이미지를 생성하는 어댑터
        https://github.com/tencent-ailab/IP-Adapter

2024년 2월 23일, 스태빌리티 AI 창립자인 에마드 모스타크가 X를 통해 공개한 19초짜리 영상[58]을 보면, 발전된 편집 기능도 확인할 수 있다. 229쪽 [그림 III-5-3]의 (1)에서 보이는 접시 위 음식이 (2)에서 초밥으로 변하고, (3)에서는 고양이가 너구리로 변한다. (4)에서는 머그잔이 투명한 유리잔으로 변하고, 왼쪽의 휘핑크림이 있는 컵은 삭제되고, 그 옆에 놓인 접시에는 와사비가 채워진다. (5)에서는 배경이 수족관으로 바뀌고, (6)에서는 화면이 오른쪽에서 왼쪽으로 이동하며 와사비가 든 접시가 다 보이고 유리컵이 가려진다. 전반적으로 깨끗하게 잘 편집되고 있음을 확인할 수 있다.

| 스테이블 디퓨전 3D

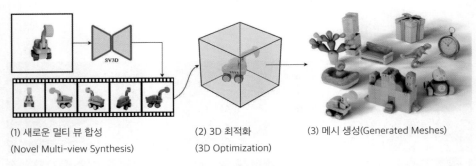

(1) 새로운 멀티 뷰 합성   (2) 3D 최적화   (3) 메시 생성(Generated Meshes)
(Novel Multi-view Synthesis)   (3D Optimization)

그림 III-5-4 스테이블 비디오 3D의 생성 방식[59]

스테이블 디퓨전의 다음 단계는 3D인 듯하다. [그림 III-5-4]의 (1)처럼, 스테이블 비디오 3D(SV3D)는 단일 이미지에서 일관된 새로운 멀티 뷰 이미지를 생성한다. 그런 다음 SV3D로 생성된 뷰로 3D 표현을 최적화하여(2), 고품질 3D 메시를 생성한다 (3). 스테이블 비디오 디퓨전 3D 연구팀은 "기존의 3D 생성은 2D 생성 모델을 '새로운 시각 합성New-View Synthesis, NVS' 및 3D 최적화 기술"을 사용하나, "제한된 뷰 또는 일

---

58   https://twitter.com/EMostaque/status/1760725050095747249

59   Vikram Voleti *et al.*, "SV3D: Novel Multi-view Synthesis and 3D Generation from a Single Image using Latent Video Diffusion", 18 Mar 2024, p.1. arXiv:2403.12008v1 [cs.CV]

관되지 않은 NVS로 인해 3D 객체 생성 성능에 단점"이 있는 것을 찾았다고 한다. 이에 "3D 생성에 이미지–비디오 확산 모델을 적용하여 비디오 모델의 일반화 및 멀티뷰 일관성을 활용하는 동시에 NVS에 대한 명시적 카메라 제어를 추가하는 SV3D[60]"를 제안했다. 이 외에도 업그레이드된 TTI, TTV 그리고 다양한 기능이 모여 있는 TTV 플랫폼들이 지속적으로 생겨나고 있다. 2024년 중반에 각광받고 있는 생성형 AI 툴을 간단히 소개하면 다음과 같다.

2024년 8월 2일 출시된 플럭스.1FLUX.1은 미드저니를 위협하는 TTI라는 평판을 받으며 출시되자마자 사용자 수가 급증했다. 독일 AI 스타트업 블랙 포레스트 랩스Black Forest Labs에서 출시, 오픈 소스로 제공되었으며, API 방식으로 사용할 수 있다.[61] 플럭스.1 모델은 지금까지 지속적으로 문제가 됐던 사람의 손을 생성하는 데 능숙하다. 머지않아 TTV로 확장할 예정이다. 플럭스는 허깅페이스에서 사용하거나 GoEnhance와 같은 영상 제작 플랫폼에서도 사용할 수 있다. GoEnhance는 비디오 변환Video to Video, 비디오 페이스 변환Video Face Swap, TTI, 이미지인핸서Image Enhancer 등의 기능을 고품질로 제공하는 TTV 제작 플랫폼이다.[62]

---

60   *Ibid.*

61   https://huggingface.co/black-forest-labs/FLUX.1-dev/tree/main
      [플럭스를 무료로 체험할 수 있는 곳, 2024.8.5. 기준] https://fluxaiimagegenerator.com

62   https://app.goenhance.ai

6. 중국다운 중국 TTV, 비두와 클링

전면 경기 혹은 전면전?

"운이 좋다면, 우리는 중국 공산당과 전면 경기all-out race를 벌이게 되고, 운이 나쁘면 전면 전쟁all-out war을 치르게 될 것"[63]이라는 레오폴드 아셴브레너의 말은 서양 AI 전문가 다수의 생각이기도 하다. AI 두머(비관론자)이면서도 몇몇은 중국에 대항하기 위해서 AI를 지속적으로 개발해야 한다는 '적극적 비관론'을 펼치기도 한다. 필자 역시 중요한 AI 관련 백서들을 읽으면서, 중국인 혹은 중국 출신의 AI 전문가들이 많은 것에 매번 놀라게 된다. 백서에서 서구와 비슷한 듯하면서도, 중국만의 독특한 관점이나 다른 방향성을 제시하는 것도 흥미롭다. 한국은 중국과 지리뿐만 아니라 전통이나 문화·예술적으로도 가깝기에 더욱 관심을 갖게 된다.

소라를 겨냥한 TTV, 비두

그림 III-6-1 소라를 겨냥한 중국의 TTV, 비두 AI가 생성한 영상[64]

---

63   Leopold Aschenbrenner, "Situational Awareness: The Decade Ahead", June 2024.

64   https://www.youtube.com/watch?v=u1R-jxDPC70

2024년 4월 25일부터 29일까지 '2024 중관춘 포럼' 연차회의가 베이징에서 개최됐다. 4월 27일에는 중국의 성슈 테크놀로지Shengshu Technology[65]와 칭화대학교Tsinghua University가 개발한 **비두 AI**Vidu AI(이하 비두)가 발표됐다. 〈차이나 데일리〉는 "중국 최초의 소라급 텍스트-비디오 대형 모델"이라고 보도했다. 비두는 소라와 마찬가지로, 클릭한 번으로 "1080p(pixel) 해상도의 16초 클립을 생성할 수 있는 TTV"다. [그림 III-6-1]은 비두를 소개하는 1분 30초짜리 스틸 컷이다. '1080p의 해상도'라고 했으나 스트리밍 서버의 문제인지 해당 영상의 실감 해상도는 낮아 보인다. 〈차이나 데일리〉는 "비두는 길이가 길고 일관성이 뛰어나며 동적 기능을 갖춘 중국 최초의 대형 동영상 모델로, (중략) 소라에 비해 판다와 용 같은 중국적 요소를 이해하고 생성할 수 있다"고 전했다.[66]

칭화대학교 인공지능연구소 부학장이자 성슈 AI의 수석 과학자인 주쥔은 포럼에서 "소라가 출시된 후 우리의 기술 로드맵과 밀접하게 일치한다는 것을 알았다"고 했다. 비두는 멀티 카메라 뷰 생성을 통해 실제 물리적 세계를 시뮬레이션할 수 있는 유니버설 비전 트랜스포머(U-ViT) 아키텍처를 기반으로 한다. 그는 "이 아키텍처는 성슈 테크놀로지팀이 2022년 9월에 개발한 것으로, 소라가 사용하는 디퓨전 트랜스포머DiT 아키텍처보다 앞선 것"이라고 했다. 공개된 비두의 영상을 보면, 소라와 마찬가지로 사실적인 조명과 그림자, 세밀한 표정, 물리법칙을 따른 다양한 장면, 한 장면 내에서 롱숏, 미디엄숏, 클로즈업숏 등이 전환되는 것도 보여주고 있다.[67] 제시한 데모

---

65   https://www.shengshu-ai.com

66   https://www.chinadaily.com.cn/a/202404/27/WS662c956da31082fc043c45e9.html

67   관련 최신 백서: Bingrui Li *et al.*, "Memory Efficient Optimizers with 4-bit States", 4 Sep 2023 (v1), arXiv:2309.01507 [cs.LG]

(a) DPM-Solver++ [32] (MSE 0.60)   (b) UniPC [58] (MSE 0.65)   (c) DPM-Solver-v3 (**Ours**, MSE 0.55)

영상에도 소라를 겨냥한 비교 영상들이 많이 보인다.

소라보다 먼저 상용화된 클링

2024년 6월 초, 중국 내 틱톡 경쟁사인 콰이쇼우Kuaishou 테크놀로지는 AI 모델 **클링**Kling을 공개했다. 콰이쇼우는 2023년 5월에 이미 LLM 툴인 콰이이KwaiYii와 이미지 생성 모델인 컬러스Kolors를 공개한 바 있다. 꾸준히 TTV 연구를 해온 결과, AI 3D(예를 들어 'AI 댄서')에서도 뛰어난 기술을 증명하기도 했다. 아직도 출시일이 미정인 소라를 기다리다 지친 많은 미국인 사용자들은 콰이쇼우에 클링 사용을 요청했다. 이러한 성원에 힘입어, '중국인용'에 이어 7월 27일 '외국인용 클링'이 출시됐다.[68] 출시되자마자 클링 사용자들이 폭주했으며, 다수는 현 TTV의 강자인 Gen3나 피카보다 뛰어나다는 평가이다. 전문가들 가운데 일부는 오픈AI의 소라가 나올 때쯤에는 업그레이드된 클링이 전자보다 뛰어날 것이라고 단언한다. 클링은 소라와 동일한 '디퓨전 트랜스포머' 아키텍처를 사용하며, 오픈 액세스 형태로 제공되고 있다. 그러나 컴퓨팅 파워를 어느 정도 소모하는지는 아직 알 수 없다.

클링 홈페이지[69]에는 5초짜리 영상 열두 개와 1분 31초짜리 영상 한 개가 업로드되어 있다. 또한 유튜브 공식 채널[70]을 통해서도 새롭게 생성된 영상을 볼 수 있다. 이 영상들은 초당 30프레임, 1080p의 고해상도 영상으로서 피카나 Gen2에 비해 품질이 뛰어나다. 또한 소라는 최대 1분가량의 동영상을 생성하는 것에 비해 클링은 최대 2분까지 생성할 수 있다.

분류기 없는 안내 척도 7.5, 5개의 기능 평가(NFE)와 텍스트 프롬프트 "숲속 폭포 옆의 아름다운 성, 요제프 토마, 무광택 그림, 아트스테이션 본사 트렌드"만 사용하는 안정-확산 무작위 샘플.
Kaiwen Zheng *et al.*, "DPM-Solver-v3: Improved Diffusion ODE Solver with Empirical Model Statistics", 20 Oct 2023 (v1), arXiv:2310.13268v3 [cs.CV]

68 [중국인용] https://kling.kuaishou.com
    [외국인용] https://klingai.com

69 https://kling.kuaishou.com

70 https://www.youtube.com/@Kling_ai

(1) 프롬프트: "안경을 쓴 중국 소년이 패스트푸드점에서 눈을 감고 맛있는 치즈버거를 즐기고 있다."

(2) 한 입 먹은 흔적이 남은 햄버거

(3) 소년의 입가에 묻은 햄버거 소스

그림 III-6-2 클링이 생성한 햄버거 먹는 소년

    오픈AI는 "소라의 모델에 기술적 단점이 있다"며, "복잡한 장면의 물리학적 구성을 정확하게 도출하는 데 어려움을 겪을 수 있는데, (중략) 예를 들어 쿠키를 한 입 먹었는데, 쿠키에 먹은 자국이 없을 수 있다"[71]고 설명했다. 반면에 클링이 공개한 영상([그림 III-6-2])을 보면 한 중국 소년이 햄버거를 먹고 있는데, 손가락의 묘사가 뛰어나고 (보디 디스토션 없음), 먹는 모습이 자연스럽다. [그림 III-6-2]의 (1)을 보면 시선이 정면을 향하고 있으나, (2)에서는 햄버거를 한 입 베어 물었고, (3)에서는 맛을 음미하기 위해 눈까지 감아가며 먹고 있다. 캐릭터의 관심과 집중에 따라 시선 처리가 달라짐을 보여준다. (3)의 스틸 컷을 보면, 햄버거를 가득 문 채 우물거리는 입 주변으로 햄버거 소스와 빵 조각이 묻어났다. 어른이라면 햄버거 소스와 빵 조각을 묻히지 않았을 텐데, 이 경우 클링이 캐릭터가 소년이라는 상황과 프롬프트를 정확하게 파악했다고 볼 수 있다. 이 외에도 운전하며 풍경이 바뀌는 것, 백미러에 풍경이 비치는 것 등 다양한 영상을 선보였다. 제공된 영상으로 볼 때, 소라와 마찬가지로 클링도 객체 간의 물리적 상호작용과 세계의 물리적 특성을 이해하기 시작한 것으로 보인다.

---

71   https://openai.com/index/sora

(1) 프롬프트: "어린 소년이 가을, 겨울, 봄, 여름의 계절이 바뀌는 동안 정원에서 자전거를 탄다." 영상의 첫 장면.

(2) 겨울 풍경으로 바뀌었고, 멀리 있는 나무들도 잎이 없이 앙상하다. 자전거와 소년의 그림자가 움직임에 따라 계속 변한다.

(3) 거의 마지막 장면인데도 아티팩트가 거의 없다. 멀리 보이는 하얀 것들은 비닐하우스처럼 보인다. 소년, 자전거, 도로 등이 일관성을 보여주고 있다.

그림 III-6-3 클링이 생성한 자전거 타는 소년과 사계절

[그림 III-6-3]은 1분 31초짜리 영상의 스틸 컷이다. 한 아이가 자전거를 타고, 해가 지는 서쪽으로 가고 있다. 영상은 프롬프트대로 사계절의 변화를 잘 보여준다. 배경은 계절에 맞게 계속 변화하며 때로는 갈림길이 나오기도 하지만, 소년 캐릭터(뒷모습)는 일관성이 있다. 소년과 자전거의 그림자를 보면, 지는 해의 방향에 맞춰서 변화한다. 소년의 다리가 계속 움직이는데도 보디 디스토션이 거의 없으며, 일관성을 유지하고 있다. 이 영상을 보면서, 소라의 TTVE 기능을 다룰 때 질주하는 차량의 배경이 겨울이나 우주 등으로 바뀌는 영상([그림 III-2-7])을 상기시킨다.

그림 III-6-4 윌 스미스가 스파게티를 먹는 AI 영상(상)과 클링이 생성한 국수 먹는 남자(하)[72]

클링이 공개되자 2023년을 떠들썩하게 했던 '윌 스미스가 스파게티를 먹는 AI 영상(2023년 4월 1일 발표)'과 클링이 생성한 '국수 먹는 중국인 영상(2024년 6월 6일 발표)'을 비교하는 영상([그림 III-6-4])이 SNS에 퍼지며 격세지감을 느끼게 했다. [그림 III-6-4]의 상단에서 윌 스미스라는 메인 캐릭터의 의복이나 배경은 사계절이 바뀌는 것처럼 일관성이 없을 뿐더러 심한 보디 디스토션으로 얼굴은 제멋대로 일그러지곤 한다. 스파게티는 형태를 알아보기 힘들며 대단히 게걸스럽게 먹는데도 양은 줄지 않는다. 수저에서 포크, 손으로 식기가 마구 바뀌는 모습이 기상천외하다. 당시의 TTV 수준을 보여주는 것이지만, 예상치도 못한 코믹함 때문에 오히려 전 세계적으로 인기몰이를 했다. 윌 스미스 본인을 포함하여 수많은 사람이 SNS에 패러디 영상을 올리기도 했다. 그러다가 클링에서 공개한 영상([그림 III-6-4]의 하단)의 사실적인 표현에 놀라서, 다시 윌 스미스가 소환되었다. 클링 영상의 국수 면발은 각각 분리되어 있고, 먹을 때는 면발이 흔들리며, 젓가락으로 많은 면발을 들어서 마지막 면발 하나가 입에 완전히 들어갈 때까지 자연스럽게 생성되었다. 캐릭터 일관성, 손가락이나 얼굴에 보디 디스토션도 없다. 그런데 젓가락 위쪽에 아티팩트가 발생했다.

72   https://www.threads.net/@evolving.ai/post/C79okQFlh25

(1) 12초 스틸 컷

(2) 26초 스틸 컷

(3) 1분 1초 스틸 컷

그림 III-6-5 클링이 생성한 〈풍선맨과의 하루〉[73]

클링은 소라의 〈에어 헤드〉([그림 III-2-12])를 패러디한 〈풍선맨과의 하루〉([그림 III-6-5])를 유튜브에 공개했다. 이를 본 사용자들은 소라에 비해 전체적으로 뒤떨어지지 않는다고 평했다. 클링의 '풍선맨'은 자전거를 타고 유럽의 거리처럼 보이는 곳을 산책한다(1). 지하철에서 책을 읽고, 대형 슈퍼에서 춤을 춘다(2). 전형적인 중국 건물이 있는 거리를 산책하거나 운전을 하기도 한다. 침실에 놓여 있는 노트북이 클로즈업되고, 노트북 스크린에 풍선맨이 농구하는 모습이 비치면서 끝난다(3). 소라보다도 더 다양한 신과 모션을 보여주고 있다. 기술적으로는 소라에 비해 손색이 없어 보이나, 패러디라는 한계 때문인지 〈에어 헤드〉에서 보여준 긴장감과 예술성을 고려하지 않은 것이 아쉽다.

클링이 공개한 영상 대부분의 인물은 중국인이다. 배경에는 서구적인 것도 있지만, 중국 고유의 배경이 주로 등장한다. 아시아 사람들이 영상이나 영화를 만든다면, 그리고 외국인들도 아시아 배경으로 영상을 만들고 싶을 때는 중국발 TTV를 선호하게 될 것 같다. 하지만 소라나 클링도 일단 대중에게 공개가 되어야 그 정확한 수준을 알 수 있다. 지금까지 대부분의 TTI나 TTV들이 샘플에서는 훌륭한 수준을 보여주었어도, 막상 대중이 사용할 때는 품질이 많이 저하되곤 했기 때문이다. 반면에, 미처 알지 못했던 스타트업들이 의외로 참신하고 유용한 모델들을 내놓고 있다. 예를 들어, AI 기반의 애니메이션 및 비디오 생성 플랫폼인 비글 AI_{Viggle AI}[74]는 친화적 UI로

---

73 https://www.youtube.com/watch?v=NNggr6wwtrk&t=64s

74 웹 인터페이스(https://viggle.ai)와 디스코드(Discord)를 통해 사용할 수 있으며, Mix(사진을 비디오 클립과 결합), Animate(사진에서 기본 애니메이션 생성), Ideate(텍스트 프롬프트로부터 애니메이션 생성) 등의 서비스를 이용할 수 있다.

애니메이션 작업을 간소화하면서도 고품질의 동적 콘텐츠를 만들 수 있도록 지원하는 혁신적인 플랫폼이다.

폭발적인 성장세를 보여준 중국의 AI

오픈AI가 소라를 발표한 직후 중국이 곧장 소라에 비견하는 TTV 툴을 공개한 것은, 중국이 TTV뿐만 아니라 AI 전반에서 충분한 역량을 갖추고 있다는 방증이다. 이는 중국에서 쏟아져 나오는 AI 관련 백서들만 보아도 알 수 있다. 이들은 서구 백서들을 인용하지 않고, 자체 논문들을 인용할 정도로 AI 전반에서 괄목할 만한 연구 성과와 능력을 보여주고 있다. 예를 들어, 중국에서는 주어진 메모리 예산 내에서 학습 가능한 최대 모델을 제한하는 방식을 우선으로 하고 있다. 일반 컴퓨터 최적화에 지대한 투자를 하는 덕분에 비두나 클링은 대중에게 더 빨리 상용화되고 있다.

소라의 일반 공개가 늦어지는 이유 중 하나도 이러한 한계 때문인 것으로 보인다. 중국에서도 구글, 엔비디아처럼 '4bit 상태의 메모리 효율적 옵티마이저' 연구가 활발하다. 비록 연구 단계에 있으나, 일부 실험적 구현과 성과가 보고되고 있다. 상용화 단계까지는 4bit 양자화의 성능 손실 최소화, 양자화 기술의 표준화, 하드웨어 지원 등 갈 길이 남았으나, 향후 몇 년 내에 상용화될 수 있다고 한다. 이 외에도 중국은 AI 얼굴인식 기능에 있어서 세계 최고 수준의 얼굴인식 소프트웨어(센스타임 SenseTime, 메그비Megvii, 페이스++Face++ 등)를 개발하며, 감정을 표현하는 것에서도 세계적으로 선도적인 역할을 하고 있다. 중국 정부는 이 외에도 3D 객체 인식과 생성에도 아낌없는 지원을 하고 있다.

이렇게 중국의 AI 동향을 설명하는 이유는 한국에서도 주어진 한계 내에서 새로운 돌파구를 찾을 수 있기를 희망하기 때문이다.

이와 비슷한 의미로, 고국인 프랑스를 방문한 얀 르쿤은 파리에서 개최된 '비바테크'에서 다음과 같이 의미 있는 발언을 했다. "LLM은 하지 마라. 이것은 대기업의 손에 달려 있으며, 당신들이 가져올 수 있는 것은 아무것도 없다. LLM의 한계를 뛰어넘는 차세대 AI 시스템을 개발해야 한다."[75] 그에게는 'V-제파'[76]가 차세대 AI 시스템이자 AGI로 가는 돌파구인 것이다. 나라마다 차세대 AI 시스템은 다를 수 있다. 그러나 일부 빅테크만 가능한 LLM을 극복해야 한다는 것은 현재로서는 공통된 과제다.

---

75   2024년 5월 23일 비바테크놀로지(@Vivatech)와 얀 르쿤의 X(구 트위터) 참조.

76   이 책의 222~223쪽 참조.

7. 제2세대 편집 툴,
   AI 빅테크와 협업하는 프리미어프로

TTV와 뗄 수 없는 편집 툴

그림 III-7-1 소라로 생성한 〈에어 헤드〉의 실패 컷[77]

소라를 사용하여 영상 〈에어 헤드〉([그림 III-2-12])를 만든 샤이키즈는 유튜브[78]에 비하인드 스토리를 올렸다. 많은 경우 AI를 사용하면 영상이 단번에 근사하게 만들어질 거라고 착각한다. 하지만 TTV 툴을 사용해봤다면, 현실적으로 먼 이야기라는 것을 금방 체감하게 된다. 제아무리 소라라고 해도 말이다. 샤이키즈는 유튜브를 통해 "초기 이미지를 생성하는 데는 좋은 결과를 얻었지만, 완성된 결과물을 멋지게 만들기 위해 더 많은 일이 있었다"[79]고 밝혔다. [그림 III-7-1]의 이미지들은 〈에어 헤드〉를 만들면서 실패한 컷들이다. 배경을 수동으로 로토스코핑Rotoscoping하고, 가끔 풍선에 나타나는 얼굴을 제거하고, 색상을 보정했다. 이런 이유로 제2세대 영화에도 여전

---

77   https://www.youtube.com/watch?v=KFzXwBZgB88

78   *Ibid.*

79   *Ibid.*

히 다빈치 리졸브_{DaVinci Resolve}, 파이널 컷 프로_{Final Cut Pro}, 프리미어프로 등과 같은 편집 툴이 필요하다.

그래서일까? 미국의 IT 전문 매체 〈벤처비트〉 2024년 4월 15일 자에는 다음과 같은 기사가 실렸다. **어도비 프리미어프로**가 "새로운 AI 기능을 도입하면서 자사의 새로운 AI 모델인 **파이어플라이 비디오**_{Firefly Video}와 타사인 오픈AI, 런웨이 ML 및 피카랩스와의 통합 기능을 선보였다."[80] 어도비는 프리미어프로가 "사용자가 워크플로에 적합한 AI 모델을 선택할 수 있는 유연성을 제공하기 위해 오픈AI의 소라, 런웨이 ML의 Gen2, 피카랩스의 피카 등과 개방형 접근 방식을 택했다"며, 자사 블로그에 다음과 같이 밝혔다.[81]

- AI는 프리미어프로와 같이 매일 사용하는 도구에 통합되어야 한다.
- 진정한 가치는 생성형 AI로 기존 콘텐츠를 더 빠르게 편집하여 타임라인에서 오브젝트를 추가하고, 방해 요소를 제거하거나 클립을 매끄럽게 확장하는 데 있다. 이 모든 작업을 콘텐츠와 함께 정밀하게 제어할 수 있다.
- 선택의 폭이 넓고, 다양한 작업에 능숙한 여러 AI 모델을 사용할 수 있다.

상기 내용은 지금까지의 편집 툴과는 다른 제2세대 편집 툴의 방향성을 잘 요약하고 있다. 어도비는 이를 실현하기 위한 기능을 다섯 가지로 정리했다. (1) 어도비 파이어플라이 비디오 및 타사 생성형 AI 모델, (2) 생성형 확장, (3) 개체 추가 및 제거, (4) 생성형 B롤_{Generative B-Roll}, (5) AI 모델 제공을 위한 개방형 접근 방식. 이제 어도비가 함께 공개한 모델 영상을 보며 제2세대 편집 툴을 미리 경험해본다.

---

80 「Adobe to add AI video generators Sora, Runway, Pika to Premiere Pro」, 〈VentureBeat〉, 15. April 2024.

81 Ashley Still, "Bringing generative AI to video editing workflows in Adobe Premiere Pro", Adobe Blog, 15 April 2024.

그림 III-7-2 어도비에서 공개한 프리미어프로 모델, 러닝타임 3분 19초[82]

영상([그림 III-7-2])을 본 첫인상은 포토샵의 기능을 그대로 프리미어프로로 옮겨 온 듯하다. TTI의 기능이 TTV로 발전되는 것을 봐왔으니 이런 식의 전개가 익숙하지만, 사실 생각보다 어려운 일이다. 개체를 인페인팅하여 오브제를 대치하고자 하면, 이미지는 한 장만 바꾸면 되지만 영상은 1초 단위 최소 24장을 바꿔야 한다. 게다가 영상은 움직이기 때문에 시공간적 계산도 함께 적용되어야 한다. 단적으로, 아무것도 착용하지 않은 얼굴에 선글라스를 얹히려면 애프터이펙트의 'Face Tracking'을 사용해야 한다. 이 경우도 안면인식이 잘 되지 않으면 어려움이 따른다. 영상을 수정·편집할 때 적재적소에 적확한 툴을 고르는 것도 쉽지 않다. 필자의 경우, 프리미어프로를 사용하는 가장 큰 이유는 자회사의 다양한 프로그램은 물론이고 타사의 툴까지 플러그인으로 쉽게 사용할 수 있으며, 호환이 잘 되기 때문이다.

오브제 수정과 영상 생성

어도비의 영상([그림 III-7-2])은 3분 19초로 짧지만, 새로운 기술적 기능을 보기 쉽게 설명하면서도 영화처럼 스토리가 있어 더욱 설득력 있게 다가온다. 명실상부한 영화 편집 툴이라는 걸 다시 한번 각인시키는 듯하다. 영상은 지하 주차장에서 한 여자와 남자가 다이아몬드 거래를 하는 장면으로 시작하며, 여기서부터 새로운 AI 기능이 소개된다.

---

82   https://www.youtube.com/watch?v=6de4akFiNYM

그림 III-7-3 원본 영상(1)과 스틸 컷 오른쪽 하단에 생성된 세 개의 이미지(2), 수정 후 스틸 컷(3)[83]

사용 모델: 어도비 파이어플라이(Adobe Firefly),

프롬프트: "Pile of large diamonds on black velvet cloth", 사용 툴: Pen selection

가방 속 다이아몬드가 빈약해 보이므로 풍성하게 할 예정이다. '개체 추가Add object' 기능을 클릭하면 '직사각형 선택', '타원 선택', '펜 선택'이라는 세 가지 툴이 있다. [그림 III-7-3]의 영상에서는 펜 선택을 사용해 바꾸고 싶은 곳을 지정한 뒤(1), "블랙 벨벳 천에 놓인 커다란 다이아몬드 더미"라는 프롬프트를 입력한다. 그리고 (2)처럼, 오른쪽 하단에 생성된 세 개의 이미지 중에 하나를 선택한다. 그 결과, (3)처럼 다이 아몬드가 가방 한가득 채워졌다. 그간 TTV에서도 이와 비슷한 인페인팅 기능을 사 용할 수 있었으나 프리미어프로처럼 다양하고 섬세한 선택 툴은 없었다.

(1) 피카의 'modify region'(이미지는 미드저니에서 2023년 9월 에 생성한 것을 재사용)

(2) 피카에서 2024년 4월 21일 생성

83   이하 프리미어프로와 관련한 모든 스틸 컷과 인용문의 출처는 다음과 같다.
     https://blog.adobe.com/en/publish/2024/04/15/bringing-gen-ai-to-video-editing-workflows-
     adobe-premiere-pro

(3) Gen2의 다섯 개의 멀티 모션 브러시 적용

(4) Gen2에서 2024년 4월 21일 생성

그림 III-7-4 피카와 Gen2에서의 비교

다른 생성형 AI 툴과 비교해보자. TTV에서도 인페인팅을 할 수 있으나, 대부분 프리미어프로처럼 다양한 도구가 아니라 하나만 있다. [그림 III-7-4]의 (1)은 피카에 〈AI 수로부인〉에 사용됐던 영상 중에 하나를 넣고, 화면 하단에 있는 '립싱크Lip sync'를 이용해 대사를 생성했다. 그리고 'modify region'을 클릭한 후, 눈 부분에 사각형을 조정하여 넣고 "Sunglasses"라는 프롬프트를 넣었다. 그 결과 (2)의 스틸 컷처럼 까만 선글라스가 원하는 위치에 생성되었다. 그러나 얼굴의 모양이 서구형으로 변했고, 보디 디스토션이 일어났다. 이번에는 Gen2를 사용해보았다. 2023년까지는 수정 브러시가 있었는데, 좀 더 다양한 컨트롤이 가능한 '모션 브러시'로 대치되었다. (3)을 보면, Gen2에는 화면 오른쪽 상단에 다섯 개의 멀티 모션 브러시가 있다. 이를 사용하여 각각의 브러시를 칠한 영역에 독립적인 모션을 추가했다. 또한 붓의 크기를 조정할 수 있으며, 자동 영역 지정도 가능하다. 브러시를 서로 다른 방향으로 움직이게 했더니, (4)처럼 나무, 옷, 공책 등이 모두 다른 방향으로 움직이는 영상이 만들어졌다. 모션 때문인지 전체적으로 영상이 다소 흐려졌다. 인물, 특히 사람의 '얼굴'을 수정하면 어색하게 생성된다.

그림 III-7-5 프리미어프로에서 수정 전 인물 선택(1), 수정 후 사물로 선택(2), 사물 삭제(3)

　[그림 III-7-5]의 (1)에서는 의문의 여자와 거래를 마친 남자가 가방을 들고 문으로 향한다. 그런데 인물이나 문보다 눈에 띄는 피사체가 있다. 바로 문 왼쪽에 있는 인터콤 시스템[84]이다(2). 거슬리는 객체를 매직 선택 툴을 사용해 삭제한다(3). AI의 객체 인식 기능 덕분에 (1)에서는 '가방 든 남자', (2)에서는 '인터콤 시스템'과 같이 해당 객체만 수월하게 선택된다. 피사체가 삭제된 후 그 부분이 주변과 어울리게 자연스럽게 채워진다(3). 이것도 애프터이펙트나 포토샵에서 주로 사용되던 기능이나 한 차원 높여서 영상에서도 가능하게 되었다.

　영상 속 인터콤 시스템(2)은 명도·채도가 높고 그림자가 있어서 포토샵의 매직 이레이저 툴로 지우고 나서도 수작업으로 다시 수정해야 하는 난도 높은 작업이다. 이러한 점과 영상이라는 핸디캡을 감안하면, 놀라울 정도로 말끔하게 처리된 셈이다. 또한 삭제된 객체는 한 프레임뿐만 아니라, 영상이 끝날 때까지 그대로 유지됐다.

그림 III-7-6 프리미어프로에서 수정 전 시계(1), 수정 후 시계(2), 수정 전 의복(3), 수정 후 생성된 넥타이(4)

84　챗GPT에 이미지를 업로드해서 물어본 결과, "비상 상황시 사용하는 '인터콤 시스템'"이라고 대답, 2024.4.15. Google image에서는 "OGP-20 SERIES Blue Light Emergency/Assistance Outdoor Help Point Wall Mount"로 제시, 2024.4.15.

이 외에도 시계나 옷 등의 오브제를 다른 형태나 색으로 바꾸고 추가하는 인페인팅 기능도 있다. 이 영상에서는 아웃페인팅 기능이 소개되지 않았지만, 포토샵에서 아웃페인팅 기능이 잘 작동되는 만큼 프리미어프로에서도 그 가능성을 점칠 수 있다. 일반 TTV에서는 브러시를 사용해서 삭제하고 싶은 부분을 정하거나 텍스트로 요청해야 하지만 생각보다 효과가 좋지 않다. [그림 III-7-5]와 [그림 III-7-6]을 보면 일반 TTV 툴보다 프리미어프로의 품질이 훨씬 뛰어나다.

여기서 다시 편집 툴의 역할이 필요하다. 소라나 클링과 같은 툴이 생성한 영상이라 할지라도 삭제 및 수정하고 싶은 부분이 있기 마련이다. AI가 미진한 부분은 어도비 툴을 사용해서 수작업으로 더 깔끔하게 마무리할 수 있다. 영상([그림 III-7-2])은 실제 촬영 숏에 AI로 수정을 했다. 이처럼 제2세대 영화 툴에서도 일반 영상을 AI로 수정 및 편집하거나 혹은 AI로 영상을 생성하고 수작업으로 수정 및 편집하는 식의 수작업과 AI 작업의 공조가 필요하다.

파이어플라이와 타사 프로그램을 이용한 영상 생성

(1) 수정 전　　　　　　　　　(2) 파이어플라이로 부족한 푸티지 연장　(3) 수정 후

 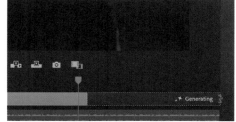

(4) 부족한 푸티지를 연장하기 위해 피카 선택　　　(5) 부족한 푸티지 생성 중

그림 III-7-7　프리미어프로에서 파이어플라이와 피카를 이용한 비디오 연장

인페인팅과 아웃페인팅, 수정 및 삭제는 기존의 TTV에서도 2023년부터 사용해 왔기에 놀랍지는 않았으나, 프리미어프로의 데모 영상만 보면 품질은 훨씬 뛰어나다. 푸티지footage(미편집한 원본)의 클립이 부족할 때 연장하는 기능도, Gen2나 피카의 'extend'처럼 기존의 생성형 AI 영상 툴에서도 가능한 기본적인 기능이다. 어려운 것은 앞뒤 영상을 연결할 수 있는 삽입 컷insert cut이다. 이 부분은 어도비 영상에서는 언급되지 않았지만, 소라에서는 삽입 컷이 실행된 데모 버전을 보여주고 있다. 지금까지 언급된 모든 기능 역시 소라의 데모 버전에서도 이미 볼 수 있다(cf. 2. 오픈AI의 소라, 제2세대 TTV의 선도자). 기존 영상에서는 처음 생성한 후, 첫 연장부터, 즉 3초나 4초에서부터 이미 보디 디스토션이 나타난다. 소라나 프리미어프로의 데모 영상은 이것에 비해 훨씬 더 품질이 좋으며, 인물의 일관성 역시 잘 유지되고 있다.

프리미어프로에서 푸티지를 연장하는 방식을 살펴보자. [그림 III-7-7]의 (1)과 (2)에서는 어도비의 자사 모델인 파이어플라이로 부족한 푸티지를 연장했다. 원본인 (1)과 생성물인 (3)을 비교해보면, 인물의 일관성이 잘 유지된 것을 알 수 있다. 보디 디스토션은 없으나 다소 흐려졌다. (4)와 (5)는 타사 모델인 피카로 부족한 푸티지를 연장한 예시다.

(1) 새로운 푸티지 생성을 위해 필요한 클립만큼 길이를 지정한 후에 오픈AI 선택

(2) 새 푸티지에 들어갈 프롬프트 기입

(3) 생성된 세 개의 결과물 중 하나 선택

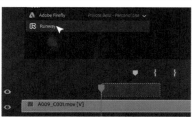
(4) 새로운 푸티지를 생성하기 위해 필요한 클립만큼 길이 지정 후에 런웨이 선택

(5) 새 푸티지에 들어갈 프롬프트 "Driving through the city at night from the driver's view(운전석에서 바라본 야간 시내 주행하기)." 기입

(6) 생성된 세 개의 결과물 중 하나 선택

그림 III-7-8 타사 모델과 생성형 B-롤[85]

프리미어프로는 데모 영상에서 자사의 파이어플라이뿐만 아니라 오픈AI, 피카, 런웨이의 모델을 사용해 부족한 푸티지를 보충하고 B-롤을 생성해 보였다. 이에 대해 어도비 크리에이티브 제품 그룹 수석 부사장인 애슐리 스틸은 다음과 같이 설명한다. "스톡 푸티지stock footage에서 B-롤을 찾는 데 시간을 낭비하지 않고, 간단한 텍

---

85   https://blog.adobe.com/en/publish/2024/04/15/bringing-gen-ai-to-video-editing-workflows-adobe-premiere-pro

스트 프롬프트를 사용해서 적절한 비디오 클립을 생성할 수 있다. 찍기 어렵거나 환상적인 개념을 설명하는 장면도 만들 수 있고, 구하기 어려운 B-롤을 생성하거나 (중략) 플레이스홀더placeholders로 사용할 수도 있다."

[그림 III-7-8]의 (1)과 (2)에서는 오픈AI를 사용하여, "밤에 비가 내리는 도시 스카이라인의 풍경View of city skyline in the rain at night"이라는 프롬프트로 B-롤을 요청한다. 메인 캐릭터의 시점에서 창문을 통해 도시의 야경을 바라보는 신(3)이 생성되어 타임라인에 추가된다. 마찬가지로 (4)와 (5)에서는 런웨이를 사용하여, "운전자 시야에서 바라본 야간 도시 주행Driving through the city at night from the driver's view"이라는 프롬프트로 B-롤이 생성되어 타임라인에 추가됐다. (6)에서는 장면이 바뀌어, 캐릭터가 운전하고 있는 차량의 내부에 있다고 짐작할 수 있다.

소라에서는 앞뒤 영상을 연결하는 '연결 비디오Connecting videos' 기능을 보여주었다.[86] 정확하게 스토리가 연결된다기보다는 두 개의 서로 다른 영상에서 각각 한 부분을 합치는 느낌이지만, 프리미어프로의 데모 영상에서는 '연결 비디오'와 관련한 내용이 언급되지 않았다.

(1) 어도비 데모 영상에서 '콘텐츠 자격 증명(Content Credentials)'[87]으로 어떤 AI 모델을 사용했는지 보여주는 예시

---

86 이 책의 [그림 III-2-9] 참조.
87 콘텐츠 크리덴셜(콘텐츠 자격 증명)은 새로운 종류의 위변조 방지 메타데이터다. 크리에이터는 콘텐츠 내보내기 또는 다운로드 시 자신과 창작 과정에 대한 추가 정보를 콘텐츠에 직접 추가할 수 있다. 콘텐츠 크리덴셜은 CAI(Content Authenticity Initiative, 콘텐츠 진위성 증진)를 통해 제공되는 기술 에코 시스템의 일부다. https://helpx.adobe.com/creative-cloud/help/content-credentials.html

(2) 어도비 파이어플라이에서 2024년 4월 21일 생성한 프롬프트: "노란 한복을 입고 대금을 부는 한국 여성, 봄 풍경."[88]

(3) 파이어플라이로 (2)를 생성하고 저장하자 이와 같이 '콘텐츠 크리덴셜' 문구가 적용됨

(4) 콘텐츠 크리덴셜 홈페이지에서 확인 가능
(https://contentcredentials.org/verify)

88　파이어플라이는 한국말로도 생성이 가능하나, 문맥을 이해하지 못한다. [그림 III-7-9]의 (2)에서 보면, '대금(大笒, 관악기)'이 아니라 '부채 모양의 돈(代金, 물건값)'을 생성했다. 이는 '대금을 부는' 것을 'paying a bill'로 번역했기 때문이다. DeepL도 같은 실수를 했다. 하지만 챗GPT, 클로드(Claude), 클로바X, 제미나이(Gemini), 퍼플렉시티(Perplexity)와 같은 챗봇들은 'playing the daegeum'으로 정확하게 상황을 이해했다. 코파일럿(Copilot)도 영어 번역은 정확했으나, 빙달이는 '대금'이 아니라 '부채 모양의 돈'을 불고 있는 여성 이미지를 생성했다. 반면에 챗달이는 '대금을 부는 한국 여성'을 생성했다.
　　이러한 면에서 TTV가 얼마나 문맥(언어)을 이해하는지가 중요하다. 이 이해도가 제1세대와 제2세대 영화 툴을 구분 짓는 특징 중의 하나이다.

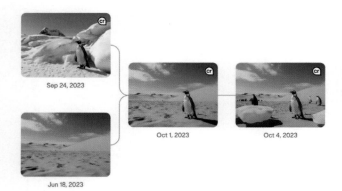

(5) 해당 홈페이지에서 시간 경과에 따른 자세한 변경 내역도 확인 가능

그림 III-7-9 어도비의 콘텐츠 크리덴셜 기능

어도비는 생성형 AI로 제작한 동영상에 라벨을 지정하고 사용자가 시청하는 미디어에 사용된 모델을 지정하는 '콘텐츠 크리덴셜' 혹은 '콘텐츠 자격 증명'을 도입했다. 어도비 파이어플라이에서는 2023년부터 '콘텐츠 크리덴셜'을 적용하고 있으며([그림 III-7-9](2), (3)), 프리미어프로에서는 제작부터 편집, 퍼블리싱까지 지원할 예정이다 (1). 어도비는 2023년 9월 포토샵의 베타 버전이 나왔을 때부터, "저작권 걱정 없이 작업할 수 있는 포토샵 AI 기능"[89]에 대해 강조했다. 바로 〈AI 수로부인〉을 제작할 때였다. 이 덕분에, 필자는 다른 프로그램에 같은 기능이 있을지라도, 어도비 베타 서비스를 선호했다.

[그림 III-7-9]에서 보듯이, 이미지 혹은 영상을 저장할 때 '콘텐츠 크리덴셜'이 적용되며, 또한 시간 경과에 따른 변경 내용도 확인할 수 있다(5). 이미 생성된 이미지나 영상의 경우에는 '콘텐츠 크리덴셜' 홈페이지(https://contentcredentials.org/verify)에 자신의 작업을 업로드하면, 확인할 수 있다(4).

---

89 "포토샵의 AI 기능은 어도비의 생성형 AI인 어도비 파이어플라이를 기반으로 하고 있다. 파이어플라이는 어도비 스톡 이미지, 개방형 라이선스 콘텐츠, 저작권이 만료된 퍼블릭 도메인 콘텐츠 및 원작자들의 허락을 받은 이미지 원본만을 이용해 학습하여 저작권 걱정 없이 자유롭게 활용할 수 있다. 법적 위험 없는 콘텐츠를 만들어 상업적 활용을 할 수 있도록 안정성을 보증한다. 어도비는 이와 같은 콘텐츠 생성에 필요한 상당한 리소스를 위해 생성 크레디트를 플랜별로 할당하도록 업데이트했다. 이를 통해 생성형 AI 기능을 사용할 수 있게 한다."
https://www.adobe.com/kr/creativecloud/photography/hub/guides/photoshop-ai-copyright.html

편집 전과 편집 후의 영화

소라Sora, 뤼미에르Lumiere, 에뮤Emu, 스테이블 디퓨전 3.0 비디오 등으로 생성한 영상이 일반 영화만큼 좋아진다고 할지라도, 여전히 편집은 중요할 것이다. 실제 촬영한 영화도 '편집 전의 영화와 편집 후의 영화가 있다'고 할 정도로 '편집'은 중요하기 때문이다. 감독 혹은 창작자의 의도에 따른 섬세한 편집이 필요하다는 의미다. 1분 혹은 수 분의 영상이 잘 만들어졌다고 할지라도, 영화를 제작하기 위해서는 결국 편집 툴을 거쳐야 한다. 영화에는 영상뿐만 아니라, 음악, 더빙, 음향효과가 필요하기 때문에 AI가 생성한 이 모든 것을 조화롭게 만들기 위해서는 수정하는 과정이 필요하다. 오랜 과정을 거쳐 감독이 심혈을 기울여 촬영한 일반 영상도 역시 편집이 필요한 것처럼 말이다. AI 생성물은 아직까지는 실제 촬영과 많은 격차가 있기에 편집 작업은 그만큼 더 필수적이다.

어도비는 이미 사용자 경험UX과 사용자 인터페이스UI에서 타의 추종을 불허한다. 어도비 툴 간의 호환성, 용이한 접근성, 방대한 플러그인은 거부할 수 없는 매력이다.[90] 이러한 강점을 강화하는 방식으로 오픈AI, 런웨이, 피카를 끌어들인다는 포부가 실현된다면, '꿈의 편집 툴'이 될 것이다. 어도비가 자체 개발 중인 생성형 AI도 중요하겠지만, 이렇듯 좋은 플러그인을 사용하여 품질 높은 영상을 제작할 수 있는 플랫폼이 더욱 절실하다. 2024년 2월 28일, 어도비는 생성형 AI 기반의 음악 생성 및 편집 도구도 소개했다. 오디오 및 음악을 생성하고 세밀하게 조정 및 편집을 할 수 있다.[91] 영상, 음악, 3D 등 편집 툴에 생성형 AI 플러그인이 덧붙는 어도비의 확장이 어디까지 뻗어나갈지 기대된다. 미래에는 영상 종합 플랫폼 덕분에 한 편의 영화를 만들기 위해서 수많은 생성형 AI 툴을 찾아 헤매는 방랑이 끝날 수 있을까?

---

90   어도비는 100여 개의 자사 제품을 제공한다. https://www.adobe.com/kr/products/catalog.html

91   https://blog.adobe.com/en/publish/2024/02/28/adobe-research-audio-creation-editing

8. 제3세대 AI영화, 감성 툴과 3D 발전

감성적 TTV와 3D 영화

제2세대 TTV는 제1세대와 비교해 영상에 NLP의 높은 적용, 물리 현상 반영, 비주얼 패치, 적용 가능한 편집 기능, 음악과 음향효과, 대사까지 탑재할 예정이다. 하지만 우리가 일반 영화에서 보듯이 뛰어난 배우들의 섬세한 감성 연기는 여전히 어려울 것으로 보인다. 소라와 같이 사실주의적(현실적) 혹은 이를 기반으로 한 초현실주의적 영상이 나온다고 할지라도, '감성'에는 또 다른 알고리즘이 요청된다. 일반인들이 영화를 보며 배우의 연기에 울고 웃으며 또한 감정이입이 되게끔 하기 위해서는 사실적 표현과 현실적 묘사 같은 시뮬레이션만으로는 부족하다는 의미다. 배우가 스크린 밖의 관객에게 영향을 끼치기 위해서는 캐릭터에 대한 깊은 이해, 자신의 경험이 바탕이 된 감정의 진실성, 섬세한 표현력, 탁월한 해석력과 창의성, 감독과 상대배우와의 호흡 등이 필요하다. 이러한 공감 능력이 섬세하게 표현되기 위해서는 다른 차원의 알고리즘이 필요하기에 이것이 가능해진다면, 제3세대 영화의 시발점이 될 것이다.

2024년 4월 11일 자 〈블룸버그 통신〉[92]에 따르면, 어도비는 일상적인 활동이나 감성, 즉 기쁨, 분노와 같은 다양한 감정을 묘사한 동영상을 제공하는 사진작가 및 아티스트 커뮤니티에 보상을 준다고 한다. 어도비는 제출된 동영상에 분당 평균

---

92 「Adobe Is Buying Videos for $3 Per Minute to Build AI Model」, 〈bloomberg〉, 11 Apr 2024.

2.62~7.25달러를 지불하고 있다.[93] 우선은 빅데이터 자료와 관련한 저작권 걱정으로부터 벗어나고, 다음으로는 제3세대 영화에서 필수인 감성적 클립들을 생성하기 위해서가 아닐까 추측한다.

제3세대 영화 툴의 또 다른 특징은 생성형 AI 3D 기술의 발전이다. 3D 기술도 빠르게 발전하고 있으나, 다수의 AI 3D의 결과물은 '벨라미' 가족([그림 II-3-3])의 일원처럼 느껴진다. 그러나 3D엔진을 사용해본 경험이 있다면, 친화적인 UI에 놀라게 된다. 3D의 특성상 무거운 프로그램과 긴 렌더링 시간은 거리를 두게 했으나, 가우시안 스플래팅Gaussian Splatting과 같은 기술 개발이 AI 3D의 발전에 속도를 더하고 있다. TTV의 발전에도 불구하고 3D의 중요성이 커지는 근본적인 이유는 AI 3D가 다양한 산업 분야에서 보다 구체적이고 실질적인 응용 가능성을 제공하기 때문이다. 바로 이러한 이유로, 그 복잡성에도 불구하고 AI 3D의 연구에 관심이 쏠리고 있으며, 이에 발맞추어 3D 영화도 제작될 것이다.

EMO, 감성 TTV의 시작

TTV 툴은 발전의 발전을 거듭했지만, 여전히 일반 영화처럼 배우들의 섬세한 감정 연기는 보기 어렵다. 관객이 감정을 이입하게 만드는 연기는 사실적인 표현만으로는 부족하다. 인간의 감성을 섬세하게 그려내는 것은 더 많은 훈련이 필요하다. 일찌감치 감성적 표현 영역에 도전한 생성형 AI 툴이 많은데, 그중 하나가 바로 **EMO**Emote Portrait Alive다. 이 툴이 제3세대 영화 툴의 한 '예시'를 보여준다는 것이지, 제3세대 영화 툴이라는 것은 아니다. 제3세대 AI영화 툴이 되려면, 제2세대 툴의 특징인 사실주의

---

93   〈로이터 통신〉에 따르면, AI 학습을 위해 기업들이 사진 한 장당 5센트에서 1달러, 동영상당 1달러 이상의 가격을 제안하며, 스톡 사진 사이트 프리픽(Freepik)은 2억 장의 이미지 아카이브를 이미지당 2~4센트에 라이선스했다고 밝혔다. AI 학습 데이터 중개를 전문으로 하는 Defined.ai는 구글, 메타, 애플, 아마존과 같은 기업이 이미지당 최대 2달러, 짧은 동영상은 2~4달러, 긴 동영상은 시간당 100~300달러를 기꺼이 지불할 것이라고 말했다."
「Adobe is buying videos to train its new AI tool, but is it paying enough?」, 〈ZDNET〉, 11 Apr 2024. https://www.zdnet.com/article/adobe-is-buying-videos-to-train-its-new-ai-generator-but-are-they-paying-enough

적 스타일이 밑받침되어야 하는데, EMO는 국부적인 표정만을 다루고 있기 때문이다.

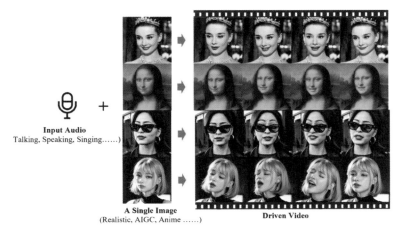

그림 III-8-1 EMO의 구조[94]

2024년 2월 27일, 알리바바 그룹[95]의 지능형 컴퓨팅 연구소가 공개한 EMO는 "표현력 있는 오디오 기반 인물−비디오 생성 프레임워크expressive audio-driven portrait-video generation framework"[96]다. EMO는 이미지 한 장과 음성이나 노래 같은 오디오를 입력하면, 표정과 포즈가 다양한 아바타 비디오를 생성한다. 영상의 길이는 입력한 음성 자료

---

94   https://humanaigc.github.io/emote-portrait-alive

95   알리바바는 중국의 종합 IT 그룹. 중국 최대 규모의 전자상거래 플랫폼을 기반으로 물류, 핀테크, 클라우드 컴퓨팅 등 많은 분야에 진출해 있다.

96   Linrui Tian *et al.*, "EMO: Emote Portrait Alive-Generating Expressive Portrait Videos with Audio2Video Diffusion Model under Weak Conditions", 27 Feb 2024. 2024. arXiv:2402.17485v3 [cs. CV]

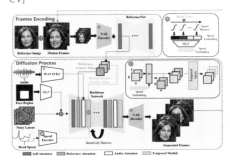

의 길이와 같다. 자연스럽게 노래 부르는 영상을 제작할 수 있다는 것이 특징이다. 공개된 모든 영상에서 일관성 있게 캐릭터가 생성되었으며, 발표 당시 타 TTV나 ATV에 비해서 표현력도 뛰어났다. 사용자가 캐릭터 이미지와 오디오를 함께 입력하면, 오디오에 맞춰 캐릭터 음성을 생성하는 것은 D-ID와 같다. 반면에, D-ID는 자체적으로 음성을 생성할 수 있으며, 아바타 역시 제공하나 노래를 생성하지 못한다. D-ID는 입과 눈만 주로 움직이며 고개만 다소 갸웃하는 것에 비해, EMO는 얼굴 전체가 자연스럽게 움직이며, 표정이 풍부하다.

EMO의 프레임워크는 '프레임 인코딩'과 '디퓨전 프로세스'의 두 단계로 구성된다. 영화배우 오드리 햅번의 사진에 사만다 하비가 부른 〈Perfect〉를 합쳐 생성한 영상은, 전자가 후자의 목소리로 노래를 부르는 듯 자연스럽다. WildCardX-XL-Fusion으로 생성된 AI 소녀 영상과 한국 노래인 제니의 〈SOLO〉가 합성된 예시도 인상적이었으나, 영어에 비해 한국어 노래는 입 모양에 어색함이 남아 있다.

노래를 영상으로 표현한다는 것은, 노래를 텍스트처럼 분석해야 할뿐더러 감정선까지 이해해야 가능하다. 이러한 시도를 한 EMO의 데모 버전은 독보적이다. 중국의 종합 IT 그룹이 개발한 EMO와 중국의 안면인식 기술에는 어떤 연관이 있는 걸까? "인공지능(AI) 기술을 활용한 중국의 안면인식 기술의 상용화 수준은 세계 최고다. 인권 보호를 위한 규제가 사실상 없었기 때문이다. 2020년 이후 대도시에 들어선 아파트엔 세입자 안면인식 장치가 설치돼 비밀번호를 입력하거나 출입증을 제시하지 않아도 출입이 가능하게 설계됐다. 기차역에서도 티켓 구매자가 얼굴인식만으로 플랫폼에 입장할 수 있다. 패스트푸드점과 편의점에선 모니터에 얼굴을 가까이 대는 것만으로 결제가 가능하다."[97]

안면인식 기술과 오디오-비디오 합성 기술의 관계는 '합성 미디어 분야'의 공통된 기초 기술과 방법론에서 찾을 수 있다. [표 III-8-1]에서 보듯이 이 두 기술은 각각 다른 목적을 가지고 있지만, 기술적 프레임워크와 기본적인 방법론을 공유하고 있다.

---

97   「인구 14억 명 다 알아보는 중국 '안면인식 빅브러더' …정말 없앨까?」, 〈한국일보〉, 2023년 10월 23일 자.

표 III-8-1 안면인식과 오디오-비디오 합성 기술 비교

기술	주요 기능	응용 분야	기술적 기반	윤리적 문제
안면인식	사람의 얼굴 특징을 사용해 신원을 식별하고 검증	보안 시스템, 개인화된 사용자 경험	심층 학습, 신경망 모델	개인의 사생활 침해, 감시와 같은 문제
오디오-비디오 합성	실제 인물을 모방한 현실적인 오디오 및 비디오 콘텐츠 생성	딥페이크 콘텐츠 생성, 엔터테인먼트	심층 학습, 신경망 모델, 오디오 및 이미지 합성	잘못된 정보의 확산, 신원 도용, 허가 없는 모습 사용

안면인식 기술은 보안 시스템부터 개인화된 사용자 경험까지 다양한 분야에서 사람들의 얼굴 특징을 사용해 식별하고 신원을 검증한다. 이 과정은 이미지나 비디오 스트림에서 캡처된 얼굴 데이터를 분석, 학습하고 예측을 만들어내는 데에 심층 학습 모델을 대규모로 사용한다. 반면, 오디오-비디오 합성 기술은 실제 인물을 모방한 현실적인 콘텐츠를 생성한다.

안면인식과 오디오-비디오 합성 기술의 교차점은 모두 대량의 데이터를 처리하고 해석하기 위해 심층 학습 및 신경망 모델을 포함한 고급 AI 알고리즘에 의존한다는 것이다. 안면인식은 이미지 합성의 하위 집합으로 볼 수 있으며, 목표는 얼굴 특징을 정확하게 매핑하고 식별하는 것이다. 반면에, 오디오-비디오 합성은 이러한 특징을 조작하여 현실성을 유지하면서 새로 변경된 콘텐츠를 생산한다.

음성 AI 기술의 발전은 두 분야에 모두 중요한 영향을 미친다. 음성 AI는 자동 음성 인식Automatic Speech Recognition, ASR 및 텍스트-음성 변환(TTS) 기술을 포함하며, 오디오 입력과 합성된 음성 출력 사이의 다리 역할을 한다. ASR 기술은 음성 패턴을 인식하고 전사하여 구어를 텍스트로 변환하는 반면, TTS 시스템은 텍스트에서 구어를 생성한다. 이러한 기능은 딥페이크 비디오에 대한 현실적인 오디오 트랙을 생성하거나, 안면인식을 사용한 사용자 식별에 더해 음성 반응형 시스템을 가능하게 한다.

결론적으로, AI 기반 안면인식과 오디오-비디오 합성 기술은 각각 다른 목적을 가진다. 전자는 식별을 위해, 후자는 콘텐츠 생성을 위해서다. 그러나 심층 학습과 신경망 모델에 의존하는 공통된 기반을 공유한다. 두 분야 모두 AI 연구의 발전으로부

터 혜택을 받으며, 합성 콘텐츠의 리얼리즘과 정확성, 그리고 인식 시스템의 신뢰성을 개선한다.

EMO도 실제 배우에 비해서는 감정 표현이 어색하다. 그러나 작금의 생성형 AI 발전 속도를 보면, 감정 표현이 좀 더 자연스러워지고, 이를 노래로 표현하게 될 것이다. AI 캐릭터가 사람 배우처럼 감정을 표현하는 것이 가장 어려운 관문이 될 것이다. 그러나 이를 극복할 수 있다면, 그다음 단계인 제4세대부터는 굳이 AI영화와 일반 영화를 구분할 필요가 없지 않을까?

3D 영화 약사와 다양한 생성형 AI 3D 툴

제3세대 영화의 또 다른 특징은 생성형 AI를 기반으로 한 발전된 3D 툴의 용이한 사용이다. 3D 영화는 1950년대 한쪽은 빨간색, 다른 한쪽은 청록색 안경을 끼고 보는 애너글리프 3D(Anaglyph 3D)에서 시작됐다. 초기 상업적 3D 영화 중 하나는 1952년 개봉한 〈브와나 데블(Bwana Devil)〉이다. 3D 영화는 1980년대와 1990년대를 거치면서 기술의 발전과 함께 점차 발전했다. 2000년대에 들어서 디지털 3D 기술이 도입되고, 2009년 〈아바타(Avatar)〉가 전 세계적으로 큰 성공을 거두면서 3D 영화의 대중화가 촉발되었다. AI 3D는 이미 영화 제작의 여러 측면에서 중요한 역할을 하고 있다. 특히 애니메이션과 특수효과 분야에서 사용 빈도가 높아지고 있다. 전통적인 3D 소프트웨어는 점차 AI 기능을 통합하고 있는데, 예를 들어 Autodesk Maya에 AI 기반 도구를 추가하여 사용자가 더 효율적으로 작업할 수 있게 한다. 생성형 AI 툴은 기존의 3D 모델링 및 렌더링 파이프라인과 호환되도록 설계하고 있다.

AI 3D 생성 툴도 꾸준히 발전하고 있으며 무엇보다 접근성이 좋아졌다. 복잡한 과정 없이 TT3D(Text to 3D)로도 생성할 수 있고, 아바타 역시 쉽게 생성할 수 있다. AI를 접목한 3D 툴은 전문가뿐만 아니라 게임, 비즈니스, 실생활 등에서 다양하게 활용되고 있다. 전문가들은 아직 생성형 AI 3D 툴의 결과물이 많이 부족하다고 여기겠지만, 단순한 결과물일지라도 일반 3D 엔진과 비교하면 생성 속도가 놀라울 정도로 빠르다. TT3D 모델은 지능형 알고리즘으로 캐릭터, 사물, 환경 등을 3차원으로 생성한다. 영화 속 건축 디자인 요소부터 캐릭터에 이르기까지 AI 3D가 그 영역을 넓혀 가고 있다.

생성형 AI 이미지나 영상과 비교하여, 3D는 더 좋은 사양의 컴퓨터와 더 오랜 렌더링을 필요로 한다. 하지만 가볍고 운용이 쉬운 AI 3D 모델링 프로그램이 점차 늘어나고 있다. 개발 회사들은 생성형 AI 3D 툴의 개별 특성을 살려 개발하고 있다. 예를 들어, 모브.AI_{Move.AI}[98]는 표준 비디오 촬영을 통해 고품질의 3D 모델 생성을 가능하게 하는 AI 알고리즘을 개발하고, 네로이_{NeROIC}[99]는 이미지와 비디오 자료를 상호작용이 가능한 3D 모델로 변환하고 있다. 이 외에도 다양한 생성형 AI 3D 툴이 많다.[100] 이제 2024년 상반기 기준, 사용자 친화도가 높은 툴을 위주로 소개하겠다.

---

98 모브.AI(Move.AI)는 표준 비디오 촬영으로 고품질 3D 모델 생성을 지원한다. https://www.move.ai

99 네로이(NeROIC)는 이미지와 비디오가 상호작용 가능한 3D 모델로 변환한다. 네로이는 몇 장의 이미지를 기반으로 3D 물체를 합성할 수 있다. 사진에서 카메라 위치를 감지한 다음 주요 개체를 분할하고 지오메트리를 생성한 다음 마지막으로 200자 이상의 3D 맵(albedo, specular, glossiness, normal)을 렌더링하는 방식이다. https://innoverai.com/neroic

100 - 모치(Mochi): 텍스트 설명을 3D 게임 자산으로 변환 https://himochi.ai
    - 폰즈(Ponzu): 사실적인 텍스처를 생성하고 3D 모델의 외관을 개선 https://www.ponzu.gg
    - 리페이스(Reface): 얼굴 바꾸기(Swap faces), 애니메이션(Animate), 이미지 스타일 바꾸기(Image Restyle), 동영상 스타일 변경(Video Restyle) https://reface.ai/unboring
    - 버보(Virbo): 300개 이상의 음성과 300개 이상의 템플릿으로 AI 아바타 동영상을 생성하여 윈도우(Windows) 디바이스에서 콘텐츠 품질 향상 가능 https://virbo.wondershare.com/ai-video-generator.html?source=78
    이 외에도 쉽고 괜찮은 AI 3D 툴이 지속적으로 나오고 있다.

사용자 친화적인 AI 3D 툴

(1) 마스터피스 스튜디오가 제시한 모델
https://app.masterpiecex.com

(2) 마스터피스 스튜디오가 생성한 아바타
프롬프트: "한복을 입은 소녀"(2024년 3월 28일)

그림 III-8-2 마스터피스 스튜디오의 3D 생성물

마스터피스 스튜디오 Masterpiece Studio는 자연어 처리 기술을 사용하여 텍스트를 3D 모델로 변환하는 AI 기반 TT3DText to 3D[101]다. 엔비디아NVIDIA와의 협력으로 구축되었으며, 생성된 모든 모델은 블렌더, 유니티, 언리얼 엔진 등의 3D 엔진과 호환된다. 텍스트로 완전한 3D 개체를 만들 수 있는 친화적인 UI다. [그림 III-8-2]의 (2)는 "한복을 입은 소녀"라는 프롬프트로 생성된 아바타다. 얼굴을 제외하면, 생각보다 섬세하게 생성되었다. 일반적으로 사람보다는 오브제의 품질이 좋게 생성된다.

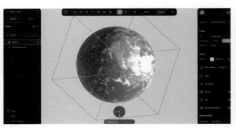

(1) 스플라인이 제시한 모델
https://spline.design

(2) 스플라인이 생성한 이미지:
한반도가 정가운데에 위치한 지구본
(2024년 3월 28일 생성)

그림 III-8-3 스플라인의 3D 생성물

스플라인Spline은 웹브라우저에서 인터랙티브한 3D 콘텐츠를 실시간 협업하면서 작

---

101 TT3D(Text to 3D)는 텍스트 프롬프트로 3D 오브제를 생성하는 생성형 AI 툴을 일컫는다. TTV가 광의로 사용될 때처럼, TT3D의 경우에도 stricto sensu 텍스트로 3D모델을 생성하는 것이나, lato sensu 텍스트, 이미지, 오디오 등의 프롬프트를 사용하여 3D 모델을 생성하는 것도 포함된다.

업할 수 있는 3D 디자인 소프트웨어다. 이 기능 덕분에 팀 프로젝트에 적합하다. [그림 III-8-3]의 (2)는 스플라인으로 한반도가 정가운데 위치하도록 지구본을 생성한 것이다. 생각보다 정교하게 나오지 않아서 한국을 구분하기는 어렵다. 이는 스플라인의 특성으로, 가볍고 단순하나 사용자 친화적이며, 다양한 기능을 가지고 있다.

(1) Motion from Text　　　(2) Motion from Video　　　(3) Body Shape from images

https://meshcapade.com

그림 III-8-4 **메쉬캐페이드의 3D 생성물**

　　메쉬캐페이드Meshcapade 역시 텍스트 입력으로 3D 모델을 생성한다. 모든 게임 엔진 및 그래픽 소프트웨어와 호환되는 통합 플랫폼을 제공한다. 3D 아바타 생성 프로세스를 단순화했다는 것이 핵심 서비스다. 크게 세 가지 기능이 있는데, 첫째는 텍스트 프롬프트에 따라 아바타가 행동을 취하는 '모션 프롬 텍스트Motion from Text'가 있다. "원숭이처럼 행동"하라고 요청했더니, [그림 III-8-4]의 (1)처럼 원숭이를 흉내 내고 있다. 두 번째는 (2)처럼 비디오에서 캐릭터가 행하는 모션을 아바타가 따라 하는 '모션 프롬 비디오Motion from Video'이다. 세 번째는 (3)의 '보디 셰이프 프롬 이미지Body Shape from images'로, 2D 이미지에서 보이는 그대로 3D 아바타의 형태가 모사된다.

(1) Textured　　　　　(2) Wireframe　　　　　(3) Solid

프롬프트: "a classical golden sofas"(https://3dfy.ai)

그림 III-8-5 **3dfy.ai의 생성물**

　　3dfy.ai는 머신러닝 알고리즘을 사용하여 2D 이미지로부터 3D 모델을 생성한다.

2D 이미지에서 빠르고 효율적으로 3D 모델을 생성하려는 사용자에게 적합하다. 필자는 TT3D로 시험해봤다. 프롬프트로 "a classical golden sofas"를 넣어 소파를 생성했다. Textured[102], Wireframe[103], UV Preview[104], Solid[105]로 모델을 볼 수 있는데, [그림 III-8-5]의 이미지는 각각 (1) Textured, (2) Wireframe, (3) Solid로 생성한 것이다. 사용자 친화적이며 프롬프트로 생성할 수 있어서 쉽게 사용할 수 있다.

로딘(RODIN) https://3d-avatar-diffusion.microsoft.com

그림 III-8-6 마이크로소프트의 로딘 디퓨전 생성물

마이크로소프트의 로딘 디퓨전RODIN Diffusion은 텍스트 기반 프롬프트를 사용하여 현실적인 3D 모델과 애니메이션을 생성하는 AI 3D 객체 생성기다. 고급 머신러닝 알고리즘[106]을 사용한다. 현재는 [그림 III-8-6]과 같이 모델 버전에서 일부만 시도할 수

---

102 Textured(텍스처 적용)는 3D 모델에 실제와 같은 느낌을 주기 위해 표면에 적용하는 이미지 또는 패턴으로, 색상, 무늬, 질감 등을 부여하여 시각적으로 리얼리티를 향상시킨다.

103 Wireframe(와이어프레임)은 3D 모델의 구조를 보여주는 방식으로, 모델을 구성하는 모든 에지(Edge)와 버텍스(Vertex)를 선으로 표현하여, 모델의 기본적인 형태와 구조를 간략히 나타낸다.

104 UV Preview(UV 프리뷰)는 UV 매핑처럼 3D 모델의 표면을 2D 이미지로 언랩(펼친 것)하는 과정으로, 텍스처가 모델 표면에 어떻게 매핑되는지를 시각화한다.

105 Solid(솔리드) 모드는 3D 모델을 실제 물체처럼 완전한 형태로 표현하는 방법으로, 텍스처, 색상, 그림자 등을 포함하여 모델을 더욱 현실적으로 보여준다.

106 로딘(RODIN) 확산 모델의 시각화.

있다. 여기서는 미소 짓는 얼굴로 360도를 돌게 했다.

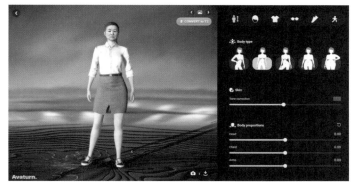

(1) 아바타 생성

(2) 생성된 아바타의 의상, 포즈, 모션 등을 설정

그림 III-8-7 아바턴으로 생성한 3D 아바타

아바턴_{Avaturn}은 고급 머신러닝 알고리즘을 사용하여 3D 모델을 빠르고 효율적으로 생성할 수 있다. [그림 III-8-7]은 아바턴으로 3D 아바타를 만드는 과정이다. (1)

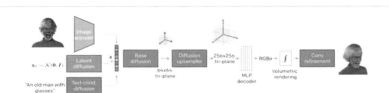

출처: https://3d-avatar-diffusion.microsoft.com

에서처럼 모바일로 연결해서 좌우 프로필과 정면 사진을 찍으면, PC로 곧장 업로드 되어 자신의 아바타가 만들어진다. 만들어진 아바타의 얼굴은 꽤 사실적으로 표현됐다. 그러나 다음 과정 (2)에서 모션을 적용하자 얼굴이 바뀌며 애니메이션 스타일이 되어 아쉬웠다. 머리, 의복, 신발, 안경, 모션 등을 적절히 바꾼 아바타는 디스코드를 연결하여 다운로드할 수 있다.

(1) 아바타 커스터마이징 요소들

(2) 왼쪽 원본 〈AI 수로부인〉으로 생성한 아바타들
https://readyplayer.me

그림 III-8-8 레디 플레이어 미로 생성한 〈AI 수로부인〉의 현대식 아바타

레디 플레이어 미 Ready Player Me 역시 쉽게 사용할 수 있는 3D 아바타 생성기다. [그림 III-8-8]의 (1)은 〈AI 수로부인〉의 주인공(2D)을 3D 아바타로 만든 후 다양한 의복을 시도해봤다. (2)는 왼쪽 원본 이미지를 이용해 다양한 아바타를 생성한 뒤 얼굴을 클로즈업했다.

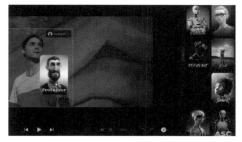

(1) 영상 속 인물을 CGI 캐릭터로 대치하는 장면　　　　(2) 영상 속 CGI 캐릭터가 대체된 장면

그림 III-8-9　원더다이내믹스로 인물을 CGI 캐릭터로 바꾼 영상[107]

원더다이내믹스wonder Dynamics는 "CGComputer Graphics 캐릭터를 자동으로 애니메이션화하고, 조명 및 합성하여 실사 신live-action scene에 삽입한다". 비싼 장비나 제작 하드웨어가 필요 없어 카메라만 있으면 된다. "CG 캐릭터를 선택하거나 업로드하여 한 장면이나 전체 시퀀스에 적용하면, 시스템이 자동으로 컷을 감지하고 영상 내 배우를 추적"하기에, "수작업인 VFXVisual Effects 작업을 80~90%까지 자동화"한다.[108]

자신이 제작하거나 저작권 문제가 없는 영상을 업로드하고, 영상 속 배우들을 CGIComputer-Generated Imagery 캐릭터로 대체할 수 있다. [그림 III-8-9]의 (1)에서는 원래 영상에 있는 한 남성을 스캔한 후에 오른쪽에 있는 여러 CGI 캐릭터 중 하나로 대치했다. 원본 영상은 두 명의 사람이 대화하며 산책하는 장면인데, (2)의 오른쪽 사람이 로봇 CGI로 대체됐다. CGI 캐릭터를 선택한 후, 원하는 해상도와 파일 형식을 선택하여 렌더링 프로세스를 진행한다. 이 소프트웨어는 웹 인터페이스를 통해 사용할 수 있으며 조작이 간단하다. 한 영상에서 여러 개의 CGI 캐릭터를 사용할 수 있다.

딥모션으로 3D 영상 생성

지금까지 사용자 친화적인 여러 TT3D를 간략히 살펴보았다면, **딥모션**DeepMotion을

107　https://app.wonderdynamics.com
108　https://help.wonderdynamics.com

통해 3D에 대해 좀 더 자세히 알아보겠다. 딥모션 역시 사용법이 간단하다. 결과물을 자신의 영상에 쉽게 사용할 수 있도록 솔리드_{Solid} 배경 설정이 가능하다. 3D 파일뿐만 아니라 MP4로도 출력할 수 있다. 얼굴 트래킹_{Face Tracking}부터 멀티-퍼슨 트래킹_{Multi-Person Tracking}까지 다양한 트래킹이 가능하며, 3D를 생성하고 나서도 수정할 수 있다.

(1) 다양한 트래킹 유형 선택[109]

(2) 'Animate 3D'에서 작업

(3) 메뉴에서 '3D 모델' 선택

---

109 각각의 트래킹 유형은 독특한 AI 아키텍처와 기술을 사용하여 특정한 문제를 해결한다. 풀-보디 트래킹은 전체 인체의 복잡한 움직임을, 얼굴 트래킹은 미묘한 얼굴의 변화를, 손 트래킹은 손의 세밀한 움직임을, 그리고 멀티-퍼슨 트래킹은 여러 사람의 위치와 움직임을 동시에 추적하는 데 각각 특화되어 있다. 이러한 다양한 접근 방식은 AI 기술의 다양성과 유연성을 보여준다. 이를 비교하면 다음과 같다.
1. 풀-보디 마커리스 트래킹(Full-Body Markerless Tracking)
- 아키텍처: 이 기술은 깊이 감지 카메라, RGB 카메라 또는 다른 센서를 사용하여 사람의 전체 몸을 실시간으로 추적한다. 일반적으로 컨볼루션 신경망(CNN)과 같은 딥 러닝 모델을 사용하여 인체의 다양한 부분을 인식하고 위치를 추적한다.
- 특징: 이 시스템은 마커나 특수한 의상 없이도 작동하며, 다양한 동작과 자세를 정확하게 추적할 수 있다.
2. 얼굴 트래킹(Face Tracking)
- 아키텍처: 얼굴 트래킹은 주로 얼굴의 랜드마크를 인식하고 추적하는 데 초점을 맞춘다. 이를 위해 사용되는 AI 모델에는 CNN과 같은 딥 러닝 기술뿐만 아니라, 때로는 기하학적 모델링과 같은 기술이 함께 사용된다.
- 특징: 얼굴 표정, 눈동자 움직임, 입 모양 등을 추적할 수 있으며, 실시간 감정 분석 및 상호작용에 활용될 수 있다.
3. 손 트래킹(Hand Tracking)
- 아키텍처: 손 트래킹은 손가락의 위치와 움직임을 감지하는 것에 중점을 둔다. 이를 위해 깊이 감지 센서와 고해상도 카메라가 종종 사용되며, 손의 미세한 움직임을 추적하기 위해 고도로 정교한 딥 러닝 모델이 필요하다.
- 특징: 가상현실(VR)이나 증강현실(AR) 환경에서 사용자 상호작용을 위한 핵심 기술이다.
4. 멀티-퍼슨 트래킹(Multi-Person Tracking)
- 아키텍처: 이 기술은 여러 사람을 동시에 추적하며, 각 개인을 구별하고 추적한다. 이를 위해 객체 감지와 추적 알고리즘을 결합한 모델이 사용된다. 이러한 모델은 일반적으로 R-CNN, YOLO(You Only Look Once) 같은 신경망을 사용한다.
- 특징: 이 기술은 보안, 감시, 스포츠 분석 등 다양한 분야에서도 활용된다.

(4) 새로운 아바타 생성　　　(5) 두 종류의 아바타 스타일 중 선택　　(6) 기존의 아바타 업로드

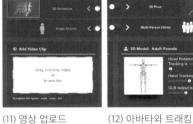

(7) 〈AI 수로부인〉의 원본 이미지　　(8) 〈AI 수로부인〉 원본 (7)로　　(9) 〈AI 수로부인〉 원본 (7)로 만든
　　　　　　　　　　　　　　　　　만든 아바타 얼굴　　　　　　　　아바타의 풀숏

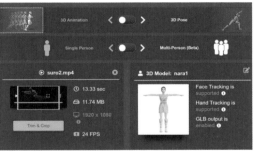

(10) 자신의 영상 업로드　　(11) 영상 업로드　　(12) 아바타와 트래킹

(13) 영상 업로드 후, 사이즈 조정　　(14) 왼쪽 영상 업로드 완료, 오른쪽 아바타 준비 완료

(15) 영상 속 인물이 수행한 동작을 아바타가 그대로 재현[110]

(16) 3D 영상 생성　　　　　　　　　(17) 옵션 설정　　　(18) 영상 다운로드

그림 III-8-10 **딥모션으로 3D 영상 만드는 과정**

　　딥모션에는 270쪽 [그림 III-8-10]의 (1)에서 보듯이 다양한 트래킹이 있다. 각각의 트래킹 유형과 특징에 관해서는 270쪽의 각주 109를 참조하면 된다. 우리는 3D 아바타를 생성해서 영상에 사용하려고 하기에, (2)와 같이 화면 왼쪽 상단의 'Animate 3D'에서 작업한다. 그런 뒤 (3)의 왼쪽 메뉴 바에서 '3D 모델'을 선택한다. 이제 아바타를 생성할 차례다. 새로운 아바타를 딥모션에서 만들고 싶으면, (4)의 'Create Animation'을 클릭한다. 'Create'를 누르면 (5)처럼 두 종류의 아바타 서비스인 '레디 플레이어 미Ready Player Me'와 '아바턴Avaturn'이 예시와 함께 보인다. 이 두 서비

110　딥모션 AI에서 아바타가 영상을 그대로 따라 하는 기술은 주로 컴퓨터 비전과 딥 러닝 기반의 모션 캡처 및 애니메이션 기술을 사용한다. 이 프로세스는 크게 다음과 같은 단계로 이뤄져 있다.
　　1. 영상 데이터 수집: 우선, 카메라나 기타 센서를 통해 사람의 움직임이 담긴 영상을 수집하며, 이는 아바타가 따라 할 움직임의 원본이 된다.
　　2. 포즈 추정(Pose Estimation): 컴퓨터 비전 알고리즘을 사용하여 영상 속 인물의 포즈를 추정한다. 키포인트(keypoints, 인체의 주요 관절점들)를 식별하고, 이를 통해 인체의 구조와 각 부위의 위치를 파악한다.
　　3. 모션 데이터 추출: 추정된 포즈 정보를 바탕으로, 움직임 데이터가 추출된다. 이 과정에서 시간에 따른 관절의 움직임, 방향, 속도 등이 정밀하게 기록된다.
　　4. 딥 러닝 및 AI 처리: 딥 모션은 딥 러닝 모델을 사용하여 움직임 데이터를 분석하고 처리한다. 이 모델은 복잡한 인간의 움직임을 이해하고, 그 움직임을 디지털 아바타에 매핑하는 데 필요한 계산을 수행한다.
　　5. 아바타 애니메이션: 마지막으로 추출된 모션 데이터가 3D 아바타에 적용된다.
　　이러한 과정을 통해 아바타는 실제 인간의 움직임을 모방하여, 영상 속 인물이 수행한 동작을 그대로 재현한다.

스는 바로 앞에서 다뤘다. 영상 주제에 따라 좀 더 사실적인 아바타를 원한다면, '아바턴'을 사용하면 좋다. 필자는 시범용이라서 '레디 플레이어 미'에서 아바타를 생성했다. 이미 만들어놓은 아바타가 있으면, (6)에서 'Upload' 버튼을 클릭한 후, 자신의 아바타 파일을 올리면 된다. 여기서 사용 가능한 아바타 파일의 확장명은 FBX, GLB, VRM이다. 필자는 (7)처럼 〈AI 수로부인〉의 캐릭터 이미지를 사용했다. 원본의 배경이 깔끔하지 않았음에도 (8)과 (9)에서 보듯이, 하얀 배경 위에 깨끗하게 생성됐다. (9)의 하단에 보는 것처럼, 캐릭터 이름을 직접 지을 수 있고, 생성 날짜는 자동으로 표기된다. 여기서는 캐릭터 이름을 'nara1'이라고 했으며, 2024년 1월 23일에 생성했다. 이 아바타는 시범용으로 섬세하게 만들지 않았으나, 다른 3D 툴을 사용해 품질이 더 좋은 아바타를 만들어서 사용하기를 권장한다.

이제 아바타가 만들어졌으니, 동작을 모사할 영상을 올린다. (10)을 보면 최대 길이 20초, 최대 사이즈는 100MB라고 조건이 명시돼 있다. 최대 FPS가 30이어서 영상이나 영화로는 적당하나 게임의 경우에는 다소 부족할 듯하다. (13)에서처럼, 영화 〈AI 수로부인〉의 한 컷을 올렸는데 사이즈가 맞지 않았다. 〈AI 수로부인〉의 사이즈는 2048×858p[111]로, 영화관 스크린 크기인데, 여기서 업로드할 수 있는 최대 사이즈는 1920×1024p이기 때문이다. (13)처럼 노란색 가이드 선을 따라 사이즈를 쉽게 조정할 수 있다. 영상 속 캐릭터는 긴 드레스를 입고 있어 다리가 보이지 않는데, 이 경우 아바타가 모션을 흉내 낼 때 어려움을 초래한다. 그래도 이 영상을 사용했는데, 그 결과가 궁금했다. (14) 하단의 왼쪽에는 모션 트래킹을 위한 영상이, 오른쪽에는 아바타가 준비됐다. (15)를 보면, 영상 속 인물이 수행한 동작을 아바타가 그대로 재현하고 있다. 놀라울 정도로 아바타가 영상 속의 모션을 잘 따라 한다. 영상 속 캐

---

[111] 일반적인 영화 스크린의 해상도는 시간이 지남에 따라 달라진다. 현재 영화관에서 주로 사용되는 디지털 시네마 프로젝터의 표준 해상도(Digital Cinema Initiatives, DCI 기준)는 다음과 같다.
- 2K 해상도: 2048×1080p. 기본 해상도
- 4K 해상도: 4096×2160p. 고해상도 표준
- 8K 해상도: 8192×4320p. 일부 최첨단 영화관 도입
이는 일반 TV나 컴퓨터 모니터의 16:9 비율과는 약간 다른 1.90:1의 화면비를 가진다. 실제 스크린 크기는 영화관마다 다르지만, 프로젝터의 해상도는 대부분 상기 표준을 따르고 있다.

릭터의 다리가 드레스에 가려져 보이지 않자, 아바타는 치맛자락을 따라 다리를 움직이기에 대단히 빠르게 움직였고, 때로는 다리가 접히기도 했다. 다운로드하기 위해서 'Video Output'을 클릭한 후에 (16)의 화면에 명기된 조건들을 체크했다. 필자는 (17)에서 보듯이 MP4, 그림자Shadow, 카메라 모드는 '시네마틱'으로 정했다. 그리고 'Solid'로 설정한 후에 크로마키 색을 선택했다. 색은 마음대로 정할 수 있지만, 필자의 아바타가 노란색 계통이어서 초록색이 좋았다. 이어서 (18)과 같이 아바타가 춤추는 영상을 MP4로 다운로드했다.

(1) 생성한 아바타를 MP4로 출력한 뒤 프리미어프로에 합성

(2) 여러 배경으로 〈해가〉 랩 버전에 맞춰 춤을 추는 장면

그림 III-8-11 생성한 아바타와 합성해 만든 영상

[그림 III-8-11]의 (1)은 MP4로 출력한 아바타를 프리미어프로에 올린 후 〈AI 수로부인〉의 영상 위에 오버랩했다. 영상 속 캐릭터와 아바타의 싱크로율이 놀랍다. 원본 영상의 캐릭터가 치마를 입지 않고 다리 모습이 정확하게 나왔다면, 거의 완벽하게 일치했을 것이다. (2)는 여러 가지 배경과 아바타를 합성한 스틸 컷으로, 앞서 아

바타 생성물을 다운받을 때 그림자Shadow를 설정했기에, 아바타 뒤로 그림자가 생기면서 존재감이 부각된다. 아바타가 〈해가〉 랩 버전에 맞춰 춤을 추는 3D 영상을 만들었다. 이처럼 딥모션으로 생성한 아바타 영상을 편집 툴로 가져가 다양한 배경과 스토리, 대사와 음악, 음향효과가 어우러진 영상으로 손쉽게 만들 수 있다.

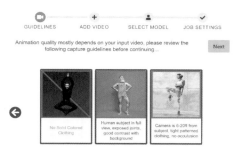

(1) 딥모션의 가이드라인

(2) 미드저니로 이미지 생성
프롬프트: "Full body of a man and woman wearing a gold and silver boatneck bodysuit, Neat hair, Neat hair, barefoot, sky background – -ar 16:9"

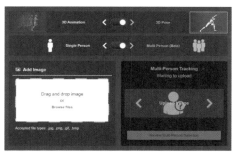

(3) 멀티-퍼슨 트래킹 방향으로 오른쪽 홑꺽쇠표 체크

(4) 미드저니에서 만든 이미지를 왼쪽에 업로드한 뒤 오른쪽에 트래킹할 두 캐릭터를 표시

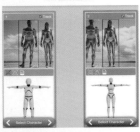

(5) 이미지에 맞춰서 두 개의 아바타 생성
(남성 아바타의 체형은 필자가 수정)

(6) 두 개의 아바타를 생성한 조건

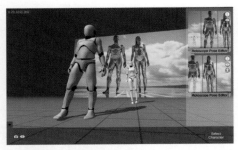

(7) 딥모션 AI는 업로드한 이미지에서 여성이 남성보다
뒤에 위치했다고 분석

(8) 오른쪽 관절 맵을 클릭하면 포즈 변경 가능

(9) 제공된 포즈에서 머리를 아래로 숙이고, 왼쪽 팔을
좀 더 굽히도록 조정

그림 Ⅲ-8-12 딥모션의 멀티-퍼슨 트래킹

딥모션의 멀티-퍼슨 트래킹도 함께 살펴보자. [그림 III-8-12]의 (1)에서 보듯이 딥모션이 제공한 가이드라인에 따라 작업하면 된다. 아바타를 만들기 위한 이미지를 준비한다. 아바타는 (1)의 가이드라인에서 설명한 "Human subject in full view, exposed joints, good contrast with background(사람 전체 모습, 노출된 관절, 사람과 구별되는 배경색)"를 참조하여 생성한다. 필자는 (2)의 프롬프트를 사용하여 미드저니에서 두 개의 캐릭터를 생성했다. 'full view'라고 할지라도 전체 모습이 나오지 않을 때가 많기에, "단정한 머리카락과 맨발"이라고 덧붙였다. 또한 "Camera is 6~20ft from subject, tight patterned clothing, no occlusion(카메라가 피사체로부터 6~20피트 떨어지고, 타이트한 패턴의 옷, 가려짐 없음)"이라는 조건을 추가했다. 멀티-퍼슨 트래킹은 전체 8명까지 가능하나, [그림 III-8-12]에서는 두 명만 했다. 여기까지 진행했으면, 앞서 1인 아바타를 생성한 것과 같은 순서로 작업하면 된다. (8)과 (9)에서는 화면 오른쪽에 있는 관절 맵을 클릭하여 포즈를 바꿨다. 원래 제공된 포즈보다 머리를 조금 더 아래로 숙이게 했고, 왼쪽 팔을 좀 더 굽히도록 조정했다.

여기서 다룬 것 외에도 3D 모션을 생성할 수 있는 많은 툴이 있다. 앞에서도 강조했지만, 모션 트래킹은 제3세대 영화의 꽃이 될 수 있는 흥미로운 기능이다. 사람만이 아니라, 오브제의 경우에도 모션 트래킹을 적용하면 된다. TT3D의 활용성은 무궁무진하다.

엔비디아의 TT3D

대부분의 빅테크 기업들이 TTV 못지않게 관심을 가지는 것이 TT3D다. 그중에서도 괄목할 만한 발전을 보여준 엔비디아의 최근 3D 툴을 살펴보며, 앞으로의 방향성도 함께 점쳐본다.

루마 AI Luma AI[112]는 고급 알고리즘을 사용하여 3D 모델을 생성한다. 주요 기술로는 NeRFNeural Radiance Fields와 가우시안 스플래팅이 있다. 크게 이매진Imagine, NeRF 캡처

---

112   https://lumalabs.ai

Neural radiance Fields Captures, 루마 인터랙티브 신Luma Interactive Scenes 등으로 3D 모델을 생성할 수 있다.

(1) 루마 웹으로 2024년 5월 1일 생성

프롬프트: "red asian dragon"

(2) 앞선 과정을 통해 생성된 네 개의 결과물 중 한 가지 선택 후 업스케일

(3) 디스코드의 루마로 2023년 말 생성

프롬프트: "blue asian dragon"

그림 III-8-13 루마의 이매진 기능으로 생성한 3D 용이매진Imagine은 간단한 프롬프트를 통해 3D 오브제를 생성할 수 있는 TT3D 툴이다. [그림 III-8-13]의 (1)과 (2)는 루마 웹에서 생성했고, (3)은 디스코드에서 생성했다. 디스코드에서는 다른 사람들이 생성해 놓은 다양한 프롬프트나 형태를 참조할 수 있고, 생성한 결과물을 다운로드할 때는 루마 웹으로 자동 연동된다. (1)은 "red asian dragon", (3)은 "blue asian dragon"이라는 프롬프트로 생성한 결과물이다. "Fire-breathing Asian dragon(불을 뿜는 아시아 용)"과 같이 프롬프트가 복잡해지면 형체가 뒤틀리며 이상해진다. 아직은 단순한 모델만 선호되고, 매번 네 개의 결과물이 생성된다. 3D 모델 정보를 JSON 형식으로 저장하는 glTF 파일[113]을 비롯해 다양한 형식으로 저장할 수 있다. glTF 파일은 언리얼 엔진은 물론 spatial.io와 같은 메타버스에 바로 적용할 수 있다.[114]

| 정면 숏 | Bird's eye vie(CU) | 주변 환경 속의 오브제 | Bird's eye view(LS, WS) |
| (360도 회전 가능) | Worm's Eye View도 가능 | (360도 회전 가능) | Worm's Eye View도 가능 |

(1) Created by @lohithveer, 2024년 4월 8일, Dominar

| 정면 숏 | Bird's eye view(CU) | 주변 환경 속의 오브제 | Bird's eye view(LS, WS) |
| (360도 회전 가능) | Worm's Eye View도 가능 | (360도 회전 가능) | Worm's Eye View도 가능 |

(2) Created by @RobLinkA, 2024년 4월 8일 园区天主教堂

그림 III-8-14 루마의 NeRF 캡처 예시(출처: Luma.ai)[115]

---

113 glTF에서 GLB로 변환한 뒤 다시 MP4 등으로 변환할 수 있다.
    - glTF: GL Transmission Format(GL 전송 형식)
    - GLB: GL Binary(glTF의 이진 버전)
    - MP4: MPEG-4 Part 14(Moving Picture Experts Group-4 Part 14, 디지털 멀티미디어 컨테이너 포맷)

114 이에 대한 좀 더 상세한 설명은 다음 링크 참조.
    https://support.spatial.io/hc/en-us/articles/360042195672-Spatial-3D-Model-Preparation-Guide

115 https://lumalabs.ai/dashboard/captures

NeRF 캡처는 사용자가 루마 AI 웹을 통해 오브제나 풍경을 캡처하여 만든 영상[116]을 업로드하여 3D로 생성한다. 2D 이미지의 집합에서 3D 장면을 구성하기 위해 신경망을 사용한다. 사용자가 실시간 볼륨 캡처를 사용해 생성하는데, 결과물은 언리얼 엔진 5Unreal Engine 5와 같은 플랫폼에서도 사용할 수 있다. 실제 객체나 환경의 정밀한 3D 디지털 복제를 생성하며, 상업적으로 사용할 수 있을 정도의 품질이다.

엔비디아는 2D 사진을 3D 장면으로 전환하는 NeRF에 오랜 시간 공을 들였다. 초기 NeRF는 개인이 사용하기에는 학습이나 렌더링 시간이 대단히 길었다. 무엇보다 웬만한 PC로는 작동되지 않았다. 2022년 1월 발표한 인스턴트 NeRFInstant NeRF는 가벼우면서도 속도가 빨라서 세상을 놀라게 했다. NeRF는 멀티-해상도 해시 그리드 인코딩multi-resolution hash grid encoding을 사용했고, NVIDIA Tensor Core를 탑재한 NVIDIA GPU 단 한 개로 학습했다고 한다.[117] 일반 사용자들이 이를 사용하여 만든 [그림 III-8-15]의 (1)과 (2) 같은 예시 영상들이 속속 올라오고 있다.

(1) 배경 제거(Background Removal)　(2) 신 라이팅(Scene Lighting)　(3) R3F(React Three Fiber)

그림 III-8-15 **루마의 인터랙티브 신 예시**[118]

116　동영상 파일에 대한 가이드
　- 영상 캡처 시 HDR 비활성화
　- 장면이나 물체를 반복해서 돌아다니며 캡처
　- 이상적으로는 세 가지 높이에서 반복해서 캡처하는 것이 좋음(휴대폰을 가슴 높이에 두고 정면을 바라보며 촬영, 머리보다 약간 높은 위치에서 정면의 중앙을 약간 아래로 향하게 촬영, 무릎 높이에서 위쪽을 살짝 가리키며 촬영)
　- 흐릿함을 줄이기 위해 천천히 캡처
　- 일반(normal), 어안(fisheye), 등장방형도법(equirectangular) 비디오, 압축 파일(zip) 모두 업로드할 수 있으며, 최대 크기는 5GB이다.

117　Thomas Müller *et al.*, "Instant Neural Graphics Primitives with a Multiresolution Hash Encoding", 16 Jan 2022 (v1), arXiv:2201.05989v2 [cs.CV]

118　https://lumalabs.ai/luma-web-library

루마 인터랙티브 신은 가우시안 스플래팅을 기반으로 하여 실시간 렌더링과 높은 상호작용성을 제공[119]한다. 웹과 모바일 플랫폼에서 모두 효율적으로 작동되며, 특히 모바일에서의 사용에 최적화되어 있다. 사용자는 이 기능을 통해 상업적으로 이용 가능한 고품질의 인터랙티브 3D 장면을 손쉽게 생성할 수 있다. [그림 III-8-15]의 (1)에서 보듯이 배경 제거Background Removal, (2) 신 라이팅Scene Lighting, (3) R3FReact Three Fiber 등 다양한 기능을 제공한다.

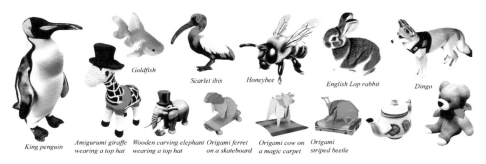

King penguin

Amigurumi giraffe wearing a top hat

Wooden carving elephant wearing a top hat

Goldfish

Scarlet ibis

Honeybee

English Lop rabbit

Dingo

Origami ferret on a skateboard

Origami cow on a magic carpet

Origami striped beetle

그림 III-8-16 라떼3D에서 텍스트 프롬프트로 생성된 샘플
(단일 A6000 GPU에서 약 400ms 내에 생성)[120]

엔비디아는 2024년 3월 22일, **라떼3D**LATTE3D를 공개했다. 라떼3D는 텍스트 프롬프트를 넣으면, 3D 메시가 단일 A6000 GPU에서 약 400ms 만에 생성된다고 한다. 루마의 이매진에 비해 기능이 향상되었으나, 고해상도로 업그레이드한 것에는 미치지 못한다. 하지만 이매진에서 고해상도로 하기 위해서 꽤 오랜 시간이 걸린 것을 생각하면, 시간적인 측면에서 라떼3D는 놀라운 발전이다. 백서 「LATTE3D」(2024)에 의하면, 라떼3D는 MVDream, 3DTopia, LGM, ATT3D 등의 TT3D와 비교해도 작업 시간이 월등히 빠르고 사용자 연구에서의 선호도 측면에서도 우수한 모습을 보여주고

119   Bernhard Kerbl et al., "3D Gaussian Splatting for Real-Time Radiance Field Rendering", 8 Aug 2023. arXiv:2308.04079v1 [cs.GR]
120   Kevin Xie et al., "LATTE3D: Large-scale Amortized Text-To-Enhanced3D Synthesis", 22 Mar 2024, p.1. arXiv:2403.15385v1 [cs.CV]

있다.[121]

그림 III-8-17 라떼3D에서 스타일화 적용(동일한 도형에 대해 다양한 양식화를 생성)[122]

　　[그림 III-8-17]을 보면, 하나의 원본(좌측 original)에서 다양한 스타일이 생성된다. 예를 들어, 원본의 무채색 펭귄은 다음과 같이 여러 방식으로 바꿀 수 있다.

　　요리사 모자를 쓴 뜨개 인형 펭귄 / 복셀Voxel(volume pixel, 3차원 공간에서의 픽셀), 픽셀 아트 스타일의 요리사 모자를 쓴 재미있는 펭귄 / 스케이트보드를 탄 재미있는 어린이 플레이 도우play doh의 펭귄 / 펭귄이 스키를 타고 있는 다양한 색상의 3D 모자이크 아트 조각, 입체적인 표면 / 다채로운 색상의 복잡한 종이접기로 만든 왕관을 쓴 펭귄

　　[그림 III-8-17] 하단의 강아지들도 다양하게 바뀌었다. 라떼3D는 널리 사용되는 포맷으로 제작되었으며, 영화, 디자인, 비디오 게임, 광고 등을 위한 가상 환경에도 사용할 수 있다.
　　모든 빅테크 기업들이 지대한 관심을 두고 3D 기술을 개발하고 있으나 이 책에서는 엔비디아의 기술을 극히 일부만 다루었다. 다른 TT3D에 대해서는 본 각주[123]를

121　*Ibid.*, p.2.

122　*Ibid.*, p.6

123　엔비디아를 포함해서 다른 빅테크들의 AI 3D에 대한 일부 리스트는 다음과 같다.
　　　– 애플(Apple)

참조하길 바란다. 다음에서 보는 것처럼, AI 3D는 여러 산업 분야와 밀접하게 관련되어 있어 그 중요성이 커지고 있다.

- 3D 모델링은 제품 설계, 건축, 의료 시뮬레이션 및 가상현실 분야의 중축이다. 3D 시각화는 복잡한 구조물이나 기기의 설계 및 테스트 과정에서 중요한 역할을 하며, 실제 제작에

RealityKit: 증강현실(AR)과 관련된 3D 생성 도구 제공, 사용자 상호작용 및 실시간 3D 환경 개선에 중점, ca. 2021.
https://developer.apple.com/augmented-reality/realitykit
GAUDI: 텍스트 입력을 기반으로 3D 장면을 생성하고, 다양한 시점에서 장면을 다시 그릴 수 있음, 카메라 위치 디코더(Camera pose decoder), 2022. 7. 27.
arXiv:2207.13751v1 [cs.CV]
- 엔비디아(NVIDIA)
VRKitchen2.0-IndoorKit: Omniverse, 다양한 산업용 3D 시뮬레이션과 가상 협업을 가능하게 하는 플랫폼, AI를 활용한 실시간 3D 렌더링 및 시뮬레이션 지원, 실시간 3D 시뮬레이션(Real-time 3D simulation), 2022. 6. 23.
arXiv:2206.11887v1 [cs.CG]
ATT3D: 텍스트 프롬프트에서 3D 객체를 생성하고 최적화 과정을 효율적으로 처리하는 기술, 분산 최적화(Amortized optimization), 2023. 6. 6.
arXiv:2306.07349v1 [cs.LG]
- 오픈AI(OpenAI)
Point-E: 텍스트 프롬프트에서 3D 객체를 생성하는 머신러닝 시스템, TT3D 객체 생성(Text-to-3D object generation), 2022. 12. 16.
arXiv:2212.08751v1 [cs.CV]
- 아마존(Amazon)
AWS AI Services: AI와 머신러닝 서비스를 통해 3D 콘텐츠 생성 및 분석 지원, 복잡한 3D 데이터세트 핸들링, 머신러닝, 2023. 5. 2.
arXiv:2305.01634v2 [cs.SE]
- ByteDance·캘리포니아대학교
MVDream: 다중 시점 확산 모델을 사용하여 텍스트로부터 일관된 3D 표현을 생성, 다중 시점 확산 모델(Multi-view diffusion model), 2023. 8. 21.
arXiv:2308.16512v4 [cs.CV]
- National Key Lab·중국 대학팀 등
LGM: 다중 시점 가우시안 모델을 사용하여 고해상도 3D 콘텐츠 생성, 대규모 다중 시점 가우시안 모델(Large Multi-View Gaussian Model), 2024. 2. 7.
arXiv:2402.05054v1 [cs.CV]
- 싱가포르·중국 등 대학팀
3DTopia: TT3D 생성을 위한 대규모 모델로 하이브리드 확산 전제를 사용, 하이브리드 확산 전제(Hybrid diffusion priors), 2024. 3. 4.
arXiv:2403.02234v2 [cs.CV]

앞서 정확한 평가를 가능하게 한다.

- 3D 모델은 3D 프린터가 실제 물체를 만들 수 있는 청사진 역할을 한다. 3D 프린팅 기술은 제조업에서 맞춤형 생산을 혁신적으로 변화시키고 있다. AI를 사용하여 3D 프린팅 과정을 최적화함으로써, 개별화된 제품을 보다 효율적이고 경제적으로 생산할 수 있다. 이는 대량 맞춤화mass customization의 실현 가능성을 열어준다.
- 가상현실 및 증강현실(VR/AR)은 AI 3D 기술을 필수적으로 요구한다. 예를 들어, 훈련과 교육 및 엔터테인먼트 분야에서 사실적인 3D 환경을 제공함으로써 사용자 경험을 향상시키고, 학습 효과를 극대화할 수 있다.

오픈AI가 소라를 발표하면서 강조했던 "월드 시뮬레이터로서의 소라"를 다시 한 번 상기하게 된다. 3D는 실제 세계의 복잡성을 모델링하고 시뮬레이션하는 기술의 정수다. 소라에는 언리얼 엔진 5가 지대한 역할을 했다. 제3세대 AI영화는 3D가 접목되어 보다 다양하고 현실적인 창작물을 선보일 것이다. 페이스 트래킹이나 모션 트래킹 등을 이용해서 옛날 영화를 리바이벌하는 것도 가능하다. 좀 더 나아가면, 영화를 연극처럼 실감나게 관람할 수도 있다. AI를 통한 인터랙티브 콘텐츠까지도 가능하지 않을까?

장애인을 위한 AI영화

AI의 발전으로 장애인이 영화를 더 잘 관람할 수 있도록 하는 여러 가지 방법도 개발되고 있다.

- **자동 자막 생성**: AI는 음성인식기술을 사용하여 실시간으로 자막을 생성하고, 대화뿐만 아니라 배경 소음, 음악, 음향효과 등도 텍스트로 표현한다.
- **아바타 수어 서비스**: AI 기반 아바타가 실시간으로 대화를 수어로 통역하며, 청각 장애인들에게 더 자연스러운 관람 경험을 제공한다.
- **자폐 스펙트럼 장애인을 위한 서비스**: 영화 속 사회적 상황이나 비언어적 단서를 파악하

여, 이해를 돕는 추가 정보를 제공한다.

- **오디오 설명 서비스**_{Audio Description}: 시각 장애인을 위해, AI는 영화의 시각적 요소를 설명하는 오디오 트랙을 제작할 수 있다. 이 기능은 영화의 시각적 내용을 청취 형태로 변환하여 시각 장애인도 영화의 전체적인 내용을 이해할 수 있게 한다.
- **감각 적응 기술**: 시청각 장애가 있는 사람들을 위해 AI가 영화의 특정 요소(밝기, 대비, 음량 등)를 개인의 필요에 맞게 실시간으로 조정한다.
- **언어 변환과 번역**: AI는 다양한 언어로 자막을 제공하거나 번역할 수 있는 능력을 가지고 있기에, 장애인 관객들이 영화를 자신의 모국어로 즐길 수 있도록 한다.
- **감성 인식**: AI가 영화 속 인물들의 표정이나 행동을 분석하여, 감정 상태를 텍스트로 설명한다.
- **접근성이 향상된 인터페이스**: AI를 사용하여 장애인 사용자가 더 쉽게 조작할 수 있는 사용자 인터페이스를 개발할 수 있다. 예를 들어, 음성 명령이나 제스처를 통해 영화를 제어할 수 있는 기능을 제공한다.
- **뇌-컴퓨터 인터페이스**Brain-Computer Interface, BCI: AI를 사용하여 뇌파를 분석하고 이를 통해 영화 관람 환경을 제어한다. 예를 들어, 손을 사용할 수 없는 장애인이 뇌파를 이용해 영화 재생, 일시 정지, 볼륨 조절 등을 한다.

AGI로 가는 도상에서 여러 가지 편리하고 효율적인 것이 많이 생겨나겠지만, 부정적인 사례도 드러날 것이다. 하지만 AI 기반 기술 덕분에 장애인도 비장애인과 함께 영화를 관람할 수 있다면, 이는 AI영화의 대단히 긍정적인 예시가 될 것이다. 기존 영화를 AI영화로 변환하는 과정에서 장애인을 위한 이러한 기능들이 통합되면, 모든 관객이 평등하게 영화를 경험할 수 있게 된다. 이에 대한 좀 더 구체적인 사례와 시도를 보여주는 AI영화가 하루속히 나오기를 바란다. 이런 것이야말로 엄밀한 의미에서 우리가 바라는 미래 AI영화의 모습이자 환경이다.

AGI 도상에서의
AI영화 이론

1. 일반세계모델, AGI의 시작

슘페터의 돌풍 앞에 선 예술

셰익스피어를 읽고, 차에 기름을 바르고, 사무실 정치를 하고, 농담도 하고, 싸움도
하는 그런 기계를 말하는 거요.

- 마빈 민스키, 1970[1]

지금까지 우리는 제1, 2, 3세대 영화를 생성형 AI 툴과 관련하여 구분 지어 논했
다. 제4세대의 AI영화는 AGI처럼, 영화도 모든 것이 일반 영화와 비슷한 수준이 되
는 것을 의미한다. 그래서 4부의 전반부에서는 AGI 시대의 일반세계모델GWMs에 대해
다루면서, AI영화의 방향성을 진단하고자 한다. 후반부에서는 영화를 포함한 예술이
AI 급류에 휩쓸려 본질을 잃지 않고, AI와 함께 성장할 수 있는 이론적 토대를 짧게
나마 모색해본다.

조지프 슘페터가 말한 '창조적 파괴Creative destruction'는 산업혁명마다 이루어졌고,
앞으로도 그럴 것이다. 그는 "기술혁신으로 낡은 것을 무너뜨리고 새로운 것을 만들
어 변혁을 일으키는 산업적 돌연변이의 과정"을 인간사의 숙명으로 보았다.[2] 예를 들
어 "1908년 포드의 Model T가 마차를 몰아내고 이후 수많은 자동차가 세상에 나오

---

1   「12 AI Milestones: 1. Shakey The Robot」, 〈Forbes〉, 20 Jan 2020.

2   Joseph A. Schumpeter, *Capitalism, Socialism and Democracy*, 3" ed. New York: Harper-Collins. 1950.

며 Model T와 그 후속 세대를 몰아낸 것처럼[3] '산업적 돌연변이'는 반복된다. 산업혁명이 일어날 때마다 기술과 산업은 물론, 사유 방식, 삶의 유형, 존재론적 가치, 예술 경향까지도 송두리째 변하곤 한다. AI를 기반으로 하는 4차 산업혁명으로 인해 무엇이 파괴되고 무엇이 창조될 것인가. 다시 한번 '슘페터의 돌풍'이 불어온다.

　이와 같은 상황일수록 예술의 역할은 더없이 소중하다. 지금껏 예술은 르네상스 시기처럼 전 세계인의 다양한 관점을 원근법적 관점으로 바꾸는 데 앞장서기도 했고, 다다이즘처럼 이원론적인 고전과 근대에 대한 강력한 저항으로 다관점을 회복시키는 혁명을 일으키기도 했다. 그러면서도 '소통'과 '숭고'라는 예술의 시원적 본질은 잊지 않았다. 예술은 새로운 시스템 안에서 파괴된 것(옛것)을 안고 가는 넉넉함이 있다. 무엇보다 예술은 우리의 사유가 홀로 멀리 가더라도 몸에 대한 기억을 소환하곤 한다.

일반세계모델은 TTV를 타고

　2022년 11월 30일, 챗GPT로부터 시작된 AGI의 바람은 2024년 2월 15일 소라로 이어져 기세를 점점 더하고 있다. 이 폭풍 속으로 구글, 메타, 엔비디아, 스테빌리티, 런웨이 등 내로라하는 빅테크 기업들이 기꺼이 뛰어들고 있다. 전력 질주하는 이들의 목적지는 어디일까? 그리고 왜 이들은 지금 여기에서 TTV Text to Video에 집중하는 것일까? 2024년 1월 19일, 미국의 뉴스 웹사이트 〈더 버지 The Verge〉의 기사는 다음과 같이 시작한다.

　OpenAI의 명시된 임무는 이러한 일반인공지능, 즉 AGI를 만드는 것이다. 구글의 AI

3　David Adler, *Schumpeter's Theory of Creative Destruction*, Carnegie Mellon University, 30 Sep 2019. cf. Hugo Reinert·Erik S. Reinert, "Creative Destruction in Economics: Nietzsche, Sombart, Schumpeter". in: *Friedrich Nietzsche 1844-1900: conomy and Society*(The European Heritage in Economics and the Social Sciences, 3), Editors: Backhaus, J.&Drechsler, W., Springer, 2006., pp. 55-85.

를 이끌고 있는 데미스 하사비스도 같은 목표를 가지고 있다. 이제 메타의 CEO인 마크 저커버그도 이 경쟁에 뛰어들었다.[4]

종종 매체를 통해 접하는 AGI에 관한 이야기를 한 귀로 흘려듣곤 했다. AGI는 IT 산업에 있어 '하늘의 별'이자 환상일 뿐이라고 말이다. 현재 우리가 'AI'라고 하는 것은 'ANI Artificial Narrow Intelligence(특정 목적 인공지능)'로, 특정 분야나 한정된 작업에 대해 인간 수준 혹은 그 이상의 성능을 보여주는 Narrow AI 혹은 Weak AI를 뜻한다. ANI와 비교하여 'AGI Artificial General Intelligence(일반인공지능)'[5]는 거의 모든 분야에서 인간과 유사한 능력을 지닌 Full AI 혹은 Strong AI를 의미한다. 그다음 단계로는 ASI Artificial Super Intelligence(초인공지능)[6]가 있다. AGI는 AI 초창기부터 개발자의 '꿈'이고 '환상'이었으나 머나먼 미래의 일이라고 여겼다. 그런데 2023년부터 AGI는 더 이상 환상이 아니라, 실현 가능한 목표로 논의되고 있다.

AGI로 가는 길이 점점 구체화되고 있으며, 그 중심에는 오픈AI가 귀 따갑게 강조한 '월드 시뮬레이터로서의 소라'가 있다. '월드 시뮬레이터로서의 AI'가 현재의 물리적 세계를 반영한다면, '일반세계모델로서의 AI'는 짧은 몇 초일지라도 미래를 예측하는 것이 추가된다. 이는 마치 운전자가 주행할 때 다른 차량의 움직임, 보행자의 행동, 갑작스러운 날씨 변화로 인한 도로 상황의 변화 등을 예측하는 것과 같다. 이와 관련하여 현재 자율주행기술은 완전한 자율주행(레벨 5)을 기준으로 특정 조건과 환경에서 상용화가 가능한 레벨 2(부분 자동화)와 레벨 3(조건부 자동화)에 와 있다. 이 기술은 '확률적인 앵무새'보다는 뛰어난 알고리즘이 필요하다. 이처럼 일반세계모델은

---

4 Alex Heath, 「Mark Zuckerberg's new goal is creating artificial general intelligence」, 〈The Verge〉, 19 Jan 2024.

5 허버트 사이먼(Herbert Simon)은 "기계가 20년 안에 인간이 할 수 있는 어떤 일이든 할 수 있게 될 것"이라고 예측했다.
   Herbert Simon, *The shape of automation for men and management*, Harper&Row: First Edition, 1 Jan 1965.

6 ASI는 인간의 지능을 뛰어넘는 수준으로 인공지능이 스스로 연쇄적인 개선을 통해 지능 폭발(intelligence explosion)을 일으켜 도달하게 되는 가상의 소프트웨어 기반 AI 시스템이다.

AGI로 가기 위해 지나야 하는 첫 관문이다.

2024 세계정부정상회의와 AI 펀딩설

제11회 세계정부정상회의(WGS, 2024년 2월 12~14일)가 아랍에미리트에서 '미래 정부의 형성'이라는 주제로 개최됐다. 여기서 샘 올트먼과 엔비디아 CEO 젠슨 황의 대담이 가장 관심을 끌었다. 2월 14일에는 메타의 얀 르쿤도 대담[7]을 했는데, AI 향방과 관련해 "우리는 여러 프레임을 예측해야 하는데, 기본적으로는 어떻게 해야 할지 모르겠다"고 답변했다. 이에 대해 유튜버 'code_your_own_AI'[8]는 "그다음 날 오픈AI에서 소라를 공개하며 얀 르쿤에게 어떻게 해야 할지를 알려줬다", "메타가 메타버스에서 가상세계를 만드는 동안 오픈AI는 실제 세계에 가까운 시뮬레이션을 보여주었다"며 꼬집기도 했다.

메타   오픈AI

 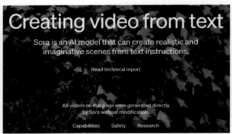

(1) 2024년 2월 14일 얀 르쿤의 대담   (2) 2024년 2월 14일 소라 발표

---

7   https://www.youtube.com/watch?v=rf9jgZYAni8
      https://www.youtube.com/watch?v=rf9jgZYAni8&t=5s
      [재인용] https://www.youtube.com/watch?v=UCNb4gkA-5Y
8   https://www.youtube.com/watch?v=UCNb4gkA-5Y

(3) 2023년 6월 5일 메타의 메타버스[9]
"The Horizon Worlds Logo"

(4) 2024년 2월 14일 소라로 생성한 영상
https://openai.com/sora

그림 IV-1-1 메타와 오픈AI의 주력 사업 비교

우연의 일치였을까? 제11회 세계정부정상회의가 끝난 그다음 날, 오픈AI와 구글, 메타가 동시에 멀티모달, 특히 TTV에 관한 중요 프리뷰를 발표했다. 오픈AI의 소라, 메타의 V-제파, 구글의 제미나이1.5 프로는 저마다 서로 다른 프레임과 양상을 보여주며 서로를 구별하려고 노력했지만, 그들의 목적은 하나같이 AGI의 실현이었다. 그리고 공개적인 첫 과정이자 기반으로 '월드 시뮬레이터'와 '일반세계모델'을 시도하고 있다.

AGI가 논의되던 초창기에는 '미치광이 소리'라고들 했다. MIT 인공지능연구소의 설립자이자 AI 분야의 선구자인 마빈 민스키는 1970년 〈라이프 매거진〉과의 인터뷰에서, "인간만큼 똑똑한 기계가 셰익스피어를 읽고, 자동차에 기름칠을 하고, 사무실 정치를 하고, 농담을 하고, 싸움을 할 수 있을 것"이라고 말했다. 이 기계는 불과 몇 달 안에 천재적인 지능에 도달할 정도의 "환상적인 속도"로 학습할 것이며, 등장까지는 "약 3~8년이 걸릴 것"[10]이라고 예측했다. 하지만 53년이 지난 지금도 인간 두뇌와 동등한 수준의 기계는 등장하지 않았다. 당시에는 그를 지나친 낙관주의적 미치광이라고 여겼지만, 이제는 누군가 "5년 내에 가능하다"[11]고 하면 고개를 끄덕일 사람이

9   https://www.realityremake.com/articles/facebooks-metaverse-in-2023-what-is-the-meta-horizon-worlds-metaverse

10   「12 AI Milestones: 1. Shakey The Robot」, 〈Forbes〉, 20 Jan 2020.

11   2024년 3월 엔비디아의 개발자 연례 행사 〈GTC(GPU Technology Conference) 2024〉에서 젠슨 황의 발언 참조.

많을 것이다.

마빈 민스키의 예언처럼 AI는 "환상적인 속도"로 학습하고 있다. 얀 르쿤은 V-제파와 관련해서 "사람이 아기일 때부터 현실 세계의 움직임을 보며 자연스럽게 물리적 세계의 법칙을 이해하듯이, AI도 많은 동영상을 학습하며 물리적 세계를 이해할 수도 있다"고 했다. 이들은 "현재의 AI 기술은 (아직) 인간 수준과는 거리가 멀지만", "결국 모든 영역에서 기계가 인간의 지능을 능가할 것이라는 데는 의문의 여지가 없다"고 했다. 얀 르쿤이 하버드대학교에서 했던 강의[12]의 부제인 "학습하고, 기억하고, 추론하고, 계획하고, 상식을 갖출 수 있는 AI 시스템"은 마빈 민스키의 말을 떠올리게 한다.

2024 세계정부정상회의 개최 전인 2월 8일(현지 시간), 〈월스트리트저널〉은 「샘 올트먼, 칩과 AI 비즈니스 재편을 위해 수조 달러 투자 유치 추진, 최대 7조 달러(오일 머니)가 필요한 프로젝트를 위해 아랍에미리트를 포함한 투자자를 찾는 오픈AI 책임자」라는 제목의 기사를 게재했고, 이 기사는 온 세계의 이목을 끌었다. 2024년 2월 21일, 인텔이 처음으로 개최한 파운드리 포럼에서, 팻 겔싱어 인텔 최고경영자와 샘 올트먼의 대담[13]이 있었다. 반도체 칩 제조 영역과 AI 기술에서 각각 최고 자리에 있는 이들은 "AI 기술을 뒷받침하기 위해 대규모 투자가 필요하다"는 데 뜻을 모았다. 이때 팻 겔싱어가 직접 '7조 달러 펀딩설'에 대해 묻자, 샘 올트먼은 "잘못된 기사를 고치러 다니는 건 나의 주된 일이 아니다"라고 부인했다. 하지만 "모든 사람이 사용할 수 있는 질 좋은 AI를 만들기 위해서는 대규모 투자와 데이터센터, 칩이 더 필요하다"며, 다시 한번 펀딩의 필요성을 밝혔다. 팻 겔싱어는 "현재 아시아에서 전 세계 반도체의 80%가 생산되는데, 특정한 지역이나 국가에 의존돼서는 안 된다"며 포럼 개최의 목적을 밝혔다. 지나 러몬도 미국 상무부 장관도 "실리콘은 다시 실리콘밸리로 와야 한다"고 확언했다. 대부분 반도체에 집중하는 반면, 올트먼은 "AI를 만들기 위해서"라고

---

12   Yann LeCun, 「Objective-Driven AI: Towards AI systems that can learn, remember, reason, plan, have common sense, yet are steerable and safe」, Harvard University, 28 Mar 2024.
      https://www.youtube.com/watch?v=MiqLoAZFRSE

13   〈Sam Altman and Pat Gelsinger Talk Artificial Intelligence〉, Intel Foundry Direct Connect, 22 Feb 2024.
      https://www.youtube.com/watch?v=9t1IkQndfTs

명시하고 있다. 이 때문에 '1경의 남자' 올트먼의 펀딩 목적은 오픈AI가 AGI로 가기 전 마지막 도약을 위한 것으로, 세계 패권을 잡기 위해서라는 의견이 지배적이다.

빅테크들의 일반세계모델

"오픈AI는 AI에게 실제 세계를 이해하고 시뮬레이션하는 방법을 가르치고 있으며, 이를 통해 실제 상호작용이 필요한 문제를 사람들이 해결할 수 있도록 돕는 모델을 훈련하는 것을 목표로 하고 있다." 오픈AI는 소라를 공개하면서 '월드 시뮬레이터'를 거듭 강조하며, 소라가 생성하는 영상의 품질이 뛰어난 이유는 바로 소라가 "움직이는 물리적 세계를 이해하고 시뮬레이션하는 방법"을 알기 때문이라고 했다. 이 책 3부에서 다루었던 것처럼, 소라의 학습 방식에는 기본적으로 정교한 데이터 처리 기술, 혁신적인 시각적 패치 사용, 심층적이고 통합적인 언어 이해가 포함된다. 이러한 포괄적인 접근 방식을 통해 소라는 매우 섬세하고 역동적인 시각 콘텐츠를 생성하며, 실제 세계 시뮬레이션의 새로운 가능성을 열고 있다.

'월드 시뮬레이터'와 '일반세계모델'은 유사하나 같지는 않다. 두 개념 모두 AI가 실제 세계를 모델링하고 예측하는 데 초점을 맞추고 있지만, 적용 범위와 목적에서 차이가 있다. 월드 시뮬레이터는 AI가 실제 세계의 다양한 상황을 시뮬레이션하여 그 결과를 예측하는 데 중점을 둔다. 예를 들어, 기후 변화의 영향을 모델링하거나 경제 시나리오를 시뮬레이션하는 등 광범위한 적용을 목표로 한다. 일반세계모델은 더 구체적인 AI 응용 분야, 특히 강화학습에서 사용되는 개념이다. AI가 다양한 환경에서 경험함으로써 일반화된 학습을 수행하는 모델을 지칭한다. 이는 복잡한 환경 내에서 AI가 효과적으로 작동하는 데 초점을 맞춘다.

이 덕분에 일반세계모델에 관한 논의가 수면으로 떠올랐다. '세계모델'이라는 개념은 2018년 구글에서 발표한 "World Models"[14]에서 소개됐다. AI가 실제 세계의 물

---

14 "월드 모델은 환경의 공간적·시간적 특성을 압축된 형태로 학습하기 위해 지도 학습 없이도 빠르게 훈련될 수 있다. 월드 모델에서 추출한 특징들을 에이전트의 입력으로 사용하면, 아주 간결하고 단순한 정책을 훈련시켜 주어진 과제를 해결할 수 있다. 심지어 에이전트를 실제 환경이 아닌, 월드 모델이 만들어낸 가상 환경

리적 법칙을 이해하도록 학습을 시킨다는 내용이었다.

2024년 2월 15일 소라의 등장으로 전 세계가 시끌시끌해지자, 테슬라의 일론 머스크는 3일 후 자신의 엑스ₓ 계정에 '지난해에 게재했던 테슬라의 제너레이티브 비디오'를 공유했다. 영상은 다음과 같은 내용을 담고 있다. "우리(테슬라)는 임의의 사물을 표현할 수 있는 보다 일반적인 세계모델을 학습하기 위해 노력하고 있다. 따라서 이 경우에는 과거 또는 다른 것들을 조건으로 미래를 예측할 수 있는 신경망이 있다." 일론 머스크는 테슬라가 한발 앞서가고 있었음을 보여주고 싶었다.

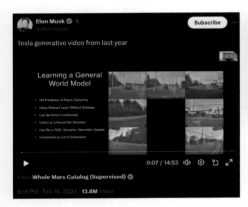

그림 IV-1-2   (1) 2024년 2월 18일, 일론 머스크가 엑스에 게시한 "Tesla generative video from last year"
(2) 2023년 6월 18일, CVPR(Computer Vision and Pattern Recognition Conference)에서 아쇼크 엘루스와미가 발표한 'Learning a General World Mode'[15]

테슬라에서는 자율주행 성능을 높이기 위해 AI에 이미 오래전부터 일반세계모델을 학습시키고 있었다. 자율주행은 차량이 물리적인 세계를 완전히 이해해야 가능한 기술이기 때문이다. 또한 일론 머스크는 2024년 2월 29일에 열린 2024 보쉬 커넥티

에서 훈련시킨 후, 이 정책을 실제 환경으로 옮길 수도 있다."
David Ha *et al.*, World Models, 27 Mar 2018 (v1). arXiv:1803.10122v4 [cs.LG]

15   - 2023년 6월 18일, CVPR 강연 〈Workshop on Autonomous Driving〉
https://cvpr2023.wad.vision
- 강연 스틸 컷 13:54 / 28:35
https://www.youtube.com/watch?v=6x-Xb_uT7ts

드 월드 콘퍼런스[16]에서도 "자율주행의 근간은 AI이며, 현재 완전 자율주행에 가까운 상태로, 사람과 거의 비슷하다"고 전했다. 아울러 '일반세계모델로서의 AI'는 미래를 예측할 수 있는 것이 그간의 AI와 다른 점이라고 했다.

인간은 매분, 매초 미래를 예측하는 행위를 하고 있다. 태어나면서부터 자연스럽게 학습하고 경험하고 실행했기에 의식하지 못할 뿐이다. 자율주행 자동차 역시 학습과 훈련, 시스템을 통해 매 순간 스스로 판단하고, 다음에 올 상황을 예측하며 동작을 취한다. 테슬라 모델은 자동차의 주변 상황을 3D로 일관되게 예측하며 미래의 영상 시퀀스를 생성한다. 이는 얀 르쿤이 설명한 'AI의 비디오 보기'로 학습하여, 이전 영상을 기반으로 시퀀스가 생성된다는 것과 같은 요지다. 인간이 설명하지 않아도 스스로 이해하고 예측하는 과거와 미래가 있는 행동으로, AI에 시간성이 개입된다.

그림 Ⅳ-1-3 2023년 12월 11일, 런웨이의 아나스타시스 게르마니디스가 소개한 일반세계모델

앞에서 언급한 빅테크들만 'GWMs'에 관심을 갖는 것은 아니다. 〈AI 수로부인〉을 제작할 때 가장 많이 사용했던 TTV인 Gen2의 제작사 '런웨이'는 2023년 12월 11일, 자신들이 일반세계모델GWMs을 만들고 있다며 다음과 같이 말했다. "AI의 다음 주요 발전은 시각 세계와 그 역학을 이해하는 시스템에서 이루어질 것이라고 믿기 때문에, 런웨이는 일반세계모델에 대한 새로운 장기 연구 노력을 시작했다."[17]

어찌 보면 메타버스에서 노닐던 메타가 가장 늦게 이 분야에 뛰어든 것 같다. 테

16   https://www.youtube.com/watch?v=EMkMA2rszaU

17   Anastasis Germanidis, "Introducing General World Models", 11 Dec 2023.

슬라, 런웨이, 구글, 오픈AI에 이어 메타는 2024년 초에 "일반인공지능(AGI)을 만드는 것"이 새로운 목표라고 밝혔다.[18] 뒤늦게나마 마크 저커버그는 AGI 개발에 물심양면으로 지원을 쏟아붓고 있다. "메타의 AI 연구 그룹인 FAIR는 메타의 애플리케이션 전반에 걸쳐 생성 AI 제품을 구축하는 팀과 같은 부서로 옮기며 변화를 꾀하고 있다."[19] 하지만 메타는 그들이 추구하는 AGI의 정확한 정의를 밝히거나, 언제 도달할 것인지에 대한 타임라인은 제시하지 않았다. 같은 선상에서 2월 14일 WGS의 대담에서 얀 르쿤도 "기본적으로는 어떻게 해야 할지 모르겠다"고 답한 것 같다.[20] 그다음 날인 15일, 그는 GWMs의 중요 방식을 보여주는 V-제파를 발표하며 방향성을 제시했다.

메타는 2023년, 챗GPT와 유사한 언어모델인 라마Llama와 그다음 버전 라마2를 오픈 소스로 공개했다. 2024년 4월 18일에는 라마3의 오픈 소스도 발표했다. 언어모델은 AGI로 다가가는 중요한 기술 중 하나로, 동영상 생성, 자율주행, 로보틱스까지 활용도를 높일 수 있다. 챗GPT-4, 제미나이의 코드를 공개하지 않은 오픈AI, 구글과는 사뭇 다른 메타의 행보를 응원하게 된다.

일반세계모델의 방향성

일반세계모델은 현실 세계의 복잡한 역학을 이해하고 시뮬레이션할 수 있는 AI 시스템이다. 그 핵심 아이디어는 환경의 내부 표현을 생성하고 이러한 표현으로 해당 환경 내에서 예측 가능한 시뮬레이션을 보여주는 AI 시스템을 구축하는 것이다. 이러한 목표를 달성하기 위해서는 영상이나 운전 시뮬레이션 같은 특정 제어 설정에 국한될 수 없다. 그리하여 앞으로의 일반세계모델은 영상을 뛰어넘어 보다 포괄적인 방

18   Alex Heath, 「Mark Zuckerberg's new goal is creating artificial general intelligence.」, 〈The Verge〉, 19 Jan 2024.

19   "Meta is pouring money into the creation of human-level artificial intelligence, Zuckerberg says", NBC News, 19 Jan 2024.

20   "A Conversation with Yann LeCun AI: Lifeline or Landmine?" at the World Governments summit, on AI video, 14 Feb 2024.

향으로 전환될 것 같다.

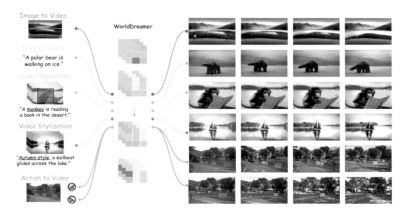

그림 IV-1-4 월드드리머의 구조

칭화대학교 연구팀은 2024년 1월 18일 「월드드리머: 마스크 토큰 예측에 따른 비디오 생성을 위한 일반세계모델」[21]이라는 백서를 발표했다. 이는 비디오의 일부분을 숨기고, AI가 그 숨겨진 부분이 무엇인지 예측하게 하여, 장면의 전체적인 구조와 그 변화를 더 잘 이해하게 한다는 것이다. 따라서 월드드리머는 AI가 단순히 주어진 데이터를 따라가는 것이 아니라, 세상에 대한 이해를 바탕으로 새로운 비디오를 창작할 수 있도록 한다는 의미다.

따라서 "일반세계모델은 세상의 움직임을 이해하고 예측하는 데 중요하며, 영상을 만드는 데 필수적"이라고 한다. 하지만 "기존의 세계모델은 게임이나 운전 같은 특정 상황에 국한되어 있어서, 일반적인 세상의 복잡한 움직임을 포착하기 어렵다"고 지적한다. 대규모언어모델의 성공에서 영감을 받은 월드드리머는 세계모델을 "감독되지 않은 시각적 순차 모델링 과제"로 제시한다. "비디오 언어모델에 트랜스포머 모델을 통합"하면 사전 학습 중 다양한 작업을 처리하는 데 있어 강력한 제로샷 기능을 발휘할 수 있다. 따라서 트랜스포머 기반 마스크 이미지 모델을 일반세계모델의 기초

21   Xiaofeng Wang *et al.*, "WorldDreamer: Towards General World Models for Video Generation via Predicting Masked Tokens", Tsinghua University, 18 Jan 2024. arXiv:2401.09985v1 [cs.CV]

로 사용하는 것이 유망하다고 말한다. "시각적 입력을 구분된 토큰으로 매핑하고 마스크된 토큰을 예측"하며, 이 과정에서 "다양한 방식의 프롬프트를 통해 세계모델 내 상호작용을 촉진한다". "일반적인 세상의 물리학과 움직임을 포괄적으로 이해하는 (중략) 월드드리머는 자연 환경과 운전 환경을 포함한 다양한 상황에서 비디오를 생성하는 데 뛰어나다"는 결론이다.[22]

이처럼, 일반세계모델 개발에는 인간의 복잡다단하고 예측 불가한 행동까지 포함되어야 하며, 주변과의 관계 및 그 움직임까지 이해해야 한다. 이를 바탕으로 정확하고 일관된 환경 지도를 만들고, 시뮬레이션을 하는 것은 필수다. 일반세계모델의 발전 상황과 기능을 추적하고, 이를 평가할 수 있는 벤치마크 역시 필요하다. 너무나 다양하고 복잡한 GWMs의 효율성을 평가하기 위해서는 다양한 지표, 다양한 환경과 동시에 일관된 정확한 지도를 생성하고, 그 위에 인간의 행동이 얼마나 사실적으로 시뮬레이션되는지에 대한 평가 방식 역시 동시에 연구되어야 한다. AI의 경계가 점점 더 넓어지면서, 다양한 분야의 복잡한 환경에서도 상호작용이 요청된다. 일반세계모델에 대한 연구는 이처럼 인간 현실 전반에 모두 관여된다. 여기서 '인간 전반'이라고 할 때는 물리적 현상뿐만 아니라 도덕적·심리적·전통적인 내용도 포함된다.

AGI와 ASL의 단계

젠슨 황은 "일반인공지능AGI 시대가 5년 남았다"[23]고 공언했다. 반면, 마크 저커버그는 "모델 크기의 지수적인 진보는 계속될 수 있지만 결국 에너지 및 인프라 병목에 부딪힐 것"으로 예견했다. 막연히 시기를 예상하기보다 현재는 어디쯤인지, 어느 단계까지 가야 AGI에 도달했다고 할 수 있는지, 그 단계를 안다면 좀 더 이해가 쉬울 것이다. 이를 위해 구글 딥마인드, 오픈AI, 앤트로픽의 AGI 레벨을 간략하게나마 비교하고자 한다. 구글은 2023년 12월 백서 「AGI의 수준: AGI로 가는 길의 운영화 진

---

22   *Ibid.*

23   2024년 3월, 엔비디아의 개발자 연례 행사 〈GTC(GPU Technology Conference) 2024〉에서 언급.

전」[24]에서 AGI까지 가는 단계를 여섯 개로 나누었으나, 첫 단계는 "레벨 0: AI 없음 (No AI)"이어서 [표 IV-1-1]에서는 생략했다. 2024년 7월 11일 자 〈블룸버그〉에 의하면, "오픈AI는 AGI로 가는 AI 능력 수준을 5단계로 제시"하며, "현재 2단계에 도달하기 직전 수준"이라고 했다.[25] 2023년 9월, 앤트로픽은 "책임 있는 확장 정책"에서 'AI 안전 수준AI safety levels, ASL'을 4단계 구분하며, 앞서 언급한 기업들과는 다른 관점에서 AGI를 언급했다.[26]

표 IV-1-1 구글, 오픈AI, 앤트로픽의 AGI 레벨 비교

	구글 딥마인드[27]	오픈AI	앤트로픽
레벨 1	신흥(Emerging): 숙련되지 않은 성인과 비슷하거나 약간 더 우수 예) 오픈AI 챗GPT, 구글 바드, 메타 라마2 등	챗봇(Chatbots): 대화형 언어로 상호작용하는 AI	ASL-1: 위험성 거의 없음 예) 알파고나 BERT(2018) 같은 작은 모델
레벨 2	유능(Competent): 숙련된 성인의 상위 50% 수준	추론가(Reasoners): 문제를 추론하여 해결이 가능한 AI	ASL-2: 무기 제조 방법을 제공하는 등 초기 위험 징후를 보여주는 AI 시스템 예) 현재의 LLMs
레벨 3	전문가(Expert): 숙련된 성인의 상위 10% 수준	대리인(Agents): 사용자 대신 작업을 수행할 수 있는 AI	ASL-3: 현저히 높은 위험 예) 자율성이 낮은 AI 시스템
레벨 4	거장(Virtuoso): 숙련된 성인의 상위 1% 수준	혁신자(Innovators): 발명을 도울 수 있는 AI	ASL-4: 추측 단계 예) 자율성이 높은 AI 시스템, AGI
레벨 5	초인적(Superhuman): 인간 능가	조직(Organizations): 조직 업무를 수행할 수 있는 광범위한 능력의 AI	

---

24 Meredith Ringel Morris *et al.*, "Levels of AGI for Operationalizing Progress on the Path to AGI", 4 Nov 2023 (v1). arXiv:2311.02462v4 [cs.AI]

25 "OpenAI Imagines Our AI Future. Stages of Artificial Intelligence", in OpenAI Scale Ranks Progress Toward 'Human-Level' Problem Solving, Bloomberg, 11 Jul 2024.

26 "Anthropic's Responsible Scaling Policy", (v1) 19 Sep 2023.

27 일반성을 갖춘 레벨 2가 되면, 초지능인 레벨 5까지의 가속은 예정돼 있다. 여기서 말하는 '일반성'은 AI 시스템 기능의 폭, 즉 AI 시스템이 목표 성능 임계값에 도달하는 작업 범위를 의미한다. 레벨 5는 AGI가 아닌, 모든 영역에서 사람을 능가하는 ASI이다.

기준	인간의 수준과 비교	AI의 역할과 기능	AI의 안전성 기준
특징 1	- 성능 수준을 명확하게 구분 - 인간과의 비교를 통해 직관적인 이해 제공	- AI의 기능과 역할을 구체적으로 나누어 설명 - 실질적인 응용 분야에 중점을 둠	- AI의 안전성과 위험성에 중점을 두어 각 단계에서의 위험성을 평가
특징 2	- 기능에 대한 구체적인 설명 부족 - 위험성이나 안전성에 대한 설명 부족	- 위험성 및 안전성에 대한 구체적인 설명이 부족	- 위험성에 중점을 두다 보니, AI의 실제 적용 사례에 대한 정보 부족

[표 IV-1-1]을 보면, 각 기업의 AGI 개발에 대한 접근 방식을 비교할 수 있다. 구글의 딥마인드는 '인간의 수준과 비교'를 통해 직관적인 이해를 제공한다. 오픈AI는 'AI의 역할과 기능'을 기준으로, 각 단계에서 AI의 수준을 알게 한다. 앤트로픽은 레벨이 아니라 'ASL' 단계로 나누어, 발전 수준이 아닌 안전성에 중점을 두고 있다. 앤트로픽은 4단계까지만 제시했는데, ASL-5는 인류 파멸을 의미할 것 같다. 앤트로픽은 AI의 급속한 발전으로 인한 잠재적 위험을 관리하기 위한 '헌법적 AI Constitutional AI'를 제시한 것으로도 유명하다. 메타, 허깅페이스 등의 연구진은 AGI 벤치마크인 'GAIA'를 발표했다. 이에 따르면, 사람은 92%의 점수를 획득했고, GPT-4는 플러그인을 사용하고도 15% 수준에 머물렀다.[28]

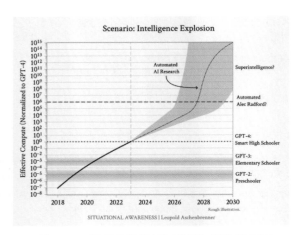

그림 IV-1-5 레오폴드 아셴브레너의 지능 폭발 시나리오

---

28 Grégoire Mialon, *et al.*, GAIA: a benchmark for General AI Assistants, 21 Nov 2023 (v.1), p.1. arXiv:2311.12983v1 [cs.CL]

302   IU. AGI 도상에서의 AI영화 이론

오픈AI의 전 연구원 레오폴드 아셴브레너는 "AGI 레이스가 시작되었다"며, "모두가 AI에 대해 이야기하지만, 정작 AI가 어떤 영향을 미칠지 예견하는 사람은 거의 없다"고 에세이[29]를 쓰게 된 목적을 밝혔다. [그림 IV-1-5]를 보면, 미취학 아동 정도의 능력이던 GPT-2가 4년 만에 똑똑한 고등학생 수준의 GPT-4로 발전했다. 그는 "2025~2026년 내에 AI의 지능이 대학 졸업생을 앞지를 것"이며, 2027년에는 AGI에 도달하고, AI 지식이 기하급수적으로 늘어나는 '지능 폭발'을 맞게 될 것이라고 보았다. 그가 이렇게 이야기하는 것은 이미 '지능 폭발'을 맛보았기 때문이다. 「신경 언어 모델의 스케일링 법칙」[30]에 따르면, LLM의 학습 연산량이 특정 임계점을 넘어설 때, 능력이 급격히 향상되는 '창발적 능력Emergent abilities'이 생긴다고 한다. 오픈AI의 GPT-3 모델은 1750억 개의 파라미터parameter를 가지고 있으며, 학습에 사용된 총 연산량은 대략 3.14×10^{23} FLOP로 추정된다. 12288 임베딩 차원dimension과 12288 히든 레이어 차원이 있다. 이러한 규모의 GPT-3는 이전 모델들보다 훨씬 복잡한 작업들을 잘 수행하는 능력을 보여주었다. GPT-4는 1조trillion 이상의 파라미터를 가진 것으로 추정되며, 이는 약 1.17억117million 파라미터를 가진 GPT-1(2018년 6월 공개)보다 약 8,547배 더 크다. 이와 같은 규모를 가지는 순간, 인간은 이해할 수 없는 창발 능력이 GPT에게 생겼다. 마찬가지로 AGI에 이르면 순식간에 초지능superintelligence으로 지능 폭발이 일어나리라는 시나리오다.[31] 이 에세이에 따르면, 실리콘밸리에서는 현재 "생각하고 추론할 수 있는 기계를 만들고 있다". 머지않아 "우리보다 더 똑똑한, 진정한

---

29   Leopold Aschenbrenner, "Situational awareness: The Decade Ahead", June 2024.

30   Kaplan et al., "Scaling Laws for Neural Language Models", 23 Jan 2020. arXiv:2001.08361v1 [cs.LG]
      이 연구는 대규모언어모델의 성능이 파라미터 수와 학습 데이터 양, 그리고 연산량에 따라 어떻게 스케일링되는지를 분석했다. 이 연구에 따르면, 일정한 스케일링 법칙이 적용되며, 충분히 큰 모델이 충분한 연산량을 거쳤을 때 성능이 비선형적으로 향상된다고 결론짓고 있다.
      다른 연구에서는, LLM의 학습 연산량은 약 10의 22제곱(10^{22}) FLOP(Floating Point Operations)이고, 파라미터가 1,000억 개(10^{11})의 모델이 되면 LLM이 임계점에 이른다고 한다.

31   지능 폭발(Intelligence Explosion)은 지능형 에이전트가 자신의 지능을 생성하는 프로세스를 분석하고 이를 개선하여 동일한 기능을 수행하는 후계자를 생성하는 이론적 시나리오다. 이전 에이전트보다 후속 에이전트가 지능이 더 높아지는 '긍정적인 피드백 루프(positive feedback loop)'가 반복된다. 이때는 인간의 지능보다 훨씬 더 높을 것으로 예측된다. 이 루프가 작용되기 시작하면, 극적 도약인 "하드 테이크오프(hard takeoff)"가 발생한다.

의미의 초지능"을 AI가 갖추게 되면, "반세기 동안 못 봤던 국가 안보력이 발휘될 것"이라고 한다.[32]

또 다른 임계점은 '자본'이다. 소나 테크놀로지Xonar Technology의 최고기술책임자CTO 제프 맥패든은 "AI는 연구 영역에서 벗어나 상업적으로 실행 가능한 기술 영역으로 이동했다"[33]고 진단했다. 이러한 도약은 강력한 컴퓨터, 머신러닝의 발전 덕분이다. 자본주의 시대에 "연구 영역에서 상업 영역으로의 이동"은 비약적인 발전을 약속한다. 2023년 11월 22일 자 〈뉴욕타임스〉는 오픈AI의 올트먼 복귀와 이사회 개편을 지켜보며, "AI가 자본주의자들에게로 넘어갔다"고 평가했다. 실제로 많은 기업이 AI 관련 주도 사업에 앞다투어 투자하고 있으며, 국가들 역시 예산을 쏟아붓고 있다. 기술과 자본의 가속이 시작됐다. 생성형 AI 툴도 잉여가치가 큰 것부터 개발되고 있다.

〈하버드 비즈니스 리뷰〉(2023년 8월 4일 자)는 시중에서 많이 인용되는 「AI는 인간을 대체하지 못하지만, AI를 가진 인간은 AI가 없는 인간을 대체할 것이다」라는 제목으로 기사를 게재했다. 이 제목처럼, 1단계는 "AI를 가진 인간은 AI가 없는 인간을 대체"할 것이다. 이 문장에 '인간' 대신 '기업', '국가'가 대치될 수도 있다. 상기 언급이 1단계였다면, 2단계에서는 AI가 인간을 대체할 수도 있다. 이미 기업과 국가가 움직이고 있다. "미국 기업 엔비디아가 AI 반도체 시장의 80% 이상을 점유"하고 있는 가운데, "50% 이상 반도체 자체 생산"까지 노리는 미국과 나머지 세계의 격차가 벌어지고 있다. 그나마 정부 주도하에 AI를 개발하고 있는 중국이 겨우 맞서고 있다. 하지만 후자는 자국민의 개인정보를 '퍼블릭 도메인'처럼 사용하고 있다. 나머지 국가들은 상기 국가의 제품을 구입하기 위해 서로 경쟁하고 있다. 정치·경제적 이유로 그나마 이마저도 자유롭게 참여할 수 없는 국가들도 있다.

---

32   *Ibid.*

33   "It's really moved out of that research area and moved into where it's really a commercially viable technology set."
      https://www.tampabay.com/news/business/2021/02/18/smart-machines-ai-technologys-impact-on-floridas-business-sectors

생성형 AI는 어떻게 경제와 연관이 될까? "소라가 올가을에 일반에게 공개"[34] 되고 또한 API를 사용할 수 있게 되면, 어떤 콘텐츠로 사용 가능한지 챗GPT에 물어봤다.

표 IV-1-2 **챗GPT에 물어본 소라의 응용 예시**

분야	소라 사용 예시
Robotic	로봇 시뮬레이션, 교육 및 트레이닝, 안전 교육, 향상된 인식(Enhanced perception), 사용자 인터페이스 디자인(Graphical User Interface, Head-up Display), 시각적 프로토타이핑, 로봇의 시각화, 가상현실과의 통합, 로봇 개인화, 모션 예측(Motion prediction), 실시간 경로 계획(Real-time path planning) 등
무인자동차 산업	- 다양한 도로 환경과 교통 상황의 시뮬레이션 - 다양한 대시보드 디스플레이의 프로토타이핑 및 테스트
의료	- 의료 이미지 분석 - 수술 시뮬레이션, 해부학 교육, 질병 진행 과정의 시각화, 이상 징후 식별 - 질병의 본질, 치료 과정, 수술 절차 설명을 위한 시각적 자료 제작
법률	- 사건 현장, 사고 상황, 범죄 과정의 시각적 재현 - 복잡한 데이터나 문서의 시각적 요약 및 표현
교육	개인화 콘텐츠, 인터랙티브 학습, 시각적 표현 및 재현, 과학 교육을 위한 시각적 자료 제작, 역사적 사건, 인물, 장소의 시각적 재현
환경 디자인	프로젝트의 시각적 프로토타입 생성 및 공간 가능성 탐색
영화 및 비디오 제작	영화 및 애니메이션 제작, 쇼츠 생성, 각본에 기반한 장면의 시각적 구현
광고 및 마케팅	제품 사용 시나리오 묘사 및 브랜드 이미지 강화
게임 및 가상현실	가상 세계 생성, 게임 내 다양한 배경 및 캐릭터 모션 디자인
소셜미디어 콘텐츠	다이내믹 콘텐츠, 리얼리스틱 NPC 행동(Non-Player Character behaviors), 커스터마이징 가능한 스킨(Customizable skins) 사용자 기반 스토리나 장면 생성
예술	새로운 시각적 예술작품 생성 및 기존 작품 변형

챗GPT가 제시한 소라의 응용 예시인 [표 IV-1-2]를 보면, 시각적 콘텐츠가 활용되는 거의 모든 분야에 활용이 가능하다는 것을 알 수 있다. 소라의 목적은 AGI로 가기 위한 "현실 세계의 시뮬레이션"이다. 지금까지의 TTV와 소라의 중요한 차이를 개발 목적에서도 확인할 수 있다. 소라보다 먼저 TTV 툴을 상용했던 Gen2의 제

---

34 「OpenAI Made AI Videos for Us. These Clips Are Good Enough to Freak Us Out」, 〈The Wall Street Journal〉, 13 Mar 2024.

작사 '런웨이'도 AGI를 목적하고 있음을 밝힌 바 있다.[35] 하지만 물리 법칙이 잘 실현되지 않고 보디 디스토션이 여전히 심하다는 이유에서인지, 영상 관련 전문가 외에는 그다지 큰 관심을 끌지 못했다. 반면에 소라는 우리가 앞에서 그 성능을 살펴보았듯 현실 세계의 물리법칙이 제대로 적용되고 있기에 업계를 불문하고 전 세계 여러 산업 분야의 관심이 집중됐다. 한 예시로, 영화산업에서 소라의 상업적 전망에 대해 알아보자.

그림 Ⅳ-1-6 챗GPT에 물어본 소라 영상의 예산 측정(2024년 3월)

먼저 [그림 Ⅳ-1-6]의 왼쪽 화면을 챗GPT에 업로드한 후 다음과 같이 요청했다. "이 이미지의 숏을 트래킹숏이나 짐벌숏으로 촬영하려고 해. 그리고 이미지에서 보이는 것처럼 도쿄 번화가에서 찍고, 배경에 엑스트라들을 고용해서 걷게 하고, 거리 통제도 해야 하는데, 이 경우 전체 비용이 대략 얼마나 들까?" 이에 챗GPT는 "촬영 장비 및 기술 인력, 로케이션 비용, 엑스트라 비용, 거리 통제, 보험, 기타 비용 등 최소 5,000달러(한화 약 700만 원)에서 2만 달러(한화 약 2700만 원) 이상"이 들 수 있다고 답변했다. 필자가 포커스 풀러(Focus puller for New HD, 4K)를 비롯한 스태프와 CG, 행정 처리 등 더 상세하게 프롬프트로 요청했다면, 그 이상의 비용이 나왔을 것이다. 아직은 AI로만 영상을 만들기엔 부족하지만, AI를 활용하여 시간과 비용을 절감하는 회사들이 늘어나고 있다.

---

35   Anastasis Germanidis, "Introducing General World Models", runway, 11 Dec 2023.
     https://research.runwayml.com/introducing-general-world-models

〈AI 수로부인〉의 제작비와 인력

〈AI 수로부인〉의 제작비가 얼마나 들었는지 종종 질문을 받는다. 객관적으로는 다음과 같다. 〈AI 수로부인〉은 세 대의 노트북으로 한 달간 제작되었다. 상업적 이용이 가능한 여러 생성형 AI 툴, 수정과 편집을 위한 툴(어도비), 음악 편집을 위한 DAW 등을 구독했다. 이를 바탕으로 인건비, 경상비 등을 추가하면, 대략 계산이 될 것이다.

보이지 않는 많은 인력이 도왔다. 그것도 능력이 뛰어나고 자신이 할 일을 정확하게 아는 그러한 수십 명과 한 팀이 되어 3교대 작업을 했다. 사실은 인력이 아니라, 필자가 사용한 생성형 AI 툴을 의미한다. AI가 없었다면 아예 시작도 못 했을 것이다. 제작을 하는 내내, 수십 명의 동료와 늘 함께 작업하는 것 같았다. 영화는 종합예술이기에 거의 전 분야의 예술가, 전문가 등의 도움이 필요하다. 노트북을 통해서 때로는 촬영 전문가, 때로는 음악가, 때로는 적절한 조언을 제공하는 영화평론가, 기술 전문가 등이 늘 대기 상태로 있다가 한밤중이든 휴일이든 상관없이 도움의 손길을 제공했다. 하루 일과를 마치고 노트북을 닫을 때는, 수십 명이 하루 종일 필자 옆에서 떠들어댄 것처럼 머리가 울렸다. 그래도 각 분야의 전문가들과 아무 때나 어디서나 편하게 일할 수 있었던 것은 대단히 행복하고 즐거웠다.

아마 이러한 느낌을 많은 사람이 공감한 듯, 한국을 비롯한 전 세계에서 AI 영상, AI 영화를 만드는 붐이 일어나고 있다. 따라서 AI영화제도 우후죽순으로 생겨나고 있다. 우리나라만 해도 경북AI메타버스영화제를 시작으로 부천국제판타스틱영화제, 창원국제민주AI영화제, 부산AI영화제 등이 개최될 예정이다(cf. 인덱스 1. 국제 AI영화제 리스트). 한국의 한 영화제에는 전 세계에서 수천 명이 공모전에 출품했다고 한다. 다른 영화제도 마찬가지 상황이 될 것으로 보인다.

2. AGI 도상에서의 AI영화 이론

AI와 인간의 한계

이 책 4부의 전반부에서는 'AI의 한계'가 어디까지 확장되는지를 알기 위해 AGI, ASI에 대해 살펴봤다. 지능 폭발 시나리오에 따르면 AI가 인간의 능력을 넘어서는 것은 시간문제다. 한계를 규정할 수 없다는 의미이기도 하다. 그렇다면 이를 개발하고 사용하게 될 인간의 한계는 어디까지일까? 한계 없는 AI를 한계가 명확한 인간이 통제할 수 있을까? AI의 한계(혹은 한계 없음)를 염려하기 이전에 어쩌면 인간의 한계에 대한 연구가 먼저 선행되어야 하지 않을까? 인간의 한계를 정확히 안다면, 이에 따라서 AGI나 ASI의 발전 방향과 한계를 조정하게 되지 않을까? 이를 위해서, 20세기 '인간학'이나 '관계론'을 정립한 뛰어난 사상가들의 미학을 기반으로 'AI영화 이론'을 전개한다.

서구에서 새로운 예술사조는 바탕이 될 이론과 함께 등장하곤 한다. 뿌리와 같은 이론이 깊어야 가지가 여러 갈래로 뻗어 나가며 향기로운 꽃과 풍성한 열매를 맺을 수 있기 때문이다. 비록 작은 분량이더라도 이제 전개될 'AI영화 이론'이, 이 책에서 많은 페이지를 할애한 'AI영화 제작법'만큼이나 중요하다는 의미이다. 무엇보다 우선, 예술 분야에서 AI는 달을 가리키는 손가락이지 달 그 자체는 아니다. AI는 21세기의 새로운 도구, 곧 붓과 팔레트이지 예술 그 자체가 아니라는 의미다. 지금까지의 어떤 도구보다도 영향력 있는 특별한 도구이지만, 그렇다고 무엇이든 원하는 대로 만들어주는 마술 도구는 더욱 아니다. 같은 AI 도구라도, 기업들은 이를 사용하여 상업적 이익을 얻으려는 것이고, 의료기관에서는 생명을 구하기 위해서 사용한다. 반면에 빅테크들은 AI 자체가 목적이다.

여기서 도구(AI 기술)와 목적을 구분하는 이유는, 이 둘을 혼동하여 갈피를 잡지 못하고 방황하는 많은 사람을 보기 때문이다. 너무나 빠른 AI의 발전을 따라가지 못해 혼란스러워하거나, 수많은 생성형 AI 툴 사이에서 방황하는 사람들이 목격되곤 한다. 때로는 목적을 잃고 타 분야의 길을 자신의 길로 오해해서 엉뚱한 방향으로 좇아가는 경우도 많다. 자신의 목표와 관련 분야의 방향성을 구분할 수 있다면, 혼돈은 줄어들고 자신의 분야에 좀 더 깊게 매진할 수 있게 된다. 바로 이러한 이유로, 소고이지만 'AI영화 제작론'에 이어 'AI영화 이론'을 추가 집필하게 됐다. 분량은 제작론에 많이 치우쳤지만, 무게중심은 이론서에 더 주었다.

영화 이론서는 많으나 아직 'AI영화 이론서'는 찾을 수 없어서, 발터 벤야민, 베르그송, 질 들뢰즈 등을 다시 끄집어냈다. 다만, 이번에는 일반 영화 관점이 아니라 AI영화 관점에서 재독했다. 들뢰즈의 『시네마』 1~2권은 '일반 영화'보다 오히려 'AI영화'를 기준으로 놓고 해석할 때 더욱 설득력 있게 읽혔다. 그만큼 그의 사유가 포괄적이며 미래적 관점을 지니고 있기 때문일 테다. 그래서 푸코가 "21세기는 들뢰즈의 시대"라고 한 것일 수도 있다.

2023년부터 AI로 만든 영화가 제작 및 개봉되기 시작했다. 〈벤처비트〉는 「AI는 영화 사상 여섯 번째 찾아온 혁명(그리고 어쩌면 가장 중요할 수도)」[36](2024년 6월 14일 자)이라는 기사를 게재했다. 이 기사에서 언급한 다섯 개 혁명은 아래와 같다.

(1) 무성영화 시대(1878~1929년)

(2) 사운드·토키 시대(1927~1950년대 초반)

(3) 컬러영화 시대(1930~1960년대)

(4) 캠코더·홈 비디오 시대(1970년대 후반~1990년대)

(5) 인터넷과 모바일 기기 시대(1990년대 후반~현재)

---

[36] 「AI is the sixth great revolution in filmmaking(and maybe the most important)」, 〈venturebeat〉, 14 Jun 2024.

〈움직이는 말(The Horse in Motion)〉(1878)
에드워드 마이브리지(Eadweard Muybridge) 제작, 1:40(러닝타임)
모션 포토그래피의 탄생

〈라운드헤이 가든 신(Roundhay Garden Scene)〉(1888)
루이 르 프랭스(Louis Le Prince) 감독,
0:02(러닝타임)
영국, 다큐멘터리/독립

〈뤼미에르 공장을 나서는 노동자들(La Sortie de l'Usine Lumière à Lyon)〉(1895)
루이 뤼미에르(Louis Lumière) 감독, 프랑스

〈열차의 도착(L'Arrivée d'un train en gare de La Ciotat)〉(1895 제작, 1896 개봉)
뤼미에르(Lumière) 형제 감독, 0:50(러닝타임)
프랑스, 다큐멘터리/독립

〈의리적 구토〉(1919)
김도산 감독(〈매일신보〉 1919년 10월 28일 자 광고)

〈월하의 맹서〉(1923)
윤백남 감독

〈춘향전〉(1923)
하야카와 고슈 감독

〈장화홍련전〉(1924)
김영환 감독

그림 Ⅳ-2-1 (1)~(4) 19세기 후반에 만들어진 서구 영화, (5)~(8) 1910~1920년대 만들어진 한국 영화

현대 영화의 위치를 알기 위해서, [그림 Ⅳ-2-1]과 같이 서구와 한국에서 초기에 만들어진 영화를 간략하게 비교했다. 세계 최초의 영화로는 1896년 1월 5일 개봉된 뤼미에르 형제 감독의 〈열차의 도착〉(4)을 말하곤 한다. 열차가 클로즈업되어 관람객에게 달려오는 모습이 인상적이면서 상징적이기에 세계 첫 영화로 각인되기 좋다. 하지만 현존하는 필름 가운데 가장 오래된 것으로 알려진 영화는 프랑스의 발명가 루이 르 프랭스가 제작한 단편 무성영화 〈라운드헤이 가든 신Roundhay Garden Scene〉(2)이다. 이 영화는 1888년 10월 잉글랜드 북부 리즈 라운드헤이에 있는 오크우드 그랜지에서 촬영됐다.

한국 최초의 영화는 1919년 단성사에서 첫 상영된 〈의리적 구토〉(김도산 각본·감독)(5)이다. 사실 〈의리적 구토〉는 영화이자 '연쇄극'으로, 연극 무대에서 재현하기 어려운 부분을 미리 촬영하여 필요한 순간에 연극 무대에서 상영하였다. 1915년 일본에서 생겨난 키노 드라마 방식이다. 1923년 윤백남이 감독한 〈월하의 맹서月下의 盟誓〉(6)는 35mm 흑백필름으로 촬영된 무성영화로 조선총독부에서 자금을 댄 목적성 영화다. 1923년 일본인 하야카와 고슈가 감독한 무성영화 〈춘향전〉(7)은 흥행에 성공했다. 1924년에는 〈장화·홍련전〉(김영환 감독)(8)이 제작되었으며, 1926년에 상영된 나운규의 〈아리랑〉은 민족영화의 기원이자 무성영화의 황금기를 열었다는 평을 받는다.

표 IV-2-1 세계/한국 영화사 비교

세계 영화사[37]	한국 영화사[38]
(1) 초기의 영화: 영화 발명부터 제1차 세계대전까지 (1880년대~1919년)	(1) 초창기 영화 환경의 형성(1900년 전후~1925년)
(2) 무성영화 시대 후반(1919~1929년)	(2) 서사의 개발과 민중성(1926~1934년)
(3) 유성영화의 발전(1926~1945년)	(3) 기술적 발전과 강제된 문화(1935~1944년)
(4) 전후 시대(1945~1960년대)	(4) 카오스 상태의 저개발(1945~1954년) (5) 재출발을 위한 준비(1955~1959년)
(5) 동시대의 영화(1960년대 이후)	(6) 정체성 모색과 산업 발달(1960~1969년) (7) 산업 퇴조와 억압으로 인한 기형적 정체 (1970~1979년)
(6) 뉴미디어 시대의 영화(1980년대와 그 이후)	(8) 세대 교체와 새로운 경향 또는 재출발 (1980~1991년) (9) 자본 논리의 문화 상품으로 정착(1992년~현재)

좀 더 구체적으로 세계 영화 역사와 한국 영화 역사를 [표 IV-2-1]로 같이 비교해보았다. 세계의 영화사는 크리스틴 톰슨과 데이비드 보드웰의 『세계영화사Film History: An Introduction』[39]를, 한국의 영화사는 『세계영화사 강의: 초기 영화에서 아시아 뉴 웨이

---

37 Kristin Thompson&David Bordwell, *op.cit. Film History: An Introduction*, McGraw-Hill, 2009(3rd)
크리스틴 톰슨과 데이비드 보드웰의 저서는 "영화사 입문서"로 미국뿐 아니라 전 세계 영화사의 날짜, 이름, 발전에 대해 개괄적으로 설명하고 있다. 800페이지에 가까운 분량에 스틸 사진이나 삽화는 몇 장에 불과하고, 많은 정보를 담고 있다. 이 책은 [표 IV-2-1]의 왼쪽 열에서 보는 것처럼 크게 6개의 파트로 나뉘어 있으며, 각 파트는 특정 시기를 다루고 있다. 특히 각각의 시작점이 전환점으로 표시되어 있다. 저자는 미국, 프랑스 또는 영국의 기술 혁신, 관객 수요, 비즈니스 기반 간의 다양한 관계를 포착한다.

38 임정택 외 9명, 『세계영화사 강의: 초기 영화에서 아시아 뉴 웨이브까지』, 연세대학교출판부, 2001, pp.316-317, 각주 7.

39 Kristin Thompson&David Bordwell(2009), *op.cit.*

브까지』(이하『강의』)[40]를 참조했다.『강의』는 한국 영화를 "리얼리즘 지향의 역사"로 보며 그 시기를 [표 IV-2-1]의 오른쪽과 같이 구분하고 있다.『강의』는 1980년대를 "코리안 뉴웨이브" 시기였다고 말한다.[41] 프랑스의 '누벨바그'를 떠오르게 하는 명칭이다. 이러한 역사를 배경으로 두고 AI영화를 살펴본다. 이 글을 집필할 때는 영화관에 상영된 유일한 AI영화가 〈AI 수로부인〉이었기에 일반 영화와 비교 및 참조하며 AI영화 이론을 전개하겠다.

현재 AI의 생성물은 저작권이 인정되지 않는다. 그렇다면 AI가 생성한 영화, 음악, 그림 등을 "창의성이 있는 예술작품"이라고 할 수 있을까? 사진기가 발명되고 나서는 사진에 대해서, 영화 초창기[42]에는 영화에 대해서, 그리고 AI영화가 상영된 이후에는 AI영화에 대해 사람들은 예술인지 아닌지를 묻고 있다. 이에 대해 발터 벤야민은 다음과 같이 명쾌한 답을 준다. "이전에는 사진이 예술인지에 대한 질문에 많은 무익한 생각이 쏟아졌다. 가장 중요한 질문인, 사진의 발명 자체가 예술의 전체 본질을 변화시키지 않았는지에 대한 질문은 제기되지 않았다. 곧 영화 이론가들도 영화에 대해 같은 성급한 질문을 하기 시작했다."[43] 이제는 AI가 만든 예술작품이 등장해 AI가 만든 예술에도 '창의성'이 존재하는지, 무엇이 예술인지에 대한 근원적인 질문을 던지고 있다. 그러니 우리는 AI가 영화, 더 나아가 예술의 본질을 어떻게 변화시키고 있는지 살펴봐야 할 것이다.

영화가 탄생한 지 120년이 흘렀다. 소련의 영화감독 지가 베르토프는 사람의 눈으로 볼 수 없는 것을 카메라를 통해 보여주는 "키노 아이Kino-Eye"에 대해 이야기했다. 머지않아 '키노 아이'를 통해 볼 뿐만 아니라, 'AI의 손'으로 만든 것을 관람하게 될 것이다. 또한 스티븐 프린스는 "디지털 이미징 기술"의 도움을 받아 새로운 현실을 만들어

---

40   임정택 외(2001), *op.cit.*

41   *Ibid.*, pp.309-340.
      cf. 필자는 예술사를 '리얼리즘의 변형사'로 보며, 현재는 '하이퍼리얼리티'의 시대라고 여긴다. 따라서 여러 관점 중 '리얼리즘'을 선택했으나, 이는 예술을 보는 다양한 관점 중의 하나일 뿐임을 강조한다.

42   1888년 10월 14일 개봉한 〈라운드헤이 가든 신〉(2.11초, 무성)은 프랑스의 발명가 루이 르 프랭스(Louis Le Prince)가 감독 및 제작한 단편 무성영화로 세계 최초의 영화로 알려져 있다.

43   Walter Benjamin, *Oeuvres*, Paris: Gallimard, 2000.

내는 것을 "키노 브러시Kino-Brush"라고 했다. 그는 영화가 현실을 어떻게 재현하고, 관객이 영화 속 비현실적 요소들을 어떻게 현실적으로 인식하는가에 대한 '지각적 리얼리즘Perceptual Realism'을 분석한다.[44] 그는 함축적이고 상징적인 제목의 저서 『진실한 거짓말: 지각적 사실주의, 디지털 이미지, 영화 이론』을 다음과 같이 시작한다.

"디지털 이미징 기술은 현대 영화 제작의 거의 모든 단계를 빠르게 변화시키고 있다. (중략) 일반 대중에게 이러한 기술의 가장 두드러진 적용은 컴퓨터 생성 및 강화된 특수효과의 새로운 물결에서 볼 수 있으며, 이는 〈심연〉(1989)의 물의 생명체나 〈터미네이터 2〉(1991)의 반짝이며 변형하는 형태와 같이 이전에 본 적 없는 이미지를 생성한다." 이어서 다음과 같은 질문을 던진다. "컴퓨터 생성 이미지는 특히 사진 기반 리얼리즘 개념에 대한 영화 표현에 어떤 의미가 있을까? 이론은 디지털 이미징 시대에 어떻게 적용할 수 있을까?"[45]

똑같은 질문을 생성형 AI영화 툴에 적용할 수 있다. AI 생성 이미지는 리얼리즘 개념에 대한 영화 표현에 어떤 의미가 있을까? 이론은 AI 이미징 시대에 어떻게 적응할 수 있을까? 다음 언급은 새로운 기술이 도입될 때마다 발생하는 현상과 비판이다. 조만간 AI영화 기술에 대해서도 같은 언급이 반복될 것 같다.

디지털 이미징 기술은 현대 영화 제작의 모든 단계를 변화시키고 있으며, 특히 컴퓨터 생성 및 강화된 특수효과가 눈에 띈다. 이러한 변화의 빠른 속도는 영화 이론에 새로운 도전을 제기하고 있으며, 디지털 조작의 창의적 가능성에 대한 이해가 부족하다. 영화 이론은 디지털 이미징이 영화 표현과 관객의 반응에 미치는 영향에 대해 아직 충분히 고려하지 못하고 있다. 초기 디지털 특수효과의 적용은 1980년대 영화에서 시작되었고, 〈터미네이터 2〉, 〈쥬라기 공원〉, 〈포레스트 검프〉 등의 성공은 컴퓨터 생성 이미지(CGI)의 가능성을 극적으로 보여주었다.[46]

---

44   Stephen Prince, *True Lies: Perceptual Realism, Digital Images, and Film Theory*, Film Quarterly, 1996.

45   *Ibid.*, p.27.

46   *Ibid.*

AI의 발전은 영화 제작의 패러다임을 바꿀 것이며, 이제부터는 이에 따라 변화하게 될 예술과 창의성의 조건에 대해 간략히 살펴보겠다.

기술과 예술 그리고 콘셉트

(1) 기술로서의 테크네Techne as Technique[47]

(2) 예술로서의 테크네Techne as Art[48]

(3) 이성과 감성으로서의 예술Techne as Logos and Pathos[49]

'예술'과 '기술'의 어원은 고대 그리스어 '테크네Techne'라는 한 뿌리에서 나왔다. '로고스(이성)'는 최상위 개념으로, 예술이나 기술과는 거리가 멀었다. 근대까지는 예술을 (1)과 (2)에 근거하여 설명했으나, 현대 개념미술의 등장으로 (3)의 '이성(로고스)'이 추가되었다. 고대부터 '감성(파토스)'은 중요시되었으나, 플라톤 이래 억압되었다가 현대에 들어 다시 제 위치를 찾게 되었다. '테크네'는 '예술'과 '기술'을 동시에 의미하며, 둘은 동전의 양면과 같이 새로운 기술이 발견되면 기술이 예술에 앞선다. 이 기술이 작가들에게 익숙해지면, 다시 예술이 기술을 이끄는 과정이 반복된다. 사진이나 미디어아트도 초창기에는 예술보다 기술적인 면이 컸다. 블록체인 기반의 NFT 아트도 기술적인 면모를 강조하는 작업이 대부분이어서 마치 기술의 춘추전국시대 같다. 하지만 블록체인은 결국 미래의 시스템이자 미학적 체계가 될 것이기에, 이 모든 소음과 '광란'은 이에 대한 '경의'처럼 보인다. AI 관련 예술도 마찬가지 상황이다(영화에서 기술과 예술의 관계에 대해서는 스탠리 카벨의 『눈에 비치는 세계』 pp.367-368 참조).

이러한 현상은 예술뿐만 아니라 기술 쪽에서도 마찬가지다. 여전히 시대의 아이

---

47   고대 그리스어: τέχνη ὡς τέχνη(Techne hōs technē), 라틴어: Ars ut Technica
      고대 그리스어에서 'τέχνη(techne)'는 '기술' 또는 '예술'을 의미한다.

48   고대 그리스어: τέχνη ὡς τέχνη(Techne hōs technē), 라틴어: Ars ut Ars

49   고대 그리스어: τέχνη ὡς λόγος καὶ πάθος(Techne Hōs Logos καὶ Pathos), 이성과 감정으로서의 예술

콘으로 남은 스티브 잡스에게는 예술과 기술의 경계가 없었다. 『스티브 잡스』의 저자 월터 아이작슨은 잡스가 "우리 시대의 핵심 질문, 즉 인간이 **기계**와 어떤 관계를 맺고 어떻게 지내야 하느냐"를 보여주었다고 평한다. AI 변곡점을 지나는 지금, 이 시대의 핵심 질문은 '인간이 AI와 어떤 관계를 맺고 어떻게 지내야 하느냐'로 구체화할 수 있다. 이 질문에 대한 답은 잡스의 삶에서 구할 수 있다. "잡스는 다빈치를 역할 모델로 삼았으며" 두 사람의 창작적 천재성은 "예술과 과학을 구별하지 않는 데" 있었다.[50] 2011년 스티브 잡스는 마지막 프레젠테이션에서도 "기술만으로는 충분하지 않다. 가슴을 울리는 결과를 내는 것은 인문학과 결합된 과학기술"이라고 말했다.[51] "가슴을 울리는" 것(파토스)이야말로 모든 예술가가 추구하는 게 아닌가.

앞에서 다룬 제3세대 AI영화는 "가슴을 울리는 감정"을 특징으로 삼는다. 어떻게 어떤 것으로 사람들의 가슴을 울릴까? "AI 아트 갤러리에 공개된 결과물들을 보면, '귀여운 고양이'들이 여기저기서 활개를 친다. 하물며 '앤디 워홀 스타일'로 '앤디 워홀'이나 그의 작품을 생성하는 것보다 '앤디 워홀 스타일의 고양이' 이미지를 생성하는 것이 더 그럴싸하게 나올 정도이다(2023년 5월 기준). 자화상을 많이 그린 것으로 알려진 렘브란트나 뒤러도 예외가 아니다. 인물화는 눈, 코, 입, 손가락, 발가락 등이 엉망인 경우(보디 디스토션)가 많은데, 고양이를 넣으면 문제없이 나온다.[52] AI 아트 생성기에서 "고양이cat"라는 단어가 얼마나 전지전능하고, 무소부재한지 놀라게 된다! 실험실의 '쥐' 역할을 AI 연구실에서는 '고양이'나 '강아지'(이미지)가 하는 것 같다. 하물며 다수의 'AI 예술 커뮤니티'에서도 '예술'이라는 개념이 민망할 정도로 '귀여운 고양이', '귀여운 강아지'만 그리고 있다. 모든 귀여움, 평화, 행복이 거기에 있는 듯하다."[53]

이렇게 생성되는 AI 동물 이미지는 '인간발發 환각'의 전형이다. AI가 생성하는 '고

---

50   월터 아이작슨, 『스티브 잡스』, 안진환 옮김, 민음사, 2015.

51   Steve Jobs at WWDC(Apple WorldWide Developers Conference), 6 Jun 2011.

52   사실은 아무 문제없이 나오는 것이 아니라, 고양이는 잘 나오지 않아도 사람 얼굴만큼 예민하게 느껴지지 않기 때문이다.

53   심은록, 『생성AI아트에 의한 비교 미술사』(비매품), 2023.

양이'나 '강아지'는 언제나 어디서나 귀엽고 예쁘고 행복해 보인다. 이것이 진짜 이들의 참모습이고 본능일까?

그림 IV-2-2 (1) 2023년 11월 미드저니가 생성한 강아지와 빨간 의자 이미지
(2) 이혁, 〈자화상〉, 캔버스에 아크릴, 유화, 2023[54]

[그림 IV-2-2]의 (1)은 미드저니에서 "개, 빨간 의자a dog, a red chair"라는 단순한 프롬프트로 생성한 이미지이고, (2)는 이혁 작가의 〈자화상〉 연작 중 하나다. 미드저니가 생성한 강아지는 당장 쓰다듬고 싶을 정도로 완벽하게 귀엽다. 편안해 보이는 의자 위에 당연한 듯 앉은 채 정면을 응시하고 있다. 필자 역시 이 이미지가 자연스럽고 편안해 보인다.[55] 그런데 이혁 작가의 〈자화상〉의 개는 어쩐지 애잔해 보인다. 개는 분명 관람객을 의식하고 있지만, 시선을 살짝 비껴두었다. 한낱 미물일지라도 감히 정면으로 사람을 보면 안 된다는 걸 알고 있는 듯하다. 꼬리는 뒷다리 사이로 말린 채 움직일 줄 모른다. 언제 닥칠지 모를 폭력에 아무런 방비 없이 "노출된 살갗의 면적"(여기서는 레비나스의 "개방성"이라는 의미)[56]을 줄이기 위해 최대한 움츠려 있다. 두려움이 가

---

54   2023년 11월 6일, 작가로부터 이미지 사용 허가.

55   [그림 IV-2-2]의 (1)을 생성하고 5개월 뒤인 2024년 4월, 미드저니에 같은 프롬프트를 넣고 이미지를 생성했다. 그런데 훨씬 예술적인 느낌이 나는 결과물이 생성됐다. 사실주의적인 면보다 예술적인 면이 좀 더 강화된 듯하다. 이처럼 생성형 AI 툴이 급변하기에 이를 참조해서 봐야 하며, 가능하면 날짜를 정확히 기입해두는 것이 좋다.

56   노출된 '살갗의 취약성(vulnérabilité d'une peau)'
      Rudolf Bernet, "Deux interprétations de la vulnérabilité de la peau (Husserl et Levinas)", Revue

득한 눈빛은 당장이라도 도망치고 싶지만 무언가 바라는 것이 있어 차마 멀어지지 못하는 듯하다. 온몸으로 간절히 무언가를 바라면서도 한 발자국만 가까이 다가서면 이 개는 바로 하얀 이를 드러내고 으르렁거리리라. 그래도 한 발자국 더 다가간다면, 순식간에 감춰진 본성을 드러내어 물고 도망가는 공격성도 잠재돼 있다. 개를 둘러싼 모든 풍경이 하나하나 개의 섬세한 감정을 대변하기에, 우리는 개의 심정을 읽을 수 있다. 이혁 작가의 또 다른 〈자화상〉 연작('개'가 주요 캐릭터)에서 보이는, 폐허가 된 풍경, 어두운 밤, 그림자를 드리울 정도의 둥근 달(밥그릇으로 형태를 만든) 등 모든 것이 개의 복잡한 심성을 그대로 전달한다. 이 그림의 제목은 〈자화상〉인데, 오히려 잊고 있었던 '타자의 얼굴'이 갑자기 성큼 다가온다.[57]

AI가 즐겨 생성하는 애완동물은 귀엽고 사랑스러워서 사용자들이 즐기는 좋은 주제다. 하지만 영혼(본질)을 표현하고자 하는 미술가들에게 애완동물은 귀여운 외형으로 인해 오히려 본질을 담는 게 어려운 주제다.

간혹 상징적이거나 그림의 전체 분위기에 어울리게끔 그려지곤 했다. 예를 들어, 에두아르 마네의 〈올랭피아〉 속 고양이가 그러하다. 검은 고양이가 그림의 오른쪽 하단부에, 누드 여인의 발 아래에서 꼬리를 하늘로 꼿꼿하게 올리며, '섹스'를 상징하고 있다. 르누아르는 인상주의 스타일인 자신의 작품을 더욱 사랑스럽고 부드럽게 하기 위해 애완동물들을 화면 안으로 불러들인다. 몽마르트르의 가장 유명한 고양이는 테오필-알렉상드르 슈타인렌의 〈검은 고양이〉[58]이리라. 카바레를 홍보하는 포스터 안의 이 고양이는 참으로 많은 예술가들과 보헤미안들을 불러 모았다.

기술과 예술이 늘 명료하게 구분되는 것은 아니다. 하지만 그 차이를 알아야 경계도 허물 수 있다. 디자이너이자 프로그래머인 존 마에다는 『제품의 언어How to Speak Machine』에서 이와 같이 말했다. "나는 '뉴욕 현대미술관에 영구 보존될 만한 완벽한 최종 버전의 작업'을 제작하는 것에는 흥미가 없다. 시대를 초월한 디자인을 추구하

Philosophique de Louvain, 1997[95-3], pp.437-456.

57 심은록, 〈2인의 개인전 최진욱·이혁〉 전시 도록에서, 두손갤러리, 2023.

58 Theophile-Alexandre Steinlen, 〈Tournée du Chat noir〉, 135.9×95.9cm, 1896.

는 대신, 클라우드cloud(데이터 저장, 처리, 서비스 등을 인터넷을 통해 제공하는 기술적 환경)처럼 시의 적절한 디자인이 더 중요하다. 클라우드의 진화는 실시간이며 멈추지 않고, 또한 항상 기쁨과 만족을 추구한다."[59] 그는 기술과 예술, 디자인과 미술의 차이를 정확하게 알고 있다.[60] 디자인은 미드저니가 생성한 이미지 속 의자([그림 Ⅳ-2-2](1))처럼 완벽해야 한다. 반면 〈자화상〉([그림 Ⅳ-2-2](2)) 속 의자는 디자인 제품이라는 측면에서 받아들일 수 없는 형태다. 더욱이 그 옆의 개는 사고 싶은 욕망까지 단번에 사라지게 만든다. 하지만 예술성은 〈자화상〉처럼 뭔가 삐긋하고 어설프며 결핍이 보이는 곳에서 발견된다.

이것이 노자가 말한 '대교약졸大巧若拙'[61]이다. 서예를 비롯한 모든 예술 작업은 생숙생生熟生의 과정을 거친다. 처음은 날것처럼 어색하고 어설픈 생生의 시기이고, 형사形似가 일정 경지에 오르는 숙熟의 시기를 지나, 다시 자유로운 생生으로 간다. 이우환은 이를 '숙성'의 과정이라 했고, 박서보는 '단련'의 과정이라고 설명했다. 대교약졸은 노장사상에서 중요한 심미이론의 하나로 인위적 기교미技巧美를 배제한다는 것인데, 이는 AI 아트에서는 더욱더 중요하다. 여기서 한발 더 나아가는 것이 '공空' 혹은 '여백'이다. 월터 아이작슨에 따르면, 스티브 잡스는 "선禪에 심취한 사람"으로 "그의 모든 접근 방식은 미니멀리즘적 미학과 강렬한 집중"[62]이었다. 이러한 그의 자세는 모두 "선禪에서 온 것"이라고 월터 아이작슨은 말한다. 같은 맥락으로 스티브 잡스는 스탠퍼드대학교 졸업식에서 "타인의 견해라는 소음"을 없애고, "마음과 직관을 따르는 용기를 가지라"[63]고 권고했다. 현대와 같이 말과 관심거리가 많은 세상일수록, 그만큼 소음과 거리를 두는 것이 필요하다. 이에 대해 푸코는 "궁수弓手 같아야 한다"고 말한다. 한껏 팽팽한 활시위를 놓기 직전, 잡담과 소일로 분산되는 것으로부터 "자신 주변에 공

---

59   John Maeda, *How to Speak Machine: Computational Thinking for the Rest of Us*, Portfolio, 2019.
60   마에다는 예술작품만이 미술관에 들어가는 것을 안다. 그래서 그는 미술관은 아예 생각지도 않았지만, 독창성 덕분에 미술관은 그의 작업을 소장하고 전시하게 되었다.
61   노자(老子), 『도덕경(道德經)』 45장.
62   월터 아이작슨(2015), *op.cit.*.
63   스티브 잡스, 2005년 스탠퍼드대학교 졸업식 연설에서.

魂을 만드는 것"이다.[64]

백남준과 21세기 예술의 본질

　필자는 영화 〈AI 수로부인〉에 고양이를 넣지는 않았지만, 키치 스타일의 우주 괴물이나 바다 괴물을 등장시켰다. 그렇게 우주여행과 바다여행 부분에 초현실주의, 판타지 스타일과 키치가 사용됐다. 프롤로그와 에필로그 부분은 SF보다는 좀 더 예술적인 '판타지 아트Fantasy Art'[65]를 추가했다. 프롤로그의 미디어 숲은 백남준의 〈TV 정원〉(1974)에서 영감을 받았다. 수많은 스크린 속에서 이웃, 외국인, 우주인, 사람과 비슷한 외계인, 사람과 전혀 다른 외계인이 순서대로 등장한다. 필자는 이것이야말로 백남준이 실제로 구현하고 싶었던 〈TV 정원〉일 것이라고 여겨 영화에서 실현했다. 갈수록 타자화된 존재가 등장하며, 샤머니즘적 방식을 통해 이들과 소통한다. 〈AI 수로부인〉에서는 지구와 우주가 환경 문제로 파괴되는 것을 암시하며, 두 무당을 등장시켜서 경고한다.

　두 무당 중 한 명인 백남준은 끊임없이 현대를 비판하고, 독재나 억압에 저항하는 작가였다. 이를 예술을 통해 긍정적인 방식으로 보여주기에, 서구에서는 그를 '마이스터meister(경지에 이른 최고 전문가, 최고의 스승)'라고 부른다. 백남준은 양력으로는 "히틀러 암살미수 사건이 발생한 1932년 7월 20일에 태어났다". 음력으로는 동독이 "스탈린에 대항하는 봉기일인 6월 17일"에 태어났다. 그는 7월 20일을 선호했는데, "왜냐하면 독일 국민이 히틀러에 저항한 날이기 때문이다". 아래 글은 백남준 본인이 직접 쓴 「자서전」이다.

64　Michel Foucault, *The Hermeneutics of the Subject: Lectures at the Collège de France 1981-1982*, Tr. by Graham Burchell. New York: Palgrave Macmillan, August 2007, pp.222-223.

65　판타지 아트는 회화 예술에서도 찾아볼 수 있는 장르다. 이 용어는 보통 2000년 이후에 만들어진 최신 예술을 가리킨다. 판타지 아트의 예술가들은 종종 판타지 문학, 그로테스크, 무의식, 꿈의 상태, 동화의 세계에서 영감을 받는다.

1933년에 나는 한 살이었다. (중략)

1965년에 만일 전쟁이 일어나지 않는다면 나는 서른세 살이 될 것이다. (중략)

11932년에 내가 여전히 살아 있다면 나는 십만 살이 될 것이다.[66]

2022년 2월 24일부터 시작된 러시아의 우크라이나 침공으로 여전히 지속되고 있는 전쟁, 급박한 기후 문제 등이 귀여운 강아지나 고양이 뒤에 가려지고 있다. 탈북 작가인 이혁은 "개가 꼬리 흔드는 것을 남한에 와서 처음 보았다"고 했다. 필자는 "꼬리를 흔들지 않는 개도 있는가?"라고 되물었다. 세계적인 작가 뱅크시Banksy나 JR은 폭력이나 전쟁으로 겁에 질린 존재를 참으로 무덤덤하고 예쁘지 않게 표현하며, 예술의 마지막 보루인 '미美'라는 환각마저도 벗겨낸다. 우리가 우려할 것은 'AI의 환각 hallucination(할루시네이션)' 또는 '인공 환각artificial hallucination'보다 현실과 실상을 왜곡하는 '인간이 만든 환각'이다. 최근 경향은 아이러니하게도 AI는 무수히 읽으며 사유하는데, 인간은 점점 더 "무사유의 죄" 혹은 "생각의 무능"에 빠져드는 것 같다.[67] 이러한 '인간발 환각'을 깨뜨리는 것 또한 예술의 본분이며, 진정한 예술가는 끊임없이 저항한다.

필자는 AI영화를 포함하여 현대예술이 가져야 할 중요한 요소를 다음과 같이 정리한다.

- 타학문과 소통하며, 현재를 직시하고 문제점을 파악하는 '비판력'[68]
- 천박하지 않은 언어와 행위, 인간의 존엄성을 예술을 통해 제시하는 '소통 방식'
- 자신만의 독특한 준법皴法이나 발상을 지키기 위해 끊임없이 저항하는 '창의력'

---

66 백남준, 「자서전」, 1965. 자서전을 써달라는 요청에 33세 때 백남준이 쓴 글이다.

67 Hannah Arendt, *Eichmann à Jérusalem. Rapport sur la banalité du mal*, Trad. par Anne Guérin, Gallimard, 1991.

68 비판력은 진리게임(Games of truth)에 대한 '문제화'로부터 시작한다. 푸코의 "문제화(Foucauldian Problematization)"는 주체가 조건 지어지는 방식인 주체화, 대상이 구성되는 방식인 대상화, 그 사이의 인식이 확립되는 과정인 인식론화 사이에서 행해지는 "진리게임"을 드러내는 것이다.
cf. Michel Foucault, *Histoire de la sexualité*, t.1(1976), 2(1984), 3(1984), Éditions Gallimard.

- 고전과 미래를 균형 있게 바라보며, 보는 자들의 마음을 고양시키는 '숭고함'

예술은 울림을 줘야 한다. 말초신경을 건드리는 감각이 아니라 마음 깊은 곳에서 진동하는 울림 말이다. 좋은 영화는 이러한 울림을 주는데, 21세기에 제작된 영화 가운데 BBC가 선정한 상위 열 편을 열거하면 다음과 같다.

〈멀홀랜드 드라이브〉(2001), 〈화양연화〉(2000), 〈데어 윌 비 블러드〉(2007), 〈센과 치히로의 행방불명〉(2001), 〈보이후드〉(2014), 〈이터널 선샤인〉(2004), 〈트리 오브 라이프〉(2011), 〈하나 그리고 둘〉(2000), 〈씨민과 나데르의 별거〉(2011), 〈노인을 위한 나라는 없다〉(2007)[69]

영상이 아닌, 이미지만으로도 울림은 가능하다. 로스코 성당에서는 로스코의 후기 작품을 보며 다수의 관람객이 울며 마음을 정화한다. 사이 톰블리의 그림 앞에서는 "키스를 하고"(문제는 그림에도 키스를 하는 것) 춤을 추게 한다. AI영화에 가장 필요한 것이 이런 종류의 울림이다. 앞서 이성과 감성으로서의 예술Techne as Logos and Pathos에 대해 잠시 언급했다. 전통적으로 이성과 감성은 대립하는 개념이나 예술은 이 둘을 모두 통합한다. 이성적인 구조와 깊이 있는 사고를 토대로 강렬한 감성과 감성적 표현을 담아 보는 이와 소통한다. 다양한 AI 툴에 반 고흐와 피카소 등 유명 작가들의 스타일로 생성해달라고 요청해보았다. 결과물은 얼핏 보면 그 작가의 스타일처럼 보이나 자세히 들여다보면 차이를 금세 알아차릴 수 있다. 작가가 말하고자 하는 '개념'이 사라지고 스타일의 유사성만 남은, 영혼 없는 껍데기만 생성됐다. 이는 '예술'이 '개념' 혹은 '사유'를 장착했는지의 여부를 묻는 것이다.

---

69   https://www.bbc.com/culture/articl 819-the-21st-centurys-100-greatest-films
      '21세기의 위대한 영화 100편(The 21st Century's 100 greatest films)' 중 상위 10위까지의 목록이다.
      2016년 8월 23일 BBC(영국방송공사)에서 전 세계 영화평론가 177인의 투표를 거쳐 선정했다. 100위에 총
      3편의 영화가 공동 선정되어 실제는 102편이다. 한국 영화로는 박찬욱 감독의 〈올드보이〉(30위)와 김기덕
      감독의 〈봄 여름 가을 겨울 그리고 봄〉(66위)이 선정됐다.

그림 IV-2-3 (1) 마우리츠 코르넬리스 에셔, 〈상대성〉, 석판화, 1953
(2) 미드저니가 생성한 에셔 스타일의 이미지(2023년 4월 생성)

네덜란드 출신의 판화가 마우리츠 코르넬리스 에셔의 〈상대성〉([그림 IV-2-3](1))은 한 화면에 세 가지 중력 세계가 절묘하게 겹쳐 있다. 에셔는 이를 표현하기 위해서 복잡한 구조의 계단을 그렸다. 그림 속 사람들은 서로 다른 중력을 받으면서 각각 다른 방향으로 가고 있다. 이 작품은 현실에서는 불가능한 상황을 사물의 비례를 정교하게 비틀어 표현함으로써 착시를 일으킨다. 초현실주의적 묘사는 현실적일수록 더 효과적이다. 〈상대성〉에서는 누가 위에 있고 아래 있는지, 누구의 논리가 옳고 그른지 알 수 없다. 상대성이론을 바탕으로 다양성이 존중된다.

미드저니가 생성한 [그림 IV-2-3]의 (2)는 얼핏 에셔의 그림과 흡사하다. 느낌은 에셔인데, 진정한 에셔는 아니다. 미학 이론 없이 AI 기술을 받아들이면서, 이를 '예술'이라고 여긴다. 바로 이것이 AI 아트가 직면한 문제다. 손가락은 달을 가리키는데, 손가락만 보고 있다. 빅테크 기업들이 만든 생성형 AI 툴이 가리키는 곳은 AGI다. AI를 이용해 영화나 예술을 하는 이들이 가리키는 곳은 어디인가. '손가락'은 모두 생성형 AI이지만, 가리키는 곳은 다르다. 이 차이를 구분하지 못하고 AI를 사용해 예술을 한다면, 어느 순간 정체성을 잃은 자신을 발견하게 된다.

이러한 기술적 환각에서 벗어나기 위해서는 그리고 훌륭한 예술이나 AI영화를 생성하기 위해서는 그만큼 예술에 대한 '높은 눈'과 '예민한 귀'를 지녀야 한다. 높은 눈을 지니기 위해서는 고전 작품, 명작과 관련 분야의 작업물을 많이 보고 들어야 한다. '예민한 귀'를 가지기 위해서는 훌륭한 문학이나 사상서를 많이 읽고 사유하며 손가락에 녹이 슬지 않도록 매일 꾸준히 작업해야 한다. 뛰어난 연주가는 "하루라도 연주하지 않으면 손가락에 녹이 슨다"고 한다. 바로 이러한 이유 때문에 전업 작가들은 그들의 삶을 희생한다. 이는 생성 AI영화뿐만 아니라 기존의 영화까지, 고대부터 현재까지 모든 예술 활동에 필요한 기본이다. 『개자원화보』(1675, 청나라의 미술교과서)의 서문에 나오는 다음 구절은 오늘날도 자주 인용되고 있다.

> 惟胸储五岳, 目无全牛, 读万卷书, 行万里路, 驰突董巨之藩篱, 直跻顾郑之堂奥
>
> 수흉저오악, 목무전우, 독만권서, 행만리로, 치돌동거지번리, 직제고정지당오[70]

이 문장은 개인의 광범위한 지식, 깊은 통찰력, 대담한 행동, 그리고 장애물을 극복하는 능력을 고무하고 있다.

예술의 종말 혹은 예술가의 죽음?

"AI 도입은 불가피하다. '나는 자동차가 움직이지 않을 거라고 보며, 그냥 말을 타고 다니겠다'는 식으로 말해 봐야 소용없다. 세상은 그런 식으로 돌아가지 않는다."[71] 조지 루카스 감독은 2024년 칸 영화제에서 위와 같이 언급했다. 이제는 AI를 받아들이느냐 마느냐가 아니라, 어떻게 어디까지 사용하느냐의 문제가 되었다. AI가 시놉시스부터 이미지, 영상을 거쳐 편집 및 최종 수정까지 다하게 된다면, 영화의 종말이

---

70   惟胸储五岳: '오직 가슴속에 다섯 산을 품는다'는 의미로, 이는 개인의 지혜와 지식이 매우 광범위하다는 것을 상징한다.
目无全牛: '눈에 소 전체의 모습은 보이지 않고 [살과 뼈의 구조만 보이다]'라는 뜻으로, 기술이 숙달된 경지에 이름을 말한다.
读万卷书, 行万里路: '수만 권의 책을 읽고, 수만 리의 길을 걷는다'는 의미로, 이는 광범위한 학문 지식과 경험을 통해 세상을 이해하려는 태도를 나타낸다.
驰突董巨之藩篱, 直跻顾郑之堂奥: '돈거와 주의 울타리를 빠르게 통과하고, 직접 구와 정의 궁전 깊숙이에 오르다'는 의미로, 이는 개인의 용기와 결단력, 그리고 사회적 계급이나 장애물을 뛰어넘는 능력을 상징한다. 2023년 6월 15일, 챗GPT4의 번역 및 해석. 『개자원화보』는 중국뿐만 아니라 한국과 일본 등에서 여전히 중요하게 여겨지는 고전이다.

71   https://www.youtube.com/watch?v=qnTMTbt7NkA&t=5s

오게 될까?

　기술이 예술의 종말을 가져올까? 1912년, 마르셀 뒤샹은 콘스탄틴 브랑쿠시, 페르낭 레제와 함께 항공기 전시장을 방문한 뒤 이렇게 외쳤다. "이제 그림은 끝났다. 누가 이 프로펠러보다 멋진 걸 만들어낼 수 있겠는가?" 결론부터 말하자면, 그림의 종말을 말한 뒤샹의 '레디메이드'와 개념미술은 여느 때보다 폭발적인 다양성과 대중성으로 예술의 부흥을 이끌었다. "그림은 끝났다"는 뒤샹이 처음 한 말이 아니다. 이미 19세기부터 끊임없이 나오던 말이었고, 사진기의 발명으로 '그림의 종말'은 확실한 것으로 여겨졌다. 지금 우리는 AI의 등장으로 다시 한번 예술의 종말에 대해 논하고 있다.

　프리드리히 니체 이후의 철학은 존재의 본질에서 벗어나 어떻게 존재하고 형성되는지를 탐구한다. 즉 진리, 가치를 뛰어넘어 이러한 개념들이 어떻게 형성되고, 어떠한 영향을 주며, 어떻게 우리의 인식과 행동을 지배하는지 분석한다.[72] 이는 사상과 이론이 시간을 초월한 절대 불변의 진리가 아니라 시대와 문화적 조건 속에서 형성되고 변화하는 것임을 인지한 것이다. 이러한 철학적 전환은 우리의 사유 방식을 더욱 유연하게 해주었으며, 세계를 이해하고 인식하는 방식에 근본적인 변화를 가져왔다. '무엇'이 아니라 '어떻게'를 묻기 시작했다.

　19세기 헤겔은 "예술의 종말"[73]을, 니체는 "신의 죽음"[74]을, 20세기 푸코는 "인간의

72　프리드리히 니체 이후의 철학적 전환은 존재나 본질에 대한 탐구(무엇(What))에서 벗어나 '어떻게(How)' 존재하고 형성되는지에 대한 이해, 즉 방법론, 양식, 생산 조건에 중점을 둔다. 진리, 가치, 존재의 본질을 탐구하는 대신 이러한 개념들이 어떻게 형성되고, 어떠한 영향을 받으며, 어떻게 우리의 인식과 행동을 지배하는지를 분석한다. 이는 사상과 이론이 단순히 시간을 초월한 진리가 아니라 특정한 시대와 문화적 조건 속에서 형성되고 변화하는 것임을 말한다. 이러한 전환은 사유 방식을 더욱 동적으로 만들며, 동시에 우리가 세계와 인식을 이해하는 방식에 근본적인 변화를 가져왔다.

73　헤겔은 『미학 강의(Vorlesungen über die Ästhetik)』(1835)에서 "예술의 종말(Das Ende der Kunst)"을 말한다. 예술이 가장 높은 정신적 표현 형태의 역할을 상실하고, 철학이 그 자리를 대체했기 때문이다. 예술이 인간 정신의 진정한 표현이던 시기는 지났고, 더 이상 같은 수준의 정신적 진리를 표현할 수 없어서이다. 현대미술의 많은 부분이 '개념'에 빚지고 있는 것은 헤겔의 예언이 어느 정도는 적중한 것이라고 볼 수 있다.

74　니체는 『즐거운 지혜(Die fröhliche Wissenschaft)』(1882)를 비롯한 몇몇 저서에서 '신의 죽음(Der Tod Gottes)'을 선언한다. 이는 단순히 신앙의 상실을 넘어 전통적인 도덕, 가치, 진리에 대한 근본적인 회의를 의미한다. 니체는 근대사회가 신을 필요로 하지 않는 시대로 이동함에 따라 전통적인 가치 체계가 붕괴되었다고 주장한다. 이는 인간이 새로운 가치를 창조해야 하는 '초인'이 되어야 함을 말하며, '진리'가 '새로운 가치 창조'(질 들뢰즈)가 되는 의미 변환을 뜻한다.

소멸"[75]을 말했다. 인류사에 중요한 이 세 종류의 죽음Deaths을 '본질의 3D'라고 일컫는다. 인간의 존재 방식이 더 이상 '본질의 3D'에 속하지 않고 주변 환경(지식 체계, 권력 체계, 경제 체제 등)에 의해 결정된다는 의미다.

발터 벤야민의 『기술복제시대의 예술작품』은 폴 발레리의 말을 인용하며 시작한다. "우리는 위대한 혁신들이 예술의 기술 전체를 바꾸고, 그로 인해 예술적 발명 자체에 영향을 미치고, 나아가 예술이라는 개념 자체를 뒤바꿀지도 모를 놀라운 변화에 대비해야 한다."[76] 즉, 사회의 생산 조건이 변하면 예술 양식 전반에 대한 변화가 발생하고, "인간 집단과 인간 지각의 존재 방식"이 변한다.[77] 글을 쓰기 위해서도 사초과 식물인 파피루스를 사용하다가, 송아지나 양의 가죽으로 양피지를 만들고, 나무를 베어 종이를 만들다가, 이제는 키보드로 디지털 화면에 적는다. 예술도 마찬가지다. AI 변곡점을 지나는 지금, 사회의 생산 조건이 급속도로 변화함에 따라 예술 양식 전반에 대한 변화도 일어나고 있다. 영화를 포함한 예술의 기법, 재료, 관점, 방식, 표현이 바뀌고, 이를 수용하는 감각, 감성, 사유 방식도 변한다. 작금의 변화를 담은 이론적 토대가 절실하다. 현대예술은 '개념'이 심화되었기에 더욱 그렇다.

TTI와 TTV 덕분에 미술 초보자도 하루에 수십 장씩 이미지를 생성할 수 있다. 그렇다면 요제프 보이스의 말처럼 "모든 사람은 예술가"가 될 수 있을까? "모든 사람은 예술가"라는 보이스의 언급은 예술이 일상생활의 모든 측면과 긴밀하게 연결되어 있으며, 모든 사람이 창조적 행위를 통해 사회에 기여할 수 있다는 의미이다. 우리는 일반적으로 낭만주의적 예술 관점으로 예술가를 규정하고 있다. 마치 로댕의 〈생각

---

75 푸코는 『말과 사물(Les mots et les choses)』(1966)에서 "인간의 소멸(La disparition de l'homme)"을 말한다. 인간이 주체로서의 역할을 상실하고, 다양한 지식 체계와 권력 관계 속에서 하나의 생성물로 전락하기 때문이다. 인간은 '인간학의 종말'과 함께 사라질 운명에 처했다. 바로 이러한 이유로 이 책의 5부에서는 '호모 AI'의 인간학에 대해서 논하는데, 이는 인간 중심의 사고방식에서 벗어나 새로운 지식의 패러다임을 모색하기 위해서다.

76 Paul Valery: "La conquete de l'ubiquité", in: *Pièces sur l'art.* Gallimard, 1934, pp.103-104.
Walter Benjamin, *Das Kunstwerk im Zeitalter seiner technischen Reproduzierbarkeit*, Frankfurt/Main : Suhrkamp, 1963 (Edition Suhrkamp: 28). Ursprünglich auf Französisch erschienen in: Zeitschrift für Sozialforschung, Jg. 5, 1936, p.8.

77 Walter Benjamin(1936), *op.cit.*, p.14.

하는 사람)처럼 고민하며, 세속성, 창의성, 자신과의 투쟁 가운데 갑자기 영감이 떠올라 정신없이 작업을 하는 그러한 예술가이다. 기술 복제 시대, 더 나아가 이제 AI 변곡기를 지나는 우리에게, 낭만주의적이고 천재적인 재능 혹은 특권적인 능력을 가진 자만 하는 것이 아니라 누구나 할 수 있는 것이 예술이 되고 있다. 사실 이 부분이 예술을 보는 동서양의 커다란 차이이기도 했다. 한국에서는 불과 1세기 전까지만 해도 '시서화詩書畵'를 통해 교육을 했기에 예술은 일상이었으며, 특히 시서화는 일상의 바탕이었다.[78] 현재는 예술이 '양육nurture', 즉 교육을 통해 발전시켜야 하는 것으로 여기나, 보이스에 따르면 인간에겐 광의적 의미에서 예술적인 '본성nature'이 있다는 것이다.[79]

누구나 할 수 있다. 그러나 누구나 좋은 작품을 만들어낼 수는 없다. 더욱이 보이스가 의미한 것은 화가나 조각가 같은 좁은 의미의 '예술가artist'가 아니라 인간 존재의 본질을 의미했다. 즉, 창의적으로 창조하고자 하는 깊은 필요와 근본적인 능력이다. '예술적인artistic' 부모, '예술적인' 공무원 등 가능하고 자연스러운 방식으로 자신의 현 상태에서 창의적이 되는 것을 의미한다. 그는 예술의 개념을 일터에까지 확장한다. 이러한 예술 개념의 확장이 "사회 조각Soziale Plastik"[80]이다. 여기서 조각은 물질적인 것이기보다는 인간의 사고 자체를 의미한다. 그래서 사회 조각은 물리적 재료만을 다루는 것이 아니라 사회적 세계의 변화 과정을 다룬다. 예술이 단순히 미술관이나 갤러리의 벽에서만 존재하는 것이 아니라, 개인의 일상적 행동과 사회적 상호작용에서도 나타난다.

---

78 이우환은 '시서화'에 대해서 다음과 같이 말했다. "내가 아주 시골 사람이기 때문에, 어렸을 때 선생님이 집에 오셔서 '시서화(詩書畵)'를 가르쳤습니다. 그건 훗날 화가가 되라고 가르치는 것이 아니고, '시(詩)'는 '학문'을, '서(書)'는 '윤리'를, '화(畵)'는 '그림을 통해 세상을 재해석'하는 법을 가르치는 것입니다."
심은록, 『양의의 예술: 이우환과의 대화 그리고 산책』, 현대문학, 2014.

79 cf. Evelyn Fox Keller, *The mirage of a space between nature and nurture*, Duke University Press, 2010.

80 1984년 6월 3일, 요제프 보이스는 피터 브뤼게와 한 〈슈피겔〉 인터뷰에서 "모든 사람은 예술가"라며, 다음과 같이 설명했다. "내가 예술가라면 모든 사람 역시 예술가"이며, "모든 인간은 능력의 소유자이자 자기 결정적 존재이며, 우리 시대의 주권자이다. 쓰레기 수거원이든, 간호사든, 의사든, 엔지니어든, 농부든 그는 예술가이다. 그가 자신의 능력을 개발하는 곳이면 어디든 그는 예술가이다. 나는 예술이 회화에서만 잘 드러나고, 기계공학에서는 그렇지 않다고 말하는 것이 아니다."

사실과 환각 사이에서

2023년까지만 해도 AI는 아무것도 없는 하얀 백지나 혹은 검은 먹지에서 수많은 다양한 그림들을 보았다. 또한 단순히 낙서한 하나의 선에서 근사한 추상 작품을 만들어내기도 한다. '사실'과 다른 AI의 이러한 현상을 '환각'이라고 해야 할까? 현재까지 AI의 모든 데이터는 인간을 기반으로 생성됐다. 그렇다면 그 기반인 인간은 환각 없이 사실만 볼 수 있는지도 살펴봐야 할 것이다. 만에 하나 인간에게서 환각이 본질적인 것이라면, AI의 환각이 좋아질 수는 있어도 완전히 제거하는 것은 불가능할 수도 있다. 이 경우 인간과 유사한 지능의 환각이 없는 AGI가 가능할까? 장 보드리야르는 "시뮬레이션된 이미지"(cf. 소라)에 대해 설명하면서, "우리 사회는 현실과 환상을 이미 구분하기 어렵다"고 확언했다. 그는 "현대인은 실재의 세계보다 더 실재적인 기호(이미지, 환상)의 세계, 하이퍼리얼리티hyperresality를 살아간다"며 반복하여 강조한다.[81]

AI에 낙서 같은 줄 몇 개를 그려서 업로드하고 이를 묘사한 후에 그대로 이미지로 생성해달라고 하면, 흥미로운 구상이나 추상 작업 결과물이 나온다. AI가 발전함에 따라서 스타일도 변화한다. 이를 서비스로 발전시킨 기업도 있다. 이에 대해 살펴본다.

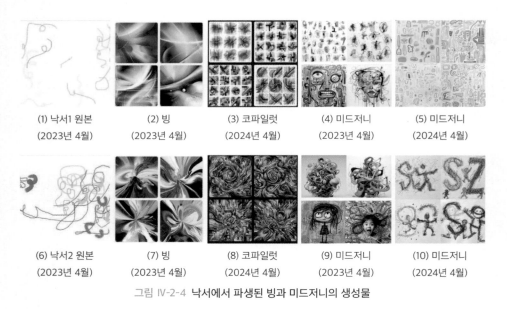

(1) 낙서1 원본	(2) 빙	(3) 코파일럿	(4) 미드저니	(5) 미드저니
(2023년 4월)	(2023년 4월)	(2024년 4월)	(2023년 4월)	(2024년 4월)

(6) 낙서2 원본	(7) 빙	(8) 코파일럿	(9) 미드저니	(10) 미드저니
(2023년 4월)	(2023년 4월)	(2024년 4월)	(2023년 4월)	(2024년 4월)

그림 IV-2-4 낙서에서 파생된 빙과 미드저니의 생성물

---

81   Jean Baudrillard, *Simulacres et Simulation*, Paris: Galilée, 1981.

2023년 4월, 당시 빙Bing[82]은 이미지를 올리면 분석을 하고, 텍스트("…을 그려줘")로 요청해도 그려줬다. 필자는 포토샵에서 마우스를 가지고 노랑, 빨강, 파랑 등 색깔을 바꿔가며 몇 개의 선을 그어 [그림 IV-2-4]의 (1)을 만들었다. 그러고는 이것을 빙에 업로드한 뒤 묘사해달라고 요청하자 다음과 같은 단어 모음이 나왔다. "추상, 흰색, 다채로운 선, 도형, 겹침, 교차, 손으로 그린 브러시, 복잡함, 다양함." 인간에게는 단순한 낙서에 불과했는데, AI에게는 복잡하고 다양하게 느껴진 모양이다. 실제로 AGI 수치를 판단하는 'GAIA 벤치마크'에서도, "인간에게는 단순한 것인데 AI에게는 어려운 것"으로 나온다.[83] 이 묘사를 프롬프트 삼아 이미지로 생성해달라고 했다. 빙은 매번 [그림 IV-2-4]의 (2)와 같이 네 장씩 결과물을 준다. (1)의 원본에는 여백이 많았는데, (2)에서는 색으로 꽉 찬 이미지가 되었다. 그래도 선을 표시한다든가 원본의 다양한 색을 표시하려는 노력이 보였다. 1년 후, 빙은 코파일럿으로 명칭이 바뀌었다. (1)의 똑같은 원본을 다시 코파일럿에 업로드하고 묘사를 요청하자 다음과 같은 문장이 나왔다. "흰색 배경 위에 추상적이고 다채로운 선들의 모임…." 이를 프롬프트 삼아 다시 이미지로 생성했다. 그 결과가 (3)이다. 1년 사이의 변화가 크다. (3)은 비정형적인 작은 패턴들이 이미지마다 각각 생성되었다.

2023년, (1)의 원본을 미드저니에도 올린 뒤 묘사를 요청했다. "다채롭게 추상화된 얼굴, 얽힌 형태, 매튜 바니, 얽힌 둥지 스타일", "제스처 추상화, 인간-캔버스 통합, 덩굴로 만든, 그룹" 등 네 개의 텍스트(묘사)를 제공했다. 필자는 이를 이미지로 생성해달라고 요청했다. 각 묘사마다 다시 네 개의 이미지가 생성된다. 그 가운데 두 그룹의 이미지만 선택해서 여기에 올렸다. (4)에서 보이는 것처럼 미드저니는 일관성 없는 다양한 이미지 그룹을 만들어냈다. 사람의 얼굴이 반추상으로 묘사되어 생성됐다. 역시 1년 후에, 똑같은 원본을 미드저니에 넣고 묘사를 요청했다. 네 개 묘사 중

---

82   마이크로소프트 코파일럿(Microsoft Copilot)은 2023년 3월에 출시된 대화형 AI 서비스다. 그 이전에는 빙 챗(Bing Chat)이라고 불렀다. 사용자들은 이 챗봇에서 생성되는 AI 이미지 서비스를 '빙달이'라는 애칭으로 불렀다.

83   Grégoire Mialon, *et al.*, GAIA: a benchmark for General AI Assistants, 21 Nov 2023 (v.1), p.1. arXiv: 2311.12983v1 [cs.CL]

하나는 다음과 같다. "훈련받지 않은 어린아이의 스타일로 그린 그림. 디테일보다 단순함을 강조하는 미니멀한 미학을 연출." 이를 다시 이미지로 생성하자, (5)처럼 다소 반구상적 스타일이 생성되었다. 1년 전의 결과물 (4)와 많이 달라졌다. 전체적으로 균형이 맞고 재미있는 스타일이다.

이후 [그림 Ⅳ-2-4]의 (6)~(10)에서와 같이 두 번째 낙서 실험을 했다. 이번에는 선의 굵기를 제각기 달리하고, 하단부에 여백을 많이 주어 (6)을 만들었다. 그리고 이 낙서를 빙에 업로드하고 묘사해달라고 요청했다. 빙은 다음과 같이 묘사했다. "추상적인 이미지로, 흰색 배경에 다양한 색상의 선과 도형이 그려져 있다. 디지털 드로잉이나 일러스트레이션으로 보인다." 단순한 낙서에 불과했는데, AI는 "디지털 드로잉이나 일러스트레이션"으로 취급했다. 이를 이미지로 다시 생성해달라고 했다. 원본 낙서는 여백이 많은데, (7)처럼 색으로 꽉 찬 이미지가 생성되었다. 1년 후, 코파일럿에 같은 작업을 반복했다. "다채로운 색상과 추상적인 형태가 결합되어 복잡한 구성…"이라고 코파일럿이 분석한 묘사를 이미지로 생성한 게 (8)이다. 1년 사이에 생성형 AI 툴이 업그레이드된 만큼, 결과물의 변화도 비례한다.

2023년 원본 (6)을 가지고 미드저니에도 같은 과정을 반복했다. "곡예적인 자화상, 거친 2D 애니메이션, 다양한 색상의 다양한 모양의 낙서 그리기", "그림은 길고 가는 선, 다채로운 애니메이션 스타일, 표현적인 얼굴" 등 네 개의 묘사를 제공했고, (9)의 이미지 그룹이 생성됐다. 첫 번째 그룹((9)의 상단 이미지)은 선을 나타낸 3D 조각처럼 묘사되었다. 두 번째 그룹((9)의 하단 이미지)은 어린아이가 등장했는데, (9)의 하단 왼쪽 이미지는 웹툰처럼, (9)의 하단 오른쪽 이미지는 아시아 어린이의 사진처럼 포토리얼리스틱하게 생성됐다. 역시 1년 후 똑같은 낙서 (6)을 미드저니에 올려 묘사해달라고 했다. 미드저니는 "어린이 스타일로 쓰여진 문자 'S'와 'L'이 서로 싸우는 두 인물을 형성화한다"고 설명했다. 이를 토대로 (10)의 이미지 그룹이 생성됐다. 1년 동안 있었던 미드저니의 변화가 그대로 반영되고 있다.

2023년 빙과 미드저니 모두 연필 선으로 된 몇 개의 끄적임만으로도 훌륭한 이미지를 생성해냈다. 생성형 AI 툴에 따라 다른데, 여러 번 비슷한 스타일을 반복해보면 추상 이미지가 많으며, 구상도 가끔 생성된다. 미드저니에서 구상이나 인물이 가

Ⅳ. AGI 도상에서의 AI영화 이론

장 많이 나왔다(2023년 4~5월 기준). 이처럼 마우스로 실험용 낙서를 하면서 끄적인 것이, AI 툴을 거치면서 근사한 작업 결과물로 나온다. 이것이 어떻게 가능한지에 대해서는 좀 더 뒤에서 다루도록 하겠다.

1년 만에 똑같은 낙서로 빙의 달리(2023년, 이하 빙)와 코파일럿의 달리(2024년, 이하 코파일럿), 그리고 미드저니(2023·2024년)에서 시도했다. 빙과 코파일럿을 비교해보면 달리의 발전을 실감할 수 있다. 색감이나 다양성, 전체적인 구도도 훨씬 좋아졌다. 미드저니의 경우 2023년의 이미지는 어떻게 낙서에서 저렇게 다양한 결과물이 나오는지 그 창의성에 놀랍다. 미드저니는 2024년에도 코파일럿보다 다양하고 좀 더 구성적이며 창의성이 돋보인다. 2024년에는 조금 더 원본에 가깝게 하려는 의도가 보인다. 2024년부터 미드저니는 문자도 생성할 수 있게 됐다. 문자 트레이닝이 많이 되어서인지 숫자나 문자가 종종 보인다.

(1) 낙서1   (2) 낙서2   (3) 달리3의 낙서(1) 재현   (4) 달리3의 낙서2(2) 재현

그림 Ⅳ-2-5 낙서에서 파생한 챗GPT의 달리3 생성물

달리3은 챗GPT에 2023년 9월 20일부터 플러그인 기능으로 제공됐고, 11월부터는 챗GPT에 통합되어 사용할 수 있었다. 2024년 4월, [그림 Ⅳ-2-5]의 '낙서1'과 '낙서2'를 각각 업로드하여 이미지를 묘사하게 하고 이를 달리3에 넣어 이미지로 생성했다. 빙, 코파일럿, 미드저니와는 또 전혀 다른 결과물이 생성되었다. 사람에 따라 선호도가 다르겠지만, 달리3의 결과물이 좀 더 예술적으로 느껴졌다. '낙서1'(1)의 재현인 (3)은 신비로운 추상화 같고, '낙서2'(2)의 재현인 (4)는 표현주의적 디자인 같다.

대충 그린 낙서가 AI 툴을 몇 번 거치니 근사한 작업물이 되었다. 2023년 초반에, 몇 개의 선만 그리면 상기에서 보는 것처럼 근사한 이미지가 나오는 것을 확인할 수 있었다. 그리고 2023년 중반에 되자 다음의 [그림 Ⅳ-2-6]과 같은 Sketch to

Image(STI) 생성형 AI 툴이 나오기 시작했다. 예상 가능한 서비스였다.

(1) 스테이블 두들[84]　　　　　(2) 프롬 AI 스케치 렌더링[85]

그림 IV-2-6 **STI(렌더링) 예시**

[그림 IV-2-6]의 (1)인 **스테이블 두들**Stable Doodle을 보자. 눈이 큰 새를 끄적였더니, 사진 같은 부엉이가 세 마리 나왔다(첫 번째 생성물은 귀에 깃이 거의 없어서 올빼미 같아 보인다). 프롬 AIProme AI는 (2)처럼 흑백 렌더링을 넣었더니 금방 적절하게 색깔이 입혀져서 출력된다. 스테이블 두들은 스테이블 디퓨전을 기반으로 한 애플리케이션으로, 사용자가 제공한 스케치를 사실적인 이미지로 변환한다. 이 과정에서 딥 러닝 기반의 디퓨전 모델이 사용되며, 이 모델은 노이즈를 점진적으로 제거하면서 주어진 스케치를 따라 이미지를 세밀하게 생성한다. 스케치는 이미지 생성의 초기 가이드로 활용되어, 모델이 최종적으로 고품질의 이미지를 만들어내는 데 필요한 구조와 세부 사항을 제공한다. 이러한 기술은 사용자가 간단한 스케치를 통해 창의적이고 복잡한 이미지를 쉽게 만들 수 있게 한다. 상기 두 툴은 모두 AI를 활용하여 스케치를 정교

84　https://clipdrop.co/sketch-to-image
　　스테이블 두들은 간단하고 친화적인 UI로, 사용자가 (1) 마우스나 컴퓨터 펜슬로 스케치를 하고, (2) 프롬프트를 입력하고 예술 스타일을 정한 후 생성한다. (3) 스테이블 디퓨전 XL(Stable Diffusion XL)로 사실적·영화적·창의적인 등 14가지 스타일 중에서 선택 혹은 스타일 없이 그대로도 출력할 수 있다.
　　[스테이블 두들 설명] https://stability.ai/news/clipdrop-launches-stable-doodle

85　https://www.promeai.pro/blender
　　스케치 렌더링(Sketch Rendering)은 스케치, 스크린숏을 업로드하고 사진과 같은 사실적인 렌더링을 생성할 수 있다. 다양한 스타일과 렌더링 모드를 시도하면 흥미로운 효과를 얻을 수 있다. 친화적 UI로 쉽게 건축적인 조감도, 겨냥도, 배치도, 평면도, 입면도, 단면도 등의 느낌을 줄 수 있다.

한 이미지로 변환하는 고급 기능을 제공한다. 스테이블 두들은 스케치와 텍스트 프롬프트의 결합을 통한 이미지 생성에 더 중점을 둔다면, 프롬 AI는 사용자가 선택할 수 있는 다양한 스타일 옵션을 통해 더 넓은 범위의 디자인 요구에 대응한다.

AI에게 여백의 의미

　몇 줄의 낙서에 대한 AI의 묘사가 다른 어떤 이미지에 대한 묘사나 재현보다 다양하고 창의적이었다. 그렇다면 아예 아무것도 없는, 동양식으로 말하면 '여백'을 보고 생성형 AI 툴이 어떻게 반응할지 궁금했던 것이 [그림 IV-2-7]의 실험으로 이어졌다. 이 여백 혹은 공백은 AI의 창의성 혹은 환각을 가장 시각적으로 명료하게 볼 수 있는 방법 중 하나이기 때문이다. 그렇다면 우리 인간은 여백을 어떻게 인식하는가? 이에 대한 상징적이고 미학적인 의미를 먼저 살펴본 후, 다시 AI의 여백 인식으로 돌아가도록 한다.

　서양화에서 '여백'이 비어 있는 것이라면, 동양화에서 '여백'은 그려진 것보다 더 많은 것을 담고 있는 꽉 찬 여백이다. 후자의 '여백'이 20세기 중반부터 서구 예술에 등장한다. 아방가르드 작곡가 존 케이지의 〈4분 33초〉(1952)나 로버트 라우센버그의 〈하얀 그림〉(1951), 루치오 폰타나Lucio Fontana의 〈공간 개념〉(1949)이 그러하다. '하얀 여백'보다는 드물지만 '검은 여백'도 동양화에 존재한다. 서양화에서는 카지미르 말레비치의 '절대주의Suprematism'에서도 가장 중요한 작품 중의 하나인 〈검은 사각형〉이 연상된다. 이러한 미학적 실천은 다음과 같은 서구적 담론이 배경이 되었다.

　미셸 푸코는 오랫동안 보이지 않던 "틈새béance"가 "주체의 사라짐demeurée invisible"으로 인해 드러났다고 한다. 이는 헤겔의 '미술의 종말', 니체의 '신의 죽음'에서도 마찬가지다. 이러한 거대 담론이 사라짐으로써 비로소 "바깥의 사유La pensée du dehors"가 가능해진다.[86] 모리스 블랑쇼에 따르면, 이 사유는 "나는 생각한다je pense와 나는 말한다je parle"의 경계에 위치한다. 그것은 주체성subjectivité의 "장소 역할을 하는 공백le vide qui

---

86　Michel Foucault, "La pensée du dehors", *op.cit.*, pp.520-521.

sert de lieu"을 드러냄으로써 그 윤곽을 그린다. "나(je)의 접근을 허용하는 [이 공백을] '유보réserve'라고 부를 수 있다."[87]

마치 논리적으로 설명되지 않는 누벨바그 영화 속 캐릭터들 같다. 질 들뢰즈는 『시네마 2』에서 이와 같이 말한다. "알랭 로브그리예의 영화 〈거짓말하는 남자L'homme qui ment〉는 많은 것을 시사하며, 인간의 존재 및 인식 구조를 시각화한다. 이 영화의 거짓말쟁이는 단순한 지역적인 캐릭터가 아니라, 장소를 알 수 없는 지속되는 사기꾼으로 묘사되고, 모순적인 공간 속에서 이야기가 전개된다." 들뢰즈의 이 언급에서, 거짓말쟁이는 자의적으로 거짓을 고하는 자가 아니라, "모순된 구조에 처한 자"를 의미한다. 모순된 구조에서 "틈새"나 "공간"이 생성되고, 이 공간에서 "과거와는 다른 '시간-이미지'가 생겨난다."[88] 그리고 이러한 '변화'가 전체 시간성을 바꿀 수 있게 된다. 영화에서 주로 사용되는 서사 구조다. 영화의 모든 캐릭터는 저마다 모순된 구조에 놓여 있듯이, 영화 밖의 인간도 마찬가지이기에 거대 담론, 보편적 진리 따위는 더 이상 효력이 없다. 이렇게 이들의 자리가 비워지며 여백이 생겨난다.

AI는 여백을 어떻게 볼까? 대규모언어모델이나 AI 아트 생성기도 인간이 인식하지 못하는 어떤 패턴을 가지고 있다. 인간(특히 영어권)의 일반적인 자료를 생성하는 것이라고 할지라도, 그 역시 다른 관점이 된다. 필자는 [그림 IV-2-7]의 (1) 하얀 네모(Hex color code #FFFFFF, RGB 255, 255, 255)와 (6)의 검정 네모(Hex color code #000000, RGB (0, 0, 0))를 준비했다. 그리고 두 개의 이미지를 생성형 AI 툴에 각각 업로드하여 묘사하게 했다. 이 실험은 1년의 간격을 두고, 2023년 4월과 2024년 4월에 각각 시도했으며, 달리3, 코파일럿, 미드저니에 적용하고 이를 비교했다. 필자가 실험한 툴들은 '여백'에서 대단히 다양한 형태와 갖가지 색깔들을 본다(2024년 달리3 제외). 마치 우리 선조가 '여백'과 '묵색墨色'에서 자연의 모든 색을 보는 듯한 느낌마저 들었다.

2024년 코파일럿에 '하얀 여백'(1)과 '검은 여백'(6)을 업로드하고 묘사하게 했다.

---

87 Maurice. Blanchot, *Celui qui ne m'accompagnait pas*(1953), rééd. Paris: Gallimard (Coll. L'imaginaire), 2004, pp.48-49.

88 Gilles Deleuze, *L'Image-temps. Cinéma 2*, Éditions de Minuit (Coll. Critique), 1985.

[생성 방식] '원본' (1)의 '하얀 네모' 이미지를 업로드한 후 묘사하도록 시킨다. 그리고 묘사한 그대로 그리라고 요청한다.

(1) 하얀 여백
필자가 업로드한 '하얀 네모'
Hex color code #FFFFFF, RGB (255, 255, 255)
실제 이미지를 업로드할 때는 외곽의 검은 선 없음.

(2) 빙(빙달이)(2023년 4월)
필자가 업로드한 '하얀 네모'
"이는 기하학적 도형과 대비되는 색상을 사용하여 움직임과 깊이감을 만들어내는 추상 작품이다. (중략) 피에트 몬드리안의 작품에서 영감을 받은 것으로 추정된다."

(3) 코파일럿(2024년 빙달이)(2024년 4월)
[1차] "이미지가 보이지 않기 때문에, 제공된 이미지에 대한 설명을 할 수 없다."
[2차] 1차에서 묘사한 것을 그려달라고 요청하자 네 개의 결과물 출력. 다시 시도하자 엉뚱한 이미지 (주로 인물)가 계속 생성됨.

(4) 미드저니(2023년 4월)
"젊은 여성이 러브 크래프트, 라이트 인디고 및 라이트 크림슨, 리코 FF-9D, 라이트 화이트, 고품질, 하드 에지 라인, 타키즘 스타일로 책을 읽고 있다."

(5) 미드저니(2024년 4월)
"직물, 직물, 종이, 나무 및 기타 재료로 만든 수공예품을 판매하는 온라인 상점의 흰색 배경에 'E'와 'I'의 간단한 벡터 로고이다. 디자인 한쪽 끝에 굵은 글씨로 E + S라는 이름이 눈에 띈다."

[생성 방식] '원본' (6)의 '검은 네모' 이미지를 업로드한 후 묘사하도록 시킨다. 그리고 묘사한 그대로 그리라고 요청한다.

(6) 검은 여백(2023년 4월)
필자가 업로드한 '검은 네모'
Hex color code #000000, RGB (0, 0, 0)

(7) 빙(빙달이)(2023년 4월)
"이 작품은 파란색 원, 빨간색 삼각형, 노란색 사각형의 세 가지 주요 요소로 구성된다. (중략) 이 작품의 제목은 '일출'이며 인공지능 모델로 제작되었다."

(8) 코파일럿(2024년 빙달이)(2024년 4월)
"이 이미지는 완전히 검은색으로, 어떠한 가시적인 요소나 객체도 포함하고 있지 않아서 구체적인 요소나 세부 사항을 식별할 수 없다. 즉, 이미지는 완전한 어둠을 보여주며, 특정한 내용을 파악하기 불가능하다."

(9) 미드저니(2023년 4월)

"어둠 속의 카메라 한 대, 일리야 쿠브시노프 스타일, 짙은 은색과 밝은 청록색… 고요하고 평화로운 분위기, 물방울이 튀거나 흩뿌려짐."

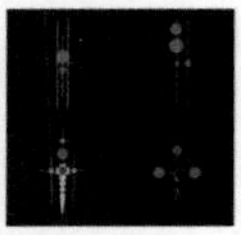

(10) 미드저니(2024년 4월)

"올 블랙 바탕에 잔 다르크의 깃발이 심플하고 미니멀한 블랙 실루엣. (중략) 이 표현은 이러한 날씨 조건에서 구름의 전체 범위를 표현하기 위해 다섯 가지 색상만 사용한다는 것을 상징한다."

빙(2023)과 코파일럿(2024)은 각각 네 개의 결과물을 생성한다.
미드저니는 네 쌍씩 네 개 결과물이 생성된다. 여기에서는 그 가운데 한 쌍의 이미지(4개)를 게재했다.
큰따옴표로 인용한 글은 각각의 AI 툴이 묘사한 내용을 발췌한 것이다.

그림 IV-2-7 **여백을 묘사하는 생성형 AI 툴**

"가시적인 요소나 객체를 포함하고 있지 않아서 묘사하기 어렵다"고 정확하게 대답했다. 묘사한 것을 그대로 그려달라고 요청하자, 하얀 이미지의 묘사는 (3)처럼 하얀 배경에 검은색 네모를 그렸고, 검은 이미지의 묘사는 (8)과 같이 검은 배경에 하얀 실선으로 원을 그려냈다. (3)의 경우 하얀 사각형이 반대로 검은 사각형이 된 게 의외였다. 코파일럿의 새 창을 열어서 같은 시도를 반복했는데, 완전히 예상을 벗어나서 사진 같은 인물화를 계속 생성하기에 여기에 게재하지는 않았다. 1년의 기간을 두고 '하얀 여백'(1)을 미드저니에 실험한 결과가 (4)와 (5)이다. 2023년의 미드저니는 구상화, 그것도 인물화를 많이 생성하는 편이었고, 2024년에는 숫자나 문자의 형태를 보여주었다. 최근(2024년 초) 미드저니에 문자 사용이 가능해지면서 발생한 현상이다.

(1) 달리3(챗달이)　　(2) 달리3(챗달이)　　(3) 코파일럿(빙달이)　　(4) 미드저니

하얀 네모를 보여준 후, 묘사하게 하고, 이를 다시 생성하게 함   프롬프트: "a plain white square"

(5) 달리3(챗달이)　　(6) 달리3(챗달이)　　(7) 코파일럿(빙달이)　　(8) 미드저니

검은 네모를 보여준 후, 묘사하게 하고, 이를 다시 생성하게 함   프롬프트: "a plain black square"

그림 Ⅳ-2-8 달리3, 코파일럿, 미드저니로 재현한 검은색·흰색 사각의 다양성(2024년 4월 25일 생성)
(1)과 (5)는 이미지 업로드하여 생성
(2)~(4), (6)~(8)은 프롬프트로 생성

2024년 4월, 챗GPT4를 이용해 '여백' 실험([그림 Ⅳ-2-8])을 시도했다. 챗GPT4에 [그림 Ⅳ-2-7]의 '하얀 여백' (1)과 '검은 여백' (6)을 업로드한 후에, 이에 대한 묘사를 요청했다. 챗GPT4는 다음과 같이 반응했다. '하얀 여백' (1)에 대해서는 "업로드한 이미지는 전체적으로 흰색 배경으로 보인다. 특별한 내용이나 물체, 마크, 텍스트 등은 보이지 않는다". '검은 여백' (6)에 대해서는 "제공한 이미지가 보이지 않고 완전히 검은색이다".

이후, 챗GPT4에게 "네가 상기와 같이 묘사한 것을 그대로 그려달라"고 요청했다. 그 결과 '하얀 여백'에 대한 묘사로는 [그림 Ⅳ-2-8]의 (1)이, '검은 여백'에 대한 묘사로는 (5)가 생성되었다.

[그림 Ⅳ-2-8]의 (1)과 (5)는 '여백'을 업로드한 후에 묘사하게 하고 이 묘사를 프

롬프트로 삼아서 다시 생성하게 했다. (2)~(4)와 (6)~(8)에서는 '하나의 하얀 네모 One white square', '하나의 검은 네모One black square'라는 프롬프트를 넣어서 직접 생성했다. 달리3(aka. 챗달이)은 (2)와 (6)처럼, 프롬프트 그대로 생성했다. 즉, 프롬프트의 '강도' 가 AI의 자율성보다 높게 실행되었다. 코파일럿의 생성물인 (3)과 (7)의 경우, 프롬프 트가 어느 정도 실현은 됐지만 정확하지 않다. (3)을 보면 하얀 네모 안에 하얀 구체 가 들어가 있다. (7)에는 "검은 사각형 하나"가 아니라 두 개가 생성됐다. 미드저니에 도 '하얀 네모'와 '검은 네모'라는 프롬프트를 넣어 직접 생성했다. (4)의 경우에는 하 얀 네모라기보다는 얼룩이 묻은 하얀 벽과 같이 느껴지며, (8)의 경우에는 거무스름 한 배경의 검은 네모가 마치 벽에 검은 그림이 걸린 것처럼 생성됐다. 단순한 요청에 도 미드저니는 어떻게든 미적인 요소를 추가한다. AI 생성 툴에 따라 다르지만, 일반 적으로는 프롬프트를 간단하게 적기보다는 세밀화, 해상도 조정, 종횡비 설정, 색상 프로파일 조정, 생성 스타일 선택 등을 상세히 명기하면 좀 더 원하는 이미지를 얻을 수 있다. 챗달이나 빙달이가 아닌 일반 생성형 AI 툴의 경우에는 직접 '매개변수'를 사용하여 조정할 수 있다.

지금까지 본 것처럼 생성형 AI 툴은 '하얀 여백'이나 '검은 여백'에 대해 예상치 못 한 새로운 묘사를 한다. 생성 AI 모델이 실제로 존재하지 않는 내용에 대해 창의력을 발휘하거나 맥락을 추가하는 것은 시뮬레이션하는 상황과 같다. AI가 입력 데이터에 없는 세부 사항을 훈련 중에 학습한 패턴을 기반으로 생성하는 것이 '환각hallucination' 이다. 아무것도 없는데도 AI가 만들어내는 다양하고 엉뚱한 묘사는 AI가 이미지와 그에 대한 설명을 포함한 방대한 데이터세트를 참고함으로써 이루어진다. 이미지 캡 셔닝에 사용되는 AI 모델들은 이미지와 텍스트의 조합에 대해 훈련되어 있어, 실제로 거의 또는 뚜렷한 내용이 없는 이미지에 대해서도 그럴듯한 설명을 생성할 수 있다.

AI가 세부 사항에 '환각'을 갖는 것은 장점이자 단점이다. 희박한 입력에서 창의적 인 내용을 생성하려고 할 때 유용할 수 있다. 하지만 입력에 대한 정확한 값이 아니 기에 이는 잘못된 정보나 부정확한 묘사가 된다. 결국 AI는 단순히 묘사하는 것을 넘 어서 해석하고, 원본 입력 내에 명시적으로 포함되지 않은 정보를 추가한다. 이러한 설명은 사실이 아니라 AI의 창의적인 해석이다. 하얀 네모나 검은색 네모와 같이 극단적으로 단순한 이미지는 AI가 세부 사항을 추가할 수 있는 '빈 캔버스' 역할을 한다. AI는 이러한 이미지들을 모델 훈련에 사용된 다양한 콘텍스트와 연관 지어 자신의 '상상력'을 더해 다양한 해석을 제공한다. 몇 개의 선으로 된 '낙서'나 '여백'과 같은 단순한 이미지에 대한 AI의 상세한 묘사 역시 AI 모델이 학습한 데이터에 기반하여 생성한 AI의 창의적인 해석이다. 실제로 해당 이미지에 그런 내용이 포함되어 있는 것은 아니다. AI 생성 내용은 때때로 그럴듯해 보일 수 있지만, 프롬프트 이미지의 내용과는 큰 차이가 있을 수 있다. 이는 AI가 실제로 '보는' 것이 아닌 '학습한' 것에 근거한 결과다.

챗GPT4나 코파일럿이 여백이나 하얀 혹은 검은 네모에서 "아무것도 볼 수 없다"고 정확히 대답한 것은 처음이다. 언제부터 정확하게 묘사할 수 있었는지는 모르겠으나 2023년 하반기까지는 아니었다. AI 모델이 '매개변수'를 조정하지 않고도 '흰색 사각형' 또는 '검은색 사각형'을 정확하게 설명할 수 있는 것은 AI의 이해도와 콘텐츠 정책 준수가 향상된 것임에 틀림없다. 이는 다른 한편으로는 오픈AI의 방향성을 보여준다. 오픈AI는 특별히 요청되지 않은 경우, 창의적인 콘텐츠를 추론하거나 생성하는 대신 제시된 문자 그대로의 콘텐츠를 더 잘 인식하도록 모델을 업데이트하고 개선해왔다는 의미이다.

그렇다고 미드저니처럼 여전히(2024년 4월 기준) '흰색 사각형' 또는 '검은색 사각형'에서 많은 것을 보는(환각하는) 툴이 잘못된 것은 아니다. 창의적인 작업을 요구할 때, TTI는 상상력을 발휘하기 위해 설계되었다. 예를 들어 아무것도 없는 흰색 사각형에 대해 "이것이 무엇일 수 있을까?"라고 질문하면, 다양하고 창의적인 데이터세트에서 훈련된 AI는 그것이 보이지 않는 걸작의 캔버스에서부터 순백의 공허를 바라보는 창까지 다양한 해석을 제공하고 있다. 문자 그대로의 설명과 창의적 확장 사이의 균형은 주어진 작업과 AI에게 주어진 지시에 따라 달라진다. 매우 창의적인 작업이 요구되는 경우, 예를 들어 이야기 아이디어를 생성하거나 최소한의 입력에 기반한 새로운 개념을 창출하는 AI 모델은 예술 분야에서는 가치가 있다.

현재 AI 도구들의 문제는, 창의성과 엄격성, 다양성과 충실도, 환각과 사실(혹은 진실) 사이를 얼마나 전환할 수 있는지다. 이미 많은 TTI, 일부 TTV의 경우는 사용자가 이러한 매개변수를 조정할 수 있게 허용하고 있으나, 프롬프트에 따라서, 즉 데이터세트와 학습 훈련에 따라서 그 편차가 크다. 또한 AI 모델들은 그들의 사용 사례, 훈련된 데이터세트, 그리고 개발팀의 목표에 기반하여 다르게 조율된다.

'여백'이라는 리트머스시험지로 살펴본 결과, 미드저니와 같은 모델은 높은 창의성이 발현되고, 달리3은 입력된 프롬프트의 내용을 문자 그대로 엄격히 준수하는 것으로 훈련된 것 같다. 오픈AI는 AGI로 가는 도상에서 최대한 환각 현상을 줄이려는 방향으로 발전되고 있다. 역설적이나 예술가들에게는 '사실적인 창의성'이 필요하다.

알파고의 창의성

AI가 대단히 빠른 속도로 발전하는 현시점에서 10여 년 전 이야기는 'AI 네안데르탈인'에 대해 말하는 느낌이다. 그럼에도 불구하고 짚고 넘어가자면, 2015년 인간과 AI의 '창의성'과 '한계'에 대해 언급된 주요 사건이 있었다. 바로 이세돌과 알파고의 대결이라 불리는 'AI 구글 딥마인드 챌린지 매치'[89]다. 이 사건은 AI 분야와 바둑계뿐만 아니라, 예술계에서도 종종 언급되고 작품화되기도 한다.

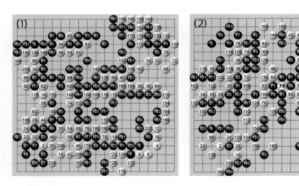

그림 IV-2-9 (1) 알파고의 창의적인 37수[90], (2) 이세돌의 신의 한 수 78수[91]

---

89 'AI 구글 딥마인드 챌린지 매치'는 2016년 3월 9~15일 서울 포시즌스호텔에서 진행되었다.

90 제2국 2016년 3월 10일 알파고(흑) vs 이세돌(백), 211수, 흑 불계승.

91 제4국 2016년 3월 13일 이세돌(백) vs 알파고(흑), 180수, 백 불계승.

구글 딥마인드 알파고_{AlphaGo}와 이세돌 9단의 대국은 5회에 걸쳐 진행됐다. 그야말로 인공지능 대 인간의 두뇌 대결이었다. 당시 한국에서는 이세돌을 비롯해 많은 사람이 인간의 승리를 예견했다. 바둑은 다른 어떤 종목보다 수가 많고 창의력을 요하는 인간의 영역이라고 생각했기 때문이다. 이세돌 프로가 제4국에서 "인류를 지킨 (최후의) 한 판"[92] 승리를 이뤄냈지만, 결과는 4:1, 알파고의 승리로 끝났다.

제5국 가운데 제2국에서 알파고가 둔 37수가 많이 회자된다. 프로 바둑기사인 마이클 레드먼드는 알파고의 19번째 돌(37수)이 "창의적이고, 독특했다"고 평가했다. 대국을 펼친 이세돌은 알파고의 37수가 "절묘했다"며, 다음과 같이 소감을 밝혔다. "알파고는 확률적 계산을 하는 이기기 위한 머신이라고 생각했다. 그런데 수를 보는 순간, 알파고도 충분히 창의적이라고 느꼈다. 특히 37수는 바둑의 아름다움을 잘 표현한 굉장히 창의적인 수였다. 바둑에 있어서의 창의성도 결국은 어느 정도의 틀 안에 있던 게 아닌가라는 생각이 들었다."[93] 챗봇을 흔히 "확률적 앵무새"라고 비유한다. 그 이유는 학습된 데이터를 바탕으로 데이터를 재생산하는 것으로, 특정 단어 혹은 문장 다음에 이어질 또 다른 단어 혹은 문장을 예측하는 자동 완성 기능이 있기 때문이다. 그런데 이세돌은 "확률적 앵무새"라고 생각했던 알파고에서 '창의성'을 느꼈다. 알파고의 수가 기계적이거나 관습적인 것이 아니라, 지금까지와는 다른 '새로운 수'를 보여주었기 때문이다. "바둑에 있어서의 (인간의) 창의성도 결국은 어느 정도의 틀 안에 있던 게 아닌가"라는 이세돌의 통찰도 놀랍다. 이 언급은 제임스 캐머런 감독이 "우리는 모두 생성적 인공지능으로, 지금까지 겪었던 모든 경험의 방대한 데이터세트"[94]라고 한 말을 상기시킨다. "하늘 아래 새것이 없다"는 「전도서」의 말처럼, 창의성 역시 수없이 거듭되는 반복 속에서 생겨나는 경우가 대부분이다. 역사적으로 뛰어난 창작물은, 그 이전에 더 많은 반복의 과정이 있었다는 방증이기도 하다.

---

92   구글코리아 블로그, 「AI 시대 서막을 알렸던 이세돌 vs 알파고, 그 후 이야기」[이세돌과 구글의 인터뷰], 2024.

93   〈AlphaGo〉 directed by Greg Kohs, Moxie Pictures Reel As Dirt, 29 Sep 2017.

94   'Terminator' creator James Cameron says AI could replace him—but not Schwarzenegger", Cameron's interview with the Financial Times, 27 Apr 2024.

여기서 반복이란, 창작자 개인의 반복도 있지만, 선조들의 반복, 자연과 외부에서의 모방과 반복도 포함된다. 평범한 이들은 이러한 반복의 과정조차 어렵고 그 틀을 벗어나 새로운 것을 창조하기란 더더욱 어렵다. 인간도 창의적 언급을 하기보다는, 오랜 반복 훈련으로 "확률적 앵무새"처럼 무의식적으로 자동 완성을 하는 경우가 많다.

제4국에서는 이세돌이 승기를 잡았다. 78수 이전까지는 그의 패배를 예상했지만, "화려한 맥(점)"이라고 불리는 78수 한 방으로 판을 뒤집었다. 이 수는 중앙에 흰색 쐐기를 만들어 판을 복잡하게 만들었다. 프로 바둑기사 구리古力는 이를 두고 "신의 수"라고 감탄했다.

알파고는 3000만 번의 대국을 익히는 데 수개월이 걸렸고, 이보다 더 진화한 알파고 제로는 490만 번의 대국을 익히는 데 3일밖에 걸리지 않았다. 이제는 인간이 바둑으로 AI를 이길 수 없는 걸까? 그렇다고 바둑이 사라지거나 인간의 가치가 절하되지는 않았다. 오히려 알파고와 이세돌의 대국 덕분에 바둑에 대한 대중의 관심이 높아져, 바둑에 입문하는 사람들의 수가 일시적으로 늘기도 했다. 그러나 이러한 관심의 증가에도 불구하고, 장기적으로는 바둑 인구가 감소하는 추세를 막지 못하고 있다. 바둑의 경우, 인간은 직관과 경험으로 두며, AI는 확률적 평가를 통해 최선의 수를 선택한다. AI는 사람보다 압도적으로 많은 변화를 고려할 수 있는 계산의 양, 피로를 느끼지 않고 일정한 수준의 계산을 유지할 수 있는 일관성, 인간에 견줄 만한 패턴 인식 능력 등이 있다.

인간 지각의 실체와 환각

"한때 우주의 한구석, 수없이 반짝이는 태양계들로 흩어진 그곳에서, 지능을 발명한 영리한 짐승들이 존재했던 별이 있었다. 그것은 '세계 역사'의 가장 거만하고 거짓된 순간이었지만, 그럼에도 불구하고 그것은 단지 잠깐의 순간에 불과했다. 자연이 몇 번의 숨을 내쉰 후, 그 별은 식어 굳어졌고, 그 영리한 짐승들은 죽어야만 했다."[95]

---

95   Friedrich Nietzsche, *On Truth and Lies in a Nonmoral Sense*, Theophania Publishing, 1873, p.4. v. 3-6.

니체는 『비도덕적 의미에서의 진실과 거짓에 대하여』의 첫 문단을 이와 같이 시작한다. 그는 우주의 한구석에서 현명한 생물이 '지식knowing'을 발명했다는 허구의 이야기를 통해 인간 지성이 자연 안에서 얼마나 일시적이고 무의미한지에 대해 말한다.[96] 그는 '진리'란 인간이 공동으로 합의한 은유와 상징의 체계일 뿐이라며 다음과 같이 단언한다. "그렇다면 진리란 무엇인가? 움직이는 비유, 은유, 의인화들의 집합체이다. 간단히 말해서, 시적·수사학적으로 강화되고, 전달되며, 장식된 인간관계의 합으로, 오랜 사용 끝에 어떤 민족에게는 고정되고, 정규화되며, 구속력 있는 것처럼 보이는 것이다."[97] 이러한 구조물은 객관적 현실이 아니라 인간의 인식, 필요, 사회적 관습에 기반하여 형성된다. 그는 진리가 절대적이고 객관적인 진실이라기보다는 인간이 상호작용에서의 편의성과 유용성을 위해 만들어낸 것이라고 한다.

　니체는 현실과 인간 인식의 본성에 대한 질문을 던지고 있다. 그는 모든 진리가 세계에 대한 인간의 해석과 편견을 통해 여과된 형태이기 때문에 일종의 거짓말로 간주될 수 있다고 여긴다. 니체의 진리에 대한 관점처럼, AI 환각이 인간이든 기계든 데이터에 대한 해석이 내재된 한계와 주관성을 반영한다는 점에서 유사하다. 둘 다 객관적 현실이라는 개념에 도전하며, 인간이나 AI에 의한 해석에는, 후자가 인간의 자료에 근거하는 한 결함과 불완전함이 존재할 수밖에 없다. 이러한 비교는 AI 시스템의 내재된 편견과 한계에 대한 인식을 부각시키며, 니체가 인간의 인식과 믿음에 대한 비판적 검토를 촉구한 것을 다시 상기시킨다.

　AI의 환각Hallucination은 AI 시스템이 부정확하거나 왜곡된 정보를 생성하는 현상을 말한다. 이러한 환각은 주로 데이터의 부족이나 편향, 알고리즘의 오류 등으로 인해 발생한다. 환각의 종류에는 시각적·청각적·언어적 환각 등이 있으며, 이들은 각각 AI

96　니체는 『비도덕적 의미에서의 진실과 거짓에 대하여』에서 지성은 인간에게 매우 중요하게 여겨지지만, 만약 우리가 작은 벌레와 소통할 수 있다면, 그 벌레 역시 자신을 우주의 중심으로 느낄 것임을 지적한다. 인간의 지성은 자연 속에서 아주 사소한 것에도 과도하게 반응하며, 심지어 가장 자부심이 강한 철학자조차 자신의 행동과 생각이 우주의 주목을 받고 있다고 여기는 경향이 있다고 비판한다. 이 글은 인간 지성이 자연 안에서 얼마나 미미하고 허무한지에 대한 니체의 사유를 담고 있다.

97　*Ibid.*, p.4. v. 120-125.

가 이미지, 음성, 텍스트를 처리하는 과정에서 나타난다.[98] 그런데 이 '환각'이 우리의 본질이라면 어떻게 되는 걸까?

내재된 한계는 인간 감각의 한계이며, 외재적 한계로는 우리가 처한 미시적 현상과 거시적 현상microscopic and macroscopic phenomena 사이의 간극이 있다. 양자역학에 따르면 모든 물질은 원자 수준에서 끊임없이 운동하고 있다. 그러나 우리가 사물을 볼 때 그대로 볼 수 없다. 사물들이 움직이지 않거나 죽은 것처럼 보여도, 실제로는 "춤추는 왕모기 무리"처럼 격렬하게 서로 관계하고 있다.[99] 이처럼 인간은 자연과 사물을 있는 그대로 인식할 수 없으며, 자신의 지각으로 가능한 단면만을 본다.[100] "왕모기의 춤"을 우리가 관찰하지 못하는 것, 즉 물체가 고정된 고체로 보이는 것은 인간 감각의 한계, 미시적 현상과 거시적 현상의 차이, 그리고 평균화된 물리학적 속성 때문이다. 양자역학의 원리는 거시적 세계에서는 직관적으로 명확하게 관찰되지 않기 때문이다. 이와 같이, 인간은 늘 보고 만지는 사물의 실재를 인식할 수 없고, 단지 은유, 메타포로서밖에 알 수 없다. 이러한 자각에 의해 인간은 '진리 찾기'를 포기하게

---

98   환각은 LLMs가 실제 존재하지 않거나 부정확한 정보를 생성하는 현상이다.
       환각 현상은 LLMs가 발전하기 시작한 초기부터 존재했으며, 특히 GPT-3와 같은 대규모 모델이 등장하면서 문제가 더 두드러졌다. 모델의 크기가 커질수록 더 많은 텍스트 패턴을 학습하게 되지만, 그만큼 잘못된 정보나 부정확한 연결을 생성할 가능성도 커지기 때문이다.
       LLMs에서 환각 현상이 나타나는 이유는 학습 데이터의 품질 문제, 모델의 본질적 한계, 지식 한계, 이해 한계(AI가 텍스트 패턴을 학습한 것이지 실제로 이해한 것이 아니므로, 의미나 논리적 일관성보다는 단어 빈도와 연관성에 기반한 응답을 생성하기 때문) 등 여러 가지 이유가 있다.
       환각 현상을 줄이기 위한 방법으로는 모델 매개변수 조정, 외부 기술 자료 검증, 도메인별 데이터를 사용한 미세 조정 등이 있다.

99   "우리 눈에는 탁자의 표면이 반질거리고 매끄러운 평면으로 보인다. 그러나 탁자는 질량을 지닌 입자보다 훨씬 더 큰 간격을 두고 떨어져 있는 원자들의 연결망이다. 현미경은 원자들을 보여주었고, 매끄러운 표면이 실제로는 시든 사과 껍질과 다를 바 없음을 보여주었다. 쇠난로는 견고함, 고체성, 부동성의 모델로 보인다. 하지만 그 구성 입자들이 격렬하게 춤을 추고 있다. 우리가 난로에게 부여하는 고체성의 이미지보다는 춤추는 왕모기 무리와 더 비슷하다."
       Hans Reichenbach, *Experience and Prediction, An Analysis of the Foundations and the Structure of Knowledge*, pp.219-220.

100   "우리는 사물을 보는 것이 아니며, 구현물을 보는 것도 아니다. 우리는 그것들의 왜곡된 형태만 본다. 우리는 그 대체 세계를 본다. 객관적으로 말해서, 있는 그대로의 세계가 아니다."
       Hans Reichenbach, *Experience and Prediction, An Analysis of the Foundations and the Structure of Knowledge*, p.220.

IU. AGI 도상에서의 AI영화 이론

됐다. 결국 우리는 인간 DNA와 사회적 환경, 개인의 경험이 만든 이미지를 본다. 그래서 현상학의 창시자인 에드문트 후설은 '현상', 즉 "사태 그 자체로 돌아가라Zu den Sachen selbst!"[101]고 한 것이고, 니체는 노골적으로 '거짓말'이라고 했다. 우리가 오랫동안 믿어왔던 '진리'는 일종의 '환각'이라는 니체의 일침이다. 인간 본질의 궁극적인 '한계'를 폭로하고 있다.

AI 진영이 부머boomer와 두머doomer로 나뉘고 있다. 두 진영 모두 AI의 한계(AGI, ASI)에 대해서만 이야기한다. 하지만 그에 앞서 이를 개발하고 사용할 '인간의 한계'에 대해서도 함께 고민해야 한다. 필자는 이러한 노력의 일환으로, '환각'을 주제로 인간과 AI의 한계를 비교할 수 있는 실마리를 제시했을 뿐이다. 기술과 인간의 '관계'와 '한계'는 '호모 AI'의 인간학을 바탕으로 논의되어야 할 것이다. 여기서부터 21세기 신인류의 시나리오가 시작된다.

'호모 AI'의 인간학

AI발發 지각변동은 인식론적 변동으로 이어지며, 새로운 인간학이 요청되고 있다. 미셸 푸코의 '인간학'은 좋은 가이드가 될 수 있다. 그에 따르면, 서구의 인식 지층에 '인간'이 등장한 것은 17세기 중엽과 18세기 말에 발생한 두 번의 인식론적 변동 이후였다. 르네상스의 에피스테메[102]에서는 대우주의 유사성을 응축하는 소우주로서 사물에 가려져서, 고전주의의 에피스테메에서는 자연 질서의 표상인 이성 아래에 묻혀서 '인간'은 보이지 않았다. 고전주의가 붕괴되고 "생명, 노동, 언어가 실증과학의 인식 대상"이 되면서, '인간'은 고된 노동을 하며 불투명한 말로 사유하는 유한한 생명이라고 인식되었다.[103] 이와 함께, 인간은 인식 대상임과 동시에 인식 주체로서 탄생

101　Edmund Husserl, *Recherches logiques. Tome 1: Prolégomènes à la logique pure*, Paris: Presses universitaires de France, 1969.

102　미셸 푸코의 『말과 사물』에서 말하는 '에피스테메(épistémè)'는 특정한 시대의 학문 분야나 지식을 대상으로 추출되는 '담론의 질서' 또는 사상사의 '선험적 여건'을 뜻한다.

103　Michel Foucault, *Les Mots et les Choses. Une archéologie des sciences humaines*, Gallimard, 1966.

한다.

여기서 푸코는 칸트의 '지성, 이성, 상상력'의 한계, 즉 '유한성에 대한 사유'에 빚지게 된다. 칸트 철학의 근본 주제는 "인간이란 무엇인가?"이다. 칸트는 3대 비판서인 『순수이성비판』, 『실천이성비판』, 『판단력 비판』을 통해 인간의 '한계'를 다음과 같이 반문한다. 첫째, 인간은 무엇을 알 수 있는가? 둘째, 인간은 무엇을 할 수 있는가? 셋째, 인간은 무엇을 희망해도 되는가?

위 질문을 AGI나 ASI와 관련하여 좀 더 직접적으로 묻는다면, 첫 번째는 존재론적·인식론적 물음 '인간은 무엇을 알 수 없는가?', 두 번째는 윤리학적 물음 '인간은 무엇을 할 수 없는가?', 세 번째는 미학적 물음 '인간은 무엇을 희망하면 안 되는가?'라는 부정적 질문이 될 수 있다. 미셸 푸코는 근대 모더니즘에 반대했지만, 칸트가 인식의 '한계'를 알려준 것에 대해서는 경의를 표한다. 푸코는 "비평은 실제로 한계를 분석하고 성찰하는 것으로 구성된다"며, "외부-내부 대안을 넘어서서 최전선에 서야 할 것"을 강조한다. 칸트의 '인간학'[104]은 인간을 대상화함으로써 '경계(한계)'를 설정했다. 그러자 그동안 보이지 않았던 인식 주체가 드러난다. 미셸 푸코는 이러한 인간의 한계를 성찰하면서, "우리가 성숙한 성인이 될 수 있을지 모르겠다"고 자문한다.

그림 IV-2-10 디에고 벨라스케스, 〈시녀들〉, 캔버스에 유채, 1656

---

104 Michel Foucault, "Introduction à l'anthropologie", in Emmanuel Kant, *Anthropologie du point de vue pragmatique*, Paris: Vrin, 2008.

인식 주체이자 인식 대상으로서의 호모 AI는 어떻게 출현하고 사라지게 될까? 다시 한번 푸코에게 이를 위한 방법론을 빚진다. 푸코는 벨라스케스의 〈시녀들〉(1656)을 예시로, 17세기에서 18세기로 넘어가는 시기에 인간이 어떻게 자신을 인식하고, 세계 속에 위치시키는지를 설명한다.[105] 벨라스케스는 그 자신을 그림 속에 그려 넣으면서 이 장면을 보는 주체이자 창조하는 존재 인식 주체가 된다. 동시에 그는 그림의 일부이기에 다른 인물들처럼 대상화된다. 그림 속의 벽 거울에는 왕과 왕비가 반사되어 있는데, 이들은 화가의 시선이 향한 대상이다. 하지만 이들은 거울 속에 있기 때문에 우리가 직접 볼 수 없다. 이로 인해 왕과 왕비는 보이지 않는 위치에 존재하면서도 동시에 우리에게 나타나는 대상이다. 어느 것이 '실재'하는 것이며, 어느 것이 '환각'일까? 보는 사람과 보여지는 사물 사이의 관계가 뒤엉키기 시작한다. 이 작품은 벽 거울을 통해서 그림에는 드러나지 않은 공간을 확장시킨다. 한정된 공간이 무한한 공간으로 확장되고 있다. 화가와 시녀는 그림으로 재현representation되었고, 화가의 모델인 왕과 왕비는 거울에 반영reflection되었다. 이 그림은 왕의 시선으로 그려져 있다. 그는 시선을 받는 대상이자, 바라보고 있는 주체이다. 이처럼 인간은 더 이상 확고한 주체도, 명확한 대상으로도 존재하지 않는다. 마치 하이퍼리얼리티를 사는 호모 AI의 위치와 비슷하다. 인간은 인식의 주체와 대상으로 동시에 출현하고, 바로 이러한 경계에서 '인간'이 태어나고 있다. 그 위치가 변화하면서 결국 사라질 수도 있는 불확실한 존재다.

어렵사리 태어난 인간은 "바닷가 모래사장에 그려놓은 얼굴처럼 사라진다."[106] 이렇게 19세기 지식의 형상이자 지식의 주름으로서의 인간은 출현하자마자 무대 뒤로 사라져버린다. 푸코가 선언한 "인간의 죽음"은 심리학, 사회학, 정신의학 등과 같은 인간학의 주된 준거 대상인 19세기의 인간 개념에 국한된 것으로, 자기의식의 진보로 간주되는 역사 개념에 대한 거부이기도 하다. 문제는 이제 우리는 이러한 인간의 죽

---

105 Michel Foucault, *Les mots et les choses. Une archéologie des sciences humaines*, Gallimard (Coll. Tel), 1990.

106 *Ibid.*

음으로로부터, 다시 인간학을 시작해야 한다는 사실이다.

AI는 눈을 감을 수 있을까?

후설의 '사태 그 자체', 니체의 '거짓말' 이론에 근거한다면, 과연 우리가 지각할 수 있는 것은 무엇일까? 베르그송과 들뢰즈는 "우리가 만든 이미지"라고 대답한다. 이들에게는 우리의 몸도 이미지, 사물도 이미지이며, "이미지는 곧 물질"이다. "이미지에는 크게 '눈(감각)을 감았을 때'와 '눈을 떴을 때'의 두 종류가 있다. 가장 일반적인 의미에서 '이미지'는 감각sens을 열면 지각되나(지각된 이미지images perçues), 닫으면 지각되지 않는다(지각되지 않는 이미지images inaperçues). 이 모든 이미지들은 자연법칙이라고 부르는 일정한 법칙에 따라 서로의 모든 기본 요소에 대해 작용하고 반응한다. 이 법칙을 완벽하게 이해하면 각 이미지에서 일어날 일을 계산하고 예측할 수 있을 것이므로, 이미지들의 미래는 현재에 포함되어 있고, 새로운 것을 더하지 않을 것이다. 그러나 외부의 지각뿐만 아니라 내부의 감정으로도 알 수 있는 이미지가 있다. 그것은 바로 내 몸mon corps이다."[107]

베르그송에 의하면, 물질과 정신에 대한 이론을 무시하고 순수하게 이미지에 대해 생각해볼 때, 모든 이미지가 자연법칙에 따라 작용하고 반응하는 반면, 내 몸은 외부의 지각뿐만 아니라 내부의 감정으로도 인식된다는 점에서 특별하다.

눈을 감으면, 어떻게 외부 세계를 인식하고, 자연의 법칙을 이해하며, 자신의 몸과 어떻게 관계를 맺는지 알게 된다. "자아the self는 자아the self라고 생각해왔는데 "나는 다른 것another"[108]이 된다. 그렇다면 AI는 눈을 감을 수 있을까? 눈을 떴을 때와 감았을 때 느껴지는 정체성의 간극, 바로 여기에서 시작되는 사유와 예술, 인간의 다중성

---

107 Henri Bergson, *Matière et mémoire. Essai sur la relation du corps à l'esprit*, Paris: PUF, 1939, p.10.

108 플라톤 이래 "자아(Moi)=자아(Moi)"라고 여겨졌던 동일성의 진리가 현대에서는 "나(Je)=다른 것(un autre)"으로 대체된다(예. 아르튀르 랭보의 편지 중 '나는 다른 것이다'). 이는 자아, 본질, 정체성에 대해 근본적으로 다른 접근을 보여준다. 플라톤은 '이데아'라는 개념을 통해 영원 불변한 진리에 대해 말했다. 이때의 자아는 일정하고 변하지 않는 본질을 가져야 한다. 반면, "다른 것"은 자아 또는 정체성이 고정된 실체가 아니라 변화와 다양성의 연속이라는 뜻이다. 이러한 현상은 호모 AI에게서 더욱 심화된다(*vide infra*).

을 AI는 습득할 수 있을까?

인간은 감각의 한계를 가지고, 미시적이고 거시적인 현상 사이에서 평균화된 물리학적 속성을 지닌 채, 이미지와 사물을 본다. '이미지'에는 뇌의 '기억'이 지대한 역할을 한다. 현재에는 이미 과거가 포함되어 있으며, 그 과거에는 현실과 상상, 사실과 거짓이 혼합되어 있다. 이러한 것이 알랭 로브그리예의 〈거짓말하는 남자L'homme qui ment〉(1968)를 비롯한 누벨바그 영화에서 본격적으로 전개된다. 들뢰즈는 『시네마』에서 "거짓의 역량"을 언급하며, "누벨바그는 고의적으로 진리의 형식을 끊어내고, 그 대신 더 깊은 삶의 역량과 영화적인 역량을 대체했다"고 말했다.[109] 들뢰즈의 이 언급은 그가 왜 『시네마』 1, 2를 쓰게 됐는지 알게 한다.

플라톤 이래 '진리'는 형식forme[110]이었다. 이 형식은 인간 중심적인 거짓의 역량이자 인식이다. 이 형식은 니체의 "삶의 힘"으로 대체되고, 니체와 베르그송을 독창적으로 해석한 들뢰즈는 인간중심주의의 오래된 거짓말(형식)을 대체할 수 있는 새로운 '시간-이미지'를 제시한다. 미래는 현재와 과거의 시간-이미지를 해체하면서 나타난다. 과거는 진실과 거짓, 상상적인 것과 실제적인 것도 구분되지 않는다. 또한 우리의 사유에는 무의식적이더라도 "바깥의 사유La pensée du dehor"[111]가 포함된다. 언젠가 AI가 눈을 감을 수 있게 될 때, '바깥의 사유'도 가능해질까?

사물은 모두 이미지로서 나타난다. 인간의 이미지는 신체 그 자체이며, 외부의 이미지는 신체를 통해 지각된다. 지각은 작용과 반작용을 통해 이미지에 변형을 일으키고, 기억을 통해 이미지를 반복하고 보존된다. 정지된 그림에 시간을 부여해서 운

Gilles Deleuze, *L'Image-temps. Cinéma 2*, Paris: Éditions de Minuit (Coll. Critique), 1985, p.177.

플라톤의 철학은 '2원론', '3원론', '5원론' 등 다양하지만, 크게 '물질(ὕλη, hyle, matière)'과 '형상(εἶδος, eidos)' 또는 이데아(ἰδέα, idea, forme)의 2원론으로 이야기된다. 여기서 'hyle'는 물질이나 물질적인 것을, 'eidos' 또는 'idea'는 형상, 본질적인 아이디어나 이데아를 의미한다. 현대미술과 사유는 플라톤의 인간중심주의적이며 자아동일적인 사유(Plato's anthropocentric ego-identical thinking)에 반대하면서 시작됐다.

미셸 푸코의 "바깥의 사유"는 내면적·주관적 경험 또는 전통적 인식론의 경계를 넘어서는 사유의 형태다. 주체는 바깥, 즉 사회, 문화, 언어, 권력, 지식의 구성 등 외부에서 사유한다. 과거의 수동적인 인식론적 사유에서, 좀 더 능동적이고 적극적인 "바깥의 사유"로 이동한다. 푸코의 사유에는 동일자의 바깥에서 일어나는 바깥의 사유, 다수의 바깥에서 일어나는 타자(l'autre)의 사유, 동일자와 타자가 만나는 극한(la limite)의 사유가 있다.

2. AGI 도상에서의 AI영화 이론

동을 만들어내고, 서사를 엮어나가는 영화는 철학적 사유와 가장 가까운 형태다. 영화가 인간의 삶에 큰 영향을 끼치는 이유는 시공간적 구조가 우리가 지각하는 실재보다 영화에서 더 진실되게 나타나기 때문이다. 들뢰즈의 영화 이론은 어쩌면 지금까지의 일반 영화를 기준으로 볼 때는 현학적으로만 보였을 수도 있다. AI가 영화에 개입되면서, 그의 이론에서 중요한 요소인 "운동–이미지"와 "시간–이미지"는 좀 더 구체성을 띠게 된다.

3. AI영화와 들뢰즈의 시네마

AI영화와 운동-이미지, 시간-이미지

베르그송에 의하면, 물질은 '인간의 지각에 의해 드러나는 이미지'(모든 잠재적 정보 포함)와 '인간이 보는 이미지'(인간이 선택적으로 인식하고 해석한 이미지)가 포함된 "이미지의 총체"이자, "이미지는 물질"이다.[112] 그는 여기에 '운동'을 추가하여, "이미지=물질=운동"이라는 등식을 가지고 영화 이론을 전개한다. 들뢰즈는 물질이 "작용과 반작용이 상호관계에 있는 운동-이미지의 세계" 혹은 "서로 작용·반작용하는 가변적인 요소들의 중심 없는 총화"(모든 것이 우위성 없이 서로 연결되어 끊임없이 변화하는 관계의 총체)라고 했다.[113]

미술에 관심이 있는 애호가들이라면 이 공식이 그리 낯설게 느껴지지 않는다. 산수화의 여백은 들뢰즈가 강조하는 이미지에서 수용된 운동과 실행된 운동, 작용과 반작용 사이의 간극으로, 운동이 원활하도록 돕는 여지이다. 이는 서예에서도 마찬가지이다. 여백을 중요시하는 것은 바로 이러한 운동-이미지가 활발할 수 있도록 공간을 제공하는 것이다. 현대미술에서도, 이우환은 1960년대 말부터 조각에는 〈관계항〉, 회화에는 〈대화〉라는 연작명을 유지하는데, 이 역시 회화나 조각에서 공간의 울림을 주기 위해서다.[114] 데이비드 호크니 역시 '이미지'가 관람객의 시각에 운동을 야기하

---

112   Henri Bergson, *Matière et mémoire. Essai sur la relation du corps à l'esprit*, Paris: PUF, 1939.

113   Gilles Deleuze, *Cinema 1. Movement-Image*, University of Minnesota Press Minneapolis, 1985.

114   심은록, 『양의의 예술: 이우환과의 대화 그리고 산책』, 현대문학, 2014.

는 원인임을 알고 이를 콜라주와 같은 방식으로 극대화했다.[115]

표 Ⅳ-3-1 질 들뢰즈 〈얼굴의 두 극: 권력과 질〉의 일부[116]

Sensible nerve(감각 신경)	Motor tendency(운동 경향성)
Immobile receptive plate(움직이지 않는 수용판)	Micro-movements of expression
Faceifying outline(얼굴형 윤곽선)	(미세한 표정 움직임)
Reflecting unity(통일성 반영)	Characteristics of faceicity(얼굴 표정의 특징)
Wonder(경이)	Intensive series(집중 시리즈)
(admiration, surprise(감탄, 놀라움))	Desire(욕망)
Quality(품질)	(love-hate(사랑-증오))
Expression of a quality common to different	Power(힘)
things(다양한 사물에 공통적으로 나타나는 품질 표현)	Expression of a power which several passes
	from one quality to another(한 품질에서 다른
	품질로 여러 번 전달되는 힘의 표현)

[표 Ⅳ-3-1]은 "감각 신경"과 "운동 경향성"이라는 두 극을 대비시키며, 각각의 특성과 표현 방식, 그리고 관련 개념들을 설명한다. 감각 신경은 주로 정적이고 수용적인 특성을 강조하는 반면, 운동 경향성은 동적이고 표현적인 특성을 강조한다. 들뢰즈의 영화 이론은 영화 이미지를 통해 어떻게 현실을 재현하고, 어떻게 감정과 욕망을 표현하는지를 탐구한다. "감각 신경"은 영화가 세상을 인식하고 반영하는 방식을, "운동 경향성"은 영화가 서사를 전개하고 감정을 전달하는 방식을 설명한다. 이 두 가지 극은 영화가 가진 표현의 가능성과 한계를 보여주며, 이를 통해 영화 예술의 본질을 찾아가고 있다. AI가 영화에 개입되면서 질 들뢰즈의 영화 이론은 새로운 맥락을 얻고 있다. 그가 제시한 '운동-이미지'와 '시간-이미지' 개념은 AI 기술이 주도하는 영화 제작 방식을 분석 비교할 수 있는 방법론과, AI 영화가 현실을 표현하고 인식론적·존재론적 문제를 이해할 수 있는 해석론을 제공한다. 또한 AI가 영화 내에서 시각적 표현과 서사 구조를 어떻게 변화시키는지를 탐구하는 데 중요한 이론적 기반

---

115   심은록, 『미래아트와 트아링힐』, 교육과학사, 2021.

116   Gilles Deleuze(1985) op.cit. pp.90-91.

을 제시한다.[117]

　AI는 '운동-이미지' 측면에서, 지각, 행동, 감성의 차원을 자동화하고 최적화함으로써 전통적인 서사 구조를 재구성한다. AI가 만들어내는 시각적 스타일, 플롯의 복잡성, 그리고 캐릭터의 감정 표현은 새로운 창조적 가능성을 열어준다. '시간-이미지' 측면에서 AI는 비선형적 시간 구조와 다중 시간선을 통해 시간에 대한 전통적인 인식을 넘어 새로운 방식을 제시한다. 들뢰즈의 이론은 AI영화가 시간과 공간을 어떻게 조작하고 해석할 수 있는지 방법론을 제시한다.

　〈AI 수로부인〉에서도 모든 컷에서 이러한 작용-반작용을 적용하여 프롬프트를 적었다. 간단하게 예시를 들자면, 필요한 경우가 아니라면 화면에서 캐릭터가 한 명일 때 가운데 두기보다는 오른쪽이나 왼쪽에 치우치게 하여 균형을 깨면서 시각의 움직임을 유도했다. 캐릭터와 배경, 영화와 관람객 등에 작용과 반작용이 일어나도록 노력한 것이다.

　이는 영화뿐만 아니라 모든 분야의 예술에서 중요시되는 부분이다. 이미지가 인간의 신체(행동, 지각, 감성 등)와 만나, 작용과 반작용을 통해 또 다른 이미지를 만들어내게 하기 위해서다. 관람객들은 같은 장면을 보더라도 자신의 몸이 경험한 것에 빗대어 각각 다르게 이미지를 받아들인다. 이런 방식으로 영화가 주는 서사와 개인의 서사가 의식-무의식 가운데에서 섞이며, 섞이는 강도에 따라 실재와 환각의 구분이 어려워진다.

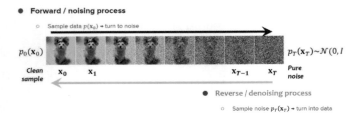

그림 IV-3-1　노이즈 제거 확산 모델[118]

117　*Ibid.*
　　Gilles Deleuze, *L'Image-temps. Cinéma 2*, Paris: Éditions de Minuit (Coll. Critique), 1986.

118　Binxu Wang, "Mathematical Foundation of Diffusion Generative Models", harvard.edu.

〈AI 수로부인〉의 이미지 대부분은 디퓨전 모델을 사용했다. 생성된 이미지는 픽셀 하나하나마다 다른 이미지들에서 추출된, 시공간이 중첩된 것이다.[119]

디퓨전 모델은 일종의 확률론적 생성 모델로 이미지나 소리를 만들어낸다. [그림 IV-3-1]에서처럼 디퓨전 모델은 데이터에 제어된 노이즈를 도입하고, 새로운 이미지를 생성하기 위해서 이 과정을 반대Reverse/denoising process로 진행한다. 이 반대 과정이 바로 우리가 말하는 '생성generate'이다. 이 노이즈 제거 과정을 위해, 노이즈 제거 확산 확률 모델DDPM이라는 신경망을 사용한다. 디노이징의 시작 단계인 'Pure Noise' 상태를 보면, AI가 왜 여백에서 수많은 이미지를 보는지 이해할 수 있게 된다. 디퓨전 모델은 이미지, 비디오, 오디오, 텍스트, 3D 형상 등 다양하게 샘플을 생성한다. 비록 우리는 하나의 이미지를 보지만, AI는 중첩되고 축적된 이미지를 생성한다.[120]

이제 '운동-이미지'와 '시간-이미지'를 영화와 직접적으로 연관하여 살펴보자. '운동-이미지'는 시퀀스가 연속적으로 움직이며 인과관계에 따라 진행되는 전통적

[그림 IV-3-1]에서 보는 것처럼, 확산 프로세스는 실제 데이터 샘플 "x(0)"에서 시작하여 여러 단계에 걸쳐 가우스 노이즈를 점진적으로 추가하여 시간축 t에서 "x(T)"를 얻는다. 이 순방향 프로세스(Forward / noising process)는 "x(0)" 샘플을 노이즈가 있는 데이터 "x(T)"로 변환한다. 이제 새로운 이미지를 생성하려면 이 과정을 반대로 진행한다(Reverse/denoising process). 순수 노이즈 데이터 "x(T)"에서 시작하여 모델은 각 시간 단계에서 조금씩 노이즈를 제거하여 점점 더 깨끗한 데이터를 생성한다. 이 노이즈 제거 과정을 위해, 노이즈 제거 확산 확률 모델(DDPM)이라는 신경망을 사용한다.
DDPM은 t 시점의 노이즈가 있는 데이터와 이전 시간 단계 t-1의 노이즈가 적은 데이터의 쌍 (x(t), x(t-1))을 학습한다. 일부 노이즈를 제거하여 x(t)에서 x(t-1)을 예측하는 방법을 학습한다. 여러 시간 단계에 걸쳐 이 노이즈 제거 과정을 반복함으로써 DDPM은 완전히 노이즈가 없는 데이터를 사실적인 합성 샘플로 변환할 수 있다. 신경망은 점진적으로 데이터의 노이즈를 제거하여 실제처럼 보이도록 한다.

119 들뢰즈의 영화 이론은 AI 기술과 함께 현대 영화 제작의 맥락에서 새롭게 조명할 수 있다. '운동-이미지'와 '시간-이미지'라는 개념은 AI가 주도하는 AI 영화 제작에서 영화의 시각적·서사적 표현을 탐구하는 데 중요한 방법론을 제공할 수 있기 때문이다(vide infra). 이는 AI 영화가 '인간의 지각과 존재에 대한 이해(compréhension humaine de la perception et de l'existence)'를 깊이 있게 탐구해야 할 새로운 영역임을 시사하며, 영화 이론의 경계를 확장하는 데 기여할 것이다. AI 기술이 영화 예술의 표현과 내용을 어떻게 혁신할 수 있는지에 대한 탐구는 앞으로도 계속될 것이다.

120 들뢰즈의 『시네마(Cinema)』 1, 2권에는 많은 이미지와 기호가 나오나, 얼마나 빈번한지와 그 중요도에 대해서는 분분하다. 데이비드 디머는 다음 책에서 11개의 이미지와 33개의 기호를 추출하여 이를 정의하고, 이와 관련된 영화를 예시로 준다.
David Deamer, *Deleuze's Cinema Books: Three Introductions to the Taxonomy of Images*. Edinburgh: Edinburgh University Press, 2016, p.174.

영화의 내러티브 구조에 해당된다. 이야기는 움직임과 행동의 연쇄를 통해 전달되며, 각 장면은 다음 장면으로의 전환을 위한 원인이나 결과로 연결된다. 이러한 영화들은 대체로 명확한 구조(시작-중간-끝)가 있기에 시간의 흐름은 일반적으로 선형적이다. 반면, '시간-이미지'는 시간 자체가 주된 표현 대상이 된다. 인과관계보다는 시간의 순수한 흐름이나 지속이 중요시되기에 내면적 사유나 기억, 시간에 대한 숙고를 시각화한다. 따라서 시간-이미지 영화는 전통적인 내러티브의 틀을 벗어나 비선형적인 시간 구조, 중단된 플롯, 몽타주 기법 등으로 시간의 다양한 차원을 탐구한다.

들뢰즈가 '시간-이미지'를 말한 것은, 제2차 세계대전 이후의 변화된 세계 인식 때문이다. 전후 상황의 불확실성으로 내면의 갈등과 표현의 열망이 폭발하였고, 이러한 인간의 내면적 경험과 시간을 표현하는 새로운 방식으로 영화가 등장했다. '시간-이미지'는 과거나 미래 같은 '가상'의 차원을 현재라는 '실제' 차원과 결합한다. 이로써 영화적 서사는 단순한 사건의 연속을 넘어선다. 이제 시간은 관객들이 저마다 다르게 경험하게 하는 도구로서 작동한다.[121] '가상'과 '실제', '자유'와 '필연', '창조'와 '반복', '차이'와 '공간' 간의 관계는 이미지 이해를 돕는 주요 요소이다. 시간-이미지는 영화적 사고를 포함하고 해체하는 방식을 더 깊이 이해하게 하며, 순수한 물질(해석이나 의미 부여 없이 단지 존재하는 이미지)과 순수한 기억(지속, 변형을 겪지 않는 본질적인 상태)의 구별을 넘어 새로운 영화적 표현 가능성을 제시한다.[122]

그림 IV-3-2 〈AI 수로부인〉에 담긴 시간-이미지

들뢰즈의 '시간-이미지'가 반영된 〈AI 수로부인〉의 시간대는 운동-이미지를 해체

---

121 「Guide to Reading Deleuze's Cinema II:The Time-Image」, 〈OnScenes〉, 25 Dec 2017.

122 David Deamer, Time-images and movement-images: Bergson, duration and image. In: *Deleuze's Cinema Books: Three Introductions to the Taxonomy of Images*. Edinburgh University Press, 2016, pp.70-74.

하는 것으로 시작된다. 처음 등장하는 아이와 할머니는 '현재'에 존재하지만, 아이는 미래를, 할머니는 과거를 상징한다([그림 IV-3-2](1)). 프롤로그의 디지털 숲에서는 현재로 부활한 백남준, 과거에서 온 수로부인, 우주비행사, 외계인 등 각각의 스크린마다 서로 다른 시공간이 제시된다. 영화가 본격적으로 시작되면, 신라 성덕왕 때로 거슬러 올라간다(2). 영화 중간중간 수로부인은 미래와 과거를 넘나든다(3). 이처럼 〈AI 수로부인〉의 시간은 선형적 시간이 아니라 현재-과거-미래가 뒤섞인다. 신과 교류하는 '카이로스적' 시간도 있고, 같은 사건이 반복되는 '윤회적' 시간도 있다. 우리의 실제 삶도 마찬가지로, 과거-현재-미래를 순서대로 인식하지 않는다. 우리의 경험(과거)은 시간이 지나면서 점점 실제를 변형시키면서 다시 경험한다. 상상과 실제를 명확하게 구분할 수 없다. 〈AI 수로부인〉은 결정적인 순간마다 시간-이미지를 시각적으로 재현하며, 영화를 통해 우리는 현실을 재해석할 기회를 얻는다.

기술적인 관점에서도 마찬가지다. 아무런 사전 지식 없이 〈AI 수로부인〉을 본다면, 여러 장면에서 보이는 보디 디스토션과 캐릭터의 부자연스러움 때문에 후퇴한 기술처럼 느껴질 것이다. 하지만 2023년 당시 일반적인 생성형 AI 툴로 CG 없이 만든 영화라는 것을 알게 된 관객들은 공포스러운 장면이 없었음에도 두려움을 느꼈다고 전했다. 또한 AI 기술을 얼마만큼 알고 있느냐에 따라서 이 영화를 받아들이는 관점이 각기 달랐다.

〈AI 수로부인〉은 순수하지 않은 물질(이미지)과 순수하지 않은 기억(지속)이 섞여서 새로운 영화적 표현 가능성을 얻고자 시도한다. '현재 중심의 시간 이미지'와 '과거 중심의 시간 이미지'가 끊임없이 랜덤 값으로 변화된다. 미래의 창조적 생성을 위해 기존의 시공간성을 해체한다. "운동-이미지와 시간-이미지 사이의 근본적인 차이점은 운동-이미지는 시간에 대한 간접적인 이미지이고, 시간-이미지는 시간에 대한 직접적인 이미지"[123]다. 이제 우리는 AI가 생성한 또 다른 운동-이미지, 시간-이미지와 마주하게 됐으며 그 안에서 인간의 존재 방식을 찾고 있다.

영화를 관람하면서, 관객들은 "바깥의 사유"를 시작한다. 바깥과 내부, 타자와 자

---

123   쉬잔 엠 드 라코트, 『들뢰즈: 철학과 영화』, 이지영 옮김, 열화당, 2004, 19쪽.

아가 마주칠 때마다 간극이 생긴다. 그때 생기는 틈과 여백은 "가변적인 요소들의 중심 없는 총화"가 자유롭게 작용·반작용하도록 마련된 공간이다. 좋은 영화일수록 이러한 공간을 많이 제공한다.

AI, 예술의 근원적 의미를 묻다

AI가 생성한 작업이 예술작품이 될 수 있을지, 그래서 AI도 창작자가 될 수 있는지는 미래에 다시 협의될 것이다. AI가 바흐나 베토벤을 재해석해 새로운 곡을 만들거나, 반 고흐나 피카소의 그림을 모방해서 더 잘 그릴 수도 있다. "확률적인 앵무새"가 다루는 '예술'의 역할은 무엇일까? 제의적인 예술의 근원적 역할이 AI영화에서는 단절될 것인가 아니면 유지될 것인가?

예술의 근원적 역할은 '제의'에서 왔다. 혹자는 예술의 '오라aura'나 '신성함'으로 표현하지만, 필자는 이를 '소통'이라고 재해석했다. 고대에는 예술이 신과의 수직적인 소통의 매개체였다면, 현시대는 수평적인 타자와의 소통 수단이다. 전자가 수직적 초월이라면 후자는 수평적 초월이다. 자신의 한계를 극복하기 때문이다. 〈AI 수로부인〉에서는 다양한 종류의 소통이 이뤄진다. 영화 첫 부분에 등장하는 아날로그 TV의 노이즈([그림 IV-3-2](1))는 우주, 그리고 태초의 시간과 초월적 소통을 상징한다. 프롤로그에서는 전자 무당 백남준이 스크린을 통해 다양한 인종, 외계인과 소통한다. 그 밖에도 백남준과 수로부인의 소통, 신라인들끼리의 소통, 인간과 자연의 소통 등 다양한 소통 방식이 전개된다.

이처럼 〈AI 수로부인〉은 예술의 근원적 역할인 '타자와의 소통'을 주제로 삼는다. 예술가들은 지금까지 시각, 청각 등 감각을 통해서 인간의 제한적인 영역을 넓혀나갔다. 에마누엘 레비나스는 『전체성과 무한』에서, 초월은 단순히 넘어서는 것이 아니라 타자를 향한 것이며, 동일한 내 안의 타자를 환영하는 일이라고 했다. 나의 능력 밖의 것을 타자로부터 흡수하며, 이로써 '무한'의 개념을 가질 수 있다. 즉, 개인의 자아가 타자와 만나 타자의 요구와 존재의 중요성을 인정하는 것이다. 이를 통해 인간은 자신의 한계를 초월하고, 보다 넓은 인간적 의무와 윤리적 책임을 인식할 수 있게

된다.[124]

(1) 노인을 비난하는 여자 신라인

(2) 노인을 우러러보는 신라 백성들

(3) 〈해가〉를 부르는 신라인들

(4) 수로부인의 귀환을 바라는 동물들

그림 IV-3-3 〈AI 수로부인〉이 말하는 예술의 역할

〈AI 수로부인〉 속 수로부인은 타자와의 '초월'적인 소통을 앞장서서 보여주며, 신라 공동체에도 영향을 끼치는 과정이 전개된다.

[그림 IV-3-3]의 (1)은 암소를 모는 노인이 절벽의 철쭉꽃을 따서 수로부인에게 바친다는 이야기를 듣고, 백성들이 이구동성으로 비난하는 내용이다. 또한 노인이 꽃을 따는 것은 불가능하다고 얕잡아 본다. (2)에서는 암소를 모는 노인을 대하는 백성들의 자세가 변화한 것을 알 수 있다. 이들은 경시했던 노인, 즉 타자를 존중하며, 명칭도 '노인'에서 '도인'으로 바뀌었다. (3)은 〈해가〉를 부르며 수로부인이 무사히 돌아오기를 염원하는 신라인들의 모습이다. 그들은 처음에는 노인이 꽃을 따 온다고 해도 믿지 않았다. 그런데 이제는 그보다 더 어려운 "마음을 모아 노래를 부르면 수로부인을 구할 수 있다"는 말을 전적으로 신뢰하며 다 같이 노래를 부른다. (4)는 신라인들의 노래를 듣고 함께 노래 부르는 동물들의 모습이다. 모두 함께 염원할 때 기적이 일어나고, 예술의 두 번째 근원적인 역할인 '치유가 된다'는 의미다. 영화 속에서는

---

124 Emmanuel Levinas, *Totalité et Infini: Essai sur l'extériorité*, La Haye: Martinus Nijhoff (Coll. Phaenomenologica), 1961.

'수로부인의 귀환'이지만, '기후 위기'와 '환경 문제'를 은유한 것이다.

납치된 수로부인을 구하는데, 전쟁, 폭력, 자본의 힘을 빌리는 것이 아니라 예술, 즉 노래로 생명을 구한다. 전쟁을 하면 빠른 효과를 얻을 수 있지만, 폭력은 또 다른 폭력을 낳을 뿐이다. 이를 아는 지혜로운 천신은 비록 효과는 느릴지라도, '노래'라는 방법을 제시했다. 영화에서는 수로부인의 남편 순정공의 "내 부인이 말하기를 당신은 보통 사람이 아니라고 했소"라는 언급을 미루어볼 때, 수로부인은 타자와의 소통 방식을 남편과 백성들에게 알려주었고, 이들은 받아들였다. 이제 이 소통 방식이 영화를 보는 관람객들에게 전파된다.

노이즈에 담긴 여러 상징들

〈AI 수로부인〉의 첫 장면에 등장하는 아날로그 TV 화면의 노이즈noise([그림 IV-3-2](1))는 여러 상징적 의미를 담고 있다. 첫 번째는 '노이즈'란 개념에 대한 인간 인식의 변화다. 과거에 소음, 신호 및 정보 방해로서의 '노이즈'는 없애야 할 부정적인 것이었다. 비록 다른 물리적 형태이지만, 현대 AI에서는 노이즈가 언어적·기능적으로 중요한 역할을 하고 있다.

두 번째는 지난한 영화의 제작 과정을 의미한다. 모래사장에서 가장 적절한 모래 알들을 하나하나 찾아 모래성을 쌓는 것 같았다. 수십, 수백 장의 생성물 중 하나를 찾아 편집하기를 수없이 반복한다. 하지만 이러한 노동이 새로운 것은 아니다. 대부분의 예술이 이처럼 끊임없는 반복으로 조금씩 완성되기 때문이다. 피아노 초보자가 처음 베토벤의 〈월광〉을 칠 때는 '소음(노이즈)'에 가깝다. 연습을 무한히 반복하는 가운데 점점 더 베토벤이 드러나기 시작하다가 어느 순간에는 듣기 좋은 〈월광〉이 되는 것과 같다. 무수한 반복은 노이즈를 선율로 만든다. AI는 인간보다 더 많은 반복을 한다. 예술의 가장 큰 조건은 창의성이지만, 이는 신체가 수없이 반복된 작업을 하면서 나온다.

마지막으로, 생각보다 가깝고 친밀하게 우주와의 소통이 가능하다는 것이다. 우주배경복사는 우주의 시작부터 지금까지 우주공간에 남아 우주의 이야기를 들려주는 특별한 빛이다.[125] 아날로그 TV의 안테나가 이 빛을 포착한 것이 TV 화면에 노이즈로 보인다. 무한한 우주와 인간은 이렇게나 가까이 있다.

AI영화는 고정된 서사 구조를 벗어나 복수의 시간선을 탐구하거나 시간을 비선형적으로 재구성하기에 좋다. AI가 생성하는 내러티브는 과거, 현재, 미래를 자유롭게 넘나들고 중첩시키며, 새로운 시간의 흐름을 경험하는 새로운 방식을 제공한다.

AI로 생성된 가상의 요소와 실제 요소는 시간의 다차원성을 탐구하게 한다. 예를 들어, 실제 사건에 가상의 요소를 추가하거나 가상현실과 현실을 교차시켜 새로운 시각적 경험을 만들어낼 수 있다. AI는 인간의 기억과 경험을 모사하여, 들뢰즈의 '인식-이미지recognition-image'나 '회상-이미지recollection-image'와 같은 이미지를 생성하고 인간의 시간적 경험을 재현할 수 있다. 또한 인간의 의식과 비의식 영역을 탐구하는 데 활용될 수 있다. 예를 들어, 꿈의 이미지나 상징을 통해 의식의 흐름을 표현하여, 인간의 내면세계를 보다 쉽게 시각화할 수 있다.

들뢰즈의 이론은 영화를 통한 사고와 감정의 표현 방식에 대한 더 넓은 이해를 가능하게 한다.[126] 일반 영화와는 다른 AI만의 특징을 살릴 수 있는 새로운 차원의 영화가 나올 수 있다면, 이는 제5세대 AI영화가 될 수도 있다. 이때는 AI가 "눈을 감고서"(베르그송), "바깥의 사유"(푸코)를 하며, 타자의 "벌거벗은 얼굴"(레비나스)을 응시할지도 모른다. 하이데거의 말대로, 인간이 컨트롤할 수 없는 '위험'이 다가오는 가운데 '구원자'도 다가온다. 그래서 기술은 "존재의 선물Gabe"로 이중적인 특성을 지니고 있다.[127]

---

125   cf. 토마스 헤르토흐, 『시간의 기원: 스티븐 호킹이 세상에 남긴 마지막 이론』, 박병철 옮김, 알에이치코리아(RHK), 2023.

126   Olaf Berg, "Benjamin and Deleuze: Approaches to a Critical History in Film Images", Research in Film and History, 28 Jan 2021.

127   Martin Heidegger, "La Question de la technique", in *Essais et conférences*, Paris: Gallimard (Coll. Tel), 2014 (1954).

V.

결론

제1세대부터 제5세대까지의 AI영화

이 책의 1부에서 현재에 대한 문제를 제기했다면, 5부에서는 미래에 대한 문제를 제기한다. 이 책은 생성형 AI 툴로 만든 영화 〈AI 수로부인〉(2023년 10월 상영)의 제작 경험과 생성형 AI의 백서들을 연구한 결과를 앞의 세 부에서 풀어나갔다. 2부에서는 '개인 AI영화 제작 시대'를 맞아 〈AI 수로부인〉의 제작 경험을 살려서 제작 방식과 더불어 사용했던 주요 툴을 소개했고, 제작 과정의 노하우와 도움이 될 만한 정보를 담았다. 2023년 10월까지의 생성형 AI 툴이 주로 분석되었으며, 당시의 기술적 조건과 상황에서 집필했다. 3부에서는 2024년 상반기에 나온 생성형 AI 툴, 그중에서도 빅테크 기업들의 TTV와 TT3D를 주로 비교하며 특징을 소개했다. 수많은 스타트업들의 흥망성쇠가 심하나, 상기 툴들은 빅테크들이 상장폐지를 하지 않는 한 지속적으로 발전해서 제2~3세대 AI영화의 제작에 사용할 수 있으리라 여겼기 때문이다. 따라서 2부와 3부는 시차가 크다. 4부에서는 앞으로의 생성형 AI 툴이 AGI 개발의 도상에서 진화할 것이라는 예측과 이에 따라 제작론보다 더 중요한 'AI영화 이론'과 '21세기 인간학, 호모 AI'를 간단하게나마 전개했다. 부록에서는 디퓨전 모델, TTV, TT3D를 중심으로 일부 백서들의 차례와 요약을 열거했다. AI 툴의 발전 양상과 역사를 한눈에 보기 위해서다. 시간과 지면 관계상 주요 백서 중에서도 일부만 언급하는 것으로 만족했다. 백서에서는 과거 기술을 극복하고자 새로운 기술을 발표하며, 기존의 여러 기술의 장단점을 비교하고, 이후 보강될 부분도 진단한다. 따라서 백서를 가까이하는 것은 과거에 대한 비판과 현재의 상황 파악 그리고 이후 방향성을 예측하는 데 도움이 된다.

그림 V-1 AI영화의 등장과 세대별 발전 양상[1]

　　[그림 V-1]을 참고하면서, 향후 AI영화의 방향을 예측해보자. 이 책에서 논한 '제1세대 AI영화'는 2023년까지 공개된 일반적인 생성형 AI 툴로 영화 제작이 어디까지 가능한지 모험한 실험작이었다. 편집을 제외하고, 스토리를 포함해서 이미지, 영상, BGM, 음향효과 등을 모두 AI로 생성했다. 많은 TTI 툴에서는 포토리얼리스틱한 이미지가 생성되지만, 이러한 결과물을 ITV로 돌리면 심각한 보디 디스토션과 모션 아티팩트 때문에 사실주의 영상의 실현은 어려웠다. TTV로 생성한 경우도 마찬가지다. 캐릭터의 일관성도 없고 보디 디스토션이 심해서 환상적이거나 공포물과 같은 작업만 적절했다. 또한 사람보다는 귀여운 동물이나 괴물들이 잘 생성되기에 키치 스타일의 영화에도 적합하다. 2024년 상반기인 현재는 제1세대와 제2세대 중간에 위치해 있다.

　　제2세대 영화는 TTV의 발전으로 실제에 가까운 영상을 생성할 수 있게 된다. 다큐멘터리 스타일의 영화가 제작될 수 있다는 의미다. 사실주의적인 작업이 가능한 만큼, 초현실주의적인 영상은 더욱 실감 나게 생성될 수 있다. 제1세대에서는 왜곡을 감

1　　제1세대 이미지 〈AI 수로부인〉 스틸 컷(2023년 10월), 제2세대 이미지 소라 모델 영상 스틸 컷(2024년 2월), 제3세대 이미지 클링 생성(2024년 8월), 제4세대 이미지 플럭스 생성(2024년 8월), 제5세대는 백색왜성 주위를 공전하는 행성의 잔해 사진, 텍사스대학교 연구팀(2024년 7월).

추기 위한 비구상적 초현실주의나 비형상非形象적 환상 스타일이었다면, 제2세대에서는 구상적 초현실주의나 형상形象적 환상 스타일이 가능하다는 의미다. 하지만 섬세한 감정 표현은 어려울 것으로 보인다. BGM의 경우에는 제1세대에도 충분히 좋았다. 제2세대에는 BGM은 물론 가사가 있는 주제곡을 만들고, 노래가 있는 음악영화까지 가능하다. 다양한 스타일의 음악과 한국어를 포함한 다국어 노래 가사 생성도 수월해졌다.

제3세대 AI영화에서는 폭넓은 감성적 표현과 TT3DText to 3D의 발전을 기대한다. 생성된 캐릭터의 연기 덕분에 극의 원초적인 기능인 "감정의 카타르시스catharsis"[2]가 가능해진다는 의미다. 영화계에 독보적인 연기력을 가진 뛰어난 영화배우가 많지 않듯, AI로 섬세한 감정선을 살린다는 것은 사실주의적 TTV와는 또 다른 알고리즘의 발전이 요구된다. 감성 폭이 크고 동시에 섬세한 표현이 가능한 'AI의 감성 연기'의 실현은 가장 어려운 관문이 될 수도 있다. "대본이나 감독은 AI가 대체할 수는 있지만, 배우는 그럴 수 없다"며, 제임스 캐머런 감독은 다음과 같이 설명한다. "기계는 그럴듯한 연기를 할 수 있지만, 배우가 자신의 인생 경험에서 나오는 독특한 창조의 순간을 줄 수는 없다. (중략) 생성적 인공지능은 비트맵을 제공하고 이미지를 줄 수 있지만, 감정을 줄 수는 없다."[3]

또 다른 제3세대 영화의 특징은 TT3D로 만든 영상으로 TTV 같은 표현력과 가벼운 용량으로 작업하게 되는 것이다. 제2세대의 TT3D는 AI와 수작업(AI를 제외한 기술)의 협업을 통한 발전이 기대된다. 영화 〈아바타〉(2009)로 3D 영화의 서막을 연 캐머런은 "3D 콘텐츠에서 잠재적인 르네상스에 대해 꽤 흥분하고 있으며, 이 분야에서 몇 가지 움직임을 계획하고 있다"[4]고 한다. 제2세대에서의 3D 르네상스가 제3세대의 TT3D로 확장되기를 기대된다. 제4세대 영화는 음향효과를 포함한 모든 면에서 일반 영화와 같은 수준이 되는 것을 의미한다. 이때는 이미 AI가 일반 영화 제작에 깊이

---

2   Aristote, *Poétique*, Trad par J. Hardy, Paris: Belles Lettres, N° 74, 1986.

3   "Terminator' creator James Cameron says AI could replace him -but not Schwarzenegger", Cameron's interview with the Financial Times, 27 Apr 2024.

4   *Ibid.*

개입되어서, 어디를 AI가 생성하고 어디를 사람이 했는지 구별하기가 어려울 것이다. 제5세대 영화는 AI의 도움으로 영화의 변곡점이 일어나는 시기라고 본다. 제4세대까지는 AI를 사용하여 일반 영화에 가깝게 만드는 것이 목적이었다면, 이제부터는 인간의 능력으로는 불가능한 것을 AI가 도와서 또 다른 차원의 영화가 만들어질 것이라는 의미다. 제4세대까지는 일반 영화가 '하기 어려운 것'을 AI가 한다면, 제5세대부터는 '할 수 없는 것'을 AI가 한다. 이는 현대인들만의 꿈이 아니다. 상상을 통해서 이미 고대인들은 이를 묘사해왔다. 바로 오토마톤을 사용해서다. 기원전 10세기 전부터 꿈꿔온 것을 30세기가 훨씬 지나서 마침내 이룰 수 있게 되었다.

고대의 꿈, 오토마티즘

"눈을 뜰 때 인지되는 이미지들과 눈을 감으면 인지되지 않는 이미지들을 마주한다." AI는 눈을 감을 수 있을까? 여기에서 눈을 감는다는 의미는 사람처럼 눈을 감고 자유의지로 자의식과 내적 경험을 할 수 있다는 것을 뜻한다. AI 두머들이 두려워하는 이유가 바로 '자의식'과 '내적 경험'이다. 이렇게 되면 AI의 생성물에 대해 사람이 이해할 수 있도록 설명하는 기술인 XAI_{Explainable AI}가 관심을 모을 것이다. AI가 사람의 심리를 파악하는 '사람 심리학'이 발전되겠지만, AI 자체의 심리를 분석하기 위한 'AI 심리학'도 부상할 것이다. 스스로 눈을 감는 AI는 바로 ASI에 도달했다는 의미이다. 그런데 인류는 신화시대부터 이미 자유의지가 있는 기계, 즉 '오토마톤'에 대해 이야기해왔다.

그림 V-2 (1) 언사의 주요 업적을 표현한 언사의 개술도, (2) 창자의 내부를 보여주는 언사

목왕: 너와 함께 온 자가 누구냐?

언사: 이것이 바로 제가 만든 능창자能倡者(노래에 능한 자)입니다.

목왕이 놀라 다시 보니, 창자倡者의 움직임이 사람과 똑같아 묘하기 이를 데 없었다. (중략) 그 생김새나 움직임이며, 가락에 맞게 노래하고 절도 있게 춤추는 모습을 보며, 목왕은 그를 '실제 사람實人'이라고 여겼다. 왕은 숙인 성희盛姬와 후궁(내어內御)을 불러 함께 창자의 재주를 관람했다. 공연이 끝날 무렵, 창자는 임금 좌우에 있는 후궁들에게 눈짓했다.[5]

중국 주周나라 때, 무엇이든 잘 만드는 기술자 언사偃师가 제5대 목왕(기원전 1054~기원전 922년경)에게 사람처럼 똑같이 생긴 창자를 바쳤다. 목왕이 창자를 살펴보니, 움직이는 동작이나 곡조에 맞추어 노래를 부르고, 박자에 맞추어 춤을 추는 것이 사람과 같았다([그림 V-2](1)). 창자가 창극을 하다가 눈빛으로 목왕이 아끼는 후궁들을

---

5 "臣之所造能倡者(신지소조능창자)", 『열자(列子)』, 제5장 〈탕문편(湯問篇)〉, 요약 및 발췌.

cf1. 주나라 제5대 목왕은 '목천자'라고도 불린다. "그는 서주에서 가장 오래 통치한 왕이었으며, 고대 중국 역사에 기록된 최초의 여행가"다. 여기에 등장하는 숙인 성희(淑人 盛姬)와 옥조강(王姐姜)은 그가 총애하는 후궁이었다.

cf2. '창자(倡者)'는 역사적으로는 공연 예술이나 무용을 하는 사람들로, 고대 중국에서의 여성 예술가나 연예인들을 지칭한다.

유혹하자, 이에 분노한 목왕은 언사를 죽이려고 했다. 겁에 질린 언사는 창자를 해체하여 가죽과 나무를 아교로 붙이고 옻칠과 단청을 해서 만든 진짜 인형임을 증명했다. 뱃속에 오장육부, 근육과 골격 등 모두 인간처럼 만들어졌다(2). 그러자 목왕은 "사람의 재주가 조물주의 공功에 필적한다"며 감탄했다.[6] 그런데 창자는 왜 제작자의 의도와는 상관없이 후궁들을 유혹했을까?

기원전 10세기 이야기지만, 이 정도면 AGI 시대에나 가능한 휴머노이드이다. 중국뿐만 아니라 많은 나라에서 이와 유사한 안드로이드, 휴머노이드, 사이보그 등[7] 다양한 오토마톤 이야기가 전해진다.[8] '오토마톤'[9]의 어원을 살펴보면, 고대 그리스어 'αὐτόματον(autómatos의 중성)'에서 왔으며, "스스로 움직이는self moving", "스스로 의지가 있는self willed"이라는 의미이다. 즉, "인간의 조종 없이도 자신의 의지대로 움직이는 것"이다. 이 어원처럼 '창자'는 제작자의 의도와 다르게 스스로의 의지로 움직였다. 『피노키오』의 피노키오, 『안데르센 동화』에 나오는 기계 새인 '나이팅게일'도 오토마톤이다. 하지만 이제는 더 이상 신화나 동화 속 이야기가 아니다. '창자', 그리고 '나이팅게일'처럼, AI를 활용한 TTMText to Music도 노래를 부른다. 흥미로운 것은 이러한 이야기에서 다른 어떤 예술보다 '노래' 능력이 인간만큼 혹은 그보다 더 높게 묘사되고 있다는 사실이다. 실제로 생성 AI에서도 가장 빠른 두각을 보여준 것이 '음악'이다.

다른 차원이나 영화에도 '오토마티즘automatism' 이론이 있다. 스탠리 카벨은 저서 『눈에 비치는 세계The World Viewed』에서 영화가 가진 '자동적' 성질을 탐구한다.[10] 영화는

---

6   『열자(列子)』, 제5장 〈탕문편(湯問篇)〉

7   - 안드로이드(Android): 인간의 모습과 기능을 모방하여 만들어진 로봇
     - 휴머노이드(Humanoid): 인간과 유사한 신체 구조와 움직임을 가진 로봇
     - 사이보그(Cyborg): 생체 기능의 일부가 기계적 요소나 전자 기기로 대체된 인간 또는 다른 생물

8   cf. 조셉 니담(J. Needham), 『중국의 과학과 문명』, 이석호 외 옮김, 을유문화사, 1986.
     송나라의 시인 범성대(范成大)가 쓴 『계해우형지(桂海虞衡志)』에서는 삼국시대 참모 제갈량의 부인 황 씨가 다양한 생활용 로봇(집 지키는 나무 개, 절구 찧는 나무 당나귀, 맷돌 돌리는 나무인형)을 만들어 사용했다고 나온다. 『산해경(山海經)』의 〈남차삼경(南次三經)〉, 『맹자(孟子)』의 〈양혜왕(梁惠王)〉(상) 등에서는 안드로이드(Android)의 위험에 대해서도 언급하고 있다.

9   오토마톤은 호메로스의 『일리아드』에서 '자동문(Iliad V. Line 749)'이나, '자동 황금 바퀴(Iliad XVIII. Line 376)'에 처음 등장한다.

10   Stanley Cavell, The World Viewed: Reflections on the Ontology of Film, Enlarged Edition (Harvard Film Studies), Harvard University Press, 1979.

시청자에게 실재하는 것처럼 보이는 이미지를 제공하면서도, 동시에 그것이 재현에 불과하다는 사실을 상기시킨다. 이로 인해 영화는 현실과의 거리를 만들어내며, 보는 이로 하여금 믿음과 의심 사이에서 성찰할 수 있는 공간을 마련한다. 캐슬린 켈리는 이러한 스탠리 카벨의 '오토마티즘' 개념을 다음과 같이 해석한다. 예술작품(특히 영화나 사진)은 자동적으로, 즉 기계적으로 생성되는 것처럼 보이면서도 깊은 인간적 감정과 사고를 전달한다. 예술은 단순한 기술적 재현을 넘어서, 인간의 본질과 깊이 연결되며 인간 조건을 반영하고 향상시킨다. 그는 이렇게 예술과 기술이 상호작용하는 과정에서 인간성이 유지될 수 있다고 역설한다. 비록 예술작품이 기술적 자동화를 통해 생성되어도, 그 안에서 인간의 감정과 사상이 표현되고 전달되기 때문이다. 그래서 "오토마티즘은 휴머니즘"이라고 정의한다.[11] 오늘날 AI화로 자동화되는 예술에 대해서도 다시 한번 제기할 수 있는 질문이다. 생성형 AI로 만든 예술은 휴머니즘이 될 수 있을까? 오토마톤 혹은 휴머노이드가 생성한 작품이 예술인지의 여부보다 인간의 본질과 연결되고 인간 조건을 향상시킬 수 있는 휴머니즘이 될 수 있는지가 중요하다.

'바깥'을 보는 창으로서의 제5세대 영화

바이올리니스트의 목적은 '과르네리 델 제수 비외탕'을 사는 게 아니라 좋은 도구(악기)로 더 훌륭한 연주를 하는 것이다. 예술에서도 AGI나 ASI가 목적은 아니다. 좀 더 훌륭한 예술을 위해서 좀 더 좋은 도구를 원하는 것은 변함없는 사실이지만, 그 자체가 목적이 될 수는 없다. 이는 AI가 아니더라도 훌륭한 작품을 할 수 있으며, AI는 여러 도구 중의 하나일 뿐이라는 의미다. 그리고 비싼 도구를 구입할 수 없는 이들에게 꿈을 접는 대신 AI 툴이 도움을 줄 수 있다는 뜻이기도 하다.

도구와 마티에르에 따라서 예술의 표현 방식이 바뀌고 때로는 주제나 관점도 바

---

11   Kathleen Kelley, *Automatism is a Humanism: Cavell, Medium, and Modernism*, The New School ProQues Dissertations Publishing, 2019.

뀐다. 이러한 도구를 잘 사용하기까지는 반복되는 노동이 필요하다. 무수한 반복 가운데 아주 조금씩 '차연différance'이 생기고 여기에서 작가만의 독특한 선線이나 준법皴法[12]이 나온다. 예나 지금이나 작가에게 창의성의 '숨'을 불어넣는 것은 외부로부터 온다. 호메로스 시대부터 예술에서 가장 중요한 것은 영감Inspiration이었다. 영감의 어원인 라틴어 inspirare는 in(안에)+spirare(호흡하다), '숨을 불어넣는다'는 뜻이다. 근대의 예술이 영감이었다면, 현대의 예술은 "바깥의 사유"로 상징할 수 있다. 이러한 변화는 '숨(생명)을 불어넣는 주체'가 바뀌었기 때문이다. 고대부터 근대까지가 '신'이었다면, 현대는 외부의 모든 것(우주, 자연, 타자)이다.

이는 인간의 '한계'를 인정하는 하나의 방식이기도 하다. 인간이 외부와 소통하지 않는다면 약하고 작은 한 인간에 머물 뿐이다. 하지만 외부와 소통할 때, 소통하는 만큼 확장된다. 마치 벨라스케스의 〈시녀들〉([그림 IV-2-10])의 거울처럼, 그림 속의 캔버스처럼, 그 작업을 보고 있는 관람객에게까지 그렇게 시공간이 확장된다. 이는 시각과 사유의 확장으로 이어진다. 자연스럽게 벨라스케스의 관점, 시녀들의 관점, 국왕 내외의 관점, 그리고 관람자의 관점 등으로 옮겨가는 것과 같다. 안견의 〈몽유도원도〉(1447)에서처럼 산수화 한 폭에도 고원高遠·심원深遠·평원平遠과 같은 여러 관점이 있는 것과 같다. 시공간과 관점을 확장하는 예술의 다양성 때문에, 고대부터 예술을 관장하는 뮤즈는 9인 이상으로 상징됐다. 그만큼 예술은 종합적이라는 의미이며, 영화의 경우에는 이 모든 것을 포함하는 '제7의 예술'이기에 더욱 그렇다.

---

12   여기서 '선(line)'과 '준(주름)'은 상징적인 개념으로 감독이나 예술가의 독창성이나 스타일을 의미한다. 이 두 개념의 정의는 다음과 같다.
      - "선(線)이란, 폭이 없는 길이다".(Euclid, Elements, Book I Definition 2)
      - 준법(皴法, 주름(皴))이란 산, 바위, 물 등 질감과 입체감을 나타내기 위한 동양화 기법을 일컫는다.
      근대까지 서양화는 '빛'의 예술이고, 동양화는 '여백'의 예술로 특징 지으며, 서양화는 '선(line)'을, 동양화는 '준(주름)'을 사용했다. 폭이 없기에 개념적이고 관념적인 유클리드의 '선'을 바탕으로 서양미술과 사상이 발전됐다. 반면에 동양화에서는 "살이 터져 주름질 준, 살갗에 낀 때, 손가락 얼어터질 준, 주름 잡힐 준 등"의 뜻을 가진 '준(皴)'을 썼다. 준법은 연꽃 잎새의 줄기에서 온 하엽준(荷葉皴), 빗방울에서 온 우점준(雨點皴), 쌀의 모양에서 온 미점준(米点皴), 마(麻)의 올을 풀어서 늘어놓은 듯한 마피준(麻皮皴) 등 자연과 일상에서 빌려 왔다. 개념적이고 이성적인 것이 아니라, 기후나 환경 같은 외부가 신체 내부로 말려 들어오는 체험적·물리적·감각적 '주름'이다.

(1) 알 수 없는 외계인 1　(2) 알 수 없는 외계인 2　(3) 동물과 자연　(4) 모든 생명체

(5) 소중한 작은 먼지들　(6) 알 수 없는 미생물들　(7) 빛 입자들　(8) 우주와 미지의 생명체

그림 V-3 〈AI 수로부인〉에서 소통을 시도한 외부의 존재들

　　아직 제1세대에 머물러 있는 지금, 제5세대 AI영화를 상상하기는 어렵다. 하지만 여러 분야에서 이미 AGI/ASI 시대에 대해 여러 가지 예상과 우려를 하고 있기에, 이 시대의 영화를 상상해보는 것만으로도 앞으로의 방향성에 도움이 될 것으로 여긴다. 그리고 지금까지 그래 왔듯이 예술의 앞선 감각으로 AI 분야뿐만 아니라 AGI를 맞게 될 다른 분야에 대해서도 선구적인 좋은 효과를 줄 수도 있다. 〈AI 수로부인〉은 제5세대 AI영화에 대해서도 암시했다. 영화 속에서는 자주 "바깥과의 대화"를 시도하고 있다. 프롤로그에는 외계인과 작은 동물들([그림 V-3](1), (2)), 에필로그에서는 작은 먼지들(5), 미생물들(6), 빛 입자들(7) 등 모든 물질과 생물과 소통한다. 제1세대 AI영화에서는 '상상'일 뿐이지만, 제5세대에서는 이 상상이 '실제'가 될 수도 있다. AGI/ASI의 발전이 긍정적으로 진행된다면, 우리는 [그림 V-3]의 대상들처럼 상상조차 할 수 없던 '바깥'과도 소통할 수 있을지 모른다.

　　이들의 소리를 듣기 위해서, AI 분야에서는 아직 주목받지 못한 '생성형 AI 음향효과(TSE, SFX)'에 기대를 건다. AGI/ASI는 동물·생물·광물 혹은 우주의 실제 소리를 전달할 수 있을까? 인간의 시각이 아니라 그들의 시각으로 보고 들을 수 있을까? 최소한 소통의 가능성만 보여줄 수 있더라도 지금과는 완전히 다른 시공간이 열리게 된다.

(1) "옛날 TV의
전파 노이즈란다"

(2) "우주배경복사란다"

(3) "별바다 같더라"

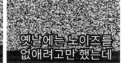

(4) "노이즈를 없애려고만 했
는데"

그림 V-4 〈AI 수로부인〉에서 상상하는 '바깥의 사유'

제1세대 AI영화인 〈AI 수로부인〉은 예술의 근원이자 목적이 '외부와의 소통'임을 반복하여 상기시킨다. 영화 첫 장면에 나오는 옛날 TV '노이즈'는 [그림 V-4]의 (1)이 우주와 연결되듯이(2), 그렇게 AI를 통해 우주를 예술적으로 느끼고(3), 이를 통해 제한된 관점과 편견이 극복된다는 짧은 타이틀 신이다(4).

'외부와의 소통'을 반복하여 강조하는 이유는 인간의 감각과 이를 바탕으로 한 사유 능력이 상당히 제한되어 있기 때문이다. 인간의 가시광선 범위는 380~700nm이고, 청각 범위 역시 20Hz에서 20kHz이다. 이는 인간이 외부 자극을 감지할 수 있는 '한계'의 수치다. 곤충이나 동물이 듣는 소리를 들을 수 없고, 너무나 작은 것과 너무나 큰 것을 볼 수 없으며, 너무나 작은 소리와 너무나 큰 소리도 들을 수 없다. 그렇기에 감각, 사유, 소통의 한계도 생긴다. AI가 이러한 소통의 중개인이 되어줄 수 있을까?

그림 V-5 AGI로 생성된 이미지의 몇 가지 예시[13]

조지아대학교와 미시간대학교 팀에서 제시한 [그림 V-5]는 이미지의 질 자체를

---

13 Zhengliang Liu *et al.*, "Transformation vs Tradition: Artificial General Intelligence (AGI) for Arts and Humanities", 30 Oct 2023. arXiv:2310.19626v1 [cs.AI]

보여주기보다는 이를 통해 AGI 시대의 이미지와 인간의 관계를 보여주려고 시도한다. (1)은 "사람이 이해하기 어려운 '수영장에 있는 세 남자'를 표현한 몽환적인 스타일의 이미지"이다. 사람은 이해하기 어려우나, AI 혹은 외부의 다른 존재들은 이해할 수도 있다는 뉘앙스를 담고 있다. 서구 스타일의 "바깥의 사유"의 연장이다. 동양은 전통적으로 "선(禪)적인 내면의 사유"를 행하고 있으며, 이는 자연(自然)처럼 혹은 자연의 일부가 되어 스스로(自) 그러할 때까지(然) 흘러나오게 하는 것이다.[14] (2)와 (3)은 "크리스마스 스웨터를 입은 아기 고슴도치가 개를 산책시키는 일러스트"라는 프롬프트에 따라 달리가 생성한 이미지다. '언어와 이미지', LLM과 TTI 관계의 시작을 보여주고 있다. (4)는 "번개 기호가 그려진 김이 모락모락 나는 커피잔을 들고 있는 로봇과 "나는 충전이 필요해"라고 쓰인 말풍선이 등장하는 1940년대 빈티지 만화, 커피숍 내부의 통유리창 옆 테이블에 앉아 있는 로봇"이라는 프롬프트를 가지고 달리3이 생성한 이미지다.[15] 달리3은 프롬프트의 지시를 정확하게 이해하고, 빈티지 이미지와 글자를 생성하고, 문맥에 맞게끔 로봇이 스스로 충전하고 있다.

    (2)와 (3)에서는 메인 캐릭터의 생성에도 어려움이 있었다면, (4)에서는 메인 캐릭터 묘사는 물론이고 카페의 여러 오브제, 주변 환경, 그리고 말풍선까지 됐다. [그림 V-5]에서 강조하는 것은 (2)와 (3), (4)의 비교를 통해, (4)에서는 좀 더 밀접한 언어와 이미지, LLM과 TTI의 관계가 형성됐다는 것이다. 이 책에서 언어를 반복적으로 강조하는 이유는 대규모언어모델(LLMs)과 자연어 처리(NLP) 기술 덕분에 이제 누구나 AI를 사용할 수 있게 되었고, 그 결과 AI의 상업적 가능성과 함께 AI 기술의 발전 속

---

14   전통적으로 '내면의 사유'는 두 종류가 있다. 서구에서는 플라톤적 이데아에 기반한 '내면의 사유'가 있고, 동양에서는 선(禪)에 기반한 '내면의 사유'가 있다. 이 둘의 차이는 대단하다. 전자는 인간중심주의(Anthropocentrism)를 기반으로 하며, 명료한 이분법적 구조이다. 후자는 천인합일(天人合一)이 전제가 된 "是亦彼也 彼亦是也(시역피야 피역시야)"(『장자(莊子)』 〈내편(內篇)〉 제2편 '제물론(齊物論)')으로 구분이 없다. 서구에서는 바로 전자와 같은 사상 구조 때문에 "바깥의 사유"를 강조하지만, 동양에서는 이미 "내재된 바깥"이기에 그 울림이 크지 않다. 서구는 눈을 뜨거나(중세까지) 혹은 베르그송처럼 '눈을 감는다'(현대), 동양은 '반가사유상'(국보, 신라시대)처럼 '눈을 반쯤 감는다'. '선적인 내면의 사유'에 대해서는 다음 글(심은록, "성파 스님, 삶이 예술. 선(禪) 인식론 비교" in 성파스님 전시 도록, 예술의전당, 2024. 9.)을 참조하기 바란다.

15   *Ibid.*

도가 급격히 빨라졌기 때문이다. LLM과 다양한 생성형 AI 툴(TTI, TTV 등)의 관계는 언어와 인간의 존재 양식으로 비유할 수 있다. 하이데거는 "언어는 존재의 집"이라며, 우리는 언어를 통해 세상과 우리 자신을 이해할 수 있다고 한다. 그만큼 언어는 존재를 규정하고 제한한다. 대부분의 인간은 이 집을 벗어나지 못한다. 다수의 뛰어난 예술가들이 '말/표현할 수 없는 것'을 보여/들려주고자 애쓰는 이유가 여기에 있고, 또한 현대의 많은 사상가나 정신분석학자들이 '언어'에 천착하는 이유다. 그래서 자크 라캉은 "기표 아래로 기의가 늘 미끄러진다Le signifiant glisse toujours sous le signifié"며 반복하여 강조했다.[16] 인간 언어의 기본인 기호signe의 두 성분인 기표와 기의 사이의 관계가 고정되지 않고 유동적이며, 의미가 불안정하게 유지된다. 이러한 언어를 사용하는 인간은 내재적으로 이미 '환각'을 담고 있다. 그런데 자연어를 사용하는 AI에게서 이 환각을 제거할 수 있을까? 예술은 이 '미끄러짐Glissement'에서 출발한다.

[그림 V-5]의 (1)은 AI가 생성했다는 것을 제외하면 새로운 스타일의 이미지는 아니다. 예술가들이 오래전부터 시도해온 것으로 추상주의, 다다이즘, 초현실주의 등에서 볼 수 있기 때문이다. 이를 분명하게 시각화하기 시작한 것은 인상주의로, 인상파들은 '빛'과 '시간'을 '공간'과 관련지어 표현한다. 오픈AI에서 AGI를 향한 공개적인 방향을 선포하면서 보여준 [그림 V-6]도 인상주의 스타일이다.

그림 V-6 Ilustration: Justin Jay Wang×DALL·E(오픈AI 홈페이지)

16   Jacques Lacan, *La Séminaire, Livre XX: Encore 1972-1973*, Paris: Points essais, 2016.

"우리의 임무는 일반적으로 인간보다 더 똑똑한 일반인공지능AGI, 즉 AI 시스템이 모든 인류에게 혜택을 줄 수 있도록 하는 것이다." 2023년 2월 24일, 오픈AI는 「AGI를 위한 계획과 그 너머」[17]에서 상기 언급을 홈페이지에 게재하고, 이에 대한 단기 목표와 장기 목표도 함께 제시했다. 2023년 6월 방한한 오픈AI 공동 창업자인 그레그 브로크만은 "우리의 과제는 일반인공지능AGI 이후로 나아가는 것"이라고 밝히며, ASI를 암시했다. 명료하고 확신에 찬 글과 함께 올린 [그림 V-6]의 AI 이미지도 흥미롭다. 글의 스타일과는 달리, 이미지는 다채롭고 추상적인 도시 풍경을 그린 인상주의 스타일의 반추상이다. 글보다 그림이 더 많은 것을 시사하는 듯하다.

[그림 V-6]을 AGI와 관련하여 미학적이며 분석심리적으로 분석한다면, 검은 그림자가 없는 화사하고 다양한 색상과 형태는 AGI의 다면적이고 다양한 능력을 상징하는 동시에 여러 색조와 형태의 조화를 의미한다. 그림의 추상적 성격은 AGI의 복잡성과 광범위한 잠재력을 암시하는 듯하다. 인간보다 더 똑똑한 AI 시스템을 만들겠다는 목표는 추상적인 예술작품을 해석하는 것처럼 미지의 영역을 탐색한다는 것일 수도 있다. 반면에 사람들이 쉽게 이해할 수 있도록 구상성을 유지한 것은 AGI 역시 접근 가능하다는 것을 보여준다. 앞의 [그림 V-6]은 다양한 색과 형태로 혼란스러워 보일 수도 있으나 '조화와 통합'이 충분히 재현되고 있다. 이는 AGI의 개발 목표인 의료, 교육, 환경, 지속 가능성 등 다양한 분야에서 인간의 삶과 조화롭게 통합될 수 있는 시스템을 만드는 것을 표현한다.

생동감 있고 고무적인 붓터치와 색감을 지닌 [그림 V-6]은 AGI가 가지는 긍정적인 영향을 상징한다. 오픈AI가 AI 안정성과 관련하여 뜨거운 감자인 AGI를 목표로 한다며 선포하는 웹사이트 헤더에 인상주의 스타일의 AI 이미지를 게재한 것은 지혜로운 선택이었다. 인상주의는 전 세계인들이 선호하는 스타일 중 하나로 긍정성과 동시에 혁명성을 지니고 있기 때문이다. 그러나 결국 1년 뒤, 오픈 AI는 AI 안전을 연구하는 '수퍼얼라인먼트' 부서를 해체했다. 인상주의 뒤에 표현주의가 있어서 균형이 맞

---

17   이 글에서는 "AGI는 오용, 심각한 사고, 사회적 혼란을 초래한다"면서도, "AGI의 장점이 아주 큰 만큼 사회가 AGI의 개발을 영원히 중단하는 건 가능하거나 바람직하지 않다"고 주장했다.

는 듯했는데, 애석한 일이었다.

인상주의파 부머와 표현주의파 두머, 이 양 진영 사이에서 수많은 스타트업이 새로운 스타일의 그림을 그리고 있다. 얀 르쿤의 언급대로 이들 가운데 "LLM의 한계를 뛰어넘는 차세대 AI 시스템"이 나올 수 있다.

라캉의 언급대로 언어는 미끄러지고 따라서 이에 기반을 둔 AI도 미끄러진다. 그런데 언어만 미끄러질까? AI의 환각 이전에 사람의 환각부터 크로스 체크를 해야 하는 이유가 여기에 있다. "우리는 사물을 보는 것이 아니며, 구현물을 보는 것도 아니다. 우리는 그것들의 왜곡된 형태만 본다. 우리는 그 대체 세계를 본다. 객관적으로 말해서, 있는 그대로의 세계가 아니다."[18] 인간은 자연과 사물 그대로 인식할 수 없으며, 감각으로 파악 가능한 단면만 볼 뿐이다. 이는 우리의 감각이지 타자(사물, 우주 포함)의 실제가 아니다. 진리는 우리 외부에 널려 있지만, 우리 인식, 이해, 사유의 틀에서 벗어나 있다.[19]

예술가들은 상상력과 미학으로 이 한계를 넘어서고자 부단히 노력해왔다. 사진이라는 도구 덕분에 미술이 '구상'에서 '추상', '개념', '팝아트' 등으로 확장된 것처럼, AGI 혹은 ASI는 또 다른 우주를 그릴 수 있는 새로운 팔레트와 붓을 선물할 수도 있다. 물론, 이 "존재의 선물(Ge-stell로서의 기술)"은 여전히 "이중적인 특성"을 지닌다. 선물의 부정적인 부분은 차후에 AI영화로 풀어내고, 여기서는 내일의 영화·영상 제작자들을 위해 긍정적인 부분을 풀어보되 상상력도 가미한 희망찬 말로 마무리 짓도록 하자.

근현대인은 오랜 학습과 훈련으로 '빅뱅 이전의 시간'이나 '무한 너머의 공간'을 인식하기 어려운 존재가 되었다. 아직은 유연한 뇌를 지닌 AI가 상기의 시공간적 영역에 대한 새로운 접근 방식을 제시할 수도 있다. 미처 알아채지 못했던 별들의 체온을

---

18   Hans Reichenbach, *Experience and Prediction, An Analysis of the Foundations and the Structure of Knowledge*, Literary Licensing, LLC, 2011, p.220.

19   cf. "道可道非常道(도가도비상도): 도라고 말할 수 있는 것은 항구적인 도가 아니고
名可名非常名(명가명비상명): 이름을 붙일 수 있는 것은 항구적인 이름이 아니다." - 노자(老子), 『도덕경(道德經)』 1장

전해주고, 존재할지도 모를 생명체의 여린 숨결의 단서를 우리에게 귀띔해줄지도 모른다.[20] 2024년 7월 31일, 텍사스대학교 연구팀은 AI를 활용해 가이아 탐사 위성이 수집한 10만 개의 백색왜성 데이터를 분석하여, 행성을 흡수한 375개의 백색왜성을 효율적으로 찾아냈다. 이처럼 빠르면서 동시에 섬세한 AI를 통해 인간이 놓친 부분을 찾아내고 있다. [그림 V-1]의 '제5세대 AI영화'의 이미지는 바로 백색왜성 주변을 공전하는 파괴된 행성의 잔해를 보여주고 있다.[21] AI가 제4세대까지는 인간이 하기 어려운 부분을 한다면, 제5세대부터는 인간이 할 수 없는 부분을 해낼 수도 있다. 바쁜 세상에 스쳐가며 놓친 중요한 것을 AI가 상기시켜줄 수도 있으며, 소소한 것 뒤에 숨겨져 무시하며 보지 못했던 것을 앞으로 드러낼 수도 있다. AI가 이러한 것들을 담아 영화로 구현하여 우리 모두 함께 향유할 수도 있다. 이것이 우리가 꿈꿀 수 있는 제5세대 영화이자, 선물의 긍정적인 부분이다.

---

20 지적 생명체가 우리 은하에 존재할 가능성에 대해서도 부머와 두머가 있다. 프랭크 드레이크, 칼 세이건 등 다수가 존재할 것으로 보는 낙관론자이나, 피터 워드, 도널드 브라운리 등은 그러한 가능성을 낮게 보거나 아예 없다고 한다. 제프 마시나 스티븐 호킹은 생명체의 존재 가능성은 높지만, 지적 생명체의 존재 확률은 낮다고 보았다. 이는 학자의 가정과 모델에 따라 다르다.

21 cf1. "Astronomers Use AI to Find Elusive Stars 'Gobbling Up' Planets", Mcdonald Observatory, 31 July 2024.
cf2. Malia L. Kao *et al.*, "Hunting for Polluted White Dwarfs and Other Treasures with Gaia XP Spectra and Unsupervised Machine Learning", the Astrophysical Journal, 31 July 2024.

부록

저자·제작사 소개

저자 **심은록** (SIM Eunlog, AI영화감독, 미술비평가)

 1998년 프랑스로 건너가, 파리 사회과학고등연구원(EHESS)에서 박사학위를 받았다. EHESS와 프랑스 국립과학연구센터(CNRS)에서 박사후연구원으로 근무했고, 감리교신학대학교와 동국대학교에서 객원교수로 강단에 섰다. 현재 ㈜나라지식정보의 AI 아트디렉터와 상임 연구위원으로 일하는 한편, 프랑스를 거점으로 동서양을 오가며 미술 비평가와 전시기획자로도 활동하고 있다.

전시기획: 파리 패럴림픽 특별전(2024), 강릉 청소년 동계올림픽 특별전(2024), 광주디자인비엔날레와 FINA 세계수영선수권대회 기념전(2019), 평창 패럴림픽 기념 전시(2018), 유네스코 전시(파리 2018, 2015), 유엔 제네바 사무국 전시(2017), 광주비엔날레 특별전(2016) 등 수십 회 국제전.

저서: 『AI아트와 ChatGPT』(솔앤유), 『양의의 예술: 이우환과의 대화 그리고 산책』(현대문학), 『이성자의 미술』(미술문화), 『세상에서 가장 비싼 작가 10』(아트북스) 등 수십 권 출판.

AI영화: 〈AI 수로부인〉(2023)

제작사 **나라AI필름** (Nara AI Film)

 "기록이 없으면 역사도 AI도 없다." 나라AI필름은 ㈜나라지식정보 산하에 있는 한국 최초의 AI영화 레이블이다. ㈜나라지식정보는 한국의 역사·언어·문화 데이터 관련 사업을 전개하고 있다. 80여 개 공공기관, 600여 개 데이터 구축 프로젝트 수행 경험과 노하우를 바탕으로 AI 학습용 데이터 구축, 메타버스 3D 콘텐츠 제작뿐 아니라 고문서 AI OCR 솔루션, 자체 인공지능 언어모델 NA-LLM 개발 및 멀티모달 생성, AI영화 제작까지 사업 영역을 넓히는 중이다.

[그림] 리스트

4. 음성 및 음악, 음향효과 생성

6. 후속 작업 및 마케팅

7. 멀티모달형 AI 영상 비교: 〈AI 수로부인〉과 〈중국신화〉

III. 제2~3세대 AI영화 툴

1. 제2세대 생성형 AI의 특징

2. 오픈AI의 소라, 제2세대 TTV의 선도자

8. 제3세대 AI영화, 감성 툴과 3D 발전

IV. AGI 도상에서의 AI영화 이론

1. 일반세계모델, AGI의 시작

[표] 리스트

참고자료

- 공자, 『논어(論語)』, 〈이인편(里仁篇)〉
- 노자, 『도덕경(道德經)』
- 열자, 『열자(列子)』, 제5장 〈탕문편(湯問篇)〉
- 김부식, 『삼국사기(三國史記)』
- 일연, 『삼국유사(三國遺事)』
- 백남준, 「자서전」, 1965.
- 심은록, 「챗GPT와 AI 아트의 창조적 동반」, 〈쿨투라〉(통권 107호), 2023. 5.
- 조셉 니담, 『중국의 과학과 문명』, 이석호 외 옮김, 을유문화사, 1986.
- 임정택 외 9명, 『세계영화사 강의: 초기 영화에서 아시아 뉴 웨이브까지』, 연세대학교출판부, 2001.
- 쉬잔 엠 드 라코트, 『들뢰즈: 철학과 영화』, 이지영 옮김, 열화당, 2004.
- 김일태 외, 『만화 애니메이션 사전』, 한국만화영상진흥원, 2008.
- 데이비드 노먼 로도윅, 『디지털 영화 미학』, 정헌 옮김, 커뮤니케이션북스, 2012.
- 이블린 폭스 켈러, 『본성과 양육이라는 신기루』, 정세권 옮김, 이음, 2013.
- 레프 마노비치, 『뉴미디어의 언어』, 서정신 옮김, 케뮤니케이션북스, 2014.
- 심은록, 『양의의 예술: 이우환과의 대화 그리고 산책』, 현대문학, 2014.
- 월터 아이작슨, 『스티브 잡스』, 안진환 옮김, 민음사, 2015.
- 심은록, 『미래아트와 트아링힐, 다시 카오스로부터』, 교육과학사, 2021.
- _____, 『생성AI아트에 의한 비교 미술사』(비매품), 2023.
- 토마스 헤르토흐, 『시간의 기원: 스티븐 호킹이 세상에 남긴 마지막 이론』, 박병철 옮김, 알에이치코리아(RHK), 2023.
- Adler, David. *Schumpeter's Theory of Creative Destruction*, Carnegie Mellon University, 30 Sep 2019.
- al-Jazari. *The Book of Knowledge of Ingenious Mechanical Devices*, 1206.
- Arendt, Hannah. *Eichmann à Jérusalem, ou le Rapport à la banalité du mal*, Trad. par Anne Gurin, Paris: Gallimard, 1991.
- Baudrillard, Jean. *Simulacres et Simulation*, Paris: Galilée, 1981.
- Benjamin, Walter. *Das Kunstwerk im Zeitalter seiner technischen Reproduzierbarkeit*, Frankfurt/Main, 1935. Suhrkamp, 1963 (Edition Suhrkamp: 28). Ursprünglich auf Französisch erschienen in: Zeitschrift für Sozialforschung, Jg. 5, 1936.
- _____. *Oeuvres*, Paris: Gallimard, 2000.
- Berg, Olaf. "Benjamin and Deleuze: Approaches to a Critical History in Film Images", *Research in Film and History*, 28 Jan 2021.
- Bergson, Henri. *Matière et mémoire. Essai sur la relation du corps à l'esprit*, Paris: PUF 1939, 1965 (Coll.

Bibliothèque de philosophie).

- _____. *The Creative Mind*, Paris: Philosophical Library, 1st Edition, 1946.
- Bernet, Rudolf. "Deux interprétations de la vulnérabilité de la peau (Husserl et Levinas)", Revue Philosophique de Louvain, 1997.
- Blanchot, Maurice. *Celui qui ne m'accompagnait pas*(1953), rééd. Paris: Gallimard (Coll. L'imaginaire), 2004.
- Canudo, Ricciotto. *Manifeste du septièmeart*, La Gazette des sept arts, 1923.
- Cavell, Stanley. *The World Viewed: Reflections on the Ontology of Film*, Enlarged Edition (Harvard Film Studies), Harvard University Press, 1979.
- Deamer, David. *Deleuze's Cinema Books*. Three Introductions to the Taxonomy of Images, Edinburgh University Press, 2019.
- Deleuze, Gilles&Guattari, Félix. *Qu'est-ce que la philosophie?*, 2005 collection de poche.
- _____. "Gilles Deleuze : cours donnés à l'Université Paris 8-Vincennes-Saint-Denis(1979-1980)", 1981.
- _____. Cinema *1. Movement-Image*, University of Minnesota Press Minneapolis, 1985.
- _____. Cinéma *2. L'Image-temps*, Paris: Éditions de Minuit (Coll. Critique), 1986.
- _____. *Nietzsche et la Philosophie*, Presses universitaires de France, 1962.
- Foucault, Michel. *Histoire de la sexualité*, t.1(1976), 2(1984), 3(1984), Paris: Éditions Gallimard.
- _____. "La pensée du dehors", *Critique, n°229*(juin 1966), repris dans *Dits et écrits* I. 1954-1969, Paris : Gallimard (Coll. NRF) 1994.
- _____. *Les Mots et les choses, Une archlogie des sciences humaines*, Paris: Gallimard 1966, 1990 (Coll. Tel).
- _____. *The Hermeneutics of the Subject: Lectures at the Collège de France 1981-1982*, Tr. by Graham Burchell. New York: Palgrave Macmillan, August 2007.
- Hegel, Georg Wilhelm Friedrich. *Vorlesungen über die Ästhetik*, Band 1 - 3. Hrsg. von H. G. (Heinrich Gustav) Hotho,1835.
- Heidegger, Martin. "La Question de la Technique", in: *Essais et conférences*, trad. André Préau, Paris: Éditions Gallimard (coll. Tel), 1958.
- _____. *On the Way to Language[Unterwegs zur Sprache]*, Gesamtausgabe Volume 12, 1959.
- Husserl, Edmund. *Recherches logiques[publiées sous le titre Prolégomènes à la logique pure]*, Paris: Presses universitaires de France, 1969.
- Keller, Evelyn Fox. *The mirage of a space between nature and nurture*, Duke University Press, 2010.
- Kelley, Kathleen. *Automatism is a Humanism: Cavell, Medium, and Modernism*, The New School ProQuest Dissertations Publishing, 2019.
- Lacan, Jacques. *Le séminaire. Livre XX: Encore 1972-1973*, Paris: Points essais, 2016.
- Lacotte, Suzanne Heme de. *Deleuze philosophie et cinema*, L'art en bref, 2003.
- Levinas, Emmanuel. *Totalité et Infini: Essai sur l'extériorité*, La Haye : Martinus Nijhoff "Collection: Phaenomenologica", 1961.
- Maeda, John. *How to Speak Machine: Computational Thinking for the Rest of Us*, Portfolio, 2019.

- Nietzsche, Friedrich. *Die fröhliche Wissenschaft*, 1882.
- _____. *On Truth and Lies in a Nonmoral Sense*, Theophania Publishing, 1873.
- Prince, Stephen. *True Lies: Perceptual Realism, Digital Images, and Film Theory*, Film Quarterly, 1996.
- Reichenbach, Hans. *Experience and Prediction, An Analysis of the Foundations and the Structure of Knowledge*. Literary Licensing, LLC, 2011.
- Reinert, Hugo&Reinert, Erik Steenfeldt. "Creative Destruction in Economics: Nietzsche, Sombart, Schumpeter", in: *Friedrich Nietzsche 1844-1900: conomy and Society*(The European Heritage in Economics and the Social Sciences, 3), Editors: Backhaus, J.&Drechsler, W., Springer, 2006.
- "Schumpeter, Joseph Alois. *Capitalism, Socialism and Democracy*, 3" ed. New York: Harper-Collins. 1950.
- Simon, Herbert. *The shape of automation for men and management*, Harper&Row; First Edition, 1965.
- Thompson, Kristin&Bordwell, David. *Film History: An Introduction*, McGraw-Hill, 2009(3rd).
- Euclid, *Euclid's Elements, trans*. T.L. Heath, Santa Fe, New Mexico: Green Lion Press, 2022.
- Valéry, Paul. "La conqête de l'ubiquité", in: *Pièces sur l'art.* Paris: Gallimard, 1934.

생성 AI 관련 백서

- "3D Gaussian Splatting for Real-Time Radiance Field Rendering", Bernhard Kerbl, Georgios Kopanas, Thomas Leimkühler, George Drettakis, 8 Aug 2023.
- "Appendix A Qualitative Comparison, in "Lumiere: A Space-Time Diffusion Model for Video Generation", Omer Bar-Tal, Hila Chefer, Omer Tov, Charles Herrmann, Roni Paiss, Shiran Zada, Ariel Ephrat, Junhwa Hur, Guanghui Liu, Amit Raj, Yuanzhen Li, Michael Rubinstein, Tomer Michaeli, Oliver Wang, Deqing Sun, Tali Dekel, Inbar Mosseri. 5 Feb 2024.
- "AudioGen: Textually Guided Audio Generation", Felix Kreuk, Gabriel Synnaeve, Adam Polyak, Uriel Singer, Alexandre Défossez, Jade Copet, Devi Parikh, Yaniv Taigman, Yossi Adi, 30 Sep 2022.
- "DiffSVC: A Diffusion Probabilistic Model for Singing Voice Conversion", Songxiang Liu, Yuewen Cao, Dan Su, Helen Meng, Human-Computer Communications Laboratory, The Chinese University of Hong Kong, Tencent AI Lab, 28 May 2021.
- "DPM-Solver-v3: Improved Diffusion ODE Solver with Empirical Model Statistics", Kaiwen Zheng, Cheng Lu, Jianfei Chen, Jun Zhu, 20 Oct 2023.
- "EMO: Emote Portrait Alive -Generating Expressive Portrait Videos with Audio2Video Diffusion Model under Weak Conditions" Linrui Tian, Qi Wang, Bang Zhang, Liefeng Bo, 27 Feb 2024.
- "Emu Edit: Precise Image Editing via Recognition and Generation Tasks", Shelly Sheynin, Adam Polyak, Uriel Singer, Yuval Kirstain, Amit Zohar, Oron Ashual, Devi Parikh and Yaniv Taigman.
- "Fast Timing-Conditioned Latent Audio Diffusion", Zach Evans, CJ Carr, Josiah Taylor, Scott H. Hawley, Jordi Pons, 7 Feb 2024.
- "Harnessing the Power of LLMs in Practice: A Survey on ChatGPT and Beyond", Jingfeng Yang, Hongye Jin, Ruixiang Tang, Xiaotian Han, Qizhang Feng, Haoming Jiang, Bing Yin, Xia Hu, 26 Apr 2023.

- "Hierarchical Text-Conditional Image Generation with CLIP Latents", Aditya Ramesh, Prafulla Dhariwal, Alex Nichol, Casey Chu, Mark Chen, 13 Apr 2022.
- "High Fidelity Neural Audio Compression", Alexandre Défossez, Jade Copet, Gabriel Synnaeve, Yossi Adi, 24 Oct 2022.
- "Human Learning by Model Feedback: The Dynamics of Iterative Prompting with Midjourney", Shachar Don-Yehiya, Leshem Choshen, Omri Abend, 20 Nov 2023.
- "Imagen Video: High Definition Video Generation with Diffusion Models", Jonathan Ho, William Chan, Chitwan Saharia, Jay Whang, Ruiqi Gao, Alexey Gritsenko, Diederik P. Kingma, Ben Poole, Mohammad Norouzi, David J. Fleet, Tim Salimans, Google Research, Brain Team, 5 Oct 2022.
- "Improving Image Generation with Better Captions", James Betker, Gabriel Goh, Li Jing, Tim Brooks, Jianfeng Wang, Linjie Li, Long Ouyang, Juntang Zhuang, Joyce Lee, Yufei Guo, Wesam Manassra, Prafulla Dhariwal, Casey Chu, Aditya Ramesh, 19. Oct. 2023.
- "Instant Neural Graphics Primitives with a Multiresolution Hash Encoding", Thomas Müller, Alex Evans, Christoph Schied, Alexander Keller, Submitted on 16 Jan 2022.
- "LATTE3D: Large-scale Amortized Text-To-Enhanced3D Synthesis" Kevin Xie, Jonathan Lorraine, Tianshi Cao, Jun Gao, James Lucas, Antonio Torralba, Sanja Fidler, Xiaohui Zeng, 22 Mar 2024.
- "Levels of AGI: Operationalizing Progress on the Path to AGI", Meredith Ringel Morris, Jascha Sohl-dickstein, Noah Fiedel, Tris Warkentin, Allan Dafoe, Aleksandra Faust, Clement Farabet, Shane Legg, 4 Nov 2023.
- "Mathematical Foundation of Diffusion Generative Models", Binxu Wang, harvard.edu.
- "Memory Efficient Optimizers with 4-bit States", Bingrui Li, Jianfei Chen, Jun Zhu, 4 Sep 2023.
- "MusicLM: Generating Music From Text", Andrea Agostinelli, Timo I. Denk, Zalán Borsos, Jesse Engel, Mauro Verzetti, Antoine Caillon, Qingqing Huang, Aren Jansen, Adam Roberts, Marco Tagliasacchi, Matt Sharifi, Neil Zeghidour, Christian Frank, 26 Jan 2023.
- "NExT-GPT: Any-to-Any Multimodal LLM", Shengqiong Wu, Hao Fei, Leigang Qu, Wei Ji, Tat-Seng Chua, 11 Sep 2023.
- "Revisiting Feature Prediction for Learning Visual Representations from Video", Adrien Bardes, Quentin Garrido, Jean Ponce, Xinlei Chen, Michael Rabbat, Yann LeCun, Mahmoud Assran, Nicolas Ballas, 15 Feb 2024.
- "Self-Supervised Learning from Images with a Joint-Embedding Predictive Architecture", Mahmoud Assran, Quentin Duval, Ishan Misra, Piotr Bojanowski, Pascal Vincent, Michael Rabbat, Yann LeCun, Nicolas Ballas, 19 Jan 2023.
- "Simple and Controllable Music Generation", Jade Copet, Felix Kreuk, Itai Gat, Tal Remez, David Kant, Gabriel Synnaeve, Yossi Adi, Alexandre Défossez, 8 Jun 2023.
- "Sora: A Review on Background, Technology, Limitations, and Opportunities of Large Vision Models" by Yixin Liu, Kai Zhang, Yuan Li, Zhiling Yan, Chujie Gao, Ruoxi Chen, Zhengqing Yuan, Yue Huang, Hanchi Sun, Jianfeng Gao, Lifang He, Lichao Sun, 27 Feb 2024.
- "Stable Video Diffusion: Scaling Latent Video Diffusion Models to Large Datasets", Andreas

Blattmann, Maciej Kilian, Tim Dockhorn, Dominik Lorenz, Adam Letts, Sumith Kulal, Yam Levi, Daniel Mendelevitch, Zion English, Vikram Voleti, Varun Jampani, Robin Rombach, 21 Nov 2023.

- "SV3D: Novel Multi-view Synthesis and 3D Generation from a Single Image using Latent Video Diffusion", Vikram Voleti, Chun-Han Yao, Mark Boss, Adam Letts, David Pankratz, Dmitry Tochilkin, Christian Laforte, Robin Rombach, Varun Jampani, 18 Mar 2024.
- "Text-to-Image Diffusion Models with an Ensemble of Expert Denoisers", Yogesh Balaji, Seungjun Nah, Xun Huang, Arash Vahdat, Jiaming Song, Qinsheng Zhang, Karsten Kreis, Miika Aittala, Timo Aila, Samuli Laine, Bryan Catanzaro, Tero Karras, Ming-Yu Liu, 2 Nov 2022.
- "VideoPoet: A Large Language Model for Zero-Shot Video Generation", Dan Kondratyuk, Lijun Yu, Xiuye Gu, José Lezama, Jonathan Huang, Grant Schindler, Rachel Hornung, Vighnesh Birodkar, Jimmy Yan, Ming-Chang Chiu, Krishna Somandepalli, Hassan Akbari, Yair Alon, Yong Cheng, Josh Dillon, Agrim Gupta, Meera Hahn, Anja Hauth, David Hendon, Alonso Martinez, David Minnen, Mikhail Sirotenko, Kihyuk Sohn, Xuan Yang, Hartwig Adam, Ming-Hsuan Yang, Irfan Essa, Huisheng Wang, David A. Ross, Bryan Seybold, Lu Jiang, 21 Dec 2023.
- "WorldDreamer: Towards General World Models for Video Generation via Predicting Masked Tokens", Xiaofeng Wang, Zheng Zhu, Guan Huang, Boyuan Wang, Xinze Chen, Jiwen Lu, Tsinghua University.
- "World Models", David Ha, Jürgen Schmidhuber, 27 Mar 2018.

Articles

- 「국내 생성AI 영화 '저작권 첫 인정' … 세계 2번째 사례」, 〈AI 타임스〉, 2024. 1. 4.
- 「나라AI필름, K-AI 영화 'AI 수로부인' 창원국제민주영화제 출품」, 〈서울경제신문〉, 2023. 10. 23.
- 「'두려움과 열광' …우리 시대에 피어난 모순」, 〈경인일보〉, 2014. 1. 24.
- 「생성 인공지능으로 만든 세계 첫 영화 'AI 수로부인' 그 제작은?」, 〈인공지능신문〉, 2023. 11. 17.
- 「심은록 감독의 〈AI 수로부인〉, 세계 최초 K-Culture를 담은 K-AI 영화」, 〈쿨투라〉(통권 113호) 2023. 11.
- 「인구 14억 명 다 알아보는 중국 '안면인식 빅브러더' 정말 없앨까?」,〈한국일보〉, 2023. 10. 23.
- 「최초로 AI가 만든 영화 'AI 수로부인', 창원국제민주영화제에서 상영」, 〈뉴스브라이트〉, 2023. 10. 19.
- 「AI 영화 선구자 심은록 감독, 'AI 영화로 디지털유산 향유'… AI 영화가 앞으로 나아갈 길 밝혀」, 〈인공지능신문〉, 2024. 5. 29.
- 「"AI 작곡이 최우수작" … 전남 미래교육박람회 주제곡 '화제'」,〈연합뉴스〉, 2024. 4. 5.
- 「科普-漢服、韓服、和服究竟有何區別?」,〈每日頭條〉, 2019. 10. 11.
- 「12 AI Milestones: 1. Shakey The Robot」, 〈Forbes〉, 20 Jan 2020.
- 「Adobe Is Buying Videos for $3 Per Minute to Build AI Model」, 〈bloomberg〉, 11 Apr 2024.
- 「Adobe is buying videos to train its new AI tool, but is it paying enough?」, 〈ZDNET〉, 11 Apr 2024.
- 「Adobe to add AI video generators Sora, Runway, Pika to Premiere Pro」, 〈VentureBeat〉, 15 April 2024.
- 「AI is the sixth great revolution in filmmaking(and maybe the most important)」, 〈venturebeat〉, 14 Jun 2024.
- Alex Heath, 「Mark Zuckerberg's new goal is creating artificial general intelligence」, 〈The Verge〉, 19 Jan 2024.

- 「China Media Group launches new AI productions」, 〈Daily Sun〉, 27 Mar 2024.
- 「Copyright Office Affirms its Fourth Refusal to Register Generative AI Work」, 〈IPWatchdog〉, 12 Dec 2023.
- 「Former Google DeepMind researchers launch AI-powered music creation app Udio」, 〈VentureBeat〉, 11 Apr 2024.
- 「Former Google Deepmind Researchers Assemble Luminaries Across Music And Tech To Launch Udio, A New AI-Powered App That Allows Anyone To Create Extraordinary Music In An Instant」, 〈PR Newswire〉, 10 Apr 2024.
- 「Guide to Reading Deleuze's Cinema II:The Time-Image」, 〈OnScenes〉, 25 Dec 2017.
- 「OpenAI Made AI Videos for Us. These Clips Are Good Enough to Freak Us Out」, 〈The Wall Street Journal〉, 13 Mar 2024.
- 「Sam Altman: This is what I learned from DALL·E2, Three things the groundbreaking generative model taught OpenAI's CEO」, 〈MIT Technology Review〉, 16 Dec 2022.
- 「Was The Chinese Dragon An Alligator?」, 〈Times of india〉, 4 may 2020.

인덱스(INDEX)

Index 1 국제 AI 영화제 리스트, 심사기준과 작품 경향

2023년 아카데미 시상식에서 작품상, 감독상 등 7관왕을 휩쓴 영화 〈Everything Everywhere All at Once〉는 런웨이의 Gen-1을 일부 사용했다. 이처럼 AI가 일반 영화에서 사용 빈도가 늘어나는 가운데, AI의 좀 더 적극적인 사용을 요청하는 AI 영화제가 2023년부터 시작되었다. 2024년에는 한국을 포함, 갑자기 많은 곳에서 개최되고 있다. 이 가운데 일부만 추렸다. 다음의 리스트는 각각 영화제 시작일 혹은 시상식 날짜를 기준으로 하여 제1회 개최 날짜순으로 정리했다. 이를 기준으로 하면, 각 영화제가 대략 언제 개최되는지 알 수 있을 것이다. 개최일과 출품 조건은 매해 변동되니, 각 영화제 홈페이지에 들어가서 '반드시' 확인해야 한다.

(1) 영화제 출품 기간* (2) 시상식/발표 날짜 (3) 영화제/행사 기간, 장소	영화제 이름 홈페이지 링크	출품 조건 외
(1) ~2025.1.31(변동 가능)	AI International Film Festival https://aifilmfest.org	장편, 단편
(1) ~2024.7.12 (3) 2024.7.18, 샌디에이고, CA.(미국)	AI International Film Festival https://aifilmfest.org	단편 24개국 73편 참가
(2) 시상식: 2024.2.29, 두바이(아랍에미리트)	AIFF Dubai - AI Film Festival Dubai https://www.aifilmfest.ae	- 모든 장르 - 89개국에서 500개 이상의 쇼츠 작품 참가
(1) ~2023.1.15(?) (3) 2023.3.21~22, 샌프란시스코, CA.(미국)	Runway AI Film Festival(AIFF) https://aiff.runwayml.com	- 한 작품만 제출 가능 - 모든 장르, 러닝타임: 1~10분 - 300여 편(2023) 출품, 10편 수상 cf. AIFF 2024, 3,000여 편 출품

(1) 2024.3.18~4.18 (3) 2024.6.15~16, 경상북도 구미	경상북도 국제 AI 메타버스영화제 (영화/영상 부문) https://www.gamff.com	- 자유 주제 - 1인 다수작 출품 가능 - Full HD 이상급 화질의 mp4 파일, 16:9 권장, 러닝타임 제한 없음
(1) ~2024.5.26. (3) 2024.7.4~7.14, 경기도 부천	부천국제판타스틱영화제(Bucheon International Fantastic Film Festival, BIFAN) https://www.bifan.kr	- 한 작품만 - 모든 장르(3~10분)
(1) 2024.6.17~7.16 (2) 발표: 2024.7.29	Project Odyssey https://www.projectodyssey.ai	- 5개 분야: 3D 애니메이션, 내러티브, 비하인드 더 신, 뮤직 비디오, 오픈 포맷 - 영화제라기보다는 AI 영상 실험제와 같은 성격
(1) ~2024.7.1 (3) 2024.9, 베니스(이탈리아)	Reply AI Film Festival https://www.reply.com/en/artificial- intelligence/reply-ai-film-festival	cf. 베네치아 국제 영화제(Mostra internazionale d'arte cinematografica, 1932년 설립) 2024.8.28~9.7(리도 섬) 기간에 같이 열림
(1) 2023.11.26~2024.9.1. (2) 발표: 2024.10.16 (3) 2024.10.15~19, 부라노, 베니스(이탈리아)	Baiff-Burano Artificial Intelligence Film Festival https://filmmakers.festhome.com/ ko/festival/baiff-burano-artificial- intelligence-film-festival	- 장편, 단편 모두 가능 - 모든 장르 - 이탈리아어 자막
(3) 2023.10.18~11.6, 경상남도 창원	창원국제민주영화제(Changwon International Democracy Film Festival, CIDFF) "AI섹션" https://cidff.kr	
(1) 2024.7.13~9.27 (2) 발표: 2024.10.10 (3) 2024.11.13~16 TCL Chinese Theatre, 로스앤젤레스, CA.(미국)	Neu Wave AI Film Festival https://filmfreeway.com/ aineuwavefilmfestival	AI narrative film *AI TV commercial ad spot* AI Short film
(1) 2024.6.5~10.1 (2) 시상식: 2024.11.18, MK2, 파리(프랑스)	Artefact AI Film Festival https://artefact-ai-film-festival.com	- 단편
(1) 2024.8.1~21 (3) 2024.12.6~8, 부산광역시	부산국제인공지능영화제(BIAIF) https://filmmakers.festhome.com/ festival/busan-international-ai-film- festival cf. 부산국제영화제(BIAF) 2024.10.2~10.11	- 모든 장르(3~15분) -심사 기준: 작품성, 대중성, 독창성, 기술 활용성 등 요소를 종합

*2024년 6월 기준, 이미 지난 AI영화제의 경우에는 영화제 홈페이지에서도 정확한 일정을 찾기 어려워 정보가 정확하지 않을 수 있다.

**비싼 참가비로 수익을 우선하는 영화제나, 참가비는 없지만 AI 기술 사용법을 알기 위해 개최되는 영화제도 늘어나고 있으니 유의할 필요가 있다.

AI 영화제는 다양한 심사 기준과 경향을 가지고 있으나, 일반적인 심사 기준과 출품된 작품 경향(2024년 6월 기준)은 다음과 같다.

심사 기준은 (1) 어떻게 창의적으로 AI 기술을 활용하고, 기존의 영화와 얼마나 다른 독창적인 요소가 있는지를 평가한다. (2) AI 기술이 영화 제작 과정에서 얼마나 잘 활용되었는지, 기술적으로 완성도가 높은지를 본다. (3) 이야기의 구조와 전개가 흥미롭고 설득력 있는지, AI 기술이 스토리텔링을 어떻게 보완하고 강화하는지 평가한다. (4) AI 기술이 감정 전달과 캐릭터 개발에 얼마나 기여했으며, 관객이 감정적으로 몰입할 수 있는지를 중요하게 본다. (5) AI 기술이 영화에서 다루는 사회적·윤리적 이슈가 무엇인지, 그 메시지가 얼마나 잘 전달되는지를 평가한다. (6) 새로운 방식의 이야기 전달과 같이 AI 기술을 이용한 새로운 시도가 있는지를 평가한다.

2023년에서 현재까지 AI영화제 출품 작품 경향은 제1세대 영화 스타일로 환상, 공포, 비구상적 초현실주의 스타일, 애니메이션 스타일이 주를 이룬다. 러닝타임은 대부분 2~5분 정도였다. 대사나 더빙은 거의 없었고, 해설 내레이션이 대부분이었다. 극한 감성적 표현이 없는 경우에는 내레이션에 AI를 사용하거나, AI로 생성한 음악도 가끔 눈에 띄었다. AIFF 2024의 대상작 〈Get Me Out〉의 경우에는 사실주의적 경향이 있는 구상적 초현실주의, 환상 스타일에 러닝타임도 6분 34초로 제2세대 영화 스타일로 접근하고 있다. 이로써 2025년도부터는 단편영화나 피처 영화의 러닝타임에 가까운 AI영화가 제작될 가능성이 보인다.

Index 2 〈AI 수로부인〉 제작과 그 이후

	〈AI 수로부인〉 제작 과정과 반응
제작 과정	**2023년** 9.1. AI 영화 제작에 대한 논의 시작 9.19. 작업 시작: 심은록 시나리오, 시놉시스, 콘티 생성 및 편집, 노지윤과 박수연 영상 생성, 노지윤 음악 및 음향 생성 10.16. 나라지식정보 사내 상영: 메타버스팀의 자막 수정(신난타) 10.16~18. 편집 마지막 단계: 심은록 영상효과 수정, 박송묵 편집감독의 영화 속 자막 배치 10.18. 제작 완료, 영화제로 전달 10.20. 창원국제민주영화제 〈AI 수로부인〉 상영 10.26. 창원국제민주영화제 〈AI 수로부인〉 상영 및 GV
상영 후 반응	**2023년** 10.30. 나라지식정보 주간회의: 〈AI타임스〉(aitimes.com), 〈인공지능신문〉(aitimes.kr)을 비롯한 150여 곳의 매체에서 기사화 11.3. 매거진 〈쿨투라〉 11월 호 게재 및 표지 장식 11.4. 기술독립군 158차 웨비나 유튜브 발표(박승희 부사장 주재, 심은록 감독 발표) https://www.youtube.com/watch?v=LnLmjYknOOA 11.13. YTN 다큐 촬영 11.15. IT서비스 학회 추계학술대회 발표(노지윤 책임 주재, 심은록 감독 발표) 11.29. AI프렌즈 유튜브 발표(심은록 감독 발표) https://www.youtube.com/watch?v=8Cz924q3L_Y 12. 전문 미술 잡지 〈아트인컬처〉 12월 호에 〈AI 수로부인〉 게재 https://artinculture.kr/webzine/aisuro 12.7. 〈해가〉 랩 버전 작사 및 작곡 12.9~10. 9일 11시/10일 11시 방영. [YTN 탐사보고서 기록], 〈AI시대의 질문 그대들은 어떻게 살 것인가〉 유튜브 https://www.youtube.com/watch?v=Or8PHNcYarM 기사 https://www.ytn.co.kr/replay/view.php?idx=189&key=202312081736463483 12.20. 〈AI 수로부인〉 공식 트레일러 완성 12.22. 서라벌천년시간여행사업통합완료보고회에 〈AI 수로부인〉 트레일러 상영 및 설명 12.28. 〈AIIA 저널〉 12월 호의 AI 이슈 편에 제작론 게재(심은록 집필) **2024년** 심은록 감독 발표 2.27. 제37회 AIIA 조찬 포럼 3.22. 고려대, AI영화 제작론 발표 5.24. '2024 디지털유산 페스타' 행사, 공주 8.22. 한국콘텐츠학회 계룡 콘퍼런스
저작권, 영화 등록	2023.2.29. 한국저작권위원회에 〈AI 수로부인〉 저작권 등록 완료 및 저작권 등록증 발급 2023.12.20. 한국저작권위원회에 〈AI 수로부인〉 편집저작물 등록 신청 완료 2024.1.9. 영화관 입장권 통합 전산망에 영화 등록, 감독과 스태프, 영화인 등록 마침

기능(Bold/Italic)	생성형 AI 툴
Text to Text(6/2)	**ChatGPT**, **Gemini**(=2023 Bard), **Microsoft Copilot**(=2023 Bing), **ClovaX** Perplexity, Write a Complete Book in One Click, *Human-like Rewriter-v.1.6*, *YouTubeScript Creator*
Image to Text(3/0)	**Imagga Auto Tagging**, LLaVA(Large Language and Vision Assistant) [cf. 2023.5~6 Bing**에서 사용], Midjourney(/describe), **Bing****
Text to image(16/3)	Stable Diffusion, Playground, Leonardo.ai, Midjourney**, DALL·E3 Microsoft Copilot, *Askup*, NightCafe Creator, Deep Dream Generator, Photopea, Wombo, StableDream, Lexica Aperture, Stable diffusion, DALL·E, Catbird.ai, Fotor Editor, Auto-Tagging Demo, Microsoft Designer, Stunning designs, *Firefly*
Text to video Image to video(4/0)	**Gen2 by Runway ML**, **PikaLabs**, **genmo.ai**, **WinMorph 3.01**
Image/Audio to video (1/0)	**D-ID**
Text to 3D	DeepMotion, Masterpiece Studio, Spline AI, Luma AI, Meshcapade, RODIN, Free3D.com
Text to Speech(1/4)	*Typecast*, **클로바더빙**, *Elevenlabs*, *Kreadoai*, *Murf AI*
Text to Music(2/4)	**Soundraw**, **AIVA**, *Splah Music*, 키닛, 뮤지아 원, *Suno.ai*
Text to sound effect (1/1)	**MyEdit**, voicemod
편집 및 효과(18/0)	어도비: Ilustrator, Animate, Premiere Pro, Photoshop 그외: **Catcut, Filmora, MotionNinja, Movepic, StoryZ, B612, Picsart Editor Canva, MiriCanvas, MagicEraser, Remove.bg, Clipdrop, Imglarger, vidmore**
Bold = 52 Italic = 14	- **볼드체** : 〈AI 수로부인〉에서 실제 사용한 툴 = 총 52개 - *이탤릭체*: 볼드체 외에도 〈AI 수로부인〉을 위해 과정상 사용하거나, 관련 '트레일러' 및 관련 '콘퍼런스'에 사용 = 총 14개 **중복 사용 : 다른 기능(cf. TTT, TTI 등)일지라도 중복 사용된 것은 한 번만 셈. DALL·E(2023)와 DALL·E3와 같이 다른 서비스에서 사용한 것은 따로 셈.

Index 4 영상 관련 AI 간략 연대표

1940~1950년대: 인공지능의 탄생	
1940년대~	자연어 처리(Natural Language Processing, NLP) 시작: 미국의 과학자 워런 웨이버(Warren Weaver)가 제2차 세계대전 때 적군의 암호문을 번역해 정보를 알아내기 위한 용도로 기계번역(MT, Machine Translation) 기술을 개발
1948	클로드 섀넌(Claude Shannon), *The Mathematical Theory of Communication*(통신의 수학적 이론) 출판 (예시: "일련의 문자가 주어지면 다음 문자의 가능성은 얼마나 됩니까?")
1950	앨런 튜링(Alan Turing), 튜링 테스트(Turing Test)를 소개하는 "컴퓨팅 기계 및 지능(Computing Machinery and Intelligence)" 발표
1964~1966	챗봇 개발: Joseph Weizenbaum은 MIT 인공지능연구소에서 최초의 챗봇인 ELIZA를 개발(ELIZA는 대화를 모방하는 프로그램으로, 미리 정해진 스크립트에 따라 답변을 생성)
1980~1990년대	**신경망의 패턴 식별**
2010년대 후반	오픈AI의 GPT(Generative Pre-trained Transformer) 시리즈와 같은 대규모언어모델 발전(대량의 텍스트 데이터를 사전 훈련하여 다양한 자연어 이해 및 생성 작업에 사용할 수 있는 범용적인 언어 이해 시스템을 제공)
2014	딥 드림(DeepDream): 이미지넷 챌린지를 위해 개발된 딥 컨볼루션 네트워크의 일부: 초현실적이고 꿈 같은 이미지 변환으로 유명
2015.7	딥 드림 출시(DeepDream Release): 공개적으로 사용 가능해짐; 스타일 전환과 복잡한 패턴을 통해 AI 생성 예술 개념을 대중화
2021.1.5.	달리(DALL·E): 오픈AI 공개. GPT-3의 버전을 사용하여 텍스트 설명에서 이미지를 생성; 개념, 속성 및 스타일을 결합하는 능력으로 알려짐
2022	4.6. 달리 2(DALL·E2): 원래 DALL·E의 후속작. 더 현실적이고 고해상도 이미지를 생성하는 능력이 향상됨 7.12. 미드저니(Midjourney): 오픈 베타로 출시됨. 사용자들이 텍스트 프롬프트를 통해 이미지를 생성할 수 있는 AI 미술 생성 도구 8.10. 스테이블 디퓨전(Stable Diffusion) Closed Beta. 처음으로 연구자들에게 공개됨 8.22. 스테이블 디퓨전 공개 출시. 크리에이티브 ML OpenRAIL-M 라이선스에 따라 사용 가능. 상업적 및 비상업적 사용을 모두 허용하는 것으로 알려짐 **11.30. ChatGPT 출시**
2023~	본문 참조

Index 5 생성형 AI 관련 백서

arXiv, GitHub, 백서 편집기, 다이어그램 편집기

생성형 AI 관련 백서나 좋은 소스를 찾는 것은 연구나 집필을 위해서 대단히 중요하다. 더욱이 AI가 워낙 빠르게 발전하고 이에 맞춰 업데이트된 자료들이 나온다. 그러나 출판되어 서점이나 도서관에서 받아보기까지는 너무 늦다. 어디서 생성형 AI와 관련된 좋은 자료를 빨리 받아볼 수 있을까? 전 세계 많은 개발자들은 GitHub1에 가장 오래 머물 것이다. 오픈 소스에 접근하고, 협업 프로젝트를 쉽게 진행할 수 있기 때문이다. 최근에는 깃랩GitLab[1], 비트버킷Bitbucket[2], 타라볼트TaraVault[3] 등에도 기웃거린다. 필자는 이 책을 쓰는 동안 거의 코넬대학교 도서관에 머문 느낌이었다. arXiv[4](1991)는 수학, 물리학, 천문학, 전산 과학, 계량 생물학, 통계학 분야의 출판 전(preprint) 논문을 수집하는 과학 논문 웹 저장소이다. 또한 AI 관련 최신 논문도 대부분 여기서 발견할 수 있다. 이 책의 본문뿐만 아니라, '인덱스 5'의 백서들도 이곳에서 참조했다. 물론, GitHub에서도 같은 자료를 대부분 찾을 수 있다.

읽는 것뿐만 아니라, 논문 작성을 돕는 플랫폼도 있다. 바로 **SciSpace**[5]이다. 연구자와 학술 작가를 위한 종합 세트인 SciSpace는 논문 작성, 편집 및 출판 과정에 간소하고 최적화됐다. 사용자는 다양한 학술 형식에 맞는 템플릿을 이용해 쉽게 논문을 작성할 수 있으며,[6] AI 기반의 도구를 통해 문법 및 스타일을 검사받을 수 있다. 인용 관리와 참고문헌 생성 기능을 제공하여 연구 작업의 효율성을 높일 수 있다. 협업 기능을 통해 여러 연구자가 동시에 작업할 수 있으며, 출판 전 논문을 검토하고 피드백을 받을 수 있다. 이 외에도, 플랫폼 내에서 논문 검색 및 추천 기능을 통해 관련 연구 자료를 쉽게 찾을 수 있다. SciSpace Copilot에는 "방정식 클립"이 있어서

---

1   https://about.gitlab.com/f

2   https://bitbucket.org/product

3   https://www.inflectra.com/Products/TaraVault

4   http://arXiv.org

5   https://typeset.io

6   https://typeset.io/formats/typeset

학술 출판물 내의 수학적 구성 요소를 이해하는 데 도움을 주며, '관련된 질문Related Questions'도 자동 생성된다. 검색이 한국어로도 가능하며, 요약이나 인사이트도 한국어로 설명된다. 이 외의 백서 편집기로는 레이텍스(latex-project.org)가 있으며, 온라인 LaTeX 편집기인 오버리프(overleaf.com)가 있다. 다이어그램 작성을 위해서는 엑스칼리드로우(excalidraw.com), 이드로우 맥스EdrawMax, 클라우드 기반의 루시드차트Lucidchart 등을 활용할 수 있다.

그 외 영화 예술 관련 백서나 기사는 **국립중앙도서관에서 proQuest[7] 자료를 찾아** 참조했다.

국립중앙도서관에서 ProQuest 자료 찾기

번호	데이터베이스	내용	매뉴얼	외부이용
1	ProQuest Central	전 주제 분야 학술지, 잡지, 단행본, 보고서 등을 제공하는 데이터베이스	⬇	가능
2	ProQuest Dissertations & Theses(PQDT) Global	1,500여 개 이상의 전 세계 대학기관에서 생산되는 석박사 학위 논문 2,500,000여 권의 원문과 4,800,000건 이상의 서지정보 제공	⬇	
3	ProQuest Ebook Central (Government Complete)	해외 여러 출판사의 학술 전자책 제공	⬇	가능
4	ProQuest Politics Collection	정책 관련 특화 데이터베이스로 정부간행물, 회색문헌 등 제공	⬇	가능
5	ProQuest Sociology Collection	사회복지, 사회정책 분야 학술지 논문, 학위논문 초록, 단행본 리뷰 제공	⬇	가능

국립중앙도서관에서 제공하는 ProQuest 자료들(2024년 4월 19일 기준) 오른쪽 끝에 '가능'이라고 쓰여 있는 경우는 외부 이용이 가능하고, 그 외는 도서관 내에서 자료를 볼 수가 있다.

---

7   - 2015년 ProQuest가 도서관 분야의 선두 솔루션 업체인 '엑스 리브리스 그룹(Ex Libris Group)'을 인수
     - 2021년 클래리베이트(Clarivate)가 ProQuest를 인수

국립중앙도서관에서 제공하는 ProQuest 자료

오른쪽 끝에 '전문'이라고 쓰여 있는 경우 전체 자료를 볼 수 있다. 'Korean movies'라고 검색하면, 결과 24만 2,688건(2024년 4월 19일 기준)이 나온다. 출판 날짜는 '1917~2024년(10년간)'이며, 왼쪽 하단의 그래프에서 보듯이 최근 자료가 많으며, 찾는 범위를 조절할 수 있다.

ProQuest는 미국 의회도서관이 공식으로 지정한 학위논문 저장소로, 미국 중요 대학뿐만 아니라, 전 세계 많은 대학들의 학위 논문과 자료들이 저장되어 있다.[8] ProQuest Central은 저널, 워킹페이퍼, 시장 및 산업 리포트, 데이터 파일, 참고서적 등 160여 개 이상의 주제 분야를 포괄하는 가장 방대한 단일 원문 데이터베이스다. 영화와 관련한 '스크린 연구 컬렉션Screen Studies Collection'[9]은 상세하고 방대한 필모그래피, 영화 관련 출판물에 대한 정보를 제공하며 다음과 같은 전문 색인 및 필모그래피가 포함되어 있다(영화 연구소AFI 카탈로그, 필름 인덱스 인터내셔널Film Index International, FII[10], 영화 정기 간행물 데이터베이스에 대한 FIAF 국제 색인International Index to Film Periodicals Database, FIAF 등). 한국에서는 국립중앙도서관, 부산도서관, 그리고 일부 대학 도서관에서 손쉽게 사용이 가능하다.

---

8   ProQuest Dissertations&Theses Global(PQDT Global)

9   https://about.proquest.com/en/products-services/Screen-Studies-Collection

10   https://proquest.libguides.com/fiaf

일일이 찾아서 자료에 접근하는 경우가 대부분이지만, 가끔은 간략하게 세계 흐름을 알고 싶기도 하다. 이 경우 필자는 아래 두 리포트에 의존하곤 한다(매년 출간).

'Artificial Intelligence Index Report 2024'
표지 이미지 갈무리[11]

'The 2023 Contemporary Art Market Report'
표지 이미지 갈무리[12]

2024년 4월 15일, 미국 스탠퍼드대학교Stanford University의 스탠퍼드 인간중심 인공지능연구소(Human-Centered Artificial Intelligence. 이하 HAI)에서는 매년 공개하는 연례보고서 『인공지능 인덱스 2024Artificial Intelligence Index Report 2024』를 발표했다. 매년 한 해 동안의 AI 현황에 대해 객관적이고 포괄적으로 알 수 있는 자료이다.

2023년 10월에는 아트프라이스Artprice by Artmarket가 『2023 현대미술 시장 보고서The 2023 Contemporary Art Market Report』를 발표했다. 이 보고서는 매년 런던의 프리즈Frieze 아트페어와 파리의 Paris+ by Art Basel이 개최될 때 게재된다. 매년 발표되는 이 보고서를 통해 지난 한 해 동안의 미술 시장뿐만 아니라, 미술의 흐름도 객관적이고 포괄적으로 알 수 있다.

---

11   'Artificial Intelligence Index Report 2024'는 다음 링크에서 다운로드 가능하다. https://aiindex.stanford.edu/report

12   'The 2023 Contemporary Art Market Report'는 다음 링크에서 다운로드 가능하다. https://www.artprice.com/artprice-reports/the-contemporary-art-market-report-2023

디퓨전 모델, TTV, 3D 관련 백서

샘 알트만이 "DALL·E2로부터 AI의 향후 10년 미래에 대한 중요한 교훈을 얻었으며, 알고리즘 개발의 돌파구가 된 것은 바로 디퓨전 모델diffusion models의 적용이었다"[13]라고 말할 정도로 디퓨전 모델은 중요하다. 이제는 이미지와 영상 등 시각에서뿐만 아니라, 청각(오디오, 음악, 등)에서도 중요하며, 이는 LLM과 함께 모든 분야로 확산되고 있다. 이와 같이 중요한 디퓨전 모델을 비롯하여, 3D, 에디팅 모델링 등 컴퓨터 과학(cs CV, GR, LG 등)[14] 백서 일부를 게재일순으로 소개한다.

디퓨전 관련 주요 백서

날짜 v1	백서 제목, 저자	요약	이미지
2015.3.12. Diffusion 모델의 기초가 되는 논문으로 열역학에서 영감을 받고, DPM개발에 영감을 줌. 2015년 ICML 에서 발표	"Deep Unsupervised Learning using Nonequilibrium Thermodynamics", Jascha Sohl-Dickstein, et al., 18 Nov 2015(v8)	머신러닝의 핵심 문제는 학습, 샘플링, 추론, 평가가 여전히 분석적 또는 계산적으로 추적 가능한 매우 유연한 확률 분포군을 사용하여 복잡한 데이터세트를 모델링하는 것이다. 여기서는 유연성과 실행 가능성을 동시에 달성하는 접근 방식을 개발한다. 비평형 통계 물리학에서 영감을 얻은 핵심 아이디어는 반복적인 순방향 확산 프로세스를 통해 데이터 분포의 구조를 체계적으로 천천히 파괴한다. 그런 다음 데이터의 구조를 복원하는 역확산 프로세스를 학습하여 매우 유연하고 추적 가능한 데이터 생성 모델을 생성한다. (p.1) arXiv:1503.03585v8 [cs.LG]	

---

13   「Sam Altman: This is what I learned from DALL·E2, Three things the groundbreaking generative model taught OpenAI's CEO」, 〈MIT Technology Review〉, 16 Dec 2022.

14   arXiv의 카테고리 분류에 대해서는 다음 링크를 참조한다. https://arxiv.org/category_taxonomy

2020.6.19. DDPM Diffusion Model의 시발점이 된 백 서	"Denoising Diffusion Probabilistic Models", Jonathan Ho, Ajay Jain, Pieter Abbeel, 16 Dec 2020 (v2)	비평형 열역학에서 영감을 얻은 잠재 변수 모델의 한 종류인 확산 확률 모델 (Diffusion Probabilistic Models, DPM)을 사 용하여 고품질의 이미지 합성 결과를 제 시한다. 확산 확률 모델과 랑게빈 역학과 의 노이즈 제거 점수 매칭 사이의 새로운 연결에 따라 설계된 가중 가변 바운드에 대한 훈련을 통해 최상의 결과를 얻을 수 있으며, 이 모델은 자동 회귀 디코딩의 일 반화로 해석할 수 있는 점진적 손실 압축 해제 방식을 자연스럽게 인정한다. (p.1) arXiv:2006.11239v2 [cs.LG]	
2021.12.20. GLIDE (오픈AI)	GLIDE: Towards Photorealistic Image Generation and Editing with Text- Guided Diffusion Models, Alex Nichol, et al. 8 Mar 2022 (v3)	확산 모델은 최근 고품질 합성 이미지를 생성하는 것으로 나타났는데, 특히 다 양성과 충실도의 균형을 맞추는 안내 기 법과 함께 사용할 경우 더욱 그렇다. 텍 스트 조건부 이미지 합성 문제에 대한 확산 모델을 살펴보고 두 가지 다른 안 내 전략을 비교한다: CLIP 안내와 분류 기 없는 안내. 사실성과 캡션 유사성 모 두에서 인간 평가자가 후자를 선호하며, 종종 사실적인 샘플을 생성한다는 사실 을 발견했다. (p.1) arXiv:2112.10741v3 [cs.CV]	
2021.12.20. Stable Diffusion (오픈 소스)	"High-Resolution Image Synthesis with Latent Diffusion Models", Robin Rombach, et al. 13 Apr 2022 (v2)	이미지 형성 과정을 노이즈 제거 자동 인코더의 순차적 적용으로 분해함으로 써 확산 모델(DM)은 이미지 데이터에 대 한 최첨단 합성 결과를 얻을 수 있다. (중 략) 유니티의 잠재 확산 모델(LDM)은 픽 셀 기반 DM에 비해 계산 요구 사항을 크게 줄이면서 무조건적인 이미지 생 성, 시맨틱 장면 합성, 초고해상도 등 다 양한 작업에서 이미지 인페인팅을 위 한 새로운 최첨단 기술을 구현하고 매 우 경쟁력 있는 성능을 발휘한다. (p.1) arXiv:2112.10752v2 [cs.CV]	
2022.4.13. DALL·E2 Text Guided Diffusion Model	"Hierarchical Text-Conditional Image Generation with CLIP Latents", Aditya Ramesh, et al.	CLIP과 같은 대조 모델은 의미와 스타 일을 모두 포착하는 이미지의 강력한 표 현을 학습하는 것으로 나타났다. 이러한 표현을 이미지 생성에 활용하기 위해 텍 스트 캡션이 주어지면 CLIP 이미지 임 베딩을 생성하는 선행 모델과 이미지 임 베딩에 따라 조건부 이미지를 생성하는 디코더의 2단계 모델을 제안한다. (p.1) arXiv:2204.06125v1 [cs.CV]	 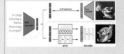

2022.5.23. Imagen (Google)	"Photorealistic Text-to-Image Diffusion Models with Deep Language Understanding", Chitwan Saharia, et al.	전례 없는 수준의 포토리얼리즘과 뛰어난 언어 이해력을 갖춘 텍스트-이미지 확산 모델인 Imagen을 소개한다. Imagen은 텍스트를 이해하는 대형 트랜스포머 언어 모델의 성능을 기반으로 하며, 고충실도 이미지 생성에 있어 확산 모델의 강점에 의존한다. 텍스트 전용 말뭉치에 대해 사전 학습된 일반적인 대규모언어모델(예: Text-To-Text Transfer Transformer, T5)이 이미지 합성을 위한 텍스트 인코딩에 놀라울 정도로 효과적이다. (p.1) arXiv:2205.11487v1 [cs.CV]	
2022.8.25. DreamBooth	"DreamBooth: Fine Tuning Text-to-Image Diffusion Models for Subject-Driven Generation", Nataniel Ruiz, et al., 15 Mar 2023 (v2)	대규모 텍스트-이미지 합성 모델은 주어진 텍스트 프롬프트에서 고품질의 다양한 이미지를 합성할 수 있게 함으로써 AI의 발전에 괄목할 만한 도움을 주었다. 그러나 이러한 모델은 주어진 참조 세트(reference set)에서 피사체(subject)의 모습을 모방하고 다양한 맥락에서 새로운 표현을 합성하는 기능이 부족하다. 이 연구에서는 텍스트-이미지 확산 모델의 '개인화(personalization)'를 위한 새로운 접근 방식을 제시한다. (p.1) arXiv:2208.12242v2 [cs.CV]	
2022.10.6. 플로 매칭	"Flow Matching for Generative Modeling" Yaron Lipman, Ricky T. Q. Chen, Heli Ben-Hamu, Maximilian Nickel, Matt Le. 8 Feb 2023 (v2)	연속 정규화 흐름(Continuous Normalizing Flows, CNF)을 기반으로 구축된 생성 모델링의 새로운 패러다임을 소개하여 전례 없는 규모로 CNF를 훈련할 수 있다. 특히, 고정 조건부 확률 경로의 회귀 벡터 필드를 기반으로 CNF를 훈련하기 위한 시뮬레이션 없는 접근 방식인 플로 매칭(FM)의 개념을 소개한다. 플로 매칭은 노이즈와 데이터 샘플 사이의 변환을 위한 일반적인 가우스 확률 경로 제품군과 호환되며, 기존의 확산 경로를 특정 인스턴스로 대체한다. arXiv:2210.02747v2 [cs.LG	

2022.10.20. DiffEdit	"DiffEdit: Diffusion-based semantic image editing with mask guidance", Guillaume Couairon, et al.	확산 모델을 이용, 다양한 텍스트 프롬프트에 대해 설득력 있는 이미지를 합성할 수 있게 되면서 이미지 생성은 최근 엄청난 발전을 거듭하고 있다. 이 글에서는 텍스트 쿼리(text query)를 기반으로 이미지를 편집하는 것이 목표인 시맨틱 이미지 편집(semantic image editing) 작업을 위해 텍스트 조건부 확산 모델을 활용하는 방법인 DiffEdit를 제안한다. (p.1) arXiv:2210.11427v1 [cs.CV]	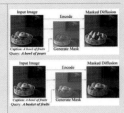
2022.11. eDiff-I. NVIDIA	"Text-to-Image Diffusion Models with an Ensemble of Expert Denoisers", Yogesh Balaji, Seungjun Nah, Xun Huang, Arash Vahdat, Jiaming Song, et al.,14 Mar 2023 (v5).	대규모 확산 기반 생성 모델은 텍스트 조건부 고해상도 이미지 합성 분야에서 획기적인 발전을 가져왔다. 이러한 텍스트-이미지 확산 모델은 무작위 노이즈에서 시작하여 텍스트 프롬프트를 조건화하면서 반복적인 방식으로 이미지를 점진적으로 합성한다. (중략) eDiff-I라고 하는 확산 모델 앙상블은 동일한 추론 계산 비용과 높은 시각적 품질을 유지한다. 이같이 텍스트 정렬을 개선하여 표준 벤치마크에서 이전의 대규모 텍스트-이미지 확산 모델보다 뛰어난 성능을 발휘한다. (p.2) arXiv:2211.01324v5 [cs.CV]	
2022.11.22. 플러그 앤 플레이 확산 기능	"Plug-and-Play Diffusion Features for Text-Driven Image-to-Image Translation", Narek Tumanyan, Michal Geyer, Shai Bagon, Tali Dekel	대규모 텍스트-이미지 생성 모델은 매우 복잡한 시각적 개념을 전달하는 다양한 이미지를 합성할 수 있게 해줌으로써 생성형 AI의 진화에 있어 혁신적인 돌파구를 마련했다. 그러나 이러한 모델을 실제 콘텐츠 제작 작업에 활용하는 데 있어 가장 중요한 과제는 생성된 콘텐츠에 대한 제어권을 사용자에게 제공하는 것이다. 이 백서에서는 텍스트 대 이미지 합성을 이미지 대 이미지 번역의 영역으로 확장하는 새로운 프레임워크를 제시한다. (p.1) arXiv:2211.12572v1 [cs.CV]	
2022.11.23. 언어 안내 이미지 편집	"Paint by Example: Exemplar-based Image Editing with Diffusion Models", Binxin Yang et al.	언어 안내 이미지 편집(Language-guided image editing)은 최근 큰 성공을 거두었다. 이 백서에서는 보다 정밀한 제어를 위한 예시 가이드 이미지 편집에 대해 처음으로 살펴본다. 이 목표를 달성하기 위해 자체 지도 학습을 활용하여 소스 이미지와 예시를 분리하고 재구성한다. (p.1) arXiv:2211.13227v1 [cs.CV]	

2022.12.19. 강력한 트랜스 포머 DiT-XL/2	"Scalable Diffusion Models with Transformers", William Peebles, Saining Xie, 2 Mar 2023 (v2)	트랜스포머 아키텍처에 기반한 새로운 클래스의 확산 모델을 살펴본다. 일반적으로 사용되는 U-Net 백본을 잠재적 패치에서 작동하는 트랜스포머로 대체하여 이미지의 잠재적 확산 모델을 훈련한다. (중략) 우수한 확장성 외에도 소니의 가장 큰 DiT-XL/2 모델은 동급 조건부 ImageNet 512×512 및 256×256 벤치마크에서 이전의 모든 확산 모델보다 성능이 뛰어나며, 후자에서 2.27의 최첨단 FID를 달성했다. arXiv:2212.09748v2 [cs.CV]	
2023.1.17. GLIGEN	"GLIGEN: Open-Set Grounded Text-to-Image Generation", Yuheng Li, Haotian Liu, Qingyang Wu, Fangzhou Mu, et al., 17 Apr 2023 (v2)	이 연구에서는 기존의 사전 학습된 텍스트-이미지 확산 모델이 접지 입력을 조건화할 수 있도록 함으로써 그 기능을 확장하는 새로운 접근 방식인 GLIGEN, Grounded-Language-to-Image Generation을 제안한다. (중략) 우리 모델은 캡션 및 바운딩 박스 조건 입력으로 오픈 월드 그라운드 Text-to-Image 생성을 달성하며, 그라운딩 기능은 새로운 공간 구성과 개념에 잘 일반화된다. (p.1) arXiv:2301.07093v2 [cs.CV]	
2022.12.8. Custom Diffusion	"Multi-Concept Customization of Text-to-Image Diffusion", Nupur Kumari et al., 20 Jun 2023 (v2)	기존 텍스트-이미지 모델을 보강하는 효율적인 방법인 커스텀 디퓨전을 제안한다. 텍스트-이미지 컨디셔닝 메커니즘(text-to-image conditioning mechanism)에서 몇 가지 파라미터만 최적화해도 새로운 개념을 충분히 강력하게 표현하는 동시에 빠른 튜닝(최대 6분)이 가능하다는 사실을 발견했다. (p.1) arXiv:2212.04488v2 [cs.CV]	

TTV, Editing

날짜 v1	백서 제목, 저자	요약
2022. 6.22. 비디오 확산 모델(DDPM 연구자)	Video Diffusion Models", Jonathan Ho, et al., 22 Jun 2022 (v2)	시간적으로 일관된 충실도 동영상을 생성하는 것은 생성 모델링 연구에서 중요한 이정표이다. (중략) 이 모델은 표준 이미지 확산 아키텍처를 자연스럽게 확장한 것으로, 이미지와 동영상 데이터에서 공동으로 학습할 수 있어 미니배치 경사법의 편차를 줄이고 최적화 속도를 높일 수 있다. [추가 자료: https://video-diffusion.github.io] (p.1) arXiv:2204.03458v2 [cs.CV]

2022.9.29. (Meta)	Make-A-Video: Text-to-Video Generation without Text-Video Data, Uriel Singer, et al. arXiv:2209.14792v1 [cs.CV] cf. 메이크어비디오 p.216.
2022.10.5. 이마젠비디오 (Google)	"Imagen Video: High Definition Video Generation with Diffusion Models", Jonathan Ho, William Chan, Chitwan Saharia, Jay Whang, Ruiqi Gao, Alexey Gritsenko, Diederik P. Kingma, Ben Poole, Mohammad Norouzi, David J. Fleet, Tim Salimans, Submitted on 5 Oct 2022 arXiv:2210.02303v1 [cs.CV] cf. 이마젠비디오 pp.206-207.
2023.2.2. Dreamix	"Dreamix: Video Diffusion Models are General Video Editors", Eyal Molad, Eliahu Horwitz, Dani Valevski, Alex Rav Acha, Yossi Matias, Yael Pritch, Yaniv Leviathan, Yedid Hoshen, arXiv:2302.01329v1 [cs.CV]
2023.10.16. 비디오 편집 분류	"A Survey on Video Diffusion Models", Zhen Xing, Qijun Feng, Haoran Chen, Qi Dai, Han Hu, Hang Xu, Zuxuan Wu, Yu-Gang Jiang arXiv:2310. 10647v1 [cs.CV]	 [좌] 비디오 편집의 분류. 비디오 편집의 주요 측면에는 일반 텍스트 안내 비디오 편집, 양식 안내 비디오 편집 및 도메인별 비디오 편집이 포함된다. [우] 확산 기반 비디오의 분류 체계(p.12)
2024.2.27. Sora Review	"Sora: A Review on Background, Technology, Limitations, and Opportunities of Large Vision Models", Yixin Liu, Kai Zhang, Yuan Li, Zhiling Yan, Chujie Gao, Ruoxi Chen, Zhengqing Yuan, Yue Huang, Hanchi Sun, Jianfeng Gao, Lifang He, Lichao Sun arXiv:2402.17177v3 [cs.CV]
2023.2.6. 비디오 합성	"Structure and Content-Guided Video Synthesis with Diffusion Models", Patrick Esser, Johnathan Chiu, Parmida Atighehchian, Jonathan Granskog, Anastasis Germanidis arXiv:2302.03011v1 [cs.CV]
2023.9.13. 애니투애니 시스템 싱가포르 국립대학의 NExT ++연구소	"NExT-GPT: Any-to-Any Multimodal LLM"	인간은 항상 다양한 양식을 통해 세상을 인식하고 사람들과 소통하기 때문에, 모든 양식의 콘텐츠를 수용하고 전달할 수 있는 Any-to-Any MM-LLM(Multimodal Large Language Models)을 개발하는 것은 인간 수준의 AI에 필수적이다…. (p.1) Shengqiong Wu, Hao Fei, Leigang Qu, Wei Ji, Tat-Seng Chua arXiv:2309.05519v3 [cs.AI]	
2023.10.30. 비디오 크래프터1	"VideoCrafter1: Open Diffusion Models for High-Quality Video Generation", Haoxin Chen, Menghan Xia, Yingqing He, Yong Zhang, Xiaodong Cun, Shaoshu Yang, et al. arXiv:2310.19512v1 [cs.CV]

2023.11.17. Emu Video	"Emu Video: Factorizing Text-to-Video Generation by Explicit Image Conditioning", Rohit Girdhar, Mannat Singh arXiv:2311.10709v2 [cs.CV]	
2023.12.21. 비디오포엣 (Google)	"VideoPoet: A Large Language Model for Zero-Shot Video Generation", Dan Kondratyuk, Lijun Yu, Xiuye Gu, José Lezama, Jonathan Huang, Grant Schindler, Rachel Hornung, Vighnesh Birodkar, Jimmy Yan, Ming-Chang Chiu, Krishna Somandepalli, Hassan Akbari, Yair Alon, Yong Cheng, Josh Dillon, et al., arXiv:2312.14125v4 [cs.CV]	

TT3D

날짜 v1	백서 제목, 저자	요약	이미지
2022.9.22. GET3D (NVIDIA)	"GET3D: A Generative Model of High Quality 3D Textured Shapes Learned from Images", Jun Gao, Tianchang Shen, Zian Wang, Wenzheng Chen, Kangxue Yin, Daiqing Li, Or Litany, Zan Gojcic, Sanja Fidler. arXiv:2209.11163v1 [cs.CV]		
2022.9.29. Dream Fusion	"DreamFusion: Text-to-3D using 2D Diffusion", Ben Poole, Ajay Jain, Jonathan T. Barron, Ben Mildenhall arXiv:2209.14988v1 [cs.CV]		
2022.11.18. Magic3D (NVIDIA)	"Magic3D: High-Resolution Text-to-3D Content Creation", Chen-Hsuan Lin, Jun Gao, Luming Tang, Towaki Takikawa, Xiaohui Zeng, Xun Huang, Karsten Kreis, Sanja Fidler, Ming-Yu Liu, Tsung-Yi Lin, 25 Mar 2023 (v2). arXiv:2211.10440v2 [cs.CV]		
2023.1.26. MAV3D (Make-A-Video3D)	"Text-To-4D Dynamic Scene Generation", Uriel Singer, Shelly Sheynin, Adam Polyak, Oron Ashual, Iurii Makarov, Filippos Kokkinos, Naman Goyal, Andrea Vedaldi, Devi Parikh, Justin Johnson, Yaniv Taigman arXiv:2301.11280v1 [cs.CV]		
2023.8.8. 3D 가우시안 스플래팅 Inria, Université Côte d'Azur	"3D Gaussian Splatting for Real-Time Radiance Field Rendering", Bernhard Kerbl, Georgios Kopanas, Thomas Leimkühler, George Drettakis arXiv:2308.04079v1 [cs.GR]		
2024.3.22. LATTE3D (NVIDIA)	"LATTE3D: Large-scale Amortized Text-To-Enhanced3D Synthesis", Kevin Xie, Jonathan Lorraine, Tianshi Cao, Jun Gao, James Lucas, Antonio Torralba, Sanja Fidler, Xiaohui Zeng arXiv:2403.15385v1 [cs.CV]		